LA CHARITÉ
A ROUEN

LES ŒUVRES CATHOLIQUES

Par Victor DUVAL
Rédacteur au PATRIOTE DE NORMANDIE, NOUVELLISTE DE ROUEN

OUVRAGE PRÉCÉDÉ

D'UNE LETTRE DE S. G. Mgr SOURRIEU, ARCHEVÊQUE DE ROUEN

ROUEN
ANCIENNE IMPRIMERIE LAPIERRE
Rue Saint-Etienne-des-Tonneliers, n° 1

1895

LA CHARITÉ A ROUEN

LA CHARITÉ
A ROUEN

LES ŒUVRES CATHOLIQUES

Par Victor DUVAL

Rédacteur au Patriote de Normandie, Nouvelliste de Rouen

OUVRAGE PRÉCÉDÉ

D'UNE LETTRE DE S. G. Mgr SOURRIEU, ARCHEVÊQUE DE ROUEN

Prix : 3 fr. 75

ROUEN

ANCIENNE IMPRIMERIE LAPIERRE

Rue Saint-Etienne-des-Tonneliers, n° 1

—

1895

A Sa Grandeur Monseigneur SOURRIEU,
Archevêque de Rouen.

Monseigneur,

J'ai l'honneur de soumettre à la bienveillante attention de Votre Grandeur ce petit volume que je viens de terminer, et où j'ai essayé d'exposer le tableau, si édifiant et si réconfortant à la fois, des merveilles accomplies chaque jour par la charité chrétienne à Rouen.

Je ne me dissimule pas, Monseigneur, que, malgré tous mes efforts, je n'ai pu produire qu'une esquisse bien imparfaite. Certes, l'importance d'une œuvre pareille aurait demandé un ouvrier plus expérimenté ; mais, à défaut d'autre mérite, je puis revendiquer celui de l'avoir accomplie avec mon cœur.

Elle renferme l'historique de plus de soixante fondations charitables, uniquement dues à l'inspiration chrétienne et qui poursuivent, jour et nuit, dans votre ville archiépiscopale, sans bruit, sans ostentation, leur admirable mission de paix, de consolation et de miséricorde. Il n'est pas, en effet, une misère, une souffrance physique ou morale qui ne soit soulagée, consolée et secourue. Une ou plusieurs institutions fonctionnent à côté de chaque catégorie d'infortunes, et sont alimentées par la bienfaisance catholique qui s'ingénie pour remédier, dans la mesure du possible, aux inégalités du sort.

Vous êtes, Monseigneur, le protecteur de toutes; elles sont toutes l'objet de votre constante sollicitude. A ce titre, j'ose prier Votre Grandeur de bien vouloir accepter la dédicace de mon modeste travail et l'accueillir comme un témoignage de mon filial dévoûment.

Daignez, Monseigneur, agréer l'expression des sentiments de profond respect et de reconnaissance avec lesquels j'ai l'honneur d'être,

de Votre Grandeur,

le très-humble et très-dévoué serviteur,

Victor Duval,

Rédacteur au *Patriote* et *Nouvelliste de Rouen*.

ARCHEVÊCHÉ
DE ROUEN

Rouen, le 5 Août 1893.

Cher Monsieur,

La lecture de votre livre : *la Charité à Rouen*, a eu pour moi le caractère d'une découverte. Malgré ses formes innombrables au milieu de nous, après avoir contemplé le mouvement de ses œuvres avec autant de constance que d'avidité, je croyais les connaître. Je n'en connaissais que les titres et l'écorce. Vous avez ouvert l'écorce, et vous nous avez offert leur sève, leur parfum, leurs propriétés exquises en disant soit leur origine, soit leur histoire.

Elles embrassent toutes les infirmités de l'homme, depuis le berceau jusqu'à la tombe. Il y en a qui tiennent du prodige. Plusieurs, comme l'*Hospitalité de nuit*, font penser aux sauveteurs du Mont-Saint-Bernard, par ce que, à leur exemple, elles disputent, sinon aux trombes des neiges, du moins à celles de la misère, les malheureux, les enfants perdus de notre ville, jetés la nuit sur le pavé des carrefours.

A notre belle et noble cité, vous donnez conscience des vertus qu'elle professe. Vous les lui racontez d'un style simple, dégagé, vivant. L'intérêt grandit à chaque page.

Quelle saine jouissance! Votre livre multipliera les gens de bien. Puisque vous êtes l'historiographe de la Charité, j'ose vous prédire que vous aurez de nouveaux chapitres à tracer. Vous déposez la plume, mais tenez-vous prêt à la reprendre.

Recevez, cher Monsieur, l'assurance de ma parfaite considération.

† MARIE-ROMAIN,
Archevêque de Rouen.

LA CHARITÉ

A ROUEN

CHAPITRE Ier

ENFANCE — MATERNITÉ — CRÈCHES

Société de Charité maternelle — Crèches Saint-Maclou et Saint-Vivien (fondation Forbras)

Chaque époque de notre existence nationale a eu sa grandeur et sa décadence, sa civilisation et ses progrès.

L'évolution lente mais certaine des Sociétés est de tous les âges et de tous les temps.

Il est certains sociologues, cependant, qui, sacrifiant la vérité historique à leur esprit de parti, ne craignent pas de soutenir, dans leurs paroles et leurs écrits, que la France ne s'est réellement engagée dans la voie du progrès qu'à partir du jour où la première Révolution a sapé par la base toutes nos vieilles institutions.

Ce n'est pas à Rouen, certes, qu'une pareille prétention sera jamais prise au sérieux.

Ce passé, sur lequel on voudrait jeter comme un voile funèbre, a poussé de trop profondes racines dans le sol de notre antique cité pour se laisser oublier.

La splendeur de nos monuments n'est-elle pas là pour proclamer non-seulement le génie du Moyen Age et de la Renaissance, mais aussi une civilisation qui a fait éclore les conquêtes des temps modernes?

Ainsi, pour ne parler que des institutions de bienfaisance, il suffit de se reporter avant 1789 pour se convaincre que l'organisation charitable ne le cédait en rien, en tenant compte bien entendu de la différence des temps, à celle qui existe aujourd'hui.

Ce qui est vrai, c'est que toutes les œuvres de charité furent emportées, à cette époque d'ébranlement général, par la tourmente révolutionnaire, et qu'il fallut tout recréer, tout reconstituer lorsque reparurent les jours de tranquillité.

Grâce à Dieu, cette reconstitution, en ce qui concerne surtout les œuvres charitables et humanitaires, est aussi complète que possible.

Dans le vaste domaine où elle exerce son autorité, la bienfaisance a, de tous temps, suivi de très-près — quand elle ne l'a pas précédé — le mouvement en avant de la civilisation. Là, principalement, une ardente et généreuse émulation, inspirée par cette force d'en haut qui s'appelle la foi, enfante le progrès pour le salut du genre humain.

De nos jours, les œuvres d'assistance prennent l'homme au berceau et ne l'abandonnent qu'à la tombe.

Les Sociétés maternelles de secours, les Crèches, les Asiles ou Refuges de toutes sortes, où tant d'humbles héroïnes de la charité accomplissent en silence, à toute heure du jour et de la nuit, leur sublime ministère de dévoûment et de sacrifice pour arracher l'enfance à la maladie, aux mauvais traitements et à la mort, marquent la première étape des institutions charitables échelonnées le long de l'existence des déshérités de ce monde.

Cette étape est la plus difficultueuse à franchir, mais elle est d'un intérêt social de premier ordre.

Avant de s'apitoyer sur l'homme, en effet, il est indispensable d'assurer le sort de l'enfant et de le prémunir contre les dangers auxquels sa frêle nature se trouve exposée au seuil de la vie.

Que de victimes, hélas! la misère, le manque de soins et surtout les instincts pervers de la mère, ne font-ils pas, chaque année, dans la population infantile!

Les statistiques sont effrayantes à consulter à cet égard. Mais combien seraient plus désastreux encore les ravages de la mortalité si les œuvres de protection de l'enfance cessaient tout à coup de fonctionner !

Qui dira jamais le nombre des petites créatures disputées par elles à la mort et conservées à la société par leurs soins délicats et maternels !

C'est en présence surtout de la diminution persistante de la natalité en France et des progrès lamentables et constants de notre dépopulation, véritable péril national, qu'on ne saurait trop apprécier et trop admirer les services patriotiques rendus par ces multiples institutions qui s'occupent spécialement des soins et des besoins du premier âge.

Autrefois, nous marchions, si on excepte la Russie, à la tête des puissances européennes par le chiffre de notre population ; nous n'occupons plus aujourd'hui que le cinquième rang. L'Allemagne, l'Autriche et même l'Angleterre passent avant nous. Elles progressent, tandis que nous déclinons. Telle est la triste vérité !

A part les lamentations et les cris d'alarme intermittents de quelques bonnes âmes qui ont le goût de l'étude ethnographique, nul, sauf la charité privée, ne se préoccupe sérieusement de rechercher un remède efficace au mal endémique qui ronge la patrie française et la tue à petit feu.

Société de Charité maternelle

Au premier rang des œuvres de protection de l'enfance se place la *Société Maternelle*. Sa fondation doit être inscrite à l'actif des progrès qui ont précédé la Révolution. Elle remonte, en effet, au règne de Louis XVI. Une sainte femme, Mme du Fougeret, en eut l'initiative.

La princesse de Lamballe en fit l'éloge à la reine Marie-Antoinette, qui reconnut bien vite les services qu'une pareille institution était appelée à rendre. Elle accueillit donc avec un tendre empressement l'idée de Mme du Fougeret et lui promit tout son appui.

Peu de jours après (1784), la Société Maternelle était créée. Les principales villes de France — et Rouen fut de ce nombre, — suivirent cet exemple, et une ordonnance royale, en date de 1788, plaça toutes les Sociétés existantes sous la haute protection de Marie-Antoinette.

La tempête révolutionnaire s'étant déchaînée, cette institution sociale ne fut pas plus respectée que les autres. Elle disparut dans la tourmente. Mais sa fondatrice ne perdit pas courage; les mauvais jours passés, elle s'appliqua à la ressusciter.

Sous le Consulat, Mme du Fougeret rencontra sur sa route une autre femme au cœur noble et généreux, Mme la marquise de Pastoret, qui devint bientôt pour elle une auxiliaire des plus précieuses.

La *Société Maternelle* fut donc reconstituée.

Mme du Fougeret reprit la présidence du conseil de l'œuvre et désigna sa nouvelle collaboratrice, Mme la marquise de Pastoret, pour remplir les fonctions de secrétaire.

Un règlement fut élaboré. L'article premier était ainsi conçu :

> La Société de Charité maternelle a pour objet d'assister les pauvres femmes en couches, de les encourager à nourrir elles-mêmes leurs enfants et d'empêcher ainsi l'exposition d'enfants légitimes aux Enfants trouvés.
>
> La Société de Charité maternelle a été formée par des femmes, parce que ce sont elles que la Providence a plus particulièrement appelées au secours de l'enfance et des mères indigentes.
>
> La Société étend son secours aux enfants nés de parents appartenant aux divers cultes.

Des tentatives furent faites pour y intéresser Mme Bonaparte, mais Joséphine, malgré toute son admiration pour l'œuvre, dut se borner à une stérile bienveillance

« Le temps n'était pas encore venu pour le pouvoir de patronner officiellement une création de Marie-Antoinette. Cependant, l'Empereur se souvint plus tard de ces premières tentatives. En 1810, il voulut que l'impératrice Marie-Louise prît le titre de présidente. Un décret de 1811 mit une somme considérable à la disposition de la trésorière. Le cardinal Fesch, Cambacérès, reçurent des titres pompeux dans l'œuvre et prirent part à plusieurs de ses séances. Un jour même Napoléon fit venir ces dames à Saint-Cloud et voulut leur imposer un uniforme. Quelques objections firent ajourner cette idée, emportée dans le tourbillon des derniers jours de l'Empire. Cependant, même à ses heures suprêmes, Napoléon conserva le souvenir de ses courtes relations avec Mme de Pastoret, tant était ineffaçable le charme de sa grâce et de ses vertus.

« Dès les premiers jours de la Restauration, Mme la Dauphine s'empressa d'accepter la présidence de l'œuvre de sa sainte mère et confirma le titre de vice-présidente à Mme de Pastoret. Le procès-verbal du 9 janvier 1815 constate le versement de 5,000 fr., pour contribution des quatre premiers mois de l'année, entre les mains de M. Grivel, trésorier, de la part de la duchesse d'Angoulême (1). »

Rouen fut une des premières villes de province qui adoptèrent cette belle institution.

A peine était-elle fondée à Paris que des dames charitables de notre ville se mettaient à la tête d'une organisation semblable.

---

(1) Léon Crosnier, la *Charité à Angers*.

Dès 1784, la Société Maternelle de Rouen fonctionnait déjà, en se conformant au règlement adopté par celle de la capitale.

Le régime de la Terreur arrêta la diffusion de ses bienfaits et ce n'est qu'en 1810 qu'on la voit reparaître, sous la haute surveillance de l'impératrice Marie-Louise.

Voici la liste des membres qui composaient le conseil primitif :

Présidente. — Mme la Marquise de NAGU (elle était déjà présidente en 1784).

Membres du Comité :

Mmes la Baronne DE VILLEQUIER (femme du premier président de la Cour impériale),
la Baronne JONQUET (femme du procureur général);
la Baronne SAVOYE-ROLLIN (femme du préfet);
la Baronne DEMASIÈRE (femme du maire);
la Baronne LÉZURIER DE LA MARTEL;
la Marquise DE MARTAINVILLE;
GUETTINGER;
MANOURY.

Secrétaires. — MM. DUBOURG et Auguste LE PREVOST;

Trésorier. — Le Baron LÉZURIER DE LA MARTEL.

Le 3 septembre 1812, une réunion importante eut lieu à la préfecture, sous la présidence de Mme de Girardin, femme du préfet, qui remplaçait Mme de Nagu, empêchée. C'est dans cette réunion que fut élaboré un règlement spécial à la Société de Rouen. Il fut autant que possible calqué sur celui de Paris :

> Le but de la Société Maternelle de Rouen, disait ce réglement, est d'assister les mères de famille et leurs enfants nouveau-nés, à un moment où l'insuffisance des ressources compromet gravement l'existence de la mère et celle du petit être auquel elle vient de donner le jour.
> La Société assure la presence du médecin ou de la sage-femme, procure les objets nécessaires au nouveau-né : linge, vêtements, etc., et accorde à la mère une prime pour l'encourager à l'allaiter elle-même.
> La Société, cependant, dans le but d'encourager la moralité dans les familles, ne promet aide et assistance qu'à celles qui sont régulièrement constituées par le mariage civil et religieux, accompli suivant les rites des différentes religions.

Cette dernière condition n'a pas cessé d'être observée depuis lors. Nous ajouterons qu'elle est pleinement justifiée, surtout à notre époque, où les défaillances sont devenues si nombreuses.

La Société Maternelle de Rouen est d'autant plus obligée de se soumettre à cette restriction, qu'elle ne dispose pas de ressources suffisantes pour répondre à tous les besoins de notre populeuse cité. Son devoir est donc de secourir d'abord les familles honnêtes et laborieuses, et en agissant ainsi elle ne fait qu'obéir à un sentiment de haute moralité et se conformer à la pensée de ses donateurs.

Après les événements de 1814, les Sociétés de Charité maternelle furent, par l'ordonnance du

31 octobre, placées sous la protection de la duchesse d'Angoulême.

A Rouen, il n'y eut aucun changement dans le personnel.

M. Stanislas de Girardin resta préfet de la Seine-Inférieure quelque temps encore, et Mme de Nagu conserva la présidence de la Société Maternelle.

Il faut croire qu'à cette époque les services rendus par ladite Société n'étaient guère moins recherchés qu'aujourd'hui, car on lit dans le rapport du comité, en 1817, que, le 20 mars, plus de soixante femmes s'étaient présentées pour demander des secours et qu'il n'y avait en caisse que 2,455 fr.

Il est probable que les principales ressources de l'Œuvre provenaient alors des cotisations personnelles des dames du bureau, au nombre de douze, et des dames adhérentes.

M. Ch. des Alleurs, qui fut non-seulement le médecin et le secrétaire-archiviste de la Société Maternelle de Rouen, mais aussi le bienfaiteur et l'historien, nous apprend qu'au cours d'une séance tenue par le comité, le 23 juin 1823, on reçut une lettre de Mme de Pastoret, annonçant que Mme la baronne de Vanssay, femme du nouveau préfet, venait d'être nommée, par S. A. R. Mme la duchesse d'Angoulême, présidente de l'Œuvre de Rouen, en remplacement de Mme de Nagu, démissionnaire.

Comme don de joyeux avénement, la nouvelle présidente, en prenant possession de ses fonctions, apporta la nouvelle que le Conseil général venait d'accorder à la Société un secours extraordinaire de 1,500 fr.

Mme de Vanssay resta présidente jusqu'en 1828 et fit preuve du plus grand dévouement. Son départ et ses bienfaits furent vivement regrettés.

Mme de Murat lui succéda et c'est sous sa présidence que furent organisés des ventes de charité, des sermons et des concerts de bienfaisance, en vue de venir en aide à la Société.

L'assemblée de charité a lieu le premier mercredi de carême.

Les archevêques de Rouen l'ont toujours présidée et des prédicateurs éminents ont, de tout temps, mis au service de ces réunions le charme de leur éloquence et les ressources de leur généreux talent. On peut même dire que les orateurs chrétiens les plus réputés du siècle ont prêché à Rouen des sermons de charité au profit de cette belle Œuvre; qu'il suffise de citer l'abbé Ratisbonne, le R. P. Petétot, l'abbé Bautain, etc.

La première conférence religieuse fut faite par M. l'abbé Fayet qui devint évêque d'Orléans et mourut représentant du peuple, le 4 avril 1849.

Le sermon prononcé par M. l'abbé Deguerry, dans les premiers jours du mois de mars 1830, rapporta l'importante somme de 3,000 fr. Des remerciements furent votés au prédicateur, pour le zèle et le talent extraordinaire dont il avait fait preuve.

Comme principal élément de recettes, la Société maternelle tient chaque année, le jeudi de la Mi-Carême une *grande vente* d'objets divers confectionnés ou offerts par les dames patronnesses.

Pendant de longues années, la grande salle de l'Hôtel-de-Ville était aussi transformée en bazar de charité, où la foule affluait d'autant plus que ce jour était pour la population de notre ville une réminiscence des joyeusetés du Mardi-Gras.

Actuellement l'hospitalité est donnée à la Société maternelle dans la salle des Consuls.

Les comptoirs divers s'y étalent de la manière la plus heureuse et des jeux variés sont organisés à côté pour distraire les enfants, leurs petites emplettes étant accomplies.

A la suite de la vente il est tiré diverses loteries, soit d'objets offerts par les autorités, soit de ceux non vendus.

Le produit annuel de la vente et des loteries est d'environ 12,000 fr.

En 1848, par suite de la révolution, la vente de charité annuelle ni le concert de bienfaisance ne purent avoir lieu dans les salles de l'Hôtel-de-Ville; mais Mgr Blanquart de Bailleul s'empressa de mettre à la disposition du comité la salle des Etats de l'archevêché.

C'est à cette époque que la Société Maternelle de Rouen fut reconnue comme établissement d'utilité publique, ce qui lui permit de recueillir des legs et de s'assurer un capital de ressources annuelles.

MM. Bouctot, Lavoine et Mme de Worrel furent de généreux donateurs à ce titre.

Mgr Blanquart de Bailleul, obligé par son état de santé d'abandonner le diocèse de Rouen, la Société lui exprima publiquement les regrets qu'elle ressentait de son éloignement et lui témoigna sa gratitude pour la protection qu'il n'avait cessé de lui manifester.

Son digne successeur, Mgr de Bonnechose, réunit, le 7 avril 1859, les Dames patronnesses dans la chapelle de l'archevêché et, après avoir dit la messe pour appeler sur leur Œuvre les bénédictions du Ciel, il leur recommanda, avec une touchante bonté, de joindre d'utiles conseils à leurs bienfaits dans les visites qu'elles faisaient aux familles secourues.

Le 3 avril de la même année, Mme Armand Le Mire fut appelée à remplacer Mme la baronne Elie Lefebvre à la présidence de la Société, qu'elle occupa jusqu'en 1873. Mme d'Icquelon lui succéda; mais cette dernière ne resta que peu de temps présidente. En 1875, en effet, Mme Henry Barbet fut élue à sa place, et c'est elle qui préside encore aujourd'hui, avec sa foi ardente et son zèle éclairé, au fonctionnement de l'institution.

Voici, du reste, avec la durée de leurs fonctions, la liste des dames qui ont occupé la présidence de la Société Maternelle de Rouen, depuis son origine jusqu'à nos jours :

De 1784 à la Révolution et de 1810 à 1823...................	La marquise DE NAGU.
De 1823 à 1828................	La baronne DE VANSSAY.
De 1828 à 1830................	La comtesse DE MURAT.
De 1830 à 1859................	La baronne Elie LEFEBVRE.
De 1859 à 1873................	Mme Armand LE MIRE.
De 1873 à 1875................	Mme D'ICQUBLON.
Et depuis 1877................	Mme Henry BARBET.

L'organisation de la Société Maternelle de Rouen n'a pas varié depuis 1848 ; les règles posées à cette époque sont restées en vigueur.

Les dames élues en assemblée générale et agréées par l'administration départementale, composent le comité, qui comprend également un secrétaire-archiviste.

Les recettes sont centralisées par le trésorier-payeur général.

Un médecin et un chirurgien assistent de droit aux réunions trimestrielles.

La ville de Rouen est divisée en vingt-deux sections.

Une dame du comité est attachée à chacune de ces sections. Elle est chargée d'inscrire et de visiter les mères de familles, de leur distribuer des secours qui sont toujours proportionnés au nombre d'enfants en bas-âge. .

La Société vient en aide aux mères de famille, sans distinction de nationalité et de religion. Elle ne s'adresse, toutefois, qu'aux femmes mariées légitimement, pour les motifs de haute moralité que nous avons signalés plus haut. Elle préserve de l'abandon les nouveaux-nés, en imposant autant que possible aux mères le devoir d'allaiter elles-mêmes leurs enfants et de les conserver près d'elles, pendant les premières années surtout.

Indépendamment des subsides accordés aux parents, les enfants nouveau-nés reçoivent des layettes complètes et des vêtements de deuxième âge.

On peut diviser en quatre catégories les bénéficiaires des secours de la Société :

1º Les femmes veuves ayant perdu leur mari pendant leur grossesse et ayant déjà un enfant vivant;

2º Celles qui, ayant un enfant, ont un mari incapable de travailler, par suite d'infirmité ou de maladie chronique;

3º Les mères de deux enfants vivants, atteintes elles-mêmes d'infirmité;

4º Enfin, celles dont le mari, quoique valide, a la charge de trois enfants vivants ou plus.

Pour être admises aux secours, les mères de famille doivent, dans les deux mois qui précédent leur délivrance, se présenter à la dame de section, qui fait les démarches nécessaires.

Actuellement, le bureau de l'Œuvre est ainsi composé :

Mᵐᵉ H. Barbet, *Présidente*, rue d'Harcourt.

Officiers du Bureau

MM. A. Sanson, Payeur général, *Trésorier* ;
J. Bligny, *Secrétaire-Archiviste* ;
Ch. Tinel, *Docteur-Médecin* ;
Paul Hélot,   dº.

Voici les noms et adresses des Dames qui délivrent les secours aux mères de familles, dans les diverses circonscriptions :

1ʳᵉ Circonscription. — *Paroisse Saint-Paul.* — Mᵐᵉ H. Wallon, Val-d'Eauplet.

2ᵉ Circonscription. — *Paroisse Saint-Hilaire.* — Mᵐᵉ Le Rebours, rue Sainte-Croix-des-Pelletiers.

3ᵉ Circonscription. — *Paroisse Saint-Romain.* — Mᵐᵉ Bidault, boulevard Jeanne-Darc.

4ᵉ Circonscription. — *Paroisse Saint-Vivien* (Quartier Saint-François). — Mᵐᵉ A. Sanson, rue de la Seille.

5ᵉ Circonscription. — *Paroisse Saint-Vivien* (Quartier Hospice-Général). — Mᵐᵉ Chastellain, rampe Bouvreuil.

6º Circonscription (Quartier de l'Eglise). — Mᵐᵉ X.

7ᵉ Circonscription. — *Paroisse Saint-Nicaise.* — Mᵐᵉ Pimont, rue Saint-Jacques.

8ᵉ Circonscription. — *Paroisse Saint-Ouen.* — Mᵐᵉ René Dieusy, rue de Fontenelle.

9ᵉ Circonscription. — *Paroisse Saint-Maclou* (Aître). — Mᵐᵉ de Germiny.

10ᵉ Circonscription. — *Paroisse Saint-Maclou* (Eglise). — Mᵐᵉ M. Lainé-Condé, rue Jeanne-Darc.

11ᵉ Circonscription. — *Paroisse Saint-Maclou* (Saint-Marc). — Mᵐᵉ L. Malfilatre, rue de Crosne.

12ᵉ Circonscription. — *Paroisse Notre-Dame.* — Baronne de Rothiacob, place de la Pucelle.

13ᵉ Circonscription. — *Paroisse Saint-Vincent.* — Mᵐᵉ Henri Barbet, rue d'Harcourt.

14ᵉ Circonscription. — *Paroisse Saint-Godard.* — Mᵐᵉ de la Rousserie, rue du Moulinet.

15ᵉ Circonscription. — *Paroisse Saint-Patrice.* — Mᵐᵉ de Gibert, rue Faucon.

16ᵉ Circonscription. — *Paroisse Saint-Gervais.* — Mᵐᵉ Ch. Keittinger, rue du Renard.

17ᵉ Circonscription. — *Paroisse Sainte-Madeleine.* — Mᵐᵉ Ch. Lizé, rue de Crosne.

18ᵉ Circonscription. — *Paroisse Saint-Sever* (Bonne-Nouvelle). — Mᵐᵉ d'Eté, place de l'Hôtel-de-Ville.

19ᵉ Circonscription. — *Paroisse Saint-Sever* (Emmurées). — Mᵐᵉ Cavelan, rue Jeanne-Darc.

20ᵉ Circonscription. — *Paroisse Saint-Sever* (Saint-Yon). — Mᵐᵉ Miroude-Pichard.

21ᵉ Circonscription. — *Paroisse Saint-Clément* (Jardin des Plantes). — Mᵐᵉ H. Pinel, rue de la Motte.

22ᵉ Circonscription. — *Paroisse Saint-Clément* (Chartreux). — Mᵐᵉ Guillou, rue de Fontenelle.

Le budget annuel de la Société Maternelle de Rouen s'élève, en dépenses, au chiffre de *trente mille* francs environ. Les frais accessoires sont pour ainsi dire nuls : toutes les ressources bénéficient aux protégés de l'œuvre.

Nous avons dit que les recettes de l'Œuvre provenaient presque exclusivement de la charité : cotisations des dames patronnesses, sermons de charité et loterie annuels, etc. L'Etat, il est vrai, accorde une subvention, mais elle est tellement réduite de nos jours que si la charité venait également à se restreindre dans sa générosité, c'en serait fait d'une œuvre aussi utile et aussi humanitaire.

Les Crèches

Parmi ces admirables refuges dont saint Vincent de Paul, ce sublime protecteur de l'enfance, a doté l'humanité, l'une des œuvres les plus dignes d'être encouragées et soutenues est, sans contredit, l'œuvre des Crèches.

Il y a à peine un demi-siècle que ces institutions, qui rendent tant de services, ont commencé à fonctionner en France, et, aujourd'hui, il est bien peu de villes qui n'en possèdent une ou plusieurs, suivant leur degré d'importance.

La première crèche fut fondée en France, le 14 novembre 1844, à Chaillot. L'idée en fut suggérée à l'un de ces philanthropes dont l'histoire de la charité chrétienne doit conserver fidèlement les noms pour les transmettre, comme exemples, à la postérité.

Il est rare que les grandes œuvres n'aient pas pour origine une circonstance purement fortuite. La vue d'un coin du tableau des misères humaines pris sur le vif, quelquefois même un simple incident qui pour tout autre observateur ne paraîtrait pas sortir du cadre ordinaire de la vie, suffisent pour provoquer chez les natures d'élite une de ces impressions pénétrantes qui les obsèdent au point de changer, tout à coup, le cours de leur existence et de leur inspirer les plus merveilleuses créations.

C'est sous l'influence d'une de ces fortes émotions ressenties, que M. Firmin Marbeau conçut et réalisa le vaste projet de fonder la Société des Crèches.

Un jour, en se promenant du côté de Chaillot, un spectacle poignant s'offrit à lui : une femme tenait dans ses bras un enfant mort de misère et de faim. Un second était couché près d'elle poussant des cris à fendre l'âme. Sa maigreur, son visage pâle, son air souffreteux indiquaient clairement que les privations ne devaient pas tarder à faire une nouvelle victime. Il y avait bien là de quoi frapper vivement l'esprit et le cœur d'un homme tel que M. Firmin Marbeau. Il distribua quelque subside à la malheureuse mère et partit en proie à la plus profonde tristesse, s'abandonnant aux plus sérieuses réflexions. Selon lui, une lacune existait dans les œuvres de protection du premier âge.

Entre la charité maternelle, qui vient en aide à la mère, au moment de ses couches, et l'asile, où l'enfant ne peut être admis qu'à l'âge de deux ans au moins, il pensa qu'il y avait place pour une institution qui se chargerait des soins à donner à ces petits êtres, qui naissent dans le malheur, et remédierait à la situation de bien des ouvrières, que leurs occupations obligent, dans la journée, à s'éloigner de la maison. Cette institution, c'était la crèche; et ce fut ainsi que la première fut fondée à Chaillot.

Ce n'est pas au hasard, toutefois, que M. Marbeau baptisa de ce nom le nouvel asile. Il se rappela le berceau de Béthléem et pensa que Jésus, naissant pauvre dans une crèche, devait être le parrain et le protecteur du berceau qu'il venait de fonder pour les petits êtres qui, comme le divin enfant, sont nés dans la pauvreté.

L'Œuvre reçut les plus précieux encouragements, attira les plus hauts et les plus puissants patronages, et ne tarda pas à prendre un grand développement à Paris, où l'on compte plus de soixante crèches aujourd'hui, qui reçoivent deux mille enfants environ et viennent en aide à plus de seize cents familles ouvrières.

L'impulsion donnée par la capitale ne devait pas tarder à gagner la province. Le monde religieux surtout, dont l'attention est toujours en éveil quand il s'agit de charité et de dévouement, fut frappé de l'utilité de l'institution naissante et des services immenses qu'elle pouvait rendre aux classes laborieuses.

Dans les villes importantes, il se forma des comités pour créer le plus grand nombre possible de ces modestes asiles où, moyennant une faible rétribution, les pauvres mères de famille -- qui sont obligées, par les nécessités de leur état, à rester pendant toute la journée hors de leur domicile — pourraient placer leurs enfants en bas-âge, avec la certitude qu'en leur absence ces chères petites créatures seraient l'objet des soins les plus tendres.

Notre ville de Rouen, qui s'honore de marcher au premier rang sur la voie des progrès réalisés dans le domaine de la bienfaisance, se mit à l'œuvre, dès le début, pour établir des crèches dans les quartiers les plus pauvres et les plus populeux.

Dès 1847, un groupe de zélés bienfaiteurs, prenant l'initiative d'une si louable entreprise, en étudia l'organisation et le fonctionnement. De ce groupe naquit le *Comité des Crèches de Rouen,* qui fut ainsi composé :

MM. le Docteur Aubert, fondateur, *Président;*
l'abbé Doudement, Curé de Saint-Maclou;
Chéron, Conseiller à la Cour royale;
l'abbé Ouin-Lacroix, Vicaire à Saint-Maclou;
d'Estaintot, Avocat à la Cour royale.

Ce Comité décida tout d'abord de fonder, rue du Ruissel, n° 40, une crèche pour les paroisses de Saint-Maclou et de Saint-Paul, réputées les plus nécessiteuses de Rouen. Il posa à ses frais la première pierre de cet établissement.

Mais il fallait tout créer et les dépenses étaient assez considérables. On avisa alors à un moyen, toujours efficace dans notre très-charitable cité, c'était de faire appel au concours moral et pécuniaire de la société rouennaise.

Une circulaire fut rédigée et envoyée. En voici le texte, que nous extrayons d'une brochure publiée, en 1847, sur l'Œuvre des crèches, par M. le comte Langlois d'Estaintot :

FONDATION DE CRÈCHES DANS LA VILLE DE ROUEN

Crèche de Saint-Maclou et de Saint-Paul
Rue du Ruissel, n° 40

Pour les enfants pauvres, âgés de moins de deux ans, dont les mères travaillent hors de leur domicile.

« Celui qui est sourd aux cris
« du pauvre criera lui-même et
« ne sera pas écouté. »

Une pauvre mère, qui est obligée de gagner sa journée hors du logis, confie son enfant aux soins d'une étrangère, d'une gardienne d'enfants ou d'une voisine, pauvre comme elle.

A-t-elle plusieurs enfants, bientôt le prix de son salaire devient insuffisant, elle est obligée de les abandonner à tous les dangers qui entourent un âge si tendre ; ils souffrent, crient pendant qu'elle travaille au loin pour eux ; que de fois nous avons entendu les plaintes trop réelles qu'exprimaient les mères soumises à cette dure nécessité ; mais il n'est pas d'argument contre la faim.

Devons-nous nous étonner de voir des accidents si fréquents arrivés à ces petites créatures laissées dans leur berceau pendant l'absence de leur mère.

Ici, c'est un jeune enfant que sa mère trouve dévoré par le dernier vestige de son berceau en feu, une brique trop chaude déposée à ses pieds a été la cause accidentelle de sa mort ; là, c'est un jeune frère qui va donner par distraction la mort au marmot confié à ses soins.

Si nous détournons notre attention de ce triste spectacle, n'est-ce pas pour entendre les plaintes que la société élève sur le nombre de ces enfants trouvés, sur la quantité d'estropiés ou de rachitiques que produit la classe indigente. Quelle œuvre est plus digne d'intérêt? Le sort de l'enfance est en question, et l'enfance d'aujourd'hui c'est l'humanité de demain.

La religion, l'intérêt public demandent qu'on vienne au secours de ces pauvres mères, au secours de ces pauvres enfants ; il importe au bien public que la société, cette seconde mère du citoyen, veille sur tous ces malheureux, afin qu'ils sachent qu'aucun effort ne lui coûte pour les retirer du gouffre de la misère et pour en détourner leurs enfants. Toutefois, il est essentiel qu'ils n'ignorent pas que le travail, la bonne conduite et la résignation peuvent seuls les rendre dignes d'intérêt.

On vient de fonder dans le quartier Saint-Maclou et Saint-Paul une crèche pour les enfants pauvres de ces paroisses qui, n'ayant pas encore deux ans, ne peuvent être admis à l'asile. Des femmes d'une moralité sûre prennent soin des enfants, sous la surveillance de dames inspectrices. Un thermomètre indique la température convenable à ces jeunes plantes; un ventilateur épure l'air constamment, et la crèche est visitée chaque jour par un médecin. La mère donne aux mères nourrices ou aux bonnes 0 fr. 15 par jour pour un enfant et 0 fr. 25 pour deux. Cette rétribution, ajoutée : 1° à la nécessité d'allaiter l'enfant ou de garnir son panier; 2° à l'obligation de le garder la nuit et les jours fériés, conserve intact le lien précieux de la maternité; l'enfant plus tard ne dira pas à sa mère : « Tu n'as rien fait pour moi. » La consommation par jour est de 0 fr. 35.

Le Comité qui vient de se fonder n'a pas voulu, dans une année si féconde en calamités, diviser des aumônes qui suffisent à peine à alléger les misères de notre population. Toutefois, il a pris l'engagement de gratifier la ville de Rouen de quatre crèches, qui seront établies dans l'ordre suivant :

1° Une dans la paroisse Saint-Maclou, ayant pour annexe celle de Saint-Paul;

2° Une dans la paroisse de Saint-Vivien, à laquelle sont jointes Saint-Nicaise et Saint-Hilaire;

3° Une dans le faubourg Saint-Sever;

4° Une embrassera les paroisses de Saint-Romain, de Sainte-Madeleine et de Saint-Gervais.

La crèche trouvera partout des sympathies, parce qu'elle répond à un besoin réel. Elle n'est pas aux tâtonnements d'un début. Paris et plusieurs autres villes de province en comptent un grand nombre.

Rouen ne pouvait différer plus longtemps d'élever à sa grande famille ouvrière cet asile de la première enfance. Le Conseil général, par les soins de M. le Préfet, a signalé à l'attention publique combien il verrait avec plaisir la création de crèches dans notre département. « Il m'a paru, a dit le Ministre de l'Intérieur, qu'il pourrait être d'une bonne administration de propager le plus possible la création des crèches. » La Société d'Emulation, toujours empressée d'encourager tout ce qui peut élargir le bien-être du malheureux, a cru ne pas devoir faire un meilleur emploi d'une somme d'argent que lui a léguée un vénérable ecclésiastique, l'abbé Gossier, qu'en souscrivant, « pour favoriser autant qu'il lui était possible ces créations, une somme de 800 fr., qui seront affectés, dans un délai de deux ans, à l'achat de berceaux complets et répartis, par parts égales, entre les deux premières crèches qui auront paru à la Compagnie fondées dans de bonnes conditions de durée et d'organisation. »

La crèche porte le germe d'une institution qui doit compléter l'ensemble des soins dont la société chrétienne entoure l'enfant indigent.

Femmes du monde, vivifiez, par votre dévouement, la crèche du pauvre, dont les enfants souffrent et meurent : vos enfants souffrent aussi et meurent.

Vincent de Paul vous redirait, aujourd'hui comme autrefois : « Or sus, Mesdames, les laisserez-vous mourir, les laisserez-vous souffrir ? »

Le comité fondateur est heureux de pouvoir citer le nom de personnes honorables qui, déjà, lui promettent leur concours :

Mmes la Baronne DUPONT-DELPORTE;
   H. BARBET;
   FRANCK-CARRÉ;
   D'ICQUELON;
   la Comtesse DE GERMINY;
   la Comtesse DE MAUSSOU;
   GÉRARD;

Mmes H. Caudron de Coqueréaumont ;
Bastide ;
Worell ;
H. d'Icquelon ;
Germonière ;
de Duranville ;
E. de la Bunodière ;
C. Bellest ;
MM. Levavasseur, Député de la Seine-Inférieure ;
Duthuit, Adjoint au maire de Rouen ;
Prat, Membre du Conseil général ;
Corneille, Inspecteur d'Académie ;
Taillandier, Membre de la Commission des hospices ;
Foulogne ;
Archier ;
Barthélemy, Architecte.

Cet appel fut entendu et, de même qu'il n'y avait eu qu'un cri d'admiration et de reconnaissance dans Paris pour M. Marbeau, quand on vit fonctionner son premier asile à Chaillot, de même il y eut unanimité, dans Rouen, pour approuver, encourager et soutenir les charitables efforts du comité des crèches.

Comme l'indique la circulaire qu'on vient de lire, il entrait dans le programme des honorables fondateurs de créer, dès 1847, quatre crèches à Rouen. Mais, pour des causes diverses, ce programme ne devait recevoir sa complète exécution que plus tard. Il faut bien dire aussi que l'institution naissante inspirait une certaine défiance aux mères de famille. Obéissant à un sentiment maternel, facile à comprendre, elles hésitaient, au début, à confier leurs enfants aux soins d'un asile public.

En un mot, la crèche Saint-Maclou et Saint-Paul avait besoin de faire ses preuves pour dissiper tous les préjugés.

Le dévouement des saintes femmes qui furent appelées à diriger les services du nouvel établissement se chargea de le rendre populaire au bout de peu de temps.

Quand après une journée de travail, indispensable pour nourrir le reste de la famille, la pauvre mère qui, le matin, avait placé son dernier né sous la garde des bonnes sœurs, le retrouvait, en rentrant le soir, bien portant et lui souriant, calme et reposé, dans son petit berceau de la crèche, elle sentait alors toutes ses inquiétudes se dissiper, ses fatigues tomber comme par enchantement, et elle bénissait une institution qui lui permettait ainsi de concilier ses intérêts avec ses affections et ses devoirs.

Dans ces conditions, les postulantes ne devaient pas tarder à affluer à l'asile de la rue du Ruissel. L'élan était donné et une seule crèche ne suffisait plus à satisfaire le nombre des solliciteuses. De nouveaux sacrifices s'imposaient donc à la charité chrétienne; elle y songeait et une nouvelle crèche allait bientôt s'ouvrir.

Un de ces dignes prêtres, qui semblent être nés pour accomplir une mission en vue du bien de l'humanité et dont le zèle sacerdotal est fécondé par une foi robuste et un dévouement éclairé que rien ne déconcerte, se trouvait, à cette époque, à la tête de la paroisse Saint-Vivien. C'était M. l'abbé Forbras, qui a attaché son nom à plusieurs fondations charitables.

Nous consacrons plus loin une notice à ce généreux bienfaiteur, qui avait voué aux pauvres et à l'éducation de l'enfance toute l'ardeur de sa grande âme, tout son amour.

Dès son arrivée à Saint-Vivien, M. l'abbé Forbras avait ouvert un asile pour les enfants de trois à sept ans. Cette création répondait très-certainement à un besoin de sa paroisse ; mais il ne tarda pas à s'apercevoir qu'elle laissait subsister une lacune très-importante dans la bienfaisance que réclame le jeune âge parmi les classes ouvrières.

Il s'aperçut que, dans beaucoup de ménages où le père et la mère étaient obligés, par les nécessités de leur état, de s'absenter pendant la journée, les enfants au-dessous de trois ans étaient abandonnés à la surveillance et à la garde de leurs frères plus âgés, et manquaient de soins.

Il ne fallait pas songer à les accueillir dans l'asile avec leurs aînés déjà en état de recevoir une première éducation, et, cependant, l'intérêt tout paternel qu'il portait à l'enfance incitait M. Forbras à entreprendre quelque chose pour la protection des petites créatures abandonnées.

La crèche, qui fonctionnait dans d'excellentes conditions, sur la paroisse de Saint-Maclou, lui donna l'idée d'en établir une pour Saint-Vivien. Chez lui l'exécution d'un projet en suivait de près la conception et, le 15 novembre 1851, Mgr Blanquart de Bailleul bénissait la crèche Forbras, qui a conservé le nom de son honorable fondateur.

La surveillance administrative de ce nouvel asile de l'enfance fut confiée au comité d'administration de la crèche Saint-Maclou et Saint-Paul.

Toutes sont très-fréquentées et manquent de place; c'est dire combien elles répondent à une nécessité sociale (1).

La crèche Saint-Maclou, la première en date, est située rue Géricault, et est placée sous la direction des sœurs d'Ernemont.

---

(1) Ce premier volume de *la Charité à Rouen* étant exclusivement consacré aux œuvres catholiques, nous n'avons pas à analyser ici les crèches dues à une inspiration purement philanthropique. Ce serait empiéter sur le second volume, qui reste à faire. Il nous suffira de les mentionner; elles sont au nombre de trois :

La crèche Saint-Jean, rue d'Elbeuf, à Saint-Sever;
La crèche Marcel-Buquet, route de Bonsecours,
Et la crèche Elisabeth-et-Marguerite-Brière, rue de Lenôtre.

La crèche Forbras est dirigée par les sœurs de Saint-Vincent-de-Paul, et a son siége rue des Capucins, 28.

Elles fonctionnent, l'une et l'autre, sous la surveillance et l'appui d'un comité d'administration, ainsi composé :

MM. KEITTINGER, *Président;*
L. MALFILATRE, *Vice-Président;*
A. LEREBOURS, *Trésorier;*
E. NIEL, *Secrétaire;*
l'abbé LÉPAGNOL, Curé de Saint-Vivien ;
l'abbé LOTH, Curé de Saint-Maclou ;
Jules SAINT ; } *Membres.*
Gaston BOULET ;
A. DE ROTHIACOB.

Une association de bienfaitrices s'est constituée à côté de ce conseil d'administration, et a pris le titre de *Comité des Dames Patronnesses.*

En voici la composition :

MM^{es} la Comtesse DE GERMINY, *Présidente honoraire;*
E. NIEL, *Présidente;*
E. CARRÉ, *Vice-Présidente;*
HUBIN, *Trésorière;*
DECORDE, *Secrétaire.*

Un médecin spécial est attaché à chacun de ces établissements; c'est, pour la crèche Saint-Maclou, M. Ballay, et, pour la crèche Forbras, M. Le Roy.

Rien n'est négligé pour assurer le bien-être

des petits enfants : une propreté scrupuleuse, une nourriture parfaitement préparée et appropriée à l'âge de chacun, la régularité dans les repas comme dans le sommeil et, par dessus tout, l'infatigable dévouement des sœurs, qui les entourent des soins les plus affectueux.

Si tout le monde, aujourd'hui, s'accorde à reconnaître l'utilité des crèches, on est moins fixé peut-être sur l'étendue des bienfaits sociaux qu'elle répandent autour d'elles.

Le mouvement de la population du premier âge, qui se produit annuellement dans les asiles de la charité, serait curieux à étudier. En l'absence de toute publication statistique à ce sujet, le public ne se fait certainement pas une idée exacte de l'importance de ce mouvement, qui est considérable.

A Paris, où l'on compte soixante crèches environ, plus de deux mille enfants et près de seize cents familles sont secourus journellement; à Rouen, la proportion est la même.

Pour ne parler que des crèches de Saint-Maclou et de Saint-Vivien, si nous consultons l'état annuel de la situation, nous constatons que le total des enfants reçus aux deux crèches s'élève, en moyenne, à vingt-six mille.

Voici exactement, pour les crèches Saint-Maclou et Saint-Vivien, les chiffres des quatre dernières années :

1890..... 25,639 journées de présence ;
1891..... 26,444 — —
1892..... 26,178 — —
1893..... 24,930 — —

Soit une moyenne de 85 berceaux occupés chaque jour.

Les dépenses s'élèvent de 10 à 11,000 fr. pour chaque exercice annuel. Elles sont couvertes au moyen des souscriptions recueillies par les dames patronnesses et les membres du comité, auxquelles viennent s'ajouter une subvention de la commune et du département (3,000 fr.), des dons particuliers et, enfin, le produit de la faible rétribution payée par les parents. Mais il en est beaucoup qui, malheureusement, ne peuvent l'acquitter, et le comité, alors, la prend à sa charge.

C'est ainsi que les journées non payées atteignent, par an, le chiffre de 2,500 à 3,000 fr.

En admettant que chaque mère de famille, ayant, de la sorte, la libre disposition de sa journée, arrive à se procurer, par son travail, un salaire de un franc à un franc cinquante, c'est donc environ une somme de 30,000 fr. que ces deux seuls établissements font entrer tous les ans dans les ménages ouvriers de notre ville.

Là ne s'arrête pas le mérite des crèches. Elles exercent une double mission, indépendamment de leur but charitable, l'une sociale et l'autre moralisatrice.

Il est prouvé, par tous les témoignages de la science médicale et l'expérience de chaque jour, que les enfants qui y sont soignés ne tardent pas à se ressentir des heureux effets du traitement. Au bout de quelques semaines, ils ont une toute autre apparence. De faibles et débiles qu'ils étaient, pour la plupart, au début, on les voit bientôt changer, devenir vigoureux et pleins de vie.

Par suite, le chiffre de la mortalité infantile en est très-atténué ; c'est tout au plus si, d'après les statistiques officielles, il atteint, dans les crèches, de 6 à 12 0/0 par an, au lieu de 50 à 70 0/0 que l'on constate chez les enfants élevés dans la famille ou en nourrice.

Au point de vue purement moral, on ne saurait nier, d'autre part, que le contact permanent des directrices et des surveillantes des crèches ne contribue beaucoup à relever le niveau du sentiment familial dans les ménages populaires.

Combien, sous cette salutaire influence, ne voit-on pas d'unions libres consacrées par le mariage et bénies par l'Eglise, légitimant ainsi un grand nombre d'enfants restés jusque-là, peut-être, sans avoir reçu le sacrement du baptême ?

Une mère racontait, avec attendrissement, que son jeune enfant de deux ans et demi, arrivant un soir de la crèche, avait pris la main de son père et, lui montrant à faire le signe de la croix, lui avait dit en suppliant : « *Papa, la prière comme à la crèche.* »

N'est-ce pas là un exemple frappant des bienfaits répandus par l'œuvre des crèches ?

On ne saurait donc trop favoriser le dévoûment et l'esprit de sacrifice de ces vaillantes filles de la charité — qu'elles portent la guimpe et la cornette de la religieuse ou le costume de la femme du monde — qui ont le cœur assez embrasé de l'amour de Dieu et de l'humanité, l'âme assez magnanime pour remplir le rôle héroïque de mères adoptives de l'enfance souffreteuse ou délaissée et d'anges moralisateurs du foyer.

Certes, l'accroissement des naissances ne peut être décrété; mais rien ne devrait être négligé de ce qui peut contribuer à conserver ceux qui naissent et à diriger leurs premiers pas dans la bonne voie.

CHAPITRE II

ENSEIGNEMENT

L'instruction populaire à Rouen. — L'Institut des Frères de la Doctrine chrétienne. — Ecoles chrétiennes de Garçons. — Le nouveau Régime scolaire à Rouen. — Ecoles congréganistes de Filles. — Ecoles maternelles et enfantines. — Les Ressources des Ecoles libres. — Comité central de Souscription. — Caisse des Elèves des Ecoles chrétiennes. — Société civile immobilière des Ecoles paroissiales de Rouen et de l'arrondissement. — Le Sou des Ecoles chrétiennes. — Comparaison instructive. — Les Dépenses des Ecoles libres. — Enseignement primaire supérieur. Enseignement secondaire et supérieur libre. — Association des Anciens Elèves. — Œuvre des Catéchismes.

L'INSTRUCTION POPULAIRE A ROUEN

Historique

Le catholicisme n'est pas plus ennemi de l'instruction que de l'initiative et de la liberté. C'est le catholicisme qui fonda toutes les petites écoles de l'ancien régime. C'est le catholicisme qui organisa tout le haut enseignement du Moyen Age. Au XIIIe siècle, Paris avait une population d'étudiants à peu près égale à celle d'aujourd'hui.

Le mouvement intellectuel était, à cette époque, aussi vif que de nos jours, en tenant compte, bien entendu, de la différence des temps.

Toutes les déclamations des dénigreurs du passé ne sauraient prévaloir contre la réalité des faits.

Le catholicisme n'a jamais cessé de distribuer à tous, aux petits et aux grands, la lumière et la vérité. C'est lui qui est le père de l'enseignement; c'est l'Eglise qui l'a formé dans son sein à l'ombre de ses cathédrales et de ses monastères.

Dès les temps les plus reculés, on constate que l'instruction élémentaire était très-répandue, non-seulement dans les villes, mais aussi dans les villages de la province de Normandie.

Notre très-érudit compatriote, M. de Beaurepaire, relate, dans ses *Recherches sur l'Instruction publique dans le diocèse de Rouen, avant 1789*, différents traités d'apprentissage, de louage de services, qui jettent un grand jour sur l'importance qu'au Moyen Age on attachait à l'instruction, dans les classes les plus humbles, et sur la diffusion de l'enseignement dans les campagnes, à cette époque.

En 1373, on voit un père de famille de la paroisse des Loges qui, en plaçant son fils en apprentissage chez un orfèvre de Rouen, convient que celui-ci le tiendra à l'*école*, pendant deux ans, « *à ses coux et depens* .»

En 1393, un ouvrier met son fils chez un marchand de la ville, qui s'engage à envoyer l'enfant *trois ans à l'école* et à lui fournir les livres nécessaires.

M. de Beaurepaire rapporte de nombreux exemples d'engagements semblables, aux XIVe et XVe siècles, pour bien prouver qu'alors l'instruction n'était pas plus qu'aujourd'hui le privilége de quelques hommes d'élite.

Un autre écrivain, chercheur non moins impartial et non moins consciencieux, M. Louandre, résumait ainsi, dans la *Revue des Deux-Mondes*, du 15 janvier 1857, l'histoire de l'enseignement du peuple et de la noblesse en France, avant 1789 :

Nous entendons répéter chaque jour, même par des lettrés, que le Moyen Age a systématisé l'ignorance; que le clergé abêtissait les populations pour les dominer; que les nobles ne savaient pas même signer leur nom et s'en faisaient honneur. Si les bourgeois et les paysans ne savaient rien, c'est qu'ils ne voulaient rien apprendre, car l'ancienne France ne comptait pas moins de soixante mille écoles; chaque ville avait ses groupes scolaires, comme on dit à Paris; chaque paroisse rurale avait son pédagogue, comme on dit dans le Nord. Au XIIIe siècle, tous les paysans de la Normandie savaient lire et écrire; sur cette terre classique du plumitif, ils portaient une *escriptoire* à leur ceinture, et bon nombre d'entre eux n'étaient pas étrangers au latin. Les nobles, pas plus que les vilains, n'étaient hostiles aux connaissances des lettres.

L'origine des fondations scolaires remonte à

l'époque même de la fondation des paroisses. A défaut de maîtres, c'était les curés qui instruisaient les enfants, et les statuts des diocèses défendaient d'exiger aucune rétribution des familles pauvres.

En l'an 700, un concile de Rouen fit une obligation à tous les évêques et à tous les curés d'avoir une école dans chaque paroisse. Dans beaucoup de localités et notamment à Rouen, à côté de l'enseignement primaire, on ouvrit des cours d'enseignement secondaire.

Toutefois, c'est surtout quand parut Charlemagne, à la fin du VIIIe siècle, qu'une grande impulsion fut donnée à l'instruction populaire en France. Le grand empereur, on le sait, appela de Rome des maîtres exercés, et l'on enseigna partout, jusque dans les plus petites bourgades, les éléments du calcul, de la grammaire et de la musique.

Cependant cette ère de prospérité scolaire fut de courte durée. Les invasions des Normands vinrent bientôt bouleverser toutes ces tentatives de civilisation prématurée.

Le mouvement interrompu fut repris au XIIIe siècle, sous le règne de saint Louis; mais les désastres qu'entraîna la guerre de Cent Ans portèrent un coup fatal aux progrès réalisés durant les siècles précédents.

Ce n'est qu'au moment où Charles VII eut

chassé de Normandie les derniers Anglais, que la France put respirer et que l'Eglise put reprendre son œuvre d'éducation nationale. Mais tout était à refaire.

Le diocèse de Rouen fut encouragé dans cette voie par les éminents prélats qui le gouvernaient à cette époque.

En 1520, le cardinal Georges d'Amboise publia un règlement pour exhorter les curés à apporter tous leurs soins à l'établissement et au bon fonctionnement d'une école paroissiale.

Mgr de Colbert, de 1691 à 1707, et Mgr d'Aubigné, de 1708 à 1719, se firent également remarquer par leur zèle et leur dévoûment en faveur de la diffusion de l'instruction primaire.

Leurs efforts ne restèrent pas stériles. Sur un total de 797 paroisses, on comptait, à la mort de Mgr d'Aubigné, 584 écoles de garçons et 286 écoles de filles.

A Rouen, il existait depuis longtemps, sous la dénomination de *Bureau des Pauvres valides*, une institution analogue à nos bureaux de bienfaisance, et dont le but social était non-seulement de secourir les pauvres, mais aussi de se charger de l'éducation des enfants du peuple.

Cette institution avait créé des écoles gratuites. En 1555, elle en possédait quatre qu'elle entretenait avec des dons charitables, et dont la direction était confiée à des ecclésiastiques. Pour des motifs qu'il nous a été impossible de retrouver, ces écoles ne purent se maintenir. Cent ans après, en 1655, il n'en subsistait plus qu'une.

L'administration du *Bureau des Pauvres valides* créa ensuite des *internats*, c'est-à-dire des établissements scolaires où les enfants pauvres étaient élevés gratuitement. Mais le nombre des élèves, variant suivant les ressources dont pouvait disposer le *Bureau*, était forcément restreint.

Frappé de cet inconvénient, M. Le Cornu de Bimorel imagina de fonder des écoles de quartier. La direction en fut confiée à des ecclésiastiques.

Ces écoles obtinrent un certain succès, et il devint bientôt assez difficile de recruter le personnel enseignant nécessaire.

Les ecclésiastiques, chargés des soins de leurs paroisses, ne pouvaient disposer de leur temps pour tenir des écoles régulières et, faute de maîtres, les élèves qui se présentaient ne pouvaient tous être admis.

En vue de remédier à cette situation, un catholique ardent, M. Nyel, dont le zèle et l'activité étaient toujours en éveil pour le bien à faire, résolut d'instituer une compagnie de frères laïques ; mais cette tentative n'obtint pas les résultats espérés, et les écoles rouennaises ne tardèrent pas à péricliter.

Cependant l'heure devait bientôt sonner où le projet ébauché par M. Nyel allait être repris sous une autre forme, perfectionné et réalisé d'une façon grandiose, sous le souffle de l'inspiration divine, par le Bienheureux J.-B. de la Salle.

L'Institut des Frères de la Doctrine chrétienne

Ce n'est pas seulement à Rouen que, vers la fin du XVIIe siècle, un courant pour ainsi dire providentiel poussait le monde religieux et tous les esprits éclairés à rechercher de nouveaux moyens pour développer les bienfaits de l'enseignement chrétien parmi les classes laborieuses. Dans tous les grands centres, le même mouvement s'était dessiné, et on faisait des vœux pour qu'un grand réformateur se révélât et jetât les bases d'une organisation scolaire en harmonie avec les nécessités de l'époque.

Un humble chanoine de Reims se préparait, dans la prière, les méditations et l'éducation des enfants pauvres, à devenir ce grand réformateur attendu; mais sa nature timide le faisait douter de ses propres forces et lui montrait des obstacles insurmontables dans l'exécution de l'entreprise qu'il avait conçue.

C'est de Rouen que devaient lui venir les premiers encouragements et le secours inespéré qui allaient mettre fin à ses hésitations.

Parmi les âmes généreuses et dévouées que préoccupaient la question des écoles dans notre cité, on remarquait une grande chrétienne, Mme de Maillefer, qui, après avoir brillé dans le monde, s'était convertie aux pratiques de la piété la plus austère et s'efforçait de racheter ses duretés passées pour l'infortune par une excessive charité.

M. Nyel, qui était à la tête de la plupart des œuvres de bienfaisance, avait trouvé en elle une auxiliaire des plus zélées et des plus utiles.

Née à Reims, d'une famille alliée à celle du Bienheureux J.-B. de la Salle, Mme de Maillefer était venue habiter Rouen à la suite de son mariage avec un maître de la Cour des Comptes.

Après la mort de son mari, elle s'adonna tout entière au service des malheureux. Vivant de la vie des pauvres, en contact quotidien avec eux, elle fut frappée de leur ignorance et comprit que le seul moyen de remédier à ce déplorable état de choses était l'instruction chrétienne et gratuite.

Les projets du pieux chanoine de Reims lui étaient connus, et c'est de ce côté qu'elle crut entrevoir le salut.

Après s'être concertée avec M. Nyel, Mme de Maillefer résolut d'écrire à l'abbé de la Salle pour l'engager à donner suite à ses résolutions.

M. Nyel se chargea de porter ce message à Reims et d'informer en même temps M. de la Salle que sa charitable parente lui assurait une pension annuelle de cent écus pour la mise en exécution de son œuvre.

« Le message de Mme de Maillefer arrivait à Reims au mois de juin 1679. Lorsque M. Nyel, avec un jeune compagnon, sonnait à la porte des sœurs de l'Enfant-Jésus, l'abbé de la Salle s'y présentait aussi. On vint ouvrir. M. l'abbé de la Salle, bien connu de la maison, entra et M. Nyel demanda la supérieure au parloir. Là, il lui présente une première lettre de Mme de Maillefer et lui annonce qu'il en a une seconde pour M. de la Salle qui fut appelé à son tour au parloir pour prendre connaissance de la missive de sa parente. Personne n'avait encore exprimé avec tant de netteté à notre Bienheureux l'idée qu'il roulait lui-même dans son esprit depuis quelques semaines. C'était vraiment un message du Ciel que cet inconnu lui transmettait. Il faut donc voir en Mme de Maillefer une de ces femmes comme la Providence en mit à côté de plusieurs autres grands saints fondateurs d'œuvres bienfaisantes. Elle mit dans sa voie celui que Dieu avait choisi pour donner naissance à une œuvre aussi admirable que celle de l'Institut des Frères des Ecoles chrétiennes.

« Sa mémoire doit donc être en bénédiction, et nous espérons qu'un jour Rouen, qui garde son tombeau, nous révélera le secret de cette tombe oubliée, égarée peut-être, quoiqu'on sache que

Mme de Maillefer mourut sur la paroisse Saint-Nicaise... (1) »

Le premier entretien de M. Nyel avec l'abbé de la Salle se termina par ces mots : « L'œuvre projetée est belle et grande. La pensée d'un essai est venue à des âmes généreuses; je ferai tous mes efforts pour aplanir les premières difficultés. »

A partir de ce jour, on va voir le jeune chanoine donner des preuves de haute sagesse, de bon conseil, de prudence et de soumission à la Providence. Il consulte Dieu et, après mûre réflexion, après avoir donné asile à M. Nyel et au jeune professeur qui l'avait accompagné, M. de la Salle s'éclaire des lumières du P. Claude Bretagne et s'entoure d'un conseil composé des ecclésiastiques les plus sérieux de la ville. Plusieurs conférences sont tenues; on tombe d'accord sur la nécessité d'établir des écoles pour les pauvres et on approuve le moyen imaginé par le Bienheureux comme seul praticable : choisir un curé de la ville sur qui on puisse compter. Le conseil réuni propose quatre noms; mais il est frappé de la sagacité du Bienheureux, qui repousse les trois premiers. M. Dorigny, curé de Saint-Maurice, réunit tous les suffrages parce qu'il savait sou-

---

(1) *Mission pédagogique du Bienheureux J.-B. de la Salle et de son Institut*, par un ancien Elève des Frères. — 1892.

tenir ses droits avec douceur et conciliation. M. de la Salle remercie son conseil et va trouver le bon curé à qui il expose ce qu'il attend de sa bienveillance.

« J'y songeais, dit M. Dorigny, mais sans trouver les moyens d'exécution, » et il accepte, pour collaborateurs, M. Nyel et son jeune ami, et avec le secours des trois cents livres de Mme de Maillefer, il se mit à l'œuvre (Juin 1679.)

Quelque temps après, une généreuse bienfaitrice, Mme de Crozières, légua, en mourant, une rente de cinq cents livres à l'œuvre naissante. Les élèves commençaient à affluer, car cinq maîtres déjà formaient le noyau de l'institution.

Mais les dépenses augmentaient aussi dans les mêmes proportions, et les huit cents livres dont on disposait devinrent bientôt insuffisantes. Ne se sentant pas la force de surmonter les difficultés qui se présentaient, M. le curé de Saint-Maurice crut devoir décliner la mission qui lui était confiée, et M. l'abbé de la Salle se vit obligé d'assumer la direction et toutes les responsabilités de l'entreprise.

A la tête de son petit bataillon d'hommes de bonne volonté, il profita des fêtes de Noël (1679) pour procéder à une nouvelle installation. C'est dans un local voisin de sa propre maison d'habitation qu'il établit le troupeau confié à sa garde.

Le chanoine gagna vite sa confiance. Un règlement lui fut demandé. Le saint prêtre le fit le plus simple possible. Le lever, le coucher, la méditation, la sainte messe et quelques exercices de piété furent les seuls points de règle de la nouvelle communauté religieuse, constituée le 24 juin 1680, et c'est cette date qui est considérée comme celle de la fondation des écoles chrétiennes, comme aussi cette maison de la rue Neuve, de Reims, a été le berceau de l'Institut des Frères de la doctrine chrétienne.

L'œuvre étant fondée, il fallait songer à la faire fructifier, et ce soin, la Providence le réservait à de la Salle. On connaît les obstacles qu'il eut à surmonter, les préventions qu'il eut à combattre et les injustices qu'il eut à subir de l'ignorance et de la malice des hommes. Mais la persécution ne put triompher de sa résignation et de sa sagesse.

Malgré tout, son œuvre poussait des racines et commençait à rayonner sur plusieurs provinces; mais c'est à Rouen qu'elle devait recevoir son organisation définitive.

Ecoles chrétiennes de garçons

Sur les instances de M. l'abbé Deshayes, qui fut plus tard curé de la paroisse de Saint-Sauveur et qui avait connu l'abbé de la Salle à Saint-Sulpice, le Bienheureux consentit à ouvrir une école à Darnétal. Il envoya d'abord deux Frères, et c'est au commencement de février 1705 que, pour la première fois en Normandie, fut inauguré un établissement scolaire dirigé par les Frères de la doctrine chrétienne.

Quelque temps après, l'archevêque de Rouen, Mgr de Colbert, fils du grand ministre, frappé du succès de cette école, voulut en posséder une semblable à Rouen même. Il insista vivement auprès du *Bureau des Pauvres valides* et le détermina à confier toutes les écoles gratuites qu'il avait fondées aux disciples de l'abbé de la Salle. C'est ainsi qu'au mois de mai 1705, l'école établie sur la paroisse Saint-Godard et celle de Saint-Maclou passèrent, chacune, sous la direction d'un frère seulement, car le fondateur de l'Institut ne pouvait, pour le moment, disposer d'un plus grand nombre de maîtres.

Deux mois après, cependant, un troisième frère était placé à la tête de l'école Saint-Vivien et un quatrième prenait la direction de l'école Saint-Eloi.

Ces modestes instituteurs étaient logés dans les dépendances de l'hôpital et occupaient la maison dite du Rempart, maison qui se voit encore aujourd'hui à l'extrémité de la partie conservée des anciennes murailles du boulevard Gambetta. Après leurs classes, ils soignaient les pauvres et instruisaient les enfants de l'hospice.

Au cours de cette même année, le Bienheureux de la Salle, qui était à Paris, fut vivement sollicité de venir à Rouen et d'y transférer son noviciat. Mgr de Colbert s'entremit, lui aussi, pour le déterminer à quitter Paris, et l'abbé de la Salle obéit.

Le domaine de Saint-Yon, ancien apanage de Louvois, fut choisi par l'archevêque pour recueillir le fondateur de l'Institut des Ecoles chrétiennes et ses novices.

C'est là, en effet, que J.-B. de la Salle a mis le sceau à son œuvre admirable; c'est là aussi qu'il devait terminer sa sainte et glorieuse carrière.

L'installation à Saint-Yon eut lieu vers la fin du mois d'août 1705. Un an après, en 1706, la situation des écoles chrétiennes de Rouen était la suivante :

Ecole Saint-Godard, un frère et une population de 150 élèves;

Ecole Saint-Maclou, deux frères et 200 enfants;

Ecole Saint-Eloi, un frère et 100 élèves.

Comme on le voit, la tâche de ces quatre vaillants éducateurs n'était pas une sinécure, indépendamment des autres soins qui leur incombaient. Aussi, afin d'alléger leur lourde besogne, il fut décidé qu'ils ne seraient plus astreints à l'obligation de soigner les pauvres de l'hôpital.

De plus, ils furent autorisés à vivre en communauté dans une maison de leur choix.

Au mois d'août 1707, ils furent mis en possession de toutes les écoles paroissiales de la ville, et leur nombre fut porté à dix.

Les classes étaient ouvertes de huit heures à onze heures, le matin, et de deux à cinq heures du soir.

Les élèves affluèrent et l'enseignement populaire et gratuit était en pleine prospérité à Rouen et dans tout le diocèse, quand éclata la Révolution.

Voici, du reste, quelle était la situation de l'enseignement en général, dans notre ville, à cette époque :

En 1789, on comptait, exactement, onze collèges, cinq communautés de femmes vouées à l'enseignement, deux établissements de Frères de la doctrine chrétienne, une école de chirurgie et d'anatomie, un jardin des plantes, où l'on faisait un cours de botanique, une école de dessin et de peinture, une école de mathématiques, des cours de chimie et d'histoire naturelle, des cours de physique, des cours d'accouchement à l'usage des sages-femmes, et une école d'hydrographie. Quant à l'enseignement primaire, il était très-répandu ; la majeure partie des villages avaient des instituteurs.

Tous les efforts, tous les sacrifices dépensés,

toutes les fondations que la charité chrétienne avait si péniblement édifiées, furent alors détruits, et les disciples de l'abbé de la Salle dispersés.

La Révolution, qui promettait au peuple de l'éclairer et de l'instruire, le replongea au contraire dans l'ignorance.

C'est ce que constatait Portalis dans son rapport au Corps législatif, le 15 germinal an X, sur les causes du délabrement absolu dans lequel étaient tombées les écoles primaires.

« L'instruction est nulle depuis dix ans, s'écriait-il. Les enfants sont livrés à l'oisiveté, au vagabondage le plus alarmant. Ils sont sans idée de la divinité, sans notion du juste et de l'injuste. Il faut prendre la religion pour base de l'éducation. Si l'on compare ce qu'est l'instruction avec ce qu'elle devrait être, on ne peut s'empêcher de gémir sur le sort qui menace les générations présentes et futures... Ainsi, concluait-il, toute la France appelle la religion au secours de la morale et de la société. »

Cette conclusion, on en conviendra, n'est pas sans quelque analogie avec les temps présents; mais passons.

Ce n'est qu'en 1819 que les Frères furent rappelés à Rouen, par l'administration municipale. Ils ouvrirent, au mois d'octobre, deux écoles : l'une rue du Grand-Maulévrier, et l'autre dans l'aître Saint-Maclou.

En 1820, une troisième école fut établie rue Saint-Patrice et une quatrième à l'Hospice-Général. Cette dernière fut fermée en 1830.

En 1821, on en fonda deux nouvelles : l'une sur la paroisse Saint-Vivien, rue des Matelas ; l'autre sur la paroisse de la Madeleine, rue Carville.

En 1824, le local de la rue du Grand-Maulévrier étant devenu tout à fait insuffisant pour contenir le nombre des élèves, la ville loua au département l'ancien prieuré de Saint-Lô, moyennant la somme de 1,000 fr., et y installa les Frères, qui ouvrirent l'école Notre-Dame.

En avril 1828, une délibération du Conseil général, en date de 1821, put recevoir son exécution. Il s'agissait d'ouvrir, rue Saint-Lô, une école destinée à former des jeunes gens pour l'enseignement primaire.

On sait que la loi créant en France les écoles normales ne date que de 1834 ; or, dès 1821, le Conseil général de la Seine-Inférieure en avait conçu le projet, et sept ans plus tard il était réalisé.

Notre cité peut donc, à juste titre, revendiquer la paternité de la création des écoles normales, en France, où se recrutent les instituteurs.

En 1829, le faubourg Saint-Sever fut également doté d'un établissement scolaire dirigé par les frères.

Ces multiples et successives ouvertures d'écoles sont la preuve la plus frappante des progrès de l'enseignement donné par les disciples de l'abbé de la Salle, du succès obtenu par leur infatigable dévoûment et de la confiance qu'ils inspiraient aux familles rouennaises.

Cependant, le 31 décembre 1830, le conseil municipal crut devoir réduire de moitié (8,000 fr. au lieu de 16,000 fr.) la subvention allouée en faveur de leur œuvre d'éducation populaire. Il fit plus, dans une pensée de concurrence, il établit des écoles *mutuelles* dans divers quartiers; mais la tentative ne fut pas heureuse, car la plupart des familles pauvres continuèrent à envoyer leurs enfants chez les Frères, tandis que la charité publique se chargeait de suppléer à l'insuffisance de l'allocation concédée par la municipalité.

En 1832, celle-ci reconnut qu'elle avait fait fausse route en diminuant, dans de si notables proportions, la subvention en faveur des écoles chrétiennes et, par une nouvelle délibération, elle en porta le chiffre à 14,000 fr. à partir du 1er octobre. Toutefois, on y mit cette condition que les enfants des parents aisés seraient assujettis à une rétribution scolaire au profit de la ville.

Cette condition obligeait les Frères à enfreindre leur règlement, où était inscrit le principe de la gratuité absolue. Aussi, ils refusèrent de s'y conformer, et la municipalité, mal inspirée, supprima toute espèce d'allocation, sans se préoccuper autrement du sort des maîtres et de leurs nombreux élèves.

Le prince de Croy, qui occupait alors le siége archiépiscopal de Rouen, s'émut d'un pareil abandon et résolut de réparer l'injustice faite à ces humbles éducateurs du peuple, qui n'avaient pas peu contribué à relever le niveau moral des jeunes générations de notre ville et à développer leur culture intellectuelle. A tout prix, Mgr de Croy voulait les conserver. C'eût été, à son avis, une véritable calamité pour les familles pauvres de la ville que de se priver de leurs services. Il chargea donc M. l'abbé Fayet, vicaire général, de constituer un comité qui serait chargé de réunir annuellement les fonds nécessaires au fonctionnement des écoles chrétiennes.

Ce comité fut ainsi composé :

MM. FAUCON, ancien Recteur, *Président;*
MALFILATRE aîné, *Trésorier* ;
GIFFARD, Avocat, *Secrétaire* ;
DE VENDRESSE, Adjoint au Maire;
Eymard BAUDRY, ancien Adjoint.

L'appel fait par ce comité à la charité privée fut entendu. Les dons arrivèrent et l'on se trouva, en peu de temps, en possession d'un budget de 17,500 fr., ce qui permit d'ouvrir un cours d'adultes et une classe de plus à chacune des écoles de Sainte-Madeleine et de Saint-Vivien.

En 1845, Mgr Blanquart de Bailleul développa l'action du comité créé par Mgr de Croy en y adjoignant des sous-comités paroissiaux, qui avaient mission de recueillir chacun une somme déterminée pour l'œuvre des écoles.

Ce n'est que quatre ans plus tard que l'administration municipale, revenant à des idées plus libérales et plus justes, rétablit la subvention. Elle commença par voter 4,200 fr., puis elle y ajouta, pour clore l'exercice de l'année 1850, un secours de 2,992 fr. 17.

En 1851, elle se montra plus généreuse et accorda 18,000 fr. et, en 1852, se rendant un compte exact des services rendus par les écoles chrétiennes, elle éleva la subvention au chiffre de 26,010 fr.

De son côté, le comité général de souscription décida, le 7 janvier 1853, d'allouer à la nouvelle école de Saint-Godard une somme de 2,200 fr., afin de lui permettre d'accepter un plus grand nombre d'élèves et de renforcer les études.

A partir de 1854, la subvention de la ville fut ramenée au chiffre de 22,000 fr. et resta stationnaire jusqu'en 1861.

Au mois de novembre de cette dernière année, la municipalité vota une augmentation de 1,600 fr., qui fut portée à 2,000 fr. l'année suivante.

Au cours de l'année 1865, M. l'abbé Dumesnil, curé de Saint-Vincent, fit construire, à ses frais, une école de garçons et une école de filles, place Saint-Vincent, sur un terrain appartenant à la ville.

Aux termes d'un acte intervenu entre lui et l'administration municipale, en date de 1864, M. l'abbé Dumesnil se réserva, pour lui et ses successeurs, la direction absolue de ces deux établissements, qu'il confia à un personnel congréganiste.

Vers 1846, on avait reconnu la nécessité de fonder un cours supérieur pour les enfants au-dessus de treize ans qui désiraient acquérir une instruction plus étendue que celle qui était donnée dans les classes élémentaires.

Ce cours, également gratuit, périclitait faute de ressources suffisantes. L'administration municipale, désirant le maintenir et lui donner plus d'extension, prit, le 16 juin 1865, une délibération ouvrant un crédit de 2,045 fr., dont 1,145 fr. destinés à combler un déficit et 1,400 fr. pour le traitement des deux Frères chargés des études.

De plus en plus satisfaite des résultats obtenus, la municipalité résolut, le 6 décembre 1867, de porter au chiffre rond de 30,000 fr. la subvention accordée aux écoles chrétiennes de Rouen. Elle y ajouta, en 1874, 4,000 fr. pour les fournitures scolaires des enfants pauvres.

Les choses restèrent en l'état jusqu'en 1879. A partir de cette date, nous allons assister à un bouleversement général de l'enseignement en France.

L'idéal chrétien disparaît des conseils du gouvernement et un vent violent de scepticisme et d'athéisme souffle dans tout l'organisme administratif. Un cri de guerre retentit contre tout ce qui revêt un caractère religieux, et le moment approche où Dieu va être expulsé de l'école, au nom d'une neutralité menteuse.

Presque partout, les établissements scolaires communaux sont dirigés par les Frères; les congédier du jour au lendemain ce n'est pas possible, le personnel enseignant laïque faisant défaut pour les remplacer. On attendra donc d'être en mesure de pouvoir se passer de leurs services pour leur signifier leur congé. Mais ayant cessé de plaire, on le leur fera sentir par un ensemble de dispositions hostiles qui rendront extrêmement difficile l'accomplissement de leur tâche.

Les subventions accordées par les municipalités seront diminuées et, à chaque fois que l'occasion se présentera de substituer des maîtres laïques aux maîtres congréganistes, on s'empressera d'en profiter, sans tenir compte des engagements contractés ni des vœux formulés expressément par les fondateurs ou donateurs de tel ou tel groupe scolaire.

C'est à partir de 1881 que s'affirment nettement les nouvelles tendances des pouvoirs établis. Tout un plan de réformes de l'enseignement public, tendant à bannir Dieu de l'école, est soumis au Parlement, et l'exécution en est poursuivie avec habileté et tenacité jusqu'à sa complète réalisation.

Ni la liberté de conscience, ni le respect des droits des pères de famille, ni les préférences des communes n'arrêtent les réformateurs.

Le premier coup porté par eux à l'édifice scolaire fut la loi du 6 janvier 1881, prescrivant que l'instruction religieuse ne serait plus donnée désormais qu'en dehors des classes.

Le 16 juin de la même année, la gratuité fut décrétée et de nouvelles ressources, rendues obligatoires pour toutes les communes, furent créées. Puis, ce fut au tour de la fameuse loi du 28 mars 1882, qui rendit l'instruction obligatoire et supprima radicalement l'enseignement religieux du programme des écoles publiques.

L'injustice était consommée, malgré les efforts oratoires des hommes de cœur qui, les uns, guidés uniquement par l'intérêt social, les autres, par l'ardeur de leurs convictions politiques et religieuses, et tous, obéissant à un sentiment de clairvoyance patriotique, firent retentir la tribune parlementaire d'éloquentes et énergiques protestations.

« Ce n'est pas seulement comme protestation que je désire voir écrire le nom de Dieu dans la loi, s'écria M. Jules Simon, un universitaire non suspect de « cléricalisme; » je le désire aussi parce qu'il me répugne à moi, vieux professeur, de voir une loi d'enseignement et surtout d'enseignement primaire de laquelle le nom de Dieu a été retiré; cela me choque, cela m'afflige; cela, le dirai-je? a attristé ma vie... Nous désirons le nom de Dieu dans nos lois, pour nous; nous le désirons aussi, Messieurs, pour les simples et les déshérités : nous croyons que si on ne leur parlait que d'arithmétique, la société serait bien dure pour eux. Nous le demandons pour nos soldats et nous croyons que, quand nous dirons à un homme : « Marche au-devant de la mitraille! » il est bon de lui dire que Dieu le voit. »

Et, en terminant, M. Jules Simon citait cette parole d'Edgar Quinet qui n'était pas non plus un « clérical, » celui-là : « Un peuple qui perdrait l'idée de Dieu perdrait par là même tout idéal. Je ne m'explique pas sur quoi il pourrait orienter sa marche. »

Laïcité, neutralité : voilà donc les deux néologismes qui servent à masquer aujourd'hui l'école sans religion et sans Dieu.

Les programmes de l'enseignement officiel ne reconnaissent que la science pure, ne visent que la culture de l'esprit; les maximes et les enseignements du christianisme, qui élèvent l'âme et développent les généreuses aspirations du cœur, sont pour l'Etat choses surannées, oubliant que ce n'est pas l'instruction qui moralise, mais bien l'éducation religieuse.

« Il n'y a de bon esprit, a dit le savant Ampère, que celui qui vient de Dieu. L'esprit qui nous éloigne de Dieu, l'esprit qui nous détourne du vrai bien, quelque agréable, quelque habile qu'il soit, n'est qu'un esprit d'illusion et d'égarement. »

Quand Dieu, en effet, n'a plus sa place à l'école, on peut tout redouter de l'avenir de la patrie.

« Prenez garde, s'écriait M. Guizot, à la tribune de la Chambre, le 30 avril 1833, à propos de la question de l'enseignement agitée à cette époque; prenez garde à un fait qui n'a jamais éclaté peut-être avec autant d'évidence que de notre temps : le développement intellectuel, quand il est uni au développement moral et religieux, est excellent; il devient un principe d'ordre, de règle, et il est en même temps une source de prospérité et de grandeur pour la société; mais le développement intellectuel, tout seul et séparé du développement moral et religieux, devient un principe d'orgueil, d'insubordination, d'égoïsme et par conséquent de danger pour la société. »

Ces paroles, d'une vérité frappante, auraient dû être méditées par les législateurs de 1882 et de 1886; ils auraient, en s'y conformant, évité d'être lancés dans une voie néfaste.

Les résultats, du reste, des nouvelles méthodes n'ont pas tardé à se faire sentir; ils commencent même à effrayer un grand nombre de ceux qui, au début, avaient applaudi à une réforme qu'ils considéraient comme une des plus belles conquêtes des progrès modernes.

Faut-il s'étonner qu'en présence « des dangers qui devaient en résulter pour la société, » suivant l'expression si juste de Guizot, toute une armée de chrétiens courageux et soucieux de procurer à leurs enfants une éducation saine, forte et religieuse, se soit dressée en face de l'enseignement officiel et se soit imposé et s'impose encore chaque jour, poursuivant à la fois une œuvre patriotique et de régénération, les plus lourds sacrifices pour fonder et soutenir des écoles libres chrétiennes?

Le nouveau régime scolaire à Rouen

L'œuvre des laïcisations ne s'accomplit pas sans difficultés. Elle provoqua de vives résistances dans le pays. Mais tous ces obstacles durent céder devant la loi, et la force triompha de l'équité.

Dans certaines villes, où la municipalité était en majorité favorable aux idées du jour, on n'attendit même pas la promulgation des nouvelles lois scolaires pour engager la lutte contre l'enseignement chrétien. Là où les congréganistes occupaient des immeubles communaux, ils furent expulsés; mais là où, comme à Rouen par exemple, les écoles, ayant été fondées par l'initiative privée, ne recevaient qu'une subvention de l'administration municipale, on employa un moyen aussi simple que perfide.

Ne voulant pas brusquer les choses, car on avait tout à créer pour substituer aux Frères un personnel laïque, on résolut de paralyser le fonctionnement et les progrès de leurs établissements en réduisant chaque année le chiffre de la subvention inscrite au budget.

Nous avons vu qu'en 1874 cette subvention s'élevait à 30,000 fr.; or, en décembre 1879, elle fut réduite de 4,000 fr.

C'était le premier pas dans la voie des laïcisations; désormais on ne devait plus s'arrêter. L'année suivante, en effet, la municipalité votait, fin décembre, une nouvelle diminution de 5,000 fr.

Ce système de ruiner l'enseignement chrétien, en le soumettant progressivement à la portion congrue, fut poursuivi méthodiquement jusqu'en 1888. Chaque année, son maigre budget se trouvait allégé d'une somme de 5,000 fr., qui venait s'ajouter aux précédentes réductions.

Pendant qu'elle lésinait ainsi avec les Frères, l'administration municipale se livrait à de grosses dépenses pour des acquisitions et constructions d'écoles, pour le recrutement et l'installation de maîtres laïques, beaucoup plus coûteux, certes, que les maîtres congréganistes.

Le 23 novembre 1888, n'ayant plus besoin des disciples du Bienheureux de la Salle, qui, depuis bientôt deux siècles, dirigeaient les établissements scolaires de Rouen et répandaient les bienfaits de l'instruction chrétienne et populaire, la municipalité, peu reconnaissante, les congédia en leur supprimant toute espèce d'allocation.

Cette façon de rompre avec le passé eût pu porter un coup fatal à l'enseignement chrétien dans notre ville, mais les sympathies et la fidélité des familles rouennaises n'avaient pas attendu que l'injustice fût consommée pour venir en aide aux humbles et dévoués éducateurs que l'administration municipale refusait de reconnaître.

Dès le premier jour où celle-ci crut devoir manifester son hostilité par des mesures financières à l'égard des Frères, un élan de générosité se manifesta également parmi toutes les classes de la société pour les soutenir et leur permettre de continuer leur œuvre de salut social.

Grâce aux souscriptions charitables, non-seulement les anciennes écoles chrétiennes ont été maintenues, mais on a pu en fonder de nouvelles.

En 1879, on ouvrit, 64, rue du Renard, l'école de la paroisse Saint-Gervais, et l'école Saint-Paul.

En 1880, on agrandit l'école de l'aître Saint-Maclou par la création de classes supplémentaires, et on utilisa pour cette destination une partie de *l'aître* (1) restant libre.

Ces nouvelles classes furent inaugurées et bénites par M. l'abbé Polleux, curé de la paroisse.

Dans le courant de la même année, on fonda aussi, impasse Sainte-Claire, nos 5 et 7, une école de quatre classes pour les enfants des paroisses Saint-Vivien et Saint-Hilaire.

En 1881, l'école Normale établie rue Saint-Lô, depuis 1828, et dirigée par les Frères, fut laïcisée ainsi que l'école Notre-Dame qui y était annexée. M. l'abbé Regneaux, archiprêtre, déplorant cette mesure, résolut d'y remédier dans la mesure du possible. Il prit l'initiative de remplacer l'école congréganiste disparue, et, quelque temps après, une nouvelle école Notre-Dame était ouverte, 17, rue des Bonnetiers, et bénite dans le courant de cette même année par M. l'abbé Regneaux, qui avait largement contribué de sa bourse à cette création.

En 1883, le local dans lequel M. l'abbé Dumesnil avait installé à ses frais, place Saint-Vincent,

---

(1) Ancien cimetière, en Normandie.

une école de garçons et une école de filles, étant devenu tout à fait insuffisant, le nouveau curé de Saint-Vincent, M. l'abbé Renaud, se concerta avec la Société immobilière des Ecoles paroissiales et il fut décidé que les classes des garçons seraient transférées rue du Panneret, et que les filles occuperaient seules l'immeuble de la place Saint-Vincent. La situation n'a pas changé depuis.

En 1888, une vaste cour prise sur l'emplacement d'une partie démolie de l'ancienne église Sainte-Claire fut établie pour l'école Saint-Vivien, et les élèves s'en trouvent à merveille ; ils jouissent de l'espace et du bon air.

En 1892 eut lieu, dans des conditions qui frisent l'illégalité, la laïcisation de l'école Mac-Cartan. M. l'abbé Mac-Cartan avait fondé cette école en 1856, rue de Joyeuse. Ce généreux et digne prêtre crut devoir, avant de mourir, léguer à la ville de Rouen la maison déjà occupée par les Frères et d'y ajouter 1,400 fr. de rente annuelle, *à la condition expresse, toutefois, que l'école créée par lui serait à perpétuité desservie par les congréganistes, auxquels ladite rente de 1,400 fr. serait annuellement versée.*

Le maire de Rouen d'alors, au nom de la ville, et le Supérieur général des Ecoles chrétiennes furent autorisés par décret à accepter le legs, chacun en ce qui le concernait.

Mais voici qu'après quarante ans, le conseil

municipal, malgré le vœu et la volonté du donateur, s'avisa, sous prétexte de se conformer aux dispositions de la loi du 30 octobre 1886, de laïciser cette école à partir du 1er octobre 1891.

Un procès fut engagé et les tribunaux donnèrent gain de cause à la ville ; la laïcisation retardée pendant l'instance fut effectuée l'année suivante, à la rentrée des classes.

M. l'abbé Lamy, curé de Saint-Nicaise, n'attendit pas le dernier moment pour assurer principalement aux enfants pauvres de la paroisse le bienfait de l'éducation chrétienne. Il ouvrit une souscription afin de réunir le capital nécessaire pour l'achat d'un terrain et pour la construction, dans le même quartier, d'un établissement scolaire destiné à remplacer celui dont la ville venait de s'emparer contre toute équité.

Les amis de l'enseignement chrétien répondirent avec empressement à cet appel, et M. l'abbé Lamy eut la satisfaction, satisfaction partagée par les familles et les élèves, de pouvoir installer dans un nouveau local édifié par la charité privée, les Frères et leur nombreux troupeau qui avaient été expulsés de l'école Mac-Cartan.

Enfin, à la même date et par la générosité de M. l'abbé Allard, chapelain du Sacré-Cœur, aidé de quelques souscripteurs, une école libre, l'école Saint-Léon, était inaugurée également rue Binet.

Toutes ces écoles sont absolument gratuites.

Au moment où les subventions si longtemps accordées par la ville commencèrent à diminuer, en vue d'une suppression totale dans un temps donné, on dut se demander s'il n'était pas opportun d'appeler les familles à fournir une modique rémunération.

Le principe de ce devoir et de ce sacrifice, de la part des parents, était préconisé, dans ses bulletins, par la Société générale d'Education, dont le siége est à Paris.

L'exemple donné par plusieurs villes, où de nouvelles écoles s'ouvraient avec succès, quoiqu'une indemnité mensuelle fût demandée, semblait militer en faveur de l'adoption d'une pareille mesure pour les écoles libres de Rouen.

La question fut longuement étudiée.

Les hommes les plus dévoués à l'enseignement chrétien la combattirent énergiquement, pour lui conserver son caractère de bienfaisance.

Et puis, n'était-il pas à craindre que beaucoup de familles, mises en présence des avantages offerts par les écoles communales devenues gratuites, fussent amenées à sacrifier l'enseignement chrétien? Ne devait-on pas se demander aussi ce que produirait la rétribution, étant donnée l'impossibilité où se trouveraient un grand nombre de parents de l'acquitter?

Dans la pratique, n'était-il pas tout au moins imprudent d'établir des catégories d'élèves : les uns admis gratuitement et les autres à titre payant? Comment établir la délimitation de ces deux catégories?

D'un autre côté, n'était-il pas à craindre que les bienfaiteurs des écoles chrétiennes, comptant sur les ressources fournies par la taxe scolaire, n'apportassent pas le même zèle et le même entrain à souscrire pour couvrir l'insuffisance du produit de ladite taxe, qui, de l'avis même de ses partisans les plus convaincus, n'atteindrait pas le quart de la somme nécessaire au bon fonctionnement des écoles existantes?

Les partisans de la gratuité s'appuyaient, en outre, sur les sérieuses considérations ci-après :

La fondation de l'Institut des Frères de la doctrine chrétienne reposait sur le principe de la gratuité et du dévouement à l'instruction populaire; à Rouen, l'école chrétienne, depuis l'origine, signifiait l'école *gratuite* et dans le peuple, on la désignait sous cette appellation, précisément par opposition au très-petit nombre d'écoles communales existant à cette époque, et qui, quoique appartenant à la ville, étaient payantes;

Ils rappelaient, à ce sujet, que, cinquante années auparavant, l'administration municipale ayant voulu imposer aux Frères la perception d'une rétribution scolaire, ceux-ci avaient préféré renoncer à l'allocation conditionnelle qu'on leur offrait, plutôt que de manquer au principe posé par le fondateur de leur institut;

La ville instituant la gratuité dans ses nouveaux établissements primaires, ce serait, en demandant une contribution aux parents des élèves, enlever à l'école chrétienne l'auréole qui avait contribué à son succès.

La question, ainsi envisagée, fut résolue, en séance générale du conseil et à la majorité des voix, en faveur du maintien de la gratuité.

Il nous a paru intéressant de rappeler ici les motifs mûrement étudiés de cette décision importante, concernant surtout les écoles de garçons. On verra plus loin que la situation des écoles de filles n'étant pas identique, le principe de la gratuité ne saurait leur être appliqué d'une façon aussi absolue.

Nous avons réservé pour la fin de ce chapitre l'étude de l'organisation admirable des différentes institutions qui, à Rouen, se sont imposé la tâche d'assurer l'existence et le développement des établissements scolaires libres. Cette organisation mérite, en effet, d'être étudiée en détail.

Et voilà comment les écoles chrétiennes de notre ville ont pu traverser, sans succomber dans une lutte par trop inégale, la phase douloureuse des laïcisations. Si elles ont, au contraire, vaillamment tenu tête à l'orage, si leur position n'a pas été entamée, si les élèves qui les fréquentent leur sont non-seulement restés fidèles, mais sont venus en plus grand nombre, si même les sympathies ont redoublé autour d'elles et autour des maîtres dévoués qui les dirigent, elles le doivent d'abord à la bonne éducation, aux bons principes que les familles sont sûres d'y rencontrer pour leurs enfants; elles le doivent ensuite à la répugnance qu'éprouvent les consciences droites et honnêtes pour les écoles sans Dieu, elles le doivent enfin à l'initiative ardente et généreuse des comités qui se sont formés pour provoquer, en leur faveur, le concours de tous ceux qui ont vraiment à cœur le bien social et la grandeur morale de la France.

Ecoles congréganistes de filles

Comme pour les garçons, l'instruction des jeunes filles a provoqué, de tout temps, la sollicitude et les efforts constants du clergé et des catholiques.

Ce sont principalement les communautés religieuses de femmes qui se sont chargées de cette partie, la plus délicate, de l'éducation nationale.

En parcourant la liste des diverses congrégations qui se sont perpétuées sur notre sol français, pour ainsi dire depuis les plus lointaines origines ou qui ont été créées par la suite, on constate que l'instruction de l'enfance occupe une large place dans l'observance de la règle imposée par les fondateurs à leurs disciples.

L'humilité chrétienne des saintes filles, qui ont renoncé au monde pour se consacrer au service de Dieu, leur fait rechercher, évidemment, de préférence, les petits et les humbles, les jeunes filles pauvres, les orphelines; mais leur amour du bien social s'étend à tous, et les familles riches ne sont pas les dernières à leur confier leurs enfants, sachant qu'elles retrouveront auprès des sœurs les soins maternels et qu'elles seront élevées dans les bons principes qui font les femmes vertueuses.

A Rouen, sans remonter plus haut, nous voyons que, dès 1617, les Ursulines, dont les couvents existent encore rue des Capucins et rue Morand, tenaient des écoles, très-fréquentées, pour les jeunes filles de toute condition sociale.

En 1666, le R. P. Barré fondait, en vue *spécialement* de s'occuper de l'éducation des petites filles pauvres de notre ville, la congrégation des *Sœurs des écoles chrétiennes et charitables de l'Enfant-Jésus,* connue aujourd'hui sous le nom de *Sœurs de la Providence.*

Quatre écoles furent ouvertes, dans des quartiers différents, par cette communauté, dont la maison mère, rétablie après la Révolution rue du

Champ-des-Oiseaux, a été transférée dans le beau local qu'elle occupe actuellement même rue.

On y a installé, comme on le verra plus loin, des classes primaires et enfantines.

En 1698, on voit apparaître les *Sœurs du Sacré-Cœur*, connues sous le nom de *Sœurs d'Ernemont*. C'est à Ernemont, en effet, dans la Seine-Inférieure, que cette communauté a été fondée par M. Barthélemy de Saint-Ouen.

Après avoir été instituées en famille religieuse, les *Sœurs d'Ernemont* vinrent à Rouen pour ouvrir des écoles. Elles s'installèrent d'abord, en 1712, rue du Renard ; puis en 1728 leur maison fut transférée dans la rue qui porte maintenant leur nom. Expulsées en 1789, elles furent réintégrées en 1803 sous le cardinal Cambacérès.

Depuis, cette communauté a pris une grande extension ; elle possède encore actuellement plusieurs écoles à Rouen et elle est répandue dans toute la Normandie.

En 1818, les Sœurs de l'ordre du *Sacré-Cœur de Jésus*, nouvellement créé à Saint-Aubin-lès-Elbeuf, arrivaient à Rouen, et, sous leur impulsion, l'instruction des jeunes filles prit un nouvel essor. De là leur réputation s'étendit au loin, et de nombreux établissements scolaires furent inaugurés, sous leurs auspices, dans notre département et au dehors.

En 1819 apparaît également la communauté des *Sœurs de la Miséricorde*, à laquelle nous consacrons plus loin une notice spéciale. C'est cette communauté, en effet, qui tient aujourd'hui, à Rouen, le plus grand nombre de classes gratuites.

En 1844, pour répondre à de nouveaux besoins, deux dévoués ecclésiastiques, M. l'abbé Forbras et M. l'abbé Groult, firent appel au concours des Filles de la Charité (Sœurs de Saint-Vincent-de-Paul), d'abord pour prodiguer leurs soins aux pauvres, puis pour prendre la direction de plusieurs écoles maternelles, enfantines et primaires où elles rivalisèrent de zèle avec leurs devancières.

En 1891, les religieuses du Carmel d'Avranches, sollicitées à leur tour, vinrent combler les vides que de pressantes nécessités de service faisaient dans les rangs des autres communautés.

Ces écoles de jeunes filles sont au nombre de dix-huit et à quinze d'entre elles sont annexées des classes maternelles ou enfantines dont il nous reste à dire un mot.

Ecoles maternelles et enfantines

Afin de répondre aux nécessités de la vie sociale contemporaine et pour faire suite à l'œuvre des crèches, il était nécessaire d'instituer des salles d'asile pour recevoir les enfants de deux à six ans.

La première salle d'asile fut fondée à Paris, en 1828, par M. Denys Cochin. Cette institution, reconnue d'utilité publique par la loi du 23 juin 1833, se développa très-rapidement.

La salle d'asile a été réorganisée, par les décrets du 2 août 1881 et du 28 juillet 1882, sous le nom d'école maternelle. Les laïcisations ne l'ont pas plus respectée que les autres branches de l'enseignement. Là aussi, l'instruction religieuse a été exclue des programmes officiels, quoiqu'il ne s'agisse que de l'éducation de petits êtres à peine sortis du maillot.

Mais la mère de famille qui apprend à ses enfants, en les dorlotant sur ses genoux, à bégayer le nom de Dieu, et qui prie avec eux, n'a pas été abandonnée par la bienfaisance chrétienne. A côté de l'école maternelle laïque s'est dressée l'école maternelle libre, l'école où l'on prie et où l'on apprend à prier aux petites créatures qui lui sont confiées, l'école où l'on enseigne ce précepte du Décalogue : « Tes père et mère honoreras. »

Certes, on peut se demander si les parents n'ont pas été ainsi trop généralement amenés à ne plus exercer par eux-mêmes cette douce et précieuse mission de la toute première éducation; mais la lutte pour l'existence s'accommode mal, à notre époque, surtout dans les milieux ouvriers, des devoirs qu'impose l'esprit religieux de la famille.

Combien de mères, obligées par leur labeur quotidien de se séparer de leurs enfants durant toute la journée, ne peuvent ni s'occuper d'eux ni les surveiller. Au lieu donc d'avoir recours à des soins mercenaires ou à l'obligeance de l'amitié du voisinage, n'était-il pas plus avantageux, à tous les points de vue, de s'adresser à des dévouements consacrés par la vie religieuse ?

La nouvelle législation scolaire interdisant l'accès des classes primaires aux enfants au-dessous de six ans, il n'était pas possible de se désintéresser du sort réservé à la population enfantine de cette catégorie.

Mgr Thomas, archevêque de Rouen, s'en inquiéta et, à la suite d'une démarche et d'un rapport des membres du comité de l'*Union catholique*, il décida qu'il y avait lieu de ne reculer devant aucuns sacrifices pour fonder des écoles enfantines dans notre ville.

Grâce à la générosité de nombreux bienfaiteurs, grâce aux persévérants efforts des fidèles et du clergé rouennais, quinze classes maternelles ont pu être créées depuis 1881.

Voici, du reste, la liste, par rang d'ancienneté d'existence, des dix-huit écoles primaires libres de jeunes filles, qui fonctionnent actuellement en pleine prospérité à Rouen, avec l'indication et la date de fondation des quinze classes enfantines ou maternelles qui y ont été annexées :

Paroisse de Saint-Romain. — Ecole fondée en 1666, rue du Champ-des-Oiseaux, et dirigée par les *Sœurs de la Providence*.

Ecole gratuite, rue d'Ernemont, dirigée depuis 1728 par les *Sœurs du Sacré-Cœur, dites d'Ernemont*.

Classes enfantines annexées en 1892 par l'initiative de M. l'abbé Ouf, curé de ladite paroisse.

Paroisse Saint-Maclou. — Ecole fondée en 1744, aître Saint-Maclou, rue Martainville; dirigée d'abord par les *Sœurs d'Ernemont*, appelées par M. Esmangard, alors curé de la paroisse, cette école est aujourd'hui tenue par les *Sœurs de la Sagesse*.

Ecole maternelle annexée en 1892.

Paroisse Sainte-Madeleine. — Ecole fondée en 1819, place de la Madeleine, et dirigée par les *Sœurs de la Miséricorde*.

Ecole maternelle et classes enfantines annexées.

Paroisse Saint-Vincent. — Ecole fondée en 1819, rue Saint-Vincent, et dirigée par les *Sœurs de la Miséricorde*. En 1861, elle fut transférée rue des Charrettes; puis, en 1865, M. l'abbé Dumesnil, ainsi que nous l'avons dit, construisit à ses frais le local de la place Saint-Vincent. Par suite d'une convention avec la municipalité, la propriété de l'immeuble avait été donnée à la ville; mais le patronage de l'école était exclusivement réservé au titulaire de la cure. Cette école vient d'être transférée, 8, rue du Vieux-Palais, dans une construction plus convenable, édifiée par la générosité des paroissiens.

Même paroisse. — Ecole maternelle et classes enfantines

annexées, fondées en 1893 par divers bienfaiteurs, rue du Vieux-Palais, et dirigée également par les *Sœurs de la Miséricorde*.

Paroisse Saint-Gervais. — Ecole fondée en 1827, rue Henri-Barbet, par un comité de dames de la paroisse, sous la présidence de Mme Keittinger-Turgis. Dirigée par les *Sœurs de Saint-Aubin*.

Classe enfantine annexée en 1891.

Paroisse Saint-Patrice. — Ecole fondée, en 1833, rue Neuve-Saint-Patrice, par les *Sœurs de la Miséricorde*, sur appel au dévoûment de la communauté.

Un externat payant devait être créé dans le but d'aider à couvrir les dépenses des classes gratuites ; mais il n'a pas été possible de donner suite à ce projet. Cette ressource faisant défaut, il en résulte de grandes charges pour la communauté.

Paroisse Saint-Godard. — Ecole fondée en 1838, rue Beauvoisine, et dirigée par les *Sœurs de la Miséricorde*.

Classes enfantines, pour les enfants des deux sexes, annexées en 1892.

Paroisse de la Cathédrale. — Ecole fondée en 1843, rue des Chanoines, et dirigée par les *Sœurs de la Miséricorde* (1).

Ecole maternelle et classes enfantines annexées.

Paroisse de la Cathédrale, rue Potard. — Ecole fondée en 1876, sur l'initiative d'un généreux bienfaiteur, M. Cosserat, et dirigée par les *Sœurs de la Miséricorde* (1).

Paroisse de Saint-Hilaire. — Ecole fondée en 1851, route de Darnétal, et dirigée par les *Sœurs de la Provi-*

---

(1) Ces deux écoles sont, depuis la rentrée, réunies, rue de la Chaîne, 23, aux écoles maternelles et classes enfantines.

ÉCOLES MATERNELLES ET ENFANTINES 77

dence. Cette école, de communale qu'elle était, est devenue école libre depuis 1881.

Classes enfantines annexées en 1889.

PAROISSE DE SAINT-NICAISE. — Ecole fondée en 1857, rue Poisson, dirigée par les *Sœurs de la Miséricorde*.

Ecole maternelle et classes enfantines établies en 1892 par M. l'abbé Lamy, curé de la paroisse.

PAROISSE SAINT-PAUL. — Ecole fondée en 1861, rue Henri-Rivière, et dirigée par les *Sœurs de Saint-Vincent-de-Paul*.

Les Sœurs de Charité avaient été installées, dès 1855, dans une maison de la rue du Val-d'Eauplet, par les soins de M. l'abbé Forbras, pour y diriger, pendant cette année calamiteuse, des fourneaux alimentaires et un ouvroir de jeunes filles. En 1857, une maison de santé pour les aveugles curables fut fondée dans le même local de la rue du Val-d'Eauplet et placée sous la même direction. En 1861, la paroisse étant privée d'écoles primaires, on construisit un bâtiment à cet usage sur l'esplanade Saint-Paul. Comme le terrain appartenait à la ville, l'administration municipale laïcisa cette fondation en 1886. De nouvelles classes furent alors édifiées rue Henri-Rivière, et, à l'école primaire, on ajouta alors des classes enfantines.

PAROISSE DE SAINT-OUEN. — Ecole fondée en 1872, rue Bourg-l'Abbé, et dirigée par les *Sœurs de Saint-Vincent-de-Paul*.

Classes enfantines annexées en 1888 et école maternelle en 1892, par le zèle de M. l'abbé Panel, curé de Saint-Ouen.

PAROISSE DE SAINT-JOSEPH. — Ecole fondée en 1885, rue du Nord, et dirigée par les *Sœurs de la Miséricorde*. Dès 1872, M. l'abbé Mainé, curé de Saint-Romain, avait appelé les Sœurs pour établir un ouvroir dans une section éloignée du centre de la paroisse. En 1885, M. l'abbé Thierry, nommé chapelain de la nouvelle église, demanda à la communauté l'ouverture de classes gratuites qui, suivant lui, devaient être soutenues par la création de classes payantes. Ce dernier espoir n'a pas été réalisé.

PAROISSE SAINT-CLÉMENT. — Ecole fondée en 1892, rue Saint-Julien, et dirigée par les *Sœurs de Saint-Vincent-de-Paul*. Appelées en 1871 pour le service des pauvres secourus par le bureau de bienfaisance, les Sœurs de Charité furent remerciées en 1885. L'établissement actuel fut alors créé pour maintenir la distribution des aumônes fournies par la charité privée, en faveur de ce quartier, où les infortunes sont nombreuses, et pour enseigner le catéchisme aux enfants. En 1892, les Sœurs, pour répondre aux vœux des familles chrétiennes, ouvrirent l'école primaire et enfantine qui fonctionne depuis cette époque.

ILE LACROIX. — Ecole fondée en 1889, rue de l'Ecole, et dirigée par les *Sœurs du Carmel d'Avranches*.

L'éloignement de la paroisse Saint-Paul a déterminé un grand effort des habitants de l'île pour construire et entretenir cette *école maternelle et enfantine*, qui rend de grands services aux familles de cette section.

PAROISSE SAINT-VIVIEN. — Ecole fondée en 1893, rue Saint-Vivien, et dirigée par les *Sœurs de Saint-Vincent-de-Paul*.

La petite école annexée de longue date au pensionnat des Sœurs Ursulines, rue des Capucins, étant devenue absolument insuffisante, M. l'abbé Lépagnol, curé, a pu, avec le concours de la générosité de nos concitoyens, doter sa paroisse d'écoles primaires ainsi que d'une école maternelle, pour remplacer la fondation Forbras, laïcisée à ce moment.

SACRÉ-CŒUR. MONT-RIBOUDET. — Ecole enfantine, fondée en 1892, par la générosité personnelle de M. l'abbé Allard, chapelain du Sacré-Cœur. Cette école est un véritable bienfait pour ce quartier jusqu'alors déshérité.

Paroisse Saint-Sever. — Ecole fondée en 1893, rue d'Elbeuf, et dirigée par les *Sœurs de Saint-Vincent-de-Paul*. L'école primaire tenue par les Sœurs d'Ernemont, rue de la Pie-aux-Anglais (faubourg Saint-Sever), étant devenue insuffisante, on dut s'occuper d'ouvrir un nouvel établissement scolaire pour donner satisfaction aux besoins de cette paroisse populeuse. Le concours pécuniaire de généreux bienfaiteurs put permettre bientôt la réalisation de ce projet.

Sur l'entrefaite, la ville ayant laïcisé l'asile de la rue Tous-Vents provenant du legs Bouctot, on comprit dans l'installation de la nouvelle école des classes enfantines, à la grande satisfaction des familles. Toutefois, les charges sont lourdes et la bienfaisance chrétienne a, de ce côté, des sacrifices permanents à s'imposer.

Les Ressources des Ecoles libres

En parcourant la longue liste, que nous avons rapidement détaillée, des fondations d'établissements scolaires libres, à Rouen, le lecteur a dû se demander, plus d'une fois, comment on a pu réaliser, maintenir et développer une œuvre aussi étendue et aussi coûteuse.

C'est là le mystère de la charité. Mais la générosité de son grand cœur n'aurait peut-être pas suffi si elle n'avait été dirigée vers le but commun; en un mot, si elle n'avait pas été admirablement organisée.

Il nous reste à parler de cette organisation qui comprend différentes institutions dont la tâche consiste à assurer le succès de l'œuvre et à pourvoir à tous ses besoins. Ce sont, pour les écoles primaires de garçons :

Le Comité central de souscription et la Caisse des Elèves des écoles chrétiennes.

Les moyens d'existence des écoles de filles, des écoles maternelles et des classes enfantines échappent à l'analyse. Comme nous le disons ailleurs, elles sont presque toujours entretenues dans chaque paroisse par l'initiative du clergé.

Enfin les œuvres communes à toutes les écoles libres sont :

La Société civile immobilière des écoles paroissiales;
Le Sou des écoles chrétiennes.

Nous allons passer ces institutions successivement en revue.

Comité central de souscription

Il existait déjà depuis longtemps un comité de souscriptions pour les Ecoles chrétiennes de Rouen; mais, en présence de nécessités nouvelles, ce comité fut réorganisé en 1881 par M. Taillet, bâtonnier de l'ordre des avocats.

Le 25 janvier 1891, Mgr Thomas, archevêque de Rouen, lui traça un règlement et le plaça sous la direction d'un vicaire général. Ce fut d'abord M. l'abbé Margueritte, puis, après sa mort, M. l'abbé du Vauroux et, aujourd'hui, cette direction est dévolue à M. l'abbé Lemonnier, vicaire général.

M. Masselin en garda la présidence de 1881 à 1887. Depuis 1887, c'est M. J. Keittinger qui en est président.

A ce comité général se rattachent des sous-comités paroissiaux. MM. les curés en sont membres de droit. Les autres membres, un par paroisse, sont désignés par chaque sous-comité.

Des réunions générales ont lieu trois fois par an, et c'est dans la séance de juillet que le budget est établi pour le prochain exercice. Les comptes de l'année écoulée sont arrêtés en novembre.

Des commissions d'inspections désignées par Mgr l'archevêque visitent deux fois par an les écoles et sont chargés d'adresser au comité général un rapport sur les résultats de leur visite, notamment sur l'instruction et l'état des locaux.

Du 1er janvier 1881 à 1894, les recettes pour les écoles libres de garçons, dues uniquement à la générosité des catholiques rouennais, ont été de 659,081 fr. 38, y compris 62,869 fr. 85 de donations. Nous n'avons pas fait entrer dans ce chiffre la subvention accordée par la ville jusqu'en 1888, subvention qui diminuait chaque année dans les proportions que nous avons indiquées plus haut.

Cette somme de 659,081 fr. 38 constitue une

contribution toute volontaire. Nous pouvons donc la mentionner avec quelque fierté pour l'honneur et le patriotisme éclairé des familles chrétiennes de notre vieille cité.

Nous le pouvons d'autant plus que l'œuvre des laïcisations a été entreprise et se poursuit avec l'argent des contribuables français, sans distinction d'opinion, tandis que l'œuvre des écoles chrétiennes n'est alimentée et soutenue que par l'argent des catholiques seuls, qui n'hésitent pas ainsi à s'imposer une double et très-lourde charge, dans un but d'intérêt général, c'est-à-dire de préservation sociale.

Voici à titre de document les comptes du *Comité de souscription*, pour l'exercice 1893-1894, arrêtés au 1ᵉʳ octobre 1894 :

DÉPENSES.

Report de 1892-93	4.529 fr.	23
Dépenses du personnel enseignant	40.200	»
Loyers des écoles, années 1893-1894	14.250	50
Impositions diverses	986	33
Total	59.966 fr.	06

RECETTES.

Rentrées de l'exercice 1892-1893	4.926 fr.	30
Souscriptions paroissiales	40.962	20
Ressources spéciales	4.919	45
Don de Monseigneur l'Archevêque	500	»
A *reporter*	51.307 fr.	95

Report.....	51.307 fr.	95
Souscriptions hors paroisses et don de la Banque de France.................................	1.110	05
Don des Anciens Elèves du pensionnat J.-B. de la Salle.................................	652	55
Don des Anciens Elèves des Frères............	500	»
Total.....	53.570 fr.	55
Déficit à ce jour.....	6.395	51
A verser par 5 paroisses.......... 6.614 fr. 65	59.966 fr.	06

Caisse des Elèves des Ecoles chrétiennes

Dans le but de faciliter la fréquentation des écoles congréganistes aux enfants des familles indigentes, en donnant des secours, en distribuant des récompenses et en acquittant les dépenses à la charge des élèves, une *Caisse des Ecoles chrétiennes* a été établie à Rouen, le 26 décembre 1889. Cette institution est absolument distincte du *Comité de souscription des Ecoles chrétiennes*, qui est chargé de pourvoir au traitement des professeurs, aux loyers et à l'entretien des écoles.

La pensée d'une semblable création est née précisément de l'impuissance où se trouvait le comité de souscription à faire dans son budget une part aux dépenses spéciales dont s'occupe cette institution.

L'exemple de la *Caisse des Ecoles communales*

était là, du reste, pour indiquer qu'à plus juste titre encore, il était rationnel de demander à la générosité de tous, sous des formes diverses, mais spécialement par une loterie publique annuelle, des ressources pour des écoles auxquelles il manque le précieux privilége d'émarger aux budgets de l'Etat et des communes.

Le dernier compte-rendu de la *Caisse des Elèves des Ecoles chrétiennes* fait ressortir que les recettes, pour l'exercice 1892-93, ont atteint le chiffre de 11,481 fr. 90 et se décomposent ainsi :

RECETTES DIVERSES.

Avoir de 1892-1893	6 fr.	05
Produit de la Loterie	3.891	45
Allocation du Sou des Ecoles	3.732	»
Don de l'Association des Anciens Elèves des Frères	1.500	»
Kermesse du Pensionnat J.-B. de la Salle	2.700	»
Dons particuliers	57	75
Total des recettes	11.887 fr.	25

Cette somme de 11,887 fr. 25 a été entièrement dépensée, dans les conditions suivantes :

DÉPENSES SPÉCIALES AUX ENFANTS.

Récompenses, Prix, Secours en nature	5.200 fr.	»
Fournitures de classes	4.032	»
Mobilier. — Entretien et améliorations	1.232	90
Salaires des hommes de peine	1.180	»
Avoir pour balance	235	35
Total	11.887 fr.	25

L'attention des bienfaiteurs des écoles doit être appelée sur cette institution, comme étant un rouage indispensable servant d'annexe au budget principal, alimenté par la souscription publique.

La loterie, comme on l'a vu plus haut, est l'élément principal de recettes pour la *Caisse des Élèves.*

Le placement des billets à 25 centimes est confié aux enfants, qui se font solliciteurs un peu partout.

A ce sujet, nous ferons remarquer que la distinction n'est peut-être pas suffisamment faite, par le public sympathique aux écoles chrétiennes, entre ces billets et ceux du même prix qui sont offerts, souvent avec insistance, par les élèves des écoles communales.

Ajoutons, enfin, que des lots de valeur sérieuse sont exposés et gagnés chaque année. L'exposition précède le tirage, qui est fixé aux premiers jours de novembre.

Nous venons de voir comment fonctionnait le comité de souscription, aidé par la Caisse des Écoles, et comment son activité et son dévouement étaient récompensés; nous allons maintenant assister aux opérations, non moins méritoires et non moins dignes d'encouragement, d'une autre institution protectrice des écoles libres. Il s'agit de la *Société Immobilière*, qui s'occupe spécialement des locaux scolaires.

Société civile immobilière des Ecoles paroissiales de Rouen et de l'arrondissement

La Société civile immobilière des écoles paroissiales de Rouen, comme l'indique son titre, a pour but de procurer des bâtiments convenables aux écoles créées dans les différents quartiers de la ville et de l'arrondissement, et d'en représenter légalement la possession.

Elle a été constituée le 13 août 1879.

Sur plusieurs points, à cette époque, les bâtiments occupés par les écoles chrétiennes ne répondaient plus aux exigences des règlements; sur d'autres, la transmission des propriétés, acquises par des bienfaiteurs, faisait prévoir de grandes difficultés. Enfin, pour construire de nouvelles classes dans certains quartiers, il fallait réunir des capitaux et les placer sous une administration légale régulière.

Le Comité de souscription des Ecoles chrétiennes, dont on a vu plus haut la mission à l'égard des dépenses annuelles, était impuissant à envisager la tâche qui se présentait : il n'était pas susceptible de posséder.

C'est dans ces conditions que fut décidée, en 1879, la constitution de la Société immobilière, sous la présidence de M. Taillet, bâtonnier de l'ordre des avocats, par l'initiative de quelques hommes d'activité et de dévouement, au nombre desquels il est juste de citer M. le chanoine Robert, dont l'expérience et le sens pratique se sont affirmés dans beaucoup de circonstances au profit des œuvres et des établissements religieux de notre archidiocèse.

Voici, détaillés, les excellents services rendus par la bienfaisante intervention de cette société :

Ecole Saint-Vivien (1879). — Une première fraction de capital fut souscrite le 13 avril 1879, par acte passé par M⁰ Bligny, notaire. Elle fut employée à acquérir un terrain impasse Sainte-Claire et à y construire, pour les paroisses Saint-Vivien et Saint-Hilaire, une école de quatre classes, en remplacement de celles absolument insuffisantes situées dans ce même quartier.

Ecole Saint-Maclou (février 1880). — Peu de mois après, l'intervention de la Société était réclamée pour l'école Saint-Maclou. Là, également, les anciennes classes situées dans l'*aître*, rue Martainville, étaient urgentes à assainir. La fabrique de l'église, qui en était propriétaire, n'était pas en mesure de faire les dépenses de transformation.

La Société immobilière intervint, passa bail à long terme avec la fabrique et fit d'importants travaux pour donner aux locaux l'air et la lumière nécessaires.

Ecole Saint-Vincent (avril 1880). — Des améliorations s'imposant à l'école Saint-Vincent, fondée en 1868 par M. l'abbé Dumesnil, la Société immobilière fut appelée à y contribuer.

Ecole Saint-Gervais (octobre 1880 *et avril* 1881). — Sur la demande de M. l'abbé Regneaux, curé de Saint-Gervais, la Société est appelée à recevoir comme apport des immeubles situés rues du Renard et Henry-Barbet et servant aux écoles de garçons et de jeunes filles pour les paroisses Saint-Gervais et Sainte-Madeleine, afin d'assurer la permanence du bienfait réalisé par la fondation de ces écoles.

A la même époque se présente le projet de construction d'une école de garçons, sur la paroisse Notre-Dame, pour suppléer à la fermeture des classes primaires annexées à l'Ecole Normale, rue Saint-Lô, dont les Frères des Ecoles chrétiennes cessent d'avoir la direction par suite des nouvelles lois scolaires.

La Société intervient pour acheter un terrain rue des Bonnetiers et construire une école de trois classes.

A chacune de ces décisions correspondent une augmentation du capital social actions et des émissions d'obligations 3 0/0, grâce au concours de généreux souscripteurs.

Au mois de juin 1882, sur les sollicitations des habitants de la paroisse Longpaon, de Darnétal, et sur promesses régulières de souscriptions en capital-actions et obligations, la Société immobilière est amenée à décider que son concours pourra s'étendre à l'arrondissement de Rouen.

Elle intervient pour l'achat d'un terrain sis sur la paroisse Longpaon et la construction d'une école pour jeunes filles, composée de quatre classes, placées sous la direction des Sœurs d'Ernemont.

Ecole Saint-Vincent-Saint-Patrice, rue du Panneret. — A la même époque, le nouveau titulaire de la cure Saint-Vincent, de Rouen, M. l'abbé Renaud, expose à la Société que l'immeuble situé place Saint-Vincent, et où son vénérable prédécesseur avait réuni, avec des entrées distinctes, les écoles de filles et de garçons, ne répond plus à l'extension du nombre des élèves et aux convenances des programmes.

Il demande à la Société d'intervenir pour acquérir un terrain rue du Panneret, et y construire quatre classes, qui seront ouvertes aux enfants de Saint-Patrice et de Saint-Vincent.

M. l'abbé Renaud apporte, à l'appui de sa demande, des engagements de recueillir une partie des capitaux nécessaires.

La Société décide d'accepter ces propositions, et de faire des efforts réitérés pour suffire à ces débours successifs. Son capital-actions est porté à 145,000 fr., et la limite de ses emprunts à 100,000 fr.

Ecole Saint-Clément (novembre 1884). — Les Sœurs de Saint-Vincent-de-Paul, appelées sur cette paroisse en 1870, pour la distribution des secours dans le dispensaire du bureau de bienfaisance, la visite des pauvres, avaient, en outre, créé des œuvres de patronage pour les nombreux enfants de ce quartier.

Ne disposant pas de locaux suffisants pour réunir ces enfants et pour s'y livrer spécialement à l'enseignement du catéchisme interdit dans les écoles publiques, plusieurs personnes notables de la paroisse Saint-Clément sollicitèrent de la Société immobilière la création d'une *école* de catéchisme, à proximité des grands établissements de la ville, et où à la sortie des classes les sœurs pourraient réunir les enfants des deux sexes.

En 1884, des classes furent construites à cette intention avec facilité d'y réunir les patronages le dimanche. L'établissement a été complété, en

1886, par l'adjonction d'une maison d'habitation pour les sœurs, auxquelles la ville avait enlevé le service du bureau de bienfaisance. Depuis 1891 un petit externat y a été annexé, sur la demande des meilleures familles de la paroisse.

Ecole Saint-Paul (1887). — En 1887, la laïcisation des écoles de filles de la paroisse de Saint-Paul, fondées vingt-cinq ans auparavant sur un terrain de la ville, mais par l'initiative privée, provoque un nouvel effort des personnes notables de ce quartier pour ne pas laisser disparaître le bienfait de l'éducation chrétienne.

La Société immobilière fut appelée à donner son cadre et son concours en englobant, avec la possession des classes à construire, la maison des sœurs directrices et l'immeuble servant au logement des vicaires, rue Henri-Rivière.

En 1888, la Société immobilière acquiert :

L'immeuble Bellefonds, situé rue Beauvoisine, 169, dans lequel se trouvent réunis : 1° la communauté des Frères de la Doctrine chrétienne, dirigeant diverses écoles de la ville ; 2° l'école recevant les enfants de Saint-Godard, Saint-Romain et Saint-Joseph ; le *cours supérieur*, professé au profit des écoles de toutes les paroisses qui désirent compléter une éducation plus étendue.

En 1890, l'intervention de la société est réclamée, pour l'acquisition d'un terrain *île Lacroix*, où des bienfaiteurs font élever une école maternelle et enfantine, indispensable pour les tout jeunes enfants, qui ne peuvent être envoyés en ville.

En 1891, la Société est appelée, par M. l'abbé Lamy, curé de Saint-Nicaise, à créer, rue Poussin, une école destinée aux enfants des paroisses Saint-Ouen et Saint-Nicaise, en remplacement de l'école fondée, depuis de longues années, par la générosité de M. l'abbé Mac-Cartan, rue de

Joyeuse, et dont la ville, propriétaire du fonds, a décidé la fermeture.

En 1892, sur l'initiative de M. l'abbé de Beauvoir, curé de Saint-Godard, une école maternelle et enfantine est établie sur un terrain dépendant de l'*immeuble Bellefonds*, rue Beauvoisine, appartenant à la Société.

Le mérite de ces diverses créations n'est certes pas revendiqué par les administrateurs de la Société.

Il nous a paru nécessaire d'entrer dans ces détails pour bien faire ressortir l'importance et la ressource du concours trouvé près de la Société civile immobilière, et les services ainsi rendus à l'enseignement chrétien, en vue duquel seulement elle a été fondée. Nous devons ajouter, toutefois, qu'indépendamment des capitaux dont cette Société a provoqué la réunion, pour ses émissions d'actions ou obligations, il s'est trouvé bien des générosités, employées à côté d'elle pour les mêmes besoins.

Dans chaque circonstance, le zèle de MM. les curés, notamment, s'est largement exercé, et il est de notre devoir de signaler parmi eux, comme un initiateur, le vénéré M. l'abbé Regneaux, décédé archiprêtre de la primatiale.

Ce qu'il faut dire aussi, c'est que les fondateurs de la Société ont écarté, étant actionnaires, toute idée de profit notable pour leurs capitaux. Les immeubles qui ont été édifiés par ses soins sont loués au Comité de souscription des Ecoles chrétiennes à un taux rapportant à peine 3 0/0 des débours. Quand il y a à prélever sur cette rémunération l'intérêt des emprunts, les impôts, assurances et entretien des immeubles, il reste à peine 1 0/0 à offrir aux actionnaires, qui très-généralement en font l'abandon pour permettre des améliorations successives.

Au 31 décembre 1893, la Société disposait des ressources suivantes :

Capital en 200 actions de 1,000 fr............	200.000 fr.	»
Obligations émises à 3 0/0.	120.500	»
Prêts par divers sans intérêts...............	137.972	80
Fonds de réserve et produits de 1893	8.199	68
	466.672 fr.	48

Immeubles de la Société

Ecole Saint-Vivien-Saint-Hilaire. — Garçons.	62.862 fr.	32
— Saint-Gervais-Sainte-Madeleine. — Filles et garçons............................	50.366	18
Ecole Notre-Dame. — Garçons	49.505	10
— Saint-Vincent-Saint-Patrice.— Garçons	87.900	»
— Darnétal. — Filles et enfants............	20.438	»
— Saint-Clément. — Filles et enfants...	24.401	20
— Saint-Paul.—Filles et enfants.—Vicariat	79.000	»
Immeuble Bellefonds. — Garçons, enfants et cours supérieur............................	73.000	»
Immeuble île Lacroix. — Terrain, école maternelle	6.000	»
Immeuble Saint-Nicaise. — Terrain........	9.000	»
	462.472 fr.	80

Le Sou des Ecoles chrétiennes

Nous venons de faire connaître l'organisation de la charité privée à Rouen, au point de vue de la réalisation des ressources destinées à alimenter le budget de l'instruction chrétienne, dans ses chapitres principaux : celui de l'enseignement proprement dit et celui des constructions et occupation des bâtiments scolaires. Mais il est un autre chapitre qui ne laisse pas que d'imposer également d'assez lourdes charges aux bienfaiteurs des écoles libres : il s'agit du chapitre des *fournitures classiques*.

Les dépenses de ce chapitre se sont considérablement accrues, par suite de l'extension prise, de nos jours, par les programmes de l'enseignement primaire.

Autrefois, ces dépenses étaient mises à la charge des familles qui pouvaient s'imposer ce léger sacrifice. Quant à celles qui étaient indigentes, on avait recours à des subsides particuliers, pour que leurs enfants fussent pourvus gratuitement de cahiers, livres, plumes, encre, etc.

L'administration municipale accordait même une allocation annuelle, dans ce but spécial, aux écoles chrétiennes qu'elle subventionnait.

En 1882, ce crédit modeste fut complètement rayé du budget de la ville.

A ce même moment, on proclamait le principe de la *gratuité de l'instruction* comme une sorte de dogme d'Etat. On le mettait aussitôt en pratique à Rouen, dans toutes les écoles communales, et on offrait, sous toutes les formes, aux familles, une assistance qui, certes, ne se limitait pas aux fournitures scolaires.

Les écoles chrétiennes durent donc chercher le moyen de maintenir, aux élèves les plus nécessiteux, le secours antérieurement fourni par la ville. Il fallait ne pas compliquer l'effort principal, d'où dépendait leur existence.

C'est de ce sentiment qu'est née l'Œuvre du Sou des Ecoles chrétiennes.

L'idée présentée dans une assemblée générale de l'Union catholique, en 1883, indiquait que la perception à opérer serait le *centime additionnel du budget de l'instruction libre*.

S'appuyant sur ce qui se pratiquait en Belgique et dans le nord de la France, le rapport présenté préconisait la mise en circulation de *troncs ambulants* dans lesquels le *sou* de tous serait recueilli. Placés sur la table de famille, comme dans les magasins des commerçants, circulant dans les réunions honnêtes, ils recevraient dans toutes les circonstances et à tous les moments de modiques offrandes si facilement employées souvent à des inutilités.

L'œuvre ainsi conçue fut vite accueillie dans

notre ville ; plus de 200 troncs, dignes de figurer dans les maisons, furent mis en circulation.

Les réunions des Congrès catholiques et d'autres séances publiques fournirent à de zélés jeunes hommes l'occasion de se faire quêteurs et, au 31 décembre de l'année 1883, le comité des Dames patronnesses, constitué pour administrer l'œuvre, constatait une recette totale de 7,535 fr. 15.

L'emploi des sommes ainsi recueillies fut affecté successivement au paiement des fournitures classiques des écoles primaires des deux sexes.

Une exposition et une vente d'imagerie religieuse, organisées d'une manière fort complète et intéressante, fournirent en 1884 une autre source de revenus.

Cet appoint était d'autant plus nécessaire que le premier élan donné au fonctionnement des troncs s'était ralenti. Les recettes de ce chef avaient diminué de moitié.

Le succès de la vente d'objets spéciaux, en 1884, fit concevoir l'idée d'un bazar pour 1885. Fixé aux approches de Noël et visant l'organisation de comptoirs, garnis de menus objets pouvant être offerts à l'occasion de la Noël et du nouvel an, cette vente fut qualifiée de bazar de Noël.

Placé d'abord dans le local de la maison des Bonnes-Œuvres, rue Saint-Nicolas, la multiplicité des visiteurs nécessita, pour l'année suivante, le choix d'un espace plus grand dans les salons Vallot. Depuis lors, chaque année, des dames aussi zélées qu'ingénieuses sollicitent les acheteurs, au profit de l'œuvre du *Sou des Ecoles chrétiennes*, maintiennent et développent même le chiffre annuel des recettes utiles à leur budget. Leur clientèle d'écoliers s'est largement développée. Les ressources, en effet, sont réparties entre 25 écoles (garçons et jeunes filles), sans oublier les classes enfantines qui y ont été si heureusement annexées depuis peu d'années, à l'instigation spéciale de l'œuvre du *Sou des Ecoles*. Une part des secours est aussi allouée aux dames de l'œuvre si intéressante de l'*enseignement du catéchisme*, pour aider à payer le loyer des locaux où sont réunis les enfants instruits par elles.

Enfin l'œuvre du *Sou* a pu instituer, depuis sept ans, un concours général entre les jeunes filles des différentes écoles congréganistes, afin d'exciter l'émulation et de développer l'enseignement, spécialement au point de vue de l'instruction religieuse et des notions les plus utiles.

Des diplômes sont délivrés à la suite des compositions et, à la distribution des prix, des livrets de caisse d'épargne, gradués de 100 fr., 50 fr., 25 fr. et 10 fr., sont attribués aux plus méritants.

L'institution de ces récompenses était d'autant

plus opportune que la ville de Rouen dispose de fondations faites autrefois en faveur de tous les enfants de la ville et qui, actuellement, ne sont plus accordées qu'aux élèves seuls des écoles communales. Il était donc de toute nécessité d'offrir au moins une équivalence aux familles fidèles à l'école chrétienne.

L'exposé que nous venons de faire de l'œuvre du *Sou des Ecoles chrétiennes libres* démontre tout l'intérêt qui s'y rattache et toutes les sympathies qu'elle mérite d'inspirer.

Née pour aider chaque famille indigente à subvenir aux dépenses de fournitures de classes, elle s'adresse, aujourd'hui, à une clientèle de 5,000 enfants. Elle a mis au rang de ses sollicitudes l'enseignement religieux, soit dans l'œuvre des catéchismes, soit dans des concours qui ont répandu sa bienfaisante influence et fait naître une salutaire émulation.

Les ressources de l'œuvre sont fournies entièrement par la charité : les troncs à domicile, les quêtes dans les conférences et réunions publiques, et surtout le bazar de Noël, constituent ses seuls éléments de recettes.

En dix années, le *Sou des écoles* a distribué plus de 120,000 fr. d'allocations aux écoles primaires et enfantines.

Voilà l'ensemble de l'œuvre des écoles ; elle est considérable.

Quels en sont les résultats immédiats ?

C'est ce qui nous reste à faire connaître et, pour cela nous demanderons aux chiffres leur éloquence.

Dans un rapport fait, en 1888, au Conseil général de la Seine-Inférieure, par un de ses membres, M. E. Ferry, sur l'*Instruction primaire de 1789 à 1889,* nous lisons que les dépenses consacrées par le département, pendant la période de 1871 à 1888, se sont élevées aux chiffres de 11,424,174 fr. 95 pour l'instruction primaire, et de 466,331 fr. pour l'instruction publique.

Après avoir ajouté qu'on serait loin de la vérité en pensant que ces dépenses représentent la totalité des sacrifices faits par le département « dans l'intérêt de l'instruction, » le rapporteur s'écrie avec enthousiasme : « Ces chiffres parlent éloquemment eux-mêmes sans avoir besoin de commentaires; mais il me sera bien permis cependant de les citer avec quelque fierté pour l'honneur du gouvernement de la République. »

Si le mérite devait être jugé à la dépense, il est certain, en effet, que l'enseignement laïque aurait le droit d'être revendiqué avec une certaine arrogance par ses partisans.

Malheureusement, sans faire entrer en ligne de compte ce que cet enseignement laisse à désirer au point de vue de l'éducation morale, il est hors de conteste que l'effort demandé aux contribuables rouennais n'est pas proportionné aux résultats obtenus jusqu'ici.

Comparaison instructive

L'augmentation des élèves dans les écoles communales n'a pas suivi l'accroissement des dépenses.

Il résulte même des statistiques officielles qu'à un millier près les enfants qui fréquentaient les établissements primaires de notre ville avant les laïcisations étaient aussi nombreux.

Le tableau suivant, établissant le chiffre de la population scolaire à Rouen, en 1887, c'est-à-dire à la veille de la substitution des maîtres laïques aux maîtres congréganistes, et en 1894, c'est-à-dire sept ans après les laïcisations, est instructif à cet égard :

		1887	1894
Ecoles de garçons..	Communales.	2.669	2.784
	Libres.	2.011	1.902
Ecoles de filles	Communales.	2.630	3.397
	Libres.	2.238	1.913
Ecoles maternelles..	Communales.	1.068	815
	Libres.	384	1.538
	Totaux.....	11.000	12.349

Le nombre d'enfants fréquentant les différentes écoles de Rouen ne s'est donc accru, sous le régime de la nouvelle législation et malgré l'obligation imposée aux parents d'envoyer leurs enfants à l'école, que d'un chiffre d'élèves relativement insignifiant, exactement de 1,349.

Mais poursuivons notre comparaison.

La population générale scolaire se composant de douze mille trois cent quarante-neuf enfants des deux sexes, combien y en a-t-il qui fréquentent les écoles laïques, et quelle est la part qui revient, sur ce chiffre, aux écoles libres ?

Le tableau comparatif ci-après établi, pour l'année 1894, va nous le dire :

	COMMUNALES	LIBRES
Ecoles primaires de garçons......	2.784	1.902
— — de filles.........	3.397	1.913
Ecoles maternelles...............	815	1.538
Totaux......	6.996	5.353

Sur les douze mille trois cent quarante-neuf élèves, cinq mille trois cent cinquante-trois, un peu moins de la moitié, appartiennent donc aux écoles libres. La différence au profit des écoles communales n'est, en effet, que de *seize cent quarante-trois.*

Les Dépenses des Ecoles laïques

Si nous abordons maintenant la question de la dépense, les chiffres comparatifs apparaîtront plus instructifs encore, comme on va pouvoir en juger.

En y comprenant la part de l'Etat, la ville de Rouen consacre annuellement la somme de 423,752 fr. 75 à son enseignement primaire laïque. De plus, les loyers des immeubles scolaires, à l'exception de deux, n'étant pas compris dans ce chiffre, il y a lieu d'y ajouter le montant de l'intérêt à 4 0/0 de la valeur de ces immeubles, estimée à 3,626,835 fr., soit une nouvelle dépense de 145,073 fr. 40. C'est donc un total de *568,826 fr. 15* que l'administration municipale est obligée d'inscrire chaque année au budget pour solder les frais de l'enseignement primaire (1). Nous sommes loin, on le voit, des trente et quelques mille francs payés autrefois aux Frères.

Cette somme de 568,826 fr. 15, divisée par le nombre d'enfants fréquentant les écoles communales (6,996), fait ressortir à **81 fr. 32,** la dépense par élève.

Nous allons pouvoir constater que les frais sont bien moins onéreux en ce qui concerne l'enseignement primaire libre.

Les Dépenses des Ecoles libres

Le budget du comité de souscriptions pour les écoles dirigées par les Frères accuse, pour 1894, une dépense de 66,600 fr. 35.

---

(1) Ces chiffres ont été extraits du projet de budget de la ville pour 1894.

En divisant cette somme par le nombre d'élèves, 1,902, on trouve que les frais par tête n'arrivent qu'à 35 fr.

Pour les écoles de filles et classes enfantines, nous n'avons pas de données exactes, le budget de cette partie de l'enseignement libre étant alimenté par des dons de provenances multiples et de sources variées; mais on peut hardiment conjecturer que la moyenne de dépense par élève ne dépasse pas le chiffre indiqué pour les garçons.

On peut donc conclure que l'instruction gratuite des 5,353 enfants des deux sexes fréquentant les écoles primaires libres, à raison de 35 fr. par tête, ne nécessite qu'une somme de frais s'élevant annuellement à *185,000 fr.*

La ville de Rouen dépensant, dans ses établissements, 81 fr. 32 par élève, l'enseignement laïque coûte, par conséquent, 46 fr. 32 de plus, par tête, que l'enseignement congréganiste.

Elle revient cher aux contribuables, comme on voit, l'école laïque, obligatoire et gratuite!

Ce serait bien pis encore si l'assistance apportée au budget municipal par la générosité privée, qui prend, chaque année, à sa charge, l'instruction de presque la moitié de la population scolaire, venait à disparaître — ce qu'à Dieu ne plaise — et que la ville eût à recueillir les 5,353 enfants confiés aux écoles libres. C'est, au bas mot,

400,000 fr. de plus qu'elle se verrait obligée de réclamer annuellement aux ressources budgétaires. Sans compter les nombreux millions que nécessiteraient la création ou l'acquisition des édifices scolaires jugés indispensables pour abriter tant d'élèves.

On sait que la concurrence faite par les lycées de l'Etat aux maîtres de pensions, en ce qui concerne l'instruction secondaire, a créé un monopole ruineux pour les contribuables; que serait-ce si un pareil monopole venait à ruiner l'enseignement primaire libre et mettait, du jour au lendemain, des milliers d'enfants à la charge des municipalités? On méconnaît trop, à notre avis, les services rendus aux budgets communaux par l'initiative privée.

Enseignement primaire supérieur

Nous avons mentionné plus haut l'existence d'une école primaire supérieure. Cette école, ou plutôt ce cours supérieur, fut créé, en 1846, par le Frère Dauphin, alors directeur des écoles chrétiennes de Rouen (1). C'est rue Saint-Nicolas, dans l'immeuble occupé aujourd'hui par la

---

(1) Le Frère Dauphin devint, plus tard, visiteur des écoles chrétiennes de Paris, et fut chargé, en 1867, au même titre, de la province de Normandie.

Maison des Bonnes Œuvres, qu'il fut d'abord installé. Les élèves se recrutaient parmi les meilleurs sujets de toutes les écoles de la ville. Tout en continuant à fréquenter leurs classes primaires respectives, ils se rendaient rue Saint-Nicolas, le matin, de six heures à neuf heures et, le soir, de quatre à six, pour suivre le cours supérieur. Le programme comprenait les matières suivantes : comptabilité, dessin, géométrie, algèbre, anglais et musique. Deux professeurs étaient spécialement chargés de cet enseignement.

En 1875, l'école fut transférée rue Beauvoisine, dans le local occupé par les Frères, et annexée à leur établissement.

Aujourd'hui, le programme a reçu de nouveaux développements; on y a introduit, notamment, les sciences physiques et naturelles. Les conditions d'admission ont été également modifiées. Il faut être âgé de treize ans au moins et de quinze ans et demi au plus et être pourvu de son certificat primaire. La durée des études, qui sont dirigées par quatre professeurs, au lieu de deux au début, est fixée à trois ans.

Des examens sont passés, à chaque fin d'année, par une commission désignée par Mgr l'Archevêque, qui attribue un prix d'honneur à l'élève ayant obtenu le plus grand nombre de points. Le second et le troisième ont droit chacun à une mention spéciale. Ces examens, qui embrassent toutes les matières portées au programme, excitent la plus grande émulation parmi les élèves. Ledit cours supérieur est fréquenté annuellement par une centaine de jeunes gens environ, et l'on comprendra l'étendue des services qu'il rend aux familles pauvres, désireuses de faire donner à leurs enfants une instruction soignée, quand on saura qu'il est absolument gratuit, comme l'école primaire.

La dépense par élève est évaluée à 30 fr. par an, en moyenne.

Enseignement secondaire et supérieur libre

Nous venons d'exposer la situation de l'instruction primaire et chrétienne dans notre ville, et l'admirable concours de la charité privée, pour soutenir et développer une organisation aussi complexe que devenue nécessaire pour atténuer les déplorables conséquences des idées qui prédominent dans l'enseignement officiel.

Mais ce n'est pas seulement l'instruction primaire qui a été l'objet de la sollicitude patriotique des catholiques rouennais. Ils se sont aussi préoccupés de l'enseignement du second degré et supérieur.

Quoique les établissements de cette catégorie aient leur vie propre et paraissent sortir du cadre des œuvres charitables proprement dites, ils doivent leur origine à l'inspiration chrétienne et à la générosité de leurs fondateurs. A ce titre, nous avons le devoir de les faire figurer dans ce volume et de les considérer comme le complément indispensable et, pour ainsi dire, le couronnement général de l'œuvre scolaire édifiée, au prix de tant d'efforts, par l'initiative privée.

Indépendamment de plusieurs institutions libres où, tout en préparant aux divers baccalauréats et aux écoles du Gouvernement, d'après les programmes officiels, on réserve à l'instruction religieuse la place qui lui appartient; indépendamment aussi du petit séminaire, dont le régime et les études sont très-appréciés, même par les familles qui ne destinent pas leurs enfants à l'état ecclésiastique, les élèves du second degré ont le choix entre le pensionnat J.-B. de la Salle et l'institution Join-Lambert.

Pensionnat J.-B de la Salle. — Cet établissement a été fondé pour continuer l'œuvre créée en 1705, à Saint-Yon, par le Bienheureux J.-B. de la Salle, à la demande de Mgr Colbert, archevêque de Rouen, de M. Pontcarré, premier président au Parlement de Normandie, et de Mme la marquise de Louvois.

A son noviciat de Saint-Yon, l'abbé de la Salle avait donc annexé un internat pour les enfants des familles aisées. Cet internat subsista, avec une grande réputation, jusqu'en 1792.

Les Frères qui dirigent le pensionnat J.-B de la Salle sont restés fidèles à l'esprit de leur fondateur. Ils ne négligent rien de ce qui peut donner à leurs élèves une éducation sérieusement chrétienne, unie à de saines et solides études, conduites avec une vigilance toute paternelle, dans un sens éminemment pratique. Cet établissement est très-estimé des familles, et un grand nombre de jeunes gens en sortent, tous les ans, après avoir acquis des habitudes de travail, d'ordre et de bonne tenue, pour entrer dans les carrières industrielles, commerciales, agricoles ou dans les diverses administrations.

L'Institution Join-Lambert. — Créée en 1843, sur la demande du cardinal de Croy, alors archevêque de Rouen, l'institution Join-Lambert a conservé le nom de son vénéré fondateur.

Etablie d'abord à Bonsecours, dans la maison diocésaine, elle fut transférée à Boisguillaume en 1846.

Fort de l'approbation et des encouragements de Mgr Blanquart de Bailleul, M. l'abbé Join-Lambert ne recula devant aucun sacrifice pour assurer le succès de l'entreprise qu'il avait commencée sur l'ordre de ses supérieurs.

Ses espérances furent bientôt justifiées. L'institution Join-Lambert est devenue un établissement de premier ordre. La culture intellectuelle des élèves y marche de pair avec la formation du cœur et l'élévation du caractère. L'enseignement des belles-lettres et des sciences y est imprégné de cet esprit de foi qui fait les âmes fortes. On y forme, en un mot, de vaillantes générations de chrétiens, pour toutes les carrières.

L'Externat Join-Lambert. — Cet externat peut être considéré comme l'école préparatoire à l'établissement de Boisguillaume. Il est situé rue de l'Avalasse, à Rouen. Les élèves y suivent les cours jusqu'en quatrième.

C'est le même esprit qui préside à la direction de ces deux institutions.

Bourse diocésaine à la Faculté catholique de Lille. — Au Congrès catholique tenu à Rouen en 1884, le comte de Caulaincourt, délégué du département du Nord, avait fait ressortir les services que peuvent rendre les médecins chrétiens dans l'exercice de leur carrière, et les précieux avantages qu'offrait la Faculté de Lille pour la formation d'hommes qui unissaient à une science éminente l'affirmation et l'apostolat de leur foi religieuse.

M. de Caulaincourt indiquait que, depuis deux ans déjà, il était sorti 53 docteurs de la Faculté et que, de tous côtés, des postes leur étaient offerts.

Le cardinal de Bonnechose, frappé des ressources que présenterait un tel enseignement pour de jeunes étudiants de son diocèse, encouragea vivement M. le comte d'Estaintot, membre de l'*Union Catholique de la Seine-Inférieure*, à provoquer la fondation d'une bourse par cette Société à la Faculté de Lille. La dépense annuelle, fixée à environ 1,200 fr., devant se répéter pendant six ans pour chaque élève, fut promptement souscrite par les soins de cette société.

Par un avis inséré dans les journaux, on fit appel aux candidatures. Plusieurs furent présentées et, après examen, celle de M. Renaud, appartenant à une famille modeste de Saint-Vigor, près Saint-Romain, fut adoptée par le comité, comptant dans son sein plusieurs docteurs de Rouen.

L'élève Renaud ne tarda pas à se faire remarquer, à la Faculté de Lille, par son assiduité au travail et sa tenue parfaite. Non-seulement, il se concilia l'estime de ses maîtres et de ses camarades, mais obtint des succès marqués dans tous les examens et soutint brillamment, en 1891, sa thèse pour le doctorat.

Ses études terminées, il vint se fixer à Montivilliers, son pays natal. Il apporta dans l'exercice de son art un zèle et une expérience tels qu'il ne tarda pas à se créer une situation faisant présager un avenir brillant. Un terrible accident devait malheureusement terminer prématurément, et d'une façon tragique, une carrière qui avait débuté sous des auspices aussi favorables.

Au mois de décembre 1893, le docteur Renaud était appelé auprès d'un malade, à Angerville-l'Orcher. Il fit atteler aussitôt et partit; mais pendant le trajet, un pan de mur longeant la route s'abattit tout à coup sur son cabriolet, écrasant le jeune domestique qui l'accompagnait et l'atteignant lui-même si gravement que, deux jours après, il expirait. Ses funérailles furent l'objet d'une manifestation unanime de regrets. Tous les rangs de la société se trouvaient confondus derrière le cercueil, pour rendre hommage à la nature bonne et sympathique du docteur, et surtout au caractère élevé du chrétien. La Faculté de Lille avait même délégué un de ses membres pour rendre les derniers devoirs à celui qui, d'après le témoignage de l'éminent professeur qui assistait aux obsèques, fut un de ses meilleurs élèves, un de ceux qui lui faisaient le plus d'honneur. Sur sa tombe, le digne représentant de la Faculté de Lille retraça, dans un langage touchant, la vertu si modeste du docteur Renaud, « cachant un véritable caractère, dont la puissance s'était exercée sur ses camarades d'école, comme, depuis, sur tous ceux auxquels le docteur apportait, avec les secours de son art, l'influence fortifiante de ses convictions. »

Le comité de la Bourse diocésaine, si heureux dans son premier choix, ainsi que nous venons de le constater, a désigné un nouveau titulaire, qui marchera, très-certainement, sur les traces de son devancier et s'inspirera de ses fortifiants exemples.

Le trésorier du comité, M. le comte d'Estaintot, qui s'occupe particulièrement de recueillir les souscriptions pour l'entretien de ce boursier diocésain, mérite d'être encouragé et soutenu, car il s'agit à la fois d'une œuvre de propagande et d'une œuvre de charité chrétienne, puisqu'elle permet d'ouvrir, à des jeunes gens d'avenir, une carrière à laquelle la position de fortune de leurs parents ne peut leur permettre d'aspirer.

Associations des Anciens Elèves

Les anciens élèves sont généralement les plus ardents propagateurs de l'éducation chrétienne et les plus zélés soutiens des écoles libres de notre ville, ce qui démontre que chez eux la reconnaissance est restée une des plus belles qualités du cœur. Hélas, dans notre fin de siècle, où l'égoïsme et l'individualisme règnent en souverains maîtres, en haut comme en bas de l'échelle sociale, cette précieuse qualité tend, de plus en plus, à devenir une exception et, pour ainsi dire, l'apanage exclusif des âmes d'élite.

Comment en serait-il autrement, lorsqu'on voit l'éducation nationale dirigée principalement, à notre malheureuse époque, vers les jouissances de la vie et le bien-être matériel ? Cette éducation-là, basée sur la morale laïque, ne peut former malheureusement que des cœurs froids et arides.

Du reste, la reconnaissance, comme la charité, est une vertu essentiellement chrétienne. C'est par une éducation vraiment chrétienne qu'elle s'acquiert, et c'est par les fruits d'une éducation chrétienne qu'elle se conserve dans les âmes et qu'elle résiste à toutes les vicissitudes de l'existence. Aussi, voyez quels liens étroits, quelle solidarité unissent entre eux les élèves qui ont quitté les bancs des écoles libres ! Quelles que soient leurs conditions sociales, quelles que soient leurs occupations, ils n'oublient pas ce qu'ils doivent aux maîtres vénérés qui ont formé leur enfance aux saines pratiques de la vie et ont fait d'eux d'honnêtes et utiles citoyens.

Ils savent que les établissements où ils ont été élevés et placés dans la bonne voie sont devenus suspects à un gouvernement qui professe, à grands frais, aux dépens des contribuables, l'athéisme obligatoire; ils savent que, pour vivre et prospérer, les écoles chrétiennes ne doivent plus compter, aujourd'hui, que sur les bienfaits de la charité. Aussi, sans négliger les autres devoirs de solidarité, inscrits dans leurs statuts, les Associations des Anciens Elèves s'efforcent-elles, par tous les moyens à leur disposition, de faciliter la tâche ingrate de leurs anciens maîtres et de contribuer au succès d'un enseignement dont ils recueillent eux-mêmes aujourd'hui les fruits et savent, plus que jamais, apprécier les bienfaits.

Il nous paraît juste de dire ici un mot de leur organisation.

Association des Anciens Elèves des Frères. — En 1885, il a été fondé, à Rouen, entre les anciens élèves des écoles chrétiennes, une Association ayant pour but, ainsi que l'indique ses statuts, approuvés par arrêté préfectoral du 17 septembre de la même année :

1º De montrer aux Frères leur reconnaissance ;

2º De favoriser le développement de l'instruction, en provoquant l'émulation parmi les élèves fréquentant les écoles chrétiennes, au moyen de récompenses annuelles;

3º De permettre aux élèves les plus studieux de poursuivre leurs études, à la sortie de l'école primaire, autant qu'il sera possible;

4º De faciliter le placement, quand ils auront quitté l'école, des élèves adoptés par l'Association, ainsi que de ses membres.

L'Association est administrée par un conseil composé d'un président, de deux vice-présidents, d'un trésorier, d'un secrétaire et de dix conseillers; sa devise est celle-ci : Reconnaissance — Fraternité. Elle ne pouvait mieux convenir à une Société qui pratique, dans la plus large mesure, la maxime évangélique : « Aimez-vous les uns les autres, » maxime qui renferme la solution de tous les problèmes sociaux qui agitent, de nos jours, l'opinion publique.

Le conseil actuellement en fonctions est ainsi composé : MM. H. Vermont, président d'honneur; Morin-Beaussart, président; Cusson, vice-président honoraire; H. Turpin et A. Gosset, vice-présidents; Ed. Laurent trésorier; Durand, secrétaire; Desjardins, secrétaire-adjoint. Il comprend également quatre membres honoraires, ce sont : MM. Paul Lerebours, Georges Petit, Fernand Rondeaux et Edouard Voinchet.

M. H. Vermont, dont le dévoûment et l'activité sont bien connus, a conservé la présidence depuis la fondation de la société jusqu'en 1892. A cette date, invoquant les exigences de ses devoirs professionnels, il demanda qu'on voulût bien lui désigner un successeur. Toutes les instances du comité, pour le faire revenir sur sa décision, furent inutiles. M. H. Vermont se vit décerner alors, par acclamation, le titre de président d'honneur, en récompense des services rendus par lui à l'Association, dont il est resté, du reste, l'âme et l'orateur toujours goûté.

Indépendamment du conseil, il existe une commission composée de seize membres qui a pour but de procurer des places aux camarades qui sont à la recherche d'une situation. Cette commission de placement fonctionne dans d'excellentes conditions et rend de précieux services.

L'Association des anciens Elèves des Frères compte actuellement 615 membres; ce chiffre sera bientôt dépassé, car la progression est constante.

Les recettes de la Société se composent du produit de la cotisation des membres et des quêtes; à ce produit viennent s'ajouter des dons particuliers.

Association amicale des Anciens Elèves du pensionnat J.-B. de la Salle. — Autorisée par arrêté du 23 novembre 1888, l'Association amicale des Anciens Elèves du pensionnat J.-B. de la Salle s'est définitivement constituée dans son assemblée générale du 16 novembre 1893. Elle compte, en ce moment, 250 membres, qui se recrutent dans les deux départements de la Seine-Inférieure et de l'Eure, et dont la ville de Rouen fournit le plus fort contingent.

Depuis l'origine de l'Association, la présidence

a été dévolue à M. Ernest Brée, l'un des plus anciens et des plus zélés sociétaires.

Se plaçant à la tête d'un comité d'initiative, qui fut le noyau de cette institution amicale, M. Ernest Brée a contribué largement à sa fondation. Le Frère Thomas, directeur du pensionnat J.-B. de la Salle, s'est chargé, de son côté, d'en assurer le succès, par son activité bienveillante, qui lui a fait décerner le titre de président d'honneur. La Société est fière de compter également, comme membres d'honneur, le Frère Joseph, supérieur général de l'Institut des Frères, et le Frère Ambroisin, ancien directeur et fondateur du pensionnat, en 1874, situé alors rue de la Chaîne.

Le but de l'Association est de conserver des relations amicales entre ses membres, d'entretenir et de fortifier en eux les principes qui ont présidé à leur éducation, de les intéresser aux succès des jeunes élèves du pensionnat par la fondation d'un prix annuel, d'aider les élèves nouvellement sortis à trouver une situation en rapport avec leurs aptitudes, de soulager discrètement les infortunes qui pourraient atteindre d'anciens élèves, de contribuer, au moyen d'un secours déterminé par le conseil, à l'éducation d'enfants de familles peu aisées.

Les ressources de l'Association proviennent de la cotisation de ses membres, fixée à 10 fr. par tête, du produit des concerts et de la kermesse qui sont organisés, chaque année, dans les locaux du pensionnat et, enfin, des quêtes faites dans ces circonstances.

En résumé, quoique jeune — elle a à peine six ans d'existence et le plus âgé de ses membres n'a pas dépassé la trentaine en ce moment — l'Association amicale des Anciens Elèves du pensionnat J.-B. de la Salle n'a rien à envier à ses aînées; elle fonctionne dans les meilleures conditions et voit, chaque jour, augmenter ses cadres et ses relations.

Nous avons constaté le généreux emploi que ces associations font de leurs recettes.

Association des Anciens Elèves de l'Institution Join-Lambert. — L'Association est née en 1873, d'une commune inspiration des anciens élèves réunis pour la bénédiction de la chapelle de l'institution. Les principaux promoteurs de l'œuvre furent naturellement élus les premiers pour former le conseil; c'étaient MM. A. de Pillon de Saint-Philbert, Ernest Flavigny, A. Join-Lambert, Paul Allard, Gustave Cantrel, Ernest Layer, E. Cavrel, Léon Malfilatre, Raoul Lecœur et Mallet.

Cette Association a pour but d'entretenir les relations amicales formées pendant les années d'éducation, et de créer, entre d'anciens camarades, unis par des souvenirs communs et animés par le même esprit, un lien qui les empêche de devenir jamais étrangers les uns aux autres. Les fonds provenant des cotisations sont consacrés notamment à décerner chaque année un prix d'honneur à l'un des élèves de l'institution, à concourir, s'il y a lieu, à une œuvre charitable, patriotique, scientifique ou religieuse, à constituer un fonds de réserve destiné à secourir d'anciens élèves, ou à assurer l'éducation de leurs enfants.

Les intérêts de l'Association sont gérés par une commission de douze membres, dont les présidents ont successivement été : MM. de Pillon de Saint-Philbert, A. Join-Lambert, Paul Du Vergier, Paul Allard, Gustave Lecœur, Georges Le Mire, Emile David-Marescot, Ernest Layer. Le bureau de la commission actuellement en fonctions est ainsi composé : MM. Christophe Allard, président ; Laurent de la Bunodière et Georges Manchon, vice-présidents ; Léon Lecœur, trésorier ; Emile Le Masson, secrétaire-archiviste.

Œuvre des Catéchismes.

Nous avons réservé, pour la fin de ce chapitre, une institution qui se rattache intimement à l'enseignement, mais qui est peu connue, étant habituée à faire le bien modestement, sans bruit et sans appel direct à la charité, se contentant de recevoir l'assistance discrète de l'œuvre du *Sou des Ecoles*. Il s'agit de l'Œuvre des Catéchismes.

Née à Rouen, en 1884, elle s'est proposée de remplir, dans l'ordre religieux, la mission qui incombait, il y a encore quelques années, aux instituteurs et institutrices laïques dans les écoles publiques, et qui consiste à faire apprécier et réciter les leçons contenues dans ce petit livre d'instruction morale et religieuse par excellence qu'on appelle le catéchisme.

L'utilité de cette œuvre ne peut échapper à aucune âme chrétienne et même à tous esprits sérieux.

« Les pères et mères, dit Bossuet, sont les « premiers et naturels catéchismes de leurs enfants.

« Ne peuvent-ils s'acquitter de leur devoir! « c'est aux maîtres qu'il ont choisis de les « suppléer; » mais, si ces maîtres n'ont plus le droit de donner cette instruction, — qui donc viendra au secours du clergé?

Certes, ce n'est pas avec le petit nombre d'heures laissées aux enfants, en dehors des classes, pour l'enseignement religieux, qu'on peut, dans les deux années précédant la première communion, leur faire apprendre la lettre, expliquer le sens et leur inculquer les principes devant servir de base aux croyances de toute leur vie.

En face de la déchristianisation de la France, pour nous servir d'un mot barbare et odieux, l'œuvre de l'enseignement du catéchisme s'imposait dès lors au zèle de tous.

Elle a revêtu, suivant les localités, des formes diverses; à Rouen, comme au sein des villes ouvrières, le recrutement de ses membres s'opère parmi de pieuses chrétiennes appartenant à divers rangs de la société.

La première séance remonte, dans notre cité, au 17 avril 1884; moins de deux ans après, 425 enfants étaient groupés autour de 60 catéchistes.

Mais on comprit bientôt l'inconvénient de réunir dans le local primitif, situé rue de Joyeuse, sans distinction de paroisse, tous les enfants qui se présentaient. L'impulsion directe donnée par le clergé, dans l'église paroissiale, manquait aux jeunes catéchistes. A l'église, le prêtre interroge, commente, enseigne; à la salle de l'Œuvre, on doit se borner à faire apprendre par cœur, à expliquer les mots, à préparer l'esprit et l'âme des enfants. Voilà l'ordre rationnel. Le souci des fondateurs de l'Œuvre des Catéchismes à Rouen étant de s'y conformer strictement, une organisation s'imposait.

Aujourd'hui donc, six sections fonctionnent dans les six paroisses populeuses qui ont accepté le concours de l'œuvre. Dans trois d'entre elles, on ne s'occupe exclusivement que des garçons. Ce n'est qu'à titre de rares exceptions et pour des enfants peu doués, qu'on s'adresse à des élèves des écoles libres, puisque dans celles-ci le dévoûment des instituteurs et institutrices congréganistes pourvoit à l'enseignement religieux.

Le petit peuple appelé ainsi à être catéchisé se compose en moyenne actuellement de 500 enfants. Leurs dévouées maîtresses sont au nombre de 140, dont les deux tiers font preuve d'une assiduité irréprochable.

Le lien commun d'une association groupe toutes les dames et jeunes filles qui se consacrent à cet utile apostolat.

Des séances mensuelles ont lieu dans la chapelle de Saint-Philippe-de-Néri, rue Poisson. Après la messe et l'instruction donnée par le directeur de l'œuvre, les catéchistes se rendent compte en commun du résultat de leurs efforts.

Quant aux réunions pour l'enseignement, elles ont lieu deux ou trois fois par semaine, suivant les nécessités des paroisses. Les enfants des écoles primaires communales y sont appelés après l'heure des classes; ils s'y rendent avec un entrain et une exactitude marqués.

Rien n'est touchant comme de voir ces mères de famille et ces jeunes filles, femmes du monde ou auxiliaires dévouées, s'inclinant avec tendresse vers de pauvres créatures, les plus faibles, les plus ignorantes et, parfois, les plus déshéritées des dons de la nature.

Chacune de ces dames catéchistes a son groupe de deux, trois, quatre et six enfants. Tant pis si la pénurie des institutrices improvisées augmente la tâche des dames présentes. Les pauvres petits se sentent aimés, hélas! peut-être pour la première fois. L'ascendant de se faire écouter et obéir trouve ainsi sa force.

La première communion de ces enfants reste le but, la douce récompense des efforts de celles qui les ont laborieusement préparés.

Comme nous l'avons dit, l'œuvre n'a pas d'autre budget que celui de pourvoir au loyer des salles de catéchisme, à l'achat des livres et à quelques récompenses distribuées discrètement.

Cela ne veut pas dire que la charité des sociétaires reste inactive; en pénétrant dans les familles des enfants qui leur sont confiés, elles découvrent souvent bien des besoins. Mais jetons sur ces misères de la vie un voile discret. Il ne s'agit ici que de l'apostolat de l'enseignement de ces innocentes petites âmes qui ignorent, en arrivant devant leurs bonnes maîtresses, jusqu'au nom et à l'existence d'un Dieu.

Ainsi l'ont voulu ceux qui ignorent sans doute les labeurs des parents, leur impuissance à remplir un rôle et un devoir qui devraient être les leurs. Mais quand on a dit à ceux-ci que l'école était ouverte *pour tout apprendre* à leurs enfants, peuvent-ils bien comprendre qu'une seule science en est exclue, celle qui élève et anoblit les cœurs, qui leur montre, après cette vie de labeur et de combats douloureux, un *au delà !*

A côté de cette organisation, il y a des efforts isolés, d'une grande efficacité.

Certaines paroisses, comme Saint-Vincent, par exemple, ont une association particulière; à Saint-Clément, comme on a pu le voir au chapitre des écoles chrétiennes, les sœurs de Saint-Vincent-de-Paul réunissent les enfants, à leur sortie des écoles primaires, pour les instruire sur leurs devoirs religieux. Ailleurs, ce sont des familles chrétiennes qui les reçoivent chez elles, isolément, dans le même but. La diversité de ces moyens ne fait que mieux ressortir les avantages d'une association spéciale, comme celle de l'Œuvre des Catéchismes que nous venons d'exposer; ne constitue-t-elle pas, en effet, la meilleure école de moralisation ?

L'Influence de l'Education

Si nous examinons maintenant l'enseignement chrétien uniquement au point de vue de l'intérêt social, nous devons constater que son action moralisatrice répond à une nécessité patriotique de premier ordre, en présence surtout des effrayants ravages que l'enseignement sans Dieu produit chaque jour dans l'esprit et le cœur des jeunes générations.

Depuis quinze ans, le budget de l'instruction publique a augmenté dans des proportions considérables. L'enseignement primaire, par exemple, qui ne coûtait en 1876 que 20 millions, coûte aujourd'hui 168 millions, en tenant compte des dépenses départementales et communales. Malheureusement, le niveau de la moralité parmi les enfants et les adultes n'a pas suivi, loin de là, la même progression. Au lieu de s'élever, il a, au contraire, fortement baissé. Il n'y a pas lieu de s'en étonner si l'on considère que les millions ainsi prodigués par l'Etat, au lieu de servir au développement moral et intellectuel de la jeunesse, au lieu de former des générations aux sentiments droits et élevés, n'ont été et ne sont employés qu'à détruire l'idée religieuse chez l'enfant et à augmenter, la plupart du temps, l'armée des déclassés et des mécontents.

En 1849, au cours de la discussion du projet de loi sur la réforme de l'enseignement à cette époque, Victor Hugo était monté à la tribune pour soutenir l'instruction obligatoire et gratuite à tous les degrés. Un de ses collègues à la Chambre l'ayant interrompu pour lui demander s'il voulait aussi proscrire l'enseignement religieux des écoles, Victor Hugo répondit avec force et conviction :

Loin que je veuille proscrire l'enseignement religieux, je reconnais, au contraire, qu'il est plus indispensable aujourd'hui que jamais de le maintenir. Plus l'homme grandit, plus il doit croire. Plus il approche de Dieu, mieux il doit voir Dieu. (Mouvement.) *En donnant à l'homme pour but la vie terrestre et matérielle, on aggrave toutes les misères par la négation qui est au bout; on ajoute à l'accablement du malheureux le poids insupportable du néant..... Combien s'amoindrissent nos misères finies quand il s'y mêle une espérance infinie!*

Ne semble-t-il pas que ce discours est d'hier et que Victor Hugo a voulu dénoncer le mal du temps présent?

On a supprimé Dieu, en effet, on a écarté la religion; quelle base reste-t-il à la morale? Quel frein peut-on opposer aux passions humaines? On enseigne à l'enfant que tout finit avec la vie; que le bonheur consiste dans les jouissances matérielles et la satisfaction de ses appétits; comment s'étonner, dès lors, que le respect de l'autorité, le sentiment de discipline, l'esprit de famille se soient affaiblis dans les masses populaires, et que même l'ancienne société française, avec toutes ses qualités de foi, d'honneur et de dignité, tende de plus en plus à disparaître !

La jeune génération qui vient à la vie, s'écriait naguère un écrivain philosophe, a connu les bienfaits de l'éducation laïque; cette génération m'épouvante tout simplement. Je sens venir un déchaînement de barbarie.

Du reste, nous n'en sommes plus aux avertissements et aux conjectures; les résultats sont déjà acquis, les faits sont là et ils parlent assez haut pour que les partisans de la morale civique commencent eux-mêmes par en être effrayés.

La criminalité de l'enfance et de la jeunesse s'est développée, en même temps que la laïcisation des écoles, dans des proportions vraiment inquiétantes. Des crimes horribles sont commis par de tout jeunes gens, et à l'âge, pour ainsi dire, où l'on joue encore aux billes, on se suicide.

D'après la plus récente statistique judiciaire, près de 40,000 mineurs comparaissent chaque année, en moyenne, devant les tribunaux. 4,596 enfants de moins de seize ans étaient cités en justice pendant l'année 1886. Il y en avait 7,840 en 1889. L'augmentation était de 2,244 ou des deux cinquièmes; elle coïncidait avec l'entrée dans la vie des enfants élevés à l'école laïque.

Avec le nombre des délits augmente celui des suicides. La progression en est aussi constante que rapide; la moyenne est de 8,000 par an, et sur ces 8,000 malheureux, il y avait, d'après la dernière statistique, 460 jeunes gens de moins de vingt ans, quelques-uns de quinze et de douze ans, deux enfants de dix ans et un enfant de neuf ans. C'est à ce résultat que l'on est arivé en obscurcissant la notion d'un Dieu vivant, législateur et juge suprême, en ne parlant de la vie future et de l'immortalité de l'âme que comme de simples problèmes métaphysiques, en ne donnant au devoir d'autre fondement que les votes suspects de législateurs humains. Aucune nation au monde n'a commis pareille folie, aussi aucune ne voit-elle la diffusion de l'enseignement produire de tels effets.

Certes, nous ne prétendons pas qu'il suffira toujours d'enseigner le catéchisme à des enfants pour en faire de parfaits honnêtes hommes. La bonne semence tombe parfois sur des terres rebelles. Mais, à moins de nier l'influence de l'éducation, on conviendra que l'enseignement d'une morale aussi élevée, aussi pure que la morale chrétienne, doit singulièrement influer sur la criminalité et la corruption des mœurs.

C'est, du reste, l'avis des hommes de sciences, des criminalistes les plus distingués.

L'homme sera ce que le feront les premières années, a dit M. Manouvrier, successeur de M. Broca à la chaire d'anthropologie à Paris. A douze ans, il est outillé et suivra la direction qui lui aura été imprimée. C'est ce dont il faut s'inspirer dans nos écoles, où l'on fait une place trop restreinte à la morale.

Ecoutons maintenant un ancien juge d'instruction, M. Guillot, qui a été, mieux que personne, à même d'étudier un si grave sujet :

Je croyais, dans ma longue carrière de juge d'instruction, avoir vu jusqu'au fond de la pourriture humaine. Ce fond, je ne le connais vraiment que depuis que je suis chargé de l'instruction des enfants....

Qu'on pense, au point de vue métaphysique, tout ce que l'on voudra de la religion ; ce qui est certain, c'est qu'elle est, pour l'enfant surtout, un élément moralisateur, et le plus puissant de tous. L'enfant qui se croit vu de Dieu, suivi de Dieu, puni de Dieu, sera autrement gardé que celui qui ne pense à échapper qu'à un œil humain, qui ne voit pas partout, qui ne le suit pas partout.

Aujourd'hui, la religion est bannie, non seulement dans les écoles officielles, *à la laïque*, mais dans beaucoup de familles où l'on ne fait plus baptiser les enfants, où on ne leur enseigne plus le catéchisme, où on ne leur fait plus faire leur première communion. Et alors qu'arrive-t-il ? M. Guillot va nous le dire :

Avec l'idéal religieux qui s'en va, c'est l'abandon souvent de tout idéal. La patrie, la famille, le devoir, ce sont des mots qui font sourire tout autant que le mot de religion. Il ne reste plus que la lutte pour la vie, les besoins immédiats, les instincts impulsifs.

Tout cela s'éveille à l'âge où, autrefois, on jouait au soldat ou à la poupée, et mène au ruisseau, à la prison et quelquefois à l'échafaud.

Tels sont les témoignages d'hommes qui, certes, ne sauraient être suspectés d'obéir à des préoccupations d'ordre religieux. Les cris d'alarme s'élèvent même dans les rangs de ceux qui ont le plus contribué à ce déplorable état de choses. C'est M. Lavisse qui se demande si « nous ne façonnons pas des épaves pour la dérive. » C'est M. Poincaré qui se demande « si l'enseignement « primaire répond bien à la triple nécessité de « l'éducation, s'il éclaire le peuple, s'il l'ennoblit, « s'il l'initie à la vie sociale. » C'est le *Temps* obligé de reconnaître « que l'on a émancipé « l'enseignement de la tutelle de l'Eglise et que « l'affaiblissement de l'inspiration religieuse dans « l'éducation n'a pu qu'en diminuer la portée « morale. » C'est le conseil municipal de Paris qui trouve que l'instruction morale est beaucoup trop négligée dans les écoles.

Mais, au lieu de reconnaître franchement leur erreur et de chercher le remède là où il se trouve, c'est-à-dire dans l'enseignement de la morale chrétienne que l'on a si inconsidérément bannie des programmes officiels, ils proposent, pour enrayer les funestes effets des doctrines de l'école sans Dieu, de donner une plus grande place à la morale civique ou scientifique.

Ces deux mots : *morale civique ou scientifique* hurlent de se voir accouplés, car la science est une chose et la morale en est une autre.

Or, toute morale qui ne repose pas sur un principe supérieur, qui exclut l'idée de Dieu, la croyance à une vie future où chacun aura à rendre un compte sévère de ses actions, sera toujours impuissante à rendre l'homme meilleur, à éclairer sa conscience sur ses devoirs envers lui-même et envers le prochain. Si la science orne l'esprit, étend les horizons de l'intelligence, la morale chrétienne forme le cœur, élève l'âme, règle la marche de l'humanité sur le chemin de l'existence, la maintient dans la voie de l'honnêteté et la soutient à travers les luttes et les vicissitudes qui sont inséparables des faiblesses de notre pauvre nature. La morale chrétienne, en un mot, est le régulateur de la science, le frein qui en modère les emportements.

Le remède préconisé par les partisans de l'enseignement laïque qu'épouvante l'état d'âme de la société actuelle, ne peut donc qu'aggraver le mal au lieu de l'atténuer. Il faut avoir le courage de porter le fer dans la plaie, en substituant la morale religieuse à la morale civique dans les programmes d'enseignement Le salut est à ce prix.

CHAPITRE III

REFUGES — ORPHELINATS — OUVROIRS

Refuge du Grand-Quevilly (les Petits Deshérités).—La Miséricorde. — La Maison des Saints-Anges et les Jeunes Economes. — Orphelinat de la paroisse Saint-Ouen. — Orphelinat de jeunes filles de la rue Stanislas-Girardin. — Orphelinat de Saint-Etienne-du-Rouvray. — Orphelinat de Boisguillaume (fondation Boulen). — Œuvre de N.-D. de Lourdes, à Bihorel. — Œuvre des Jeunes Apprenties de Bonsecours.

L'Œuvre du Refuge du Grand-Quevilly, pour les jeunes garçons abandonnés, de Rouen et de l'arrondissement.

Je ne sais, cher lecteur, si vous avez eu l'occasion de visiter un de ces établissements mis par la charité anonyme à la disposition des malheureux que la société abandonne le plus souvent à leur triste destinée; mais si, par un sentiment de commisération ou même de simple curiosité, vous en avez franchi le seuil, vous avez dû être frappé, assurément, de la bonne tenue, de la simplicité imposante, de la fraternité et de la bonne humeur qui règnent dans ces demeures paisibles, où la misère, abattue, exténuée par la tourmente et les écueils de la vie errante, est venue se réfugier comme au port du salut.

Tout, jusqu'à l'étude de l'organisation et du fonctionnement, vous intéresse et vous émeut. C'est là, du moins, le double sentiment que l'on éprouve en visitant le *Refuge* du Grand-Quevilly, où sont recueillis gratuitement les enfants abandonnés, orphelins ou malheureux, pour leur donner une éducation de famille, l'instruction scolaire et leur faire apprendre divers métiers, les mettant à même de pouvoir, plus tard, gagner honorablement leur vie.

Les débuts de cette œuvre éminemment philanthropique ont été modestes et laborieux; n'est-ce pas, du reste, le trait caractéristique des grandes œuvres, de commencer petitement, difficilement, et de se développer, par les persévérants efforts de leurs fondateurs et les sympathies que suscite, dans le public, le bien social qu'elles exercent.

Avant l'année 1879, il n'existait, dans l'arrondissement de Rouen, aucun établissement destiné à recueillir les jeunes garçons abandonnés, tandis qu'on comptait plusieurs maisons de refuge pour les jeunes filles orphelines ou miséreuses.

Cinq cent seize enfants de cette catégorie se trouvaient, à cette époque, dans la seule ville de Rouen, hébergés et secourus par la bienfaisance publique ou privée. Il y avait donc une lacune à combler dans l'organisation charitable de notre très-hospitalière cité.

Un homme de talent et de cœur, M. Homberg, ancien conseiller à la Cour d'appel de Rouen, et quelques autres âmes d'élite, toujours prêtes à se sacrifier quand il s'agit de faire le bien et d'être utiles à ceux qui souffrent, se demandèrent s'il ne serait pas opportun de fonder, pour les petits déshérités, une institution semblable à celles qui fonctionnaient pour leurs petites sœurs d'infortune.

L'idée était bonne et elle fit son chemin. Au mois de mai 1879, une société de patronage se constituait. Elle souscrivait les premiers fonds d'établissement, faisant appel à la générosité de ses amis et, bientôt, malgré les difficultés de l'entreprise, l'*Œuvre du Refuge des enfants déshérités* était fondée.

C'est au numéro 9 de l'avenue du Cimetière-Monumental qu'elle fit ses premiers pas. L'installation avait une apparence modeste, faite, pour ainsi dire, à l'image des petits vagabonds qui devaient, les premiers, y venir chercher un asile contre la misère et un refuge contre eux-mêmes. On sentait que les fondateurs avaient visé à l'économie, ne voulant tout d'abord qu'offrir un abri provisoire et toujours ouvert, à ceux qui n'avaient d'autre lit que les bancs de nos promenades, les wagons, les planches qui encombrent les quais et vivant d'expédients ou de la mendicité.

Le refuge de l'avenue du Cimetière-Monumental, en effet, n'était destiné qu'à recueillir une dizaine d'enfants à peine, trouvés abandonnés sur la voie publique et arrêtés comme vagabonds par les commissaires de police.

Quelques pensionnaires d'abord, puis la dizaine complète formèrent le noyau de l'Œuvre.

Peu à peu, cependant, les souscriptions arrivèrent; on put agrandir le local, augmenter le nombre de lits et recevoir une plus grande quantité de petits malheureux. Au bout d'un an, leur nombre avait presque triplé. On en comptait déjà ving-six au mois d'avril 1880. Le succès de l'entreprise avait donc dépassé les espérances.

On dut songer, alors, à lui faire subir une importante transformation.

La Société de patronage primitive, qui n'avait voulu fonder qu'un campement de passage, comprit que l'augmentation croissante des enfants recueillis chaque jour lui imposait de nouveaux devoirs. Il y avait là une œuvre de moralisation à accomplir et, dans ce but, il était de toute nécessité de garder plus longtemps à l'asile les petits malheureux qui venaient frapper à sa porte. Un Comité se forma sous le titre : *Œuvre du Refuge des jeunes garçons abandonnés*. La Société de patronage considéra, dès lors, sa tâche comme terminée et se retira.

Sous l'action du nouveau Comité, un réglement intérieur fut élaboré et, à côté des soins matériels à donner aux enfants, on s'occupa d'organiser les deux plus puissants éléments de moralisation : l'éducation chrétienne et le travail.

Une école fut créée pour enseigner aux pupilles les premiers éléments de la langue française, les principes de la morale chrétienne et les devoirs qui font les honnêtes gens. On compléta les enseignements de l'école par d'utiles distractions. Puis, on institua une fabrique de chaussons, où les jeunes apprentis ne tardèrent pas à montrer beaucoup d'habileté et à procurer à la maison, quoique le métier soit peu lucratif, des bénéfices appréciables qui allégèrent d'autant les charges du budget de l'établissement.

En très-peu de temps, donc, on obtenait les meilleurs résultats. Ce qui démontrait éloquemment que l'œuvre fondée répondait à une véritable nécessité sociale et locale. Nous lisons, notamment, dans un rapport sur la situation, présenté aux souscripteurs, le 9 avril 1880, ces paroles encourageantes :

Une année n'est pas encore écoulée depuis la création de notre œuvre; nous nous croyons cependant autorisés à dire que ces jeunes enfants, qui étaient destinés peut-être à devenir un sujet d'inquiétude pour la société en même temps qu'ils auraient pu faire leur malheur à eux-mêmes, nous paraissent animés des meilleures intentions et nous donnent, pour la plupart, une entière satisfaction; c'est après les avoir conservés le temps nécessaire pour les juger, et quand leur santé et leur âge le permettent, que nous nous occupons de les diriger. C'est ainsi qu'indépendamment des vingt-six enfants actuellement à l'asile, nous en avons placé trois dans des fermes près de Rouen, six en ville et rendu trois à leurs parents.

Nous constatons, chaque jour, avec regret, que la maison actuelle n'a pas assez de logement pour nous permettre d'accepter un plus grand nombre d'enfants encore, bien que nous ayons des demandes fréquentes de la part de personnes recommandables, et qu'il s'agisse d'enfants dont l'admission serait désirable; seulement, la propriété est bien située, et, si elle appartenait à la Société, il deviendrait possible, en étendant les constructions, d'y recevoir un plus grand nombre d'enfants. Chaque année, le refuge, même dans les conditions actuelles, coûtera environ douze mille francs; nous voudrions arriver à lui assurer ce revenu, indispensable à son existence, en obtenant, des personnes bienfaisantes qui voudront bien nous aider, des cotisations fixes et annuelles; nous nous proposons d'aller nous-mêmes les solliciter.

Ces vœux ne devaient pas tarder à se réaliser. Les souscriptions se firent plus nombreuses, des bienfaiteurs connus et inconnus s'intéressèrent à une œuvre si méritoire et si digne d'inspirer l'intérêt de tous. Grâce à ces nouveaux dévouements, on put compléter l'organisation intérieure de la maison; on lui adjoignit une construction nouvelle qui permit d'augmenter le nombre de lits, d'avoir un atelier plus spacieux pour le travail et d'acquérir, par la libéralité d'un des membres de l'Œuvre, la propriété de l'immeuble.

Au 1ᵉʳ janvier 1881, c'est-à-dire un peu moins de deux ans après sa fondation, le *Refuge des jeunes garçons abandonnés* de l'avenue du Cimetière-Monumental contenait déjà quarante enfants, tous admis gratuitement, soit à cause de la misère de leurs parents, soit en raison de leur état d'abandon ou de leurs habitudes de vagabondage et de mendicité. Le hangar ouvert à tous les vents, qui servait à la confection des chaussons, devenait un atelier vitré, vaste et commode, où plusieurs industries étaient installées pour occuper les loisirs des pensionnaires, telles que bobinage, fabrique de chaussures, etc. La remise qui servait d'école se transformait en une salle fort convenable et fort suffisante pour le nombre d'élèves; l'habillement, le dortoir, le réfectoire et surtout la cuisine recevaient un complément de confortable très-apprécié par ces pauvres délaissés, dont la bonne figure et le contentement contrastaient singulièrement avec l'aspect minable et triste qu'ils présentaient, à leur entrée à l'Asile, en guise de certificat d'admission.

Mais les améliorations matérielles n'avaient pas fait négliger les améliorations morales et intellectuelles.

Au début, faute de ressources, on avait dû se borner à confier au plus instruit d'entre les enfants la direction de l'instruction scolaire. Tout au plus si on avait pu admettre, pour la surveillance des travaux, un contre-maître payé à raison de 30 fr. par mois.

Au 1er janvier 1881, le rapport sur la situation constate que l'instruction religieuse est donnée aux enfants par des membres du clergé, que l'enseignement scolaire est confié à un instituteur breveté, logeant dans l'établissement et faisant, chaque jour, la classe successivement à tous les enfants, et qu'un contre-maître, attaché à l'atelier, surveille les travaux des apprentis et leur enseigne à faire des souliers et des sabots-galoches.

Ce beau succès, obtenu en si peu de temps, avait exigé évidemment de grands efforts de la part des fondateurs et de généreux concours venus du dehors.

Du 1er mai 1879, date de la fondation, au 1er janvier 1881, c'est-à-dire en vingt mois, la dépense s'était élevée au chiffre de 25,641 fr. 81 et les recettes atteignaient la somme de 27,818 fr. 25, soit un excédent en caisse de 2,176 fr. 44.

Comment se décomposaient ces recettes? le voici :

La Société de patronage avait versé, pour sa part, 4,758 fr. 25. Les souscriptions charitables et les aumônes trouvées dans le tronc formaient un total de 21,611 fr. Enfin, le travail des pensionnaires avait produit 1,449 fr.

Ces chiffres, certes, n'étaient pas faits pour décourager les promoteurs de cette belle œuvre. Aussi, le rapporteur de l'assemblée générale qui eut lieu le 13 mars 1884 s'écriait, en relevant une si consolante marche en avant de l'institution :

> L'Œuvre est arrivée au port; vous voudrez qu'elle y entre. L'occasion est présente; vous ne la laisserez pas s'éloigner. Il y a deux ans, aucune ressource à signaler à l'horizon, nous avons pris voile, nous avons fait une longue route, et la vigie nous signale la terre promise, donnons-lui son nom : le Grand-Quevilly, terre fertile qui ne nous ajourne qu'à une année. Il serait sans exemple que la terre, qui vaut ce que l'homme vaut, ne nourisse pas nos jeunes travailleurs... Nous ne pouvons pas oublier nos souscripteurs et nous leur exprimons, par un seul mot, l'hommage auquel ils ont droit : ils ont été les véritables fondateurs du *Refuge des enfants abandonnés*.

Le port, l'occasion qu'il ne fallait pas laisser s'éloigner, dont il est question dans les lignes qui précèdent, c'était l'adjonction d'une colonie agricole à l'œuvre si bien commencée et si bien conduite.

Cette colonie agricole, considérée à juste titre comme le complément indispensable de l'entreprise, était offerte gratuitement au comité, par une de ces familles dont la charité est inépuisable et dont la paternelle sollicitude pour les déshérités du sort n'a d'égal que le sentiment chrétien, la modestie qui préside à leurs libéralités.

Non-seulement douze hectares de terres labourables, situées dans la plaine de Grand-Quevilly, étaient mis d'une façon princière à la disposition des jeunes garçons matériellement et moralement abandonnés, par Mme Lefebvre, mais la généreuse donatrice se chargeait aussi de la première construction à élever sur la propriété.

On pourrait penser que le comité d'administration du Refuge de l'avenue du Cimetière-Monumental n'eût pas hésité un seul instant à accueillir une si importante largesse qui, de prime abord, pouvait être considérée comme la réalisation de ses souhaits les plus chers.

Une exploitation agricole, les travaux de culture et de jardinage ne sont-ils pas, en effet, les occupations qui conviennent le mieux à des enfants et les meilleurs soutiens, par les produits qu'on en retire, d'un établissement ne vivant que de la bienfaisance publique? Ces considérations, certes, n'échappaient pas à l'esprit de discernement et à la sagacité si éprouvée des personnes honorables et dévouées qui présidaient à la direction de l'Œuvre. Cependant, quoique très-touchés et très-reconnaissants de l'offre inespérée qui leur était faite, en faveur des pupilles confiés à leur garde, par la providence des malheureux, les membres du comité éprouvèrent un moment d'hésitation pour l'accepter.

Pénétrés de cette pensée que le meilleur

moyen, pour conduire une entreprise à bonne fin, est de ne rien livrer à l'imprévu, et de bien asseoir la situation acquise avant d'agrandir son champ d'action, ils se demandèrent tout d'abord si les dépenses nouvelles que nécessiterait le transfert, au Grand-Quevilly, de l'Asile de l'avenue du Cimetière-Monumental, n'excéderaient pas toutes les prévisions et ne nuiraient pas plutôt au succès de l'Œuvre.

En un mot, il s'agissait de savoir si, en créant de nouveaux besoins, l'agrandissement du Refuge, même avec l'adjonction d'une colonie agricole, n'entraînerait pas des sacrifices hors de proportions avec les ressources dont peut disposer la charité rouennaise.

Comme on va le voir, ces craintes, suscitées par la prudence et le souci de bien faire, étaient exagérées.

Une réunion générale de tous les souscripteurs fut convoquée; l'acceptation de la libéralité offerte par Mme Lefebvre fut décidée, ainsi que la création de la colonie agricole. Les statuts d'une organisation nouvelle furent élaborés, pour assurer le fonctionnement régulier de l'institution.

A partir de ce jour, l'*Œuvre du Refuge des jeunes garçons abandonnés* entrait dans une nouvelle phase; son avenir était désormais assuré.

Les travaux d'installation indispensables furent

entrepris aussitôt et menés activement. Mais, là encore, tout fut conduit avec prévoyance et économie, comme il convient quand il s'agit du bien des pauvres. On s'occupa d'abord de la construction des bâtiments.

Le plan était conçu pour loger quarante enfants seulement. C'était suffisant pour commencer. L'emplacement choisi fut l'angle de la propriété en bordure de la ligne du chemin de fer d'Orléans. Dans un espace relativement restreint, on éleva un édifice ayant l'apparence, vu de loin, d'une station de la voie ferrée : les mêmes briques rouges couvrent le toit, les mêmes fenêtres, les mêmes dimensions. Il n'y a que la distribution qui diffère et, en visitant l'intérieur, on se demande comment l'architecte a pu réunir tant de commodités et tant de pièces diverses, pour tous les usages d'un orphelinat, dans des proportions de bâtisse relativement restreintes. On devine que cette construction ne devait avoir qu'une destination provisoire, mais très-suffisante comme début. Les dépendances furent également édifiées dans le même esprit d'économie, sans toutefois laisser rien à désirer sous le rapport des nécessités du moment. Encore quelques formalités à remplir et le Refuge de l'avenue du Cimetière-Monumental sera déserté et celui du Grand-Quevilly se trouvera installé et en pleine activité.

Le 11 mars 1883, les sociétaires, bienfaiteurs et souscripteurs tenaient leur assemblée générale. M. Pellecat présentait un rapport sur la situation de l'Œuvre et s'exprimait ainsi :

> Le Refuge du Grand-Quevilly possède aujourd'hui l'organisation nécessaire pour prospérer; *la mise en route est faite*, mais les sacrifices antérieurs seraient perdus et cette Œuvre, à laquelle tout le monde a applaudi, n'en serait pas moins finie, si, en premier lieu, après cet élan de générosité qui nous a permis d'arriver à ce point, notre comité, qui a sauvé l'Œuvre, n'obtenait pas de nouveaux adhérents, car il reste à faire des dépenses extraordinaires d'installation, d'aménagement et de culture, et si, en second lieu, notre association de souscripteurs, dont nous allons publier les statuts, n'arrivait pas à assurer à l'Œuvre un revenu suffisant pour faire face à ses besoins journaliers. — Nous ne pouvons mieux faire, pour justifier le concours que nous sollicitons de la part des personnes si nombreuses qui veulent le bien, que de leur dire les sacrifices faits : les bâtiments construits pour l'Œuvre et qui nous ont été si généreusement offerts, ont entraîné, en y comprenant les installations immobilières accessoires, une dépense qui n'est pas inférieure à 50,000 fr. — Dans l'état, on ne peut loger que quarante enfants, mais nos bienfaiteurs innommés, auxquels l'Œuvre doit une si grande reconnaissance, vont faire, sur leur propriété, des changements aux bâtiments existants, élever de nouvelles constructions, et après ces travaux, qui sont on peut le dire commencés, il sera possible de doubler le nombre des enfants et alors, *nos frais généraux restant à peu près les mêmes*, notre moyenne de dépense, aujourd'hui très élevée, baissera notablement, c'est-à-dire, en d'autres termes, que le Refuge du Grand-Quevilly répondra aux besoins de la population

malheureuse pour laquelle il a été créé, sans entraîner à l'avenir une dépense hors de proportion avec les résultats qui seront obtenus.

Ces *desiderata* exposés par M. Pellecat ont reçu aujourd'hui complète satisfaction. Les nouveaux adhérents sont arrivés; les dépenses extraordinaires d'installation, d'aménagement et de culture ont été faites; les nouvelles constructions sont achevées; d'autres améliorations projetées vont être bientôt exécutées et le nombre des enfants a fait plus que doubler, puisqu'il s'élève actuellement à quatre-vingt-cinq.

Voilà ce dont sont capables les nobles actions poursuivies avec persévérance et inspirées par le dévouement et la charité privée !

Après avoir suivi dans ces développements successifs l'Œuvre du Refuge du Grand-Quevilly, il reste à faire connaître sa situation actuelle, son organisation, son fonctionnement et les services qu'elle rend à la société.

Une visite rapide de l'établissement va nous édifier sur tous ces points.

Après avoir quitté Rouen et franchi la barrière de l'octroi qui sépare Saint-Sever du Petit-Quevilly, on suit une longue et charmante avenue, bordée de maisons et de ravissantes villas. Puis on pénètre, par la route de Caen, dans une plaine fertile et boisée qui se déroule devant vous avec ses sites merveilleux, ses villages dispersés çà et là dans un massif de verdure, d'où émergent les toits des habitations et la flèche, modestement élancée, du clocher paroissial.

A droite, vous appercevez les sinuosités du lit creusé par la Seine, et la falaise abrupte de la rive opposée du fleuve, formant une chaîne ininterrompue de coteaux ombragés qui bornent l'horizon.

A gauche et devant vous, l'œil embrasse un splendide panorama qui s'étend à perte de vue.

Après avoir parcouru quelques kilomètres, un ensemble de constructions, que la toiture rouge fait assez ressembler à une usine dépourvue de ses gigantesques cheminées, apparaît à vos regards, à gauche de la route que vous suivez. Encore quelques minutes de marche, et vous arriverez devant un bâtiment de récente construction, posé dans l'alignement de la route. C'est là l'édifice principal du Refuge du Grand-Quevilly. Cet édifice est le dernier construit et, partant, le plus spacieux et le plus confortable. Il se compose d'un seul corps de bâtiment, d'un pavillon central à deux étages et de deux ailes symétriques à un seul étage. L'architecture en est simple, mais d'un effet gracieux. On voit tout de suite que ce n'est pas une demeure seigneuriale et que l'on a voulu sacrifier le luxe de l'ornementation à la commodité de l'aménagement intérieur. Pour les hôtes qui l'habitent et qui, pour la plupart, avant d'y être recueillis, étaient peut-être obligés de loger à la belle-étoile, c'est un vrai palais.

La porte d'entrée n'a rien de monumental. Elle s'ouvre sur le rez-de-chaussée du pavillon. Vous franchissez le seuil et vous vous trouvez dans un couloir de deux mètres et demi de long sur un mètre et demi de large, qui tient lieu de vestibule. Immédiatement à droite, c'est le parloir. Le mobilier se compose d'une table recouverte d'un modeste tapis, de quelques chaises et de deux bancs rembourrés se faisant face. Trois ou quatre tableaux sont accrochés aux murs, un christ au-dessus de la cheminée et, au-dessous, ce que nous appellerons le livre d'or de l'établissement, représenté par un tableau sur lequel figurent les noms des enfants qui se sont le plus particulièrement distingués par leur travail, leur obéissance et leur bonne conduite. L'inscription sur ce tableau d'honneur donne droit, le premier du mois, à une gratification en argent ou à un petit extra au repas du jour. On devine l'émulation que fait naître parmi les pensionnaires ce système d'encouragement et l'importance qu'ils attachent à l'obtention d'une telle faveur.

En sortant du parloir, on a devant soi l'atelier de cordonnerie. C'est là que les réparations et la confection des chaussures, pour l'usage exclusif de la maison, sont exécutées par les orphelins eux-mêmes, sous la direction d'un surveillant contre-maître.

Une double porte vitrée sépare ce premier vestibule d'un second, de même dimension, qui précède la sortie sur la cour intérieure de l'établissement. A droite de ce vestibule, est installée une chambre d'amis; à gauche, on a ménagé une petite salle d'attente. Aucun luxe, mais partout une propreté irréprochable.

Vous avancez et vous vous trouvez dans la cour des grands. Elle représente une figure rectangulaire dont les grands côtés parallèles forment, l'un la base d'alignement du bâtiment principal, en bordure de la route de Caen, que nous venons de traverser; l'autre, celle des constructions édifiées sur le plan opposé, qui sont devenues des annexes.

L'un des côtés du rectangle, celui qui se trouve dans la direction de Petit-Couronne, à droite, est terminé par une simple clôture séparant la cour des grands de celle des petits. L'escalade serait facile à cet endroit, mais à quoi bon ? Les voleurs n'ont rien à faire dans ce refuge des malheureux et ceux qui y sont enfermés s'y trouvent trop bien pour essayer d'en sortir par la fuite. L'autre côté de la cour, celui qui est tourné vers Petit-Quevilly, a subi, depuis peu, de très-importantes modifications. Là où, il y a deux ans à peine, on remarquait un mur des plus rustiques, se dresse aujourd'hui une charmante chapelle, qui perpétuera, dans l'histoire de l'œuvre, le souvenir de M. A. Pimont, ancien président du tribunal de commerce de Rouen, et de sa dévouée compagne, l'infatigable présidente du comité des dames patronnesses. Le cardinal-archevêque de Rouen, Mgr Thomas, avait tenu à présider personnellement, le 28 avril 1893, la cérémonie d'inauguration et de bénédiction du gracieux édifice. Ce fut pour les pupilles et les amis du Refuge une belle fête. La touchante allocution que leur adressa, à cette occasion, Mgr Thomas, est restée profondément gravée dans leur mémoire. Après avoir rappelé la grandeur de l'œuvre et ses résultats au point de vue social, le vénéré Cardinal, s'adressant à la petite famille du Refuge, qui l'entourait, s'écriait :

> Aimez-la bien cette œuvre, aimez-la, entourez-la de votre sollicitude. De l'union de vos cœurs, avec ceux des pauvres abandonnés, naîtra votre bonheur et résultera le bien de l'Œuvre. Oui, cette Œuvre est toujours mienne, comme elle est vôtre. Dieu y soit ! est sa devise ; la divine Providence ainsi évoquée, réveillera de plus en plus les cœurs et leur inspirera la volonté d'apporter aux petits deshérités les secours dont ils peuvent avoir besoin.

Un salut solennel, où se firent entendre des artistes distingués de Rouen, vint clore cette fête.

Le jour de la bénédiction, la chapelle possédait déjà un maître-autel en pierre et deux belles verrières sortant des ateliers de M. Moise. On remarquait également au-dessus de la porte un magnifique crucifix en bronze doré, légué par M. Homberg, premier fondateur de l'Œuvre, à son Refuge bien-aimé. Une tradition de famille mentionne qu'il a appartenu au Cardinal de Richelieu. Depuis lors, de nouvelles générosités ont enrichi la chapelle d'un bel autel en terre cuite, dédié au Sacré-Cœur et d'un chemin de croix en galvanoplastie. Ce travail artistique a été exécuté dans les ateliers du Refuge.

La colonie agricole comprend, aujourd'hui, vingt-cinq hectares de bonnes terres, d'un seul tenant, situées à droite de la ferme, et s'étendant à perte de vue. C'est d'abord le jardin potager, puis la grande et la petite culture. Le tout est en parfait état et les travaux sont conduits d'après la meilleure méthode. Les orphelins manifestent une prédilection marquée pour la culture et ils s'en trouvent bien. Le grand air dilate leurs poumons, l'exercice durcit leurs membres à la fatigue et, en creusant leur appétit, leur donne cette bonne humeur et cette gaieté qui se lisent sur leur visage, autrefois si souffreteux. Un Frère de la congrégation du Saint-Esprit, expert en agriculture, après leur avoir théoriquement démontré la manière d'opérer, pour les diverses cultures à entreprendre, en fait faire l'application sur le terrain et, habillé comme les jeunes cultivateurs, il donne l'exemple par son ardeur au travail. Avec de pareils éléments d'activité et de bonne volonté, les terres se fertilisent, le rendement de la colonie s'accroît d'année en année.

De chaque côté du jardin potager, qui est séparé, par une haie vive, des champs propres à la culture, sont édifiés les bâtiments indispensables à toute exploitation agricole. A droite, c'est la remise des chariots et de tout l'attirail champêtre, la vacherie et la porcherie; à gauche, un vaste hangar où sont emmagasinés les produits de la récolte; puis on remarque l'abreuvoir et l'étang à purin, qui est le grand collecteur de toutes les immondices, de toutes les eaux sales, d'où le jardin tire sa meilleure fumure. Les autres engrais sont disposés plus loin, afin d'éviter les funestes émanations. Toujours à gauche, un hangar spécial est réservé à la pompe qui alimente d'eau tout l'établissement. Cette pompe est mise en mouvement par deux systèmes de pression qui peuvent s'employer indifféremment et séparément. Le moins compliqué se compose d'un manége à frein automatique qu'un cheval fait fonctionner. L'autre système, dû à l'ingéniosité de M. Frédéric Lefebvre, est basé sur le principe des moteurs employés pour les moulins à vent. Son action est fort puissante et son mécanisme, étudié de près, paraît d'une simplicité frappante.

Ces deux systèmes rendent alternativement les plus grands services, font jaillir l'eau en abondance et la distribuent dans toutes les directions et à tous les étages.

Tout à côté du hangar de la pompe, est située la boulangerie, créée par un des membres du comité. Rien n'y manque. Les orphelins fabriquent eux-mêmes leur pain, et nous pouvons dire qu'il est d'excellente qualité.

Donnons, en passant, un coup d'œil à la cidrerie, à la buanderie et au séchoir, et arrivons au bâtiment dont nous avons déjà dit un mot et qui constituait, au début, tout le luxe des constructions de la colonie. Il centralise encore une grande partie des services, tels que : cuisine, réfectoires, dortoirs des petits, infirmerie, chapelle, lingerie, etc. Mais sa principale destination est de loger la communauté, c'est-à-dire les plus jeunes enfants, ceux de sept à dix ans, actuellement au nombre de vingt-cinq, qui sont placés sous la direction et la surveillance des Sœurs. La communauté occupe toute la façade dudit bâtiment, du côté de la ligne du chemin de fer qui passe tout près. Elle est donc entièrement séparée de l'installation des grands. Le règlement est commun; le régime seul, étant donnés la disproportion d'âge et les soins pour ainsi dire maternels que réclament encore la plupart de ces pauvres petits êtres abandonnés, diffère sensiblement.

Les travaux auxquels sont assujettis ces derniers sont plus particulièrement appropriés à leur tempérament délicat. L'école occupe le plus précieux de leur temps. On les emploie ensuite à des occupations d'intérieur qui sont plutôt pour eux des distractions utiles. Ils servent d'aides à leurs aînés, employés à la buanderie, à la boulangerie, à la cuisine, etc. Car il faut dire que les enfants sont chargés, sous la direction d'une Sœur, de faire la lessive, de la couler, de laver le linge de tout l'établissement, et ils s'en acquittent comme les plus expérimentées des lavandières. Les plus jeunes ne sont pas les moins empressés et les moins ardents au travail.

La cuisine, la même pour tous, possède un magnifique fourneau offert par M. Alfred Pimont. Sa capacité peut suffire à l'alimentation de cent cinquante enfants. Le jour où je fus admis à visiter l'établissement en détail, je me trouvais là en présence de toute une équipe de petits cuisiniers et marmitons fort affairés. Les uns surveillaient la cuisson des aliments, les autres lavaient la vaisselle, épluchaient les pommes de terre destinées au repas du soir, etc. Ils étaient tous en costume d'ordonnance. Pendant que je restais à les admirer ainsi dans l'exercice de leurs fonctions culinaires, je ne fus pas peu surpris de les voir tout-à-coup, sur un signe de la bonne sœur faisant l'office de cuisinière en chef, interrompre leur travail, se défaire de leur tablier de service, se diriger en bon ordre vers la porte de sortie et, tel qu'un bataillon d'enfants de troupe un jour de revue, venir se ranger, sur deux files bien alignées, au milieu de la cour, attendant, silencieux, qu'on leur donnât l'ordre de vaquer à de nouvelles occupations. Je profitais de cet instant pour les regarder de plus près et en interroger plusieurs. Ils me parurent jouir d'une excellente santé et posséder, pour la plupart, une constitution robuste. Satisfaits de leur sort, c'est avec respect et soumission qu'ils parlent de leur directeur et de leurs maîtres. Ils se montrent reconnaissants des soins qui leur sont prodigués et des sacrifices qu'on s'impose pour eux. En général, ils ont fort bon air dans leur costume propre et bien ajusté à leur taille. Il en est cependant qui ont conservé une certaine rudesse dans la physionomie et le regard; on dirait qu'ils ont gardé sur le visage l'empreinte d'une main brutale.

Au refuge du Gand-Quevilly, l'instruction des pupilles marche de pair avec la bonne éducation et les exercices physiques. Plusieurs heures sont consacrées journellement aux études classiques. La salle d'école des plus jeunes est précisément située au fond de la cour que l'on traverse en sortant de la cuisine. Un peu isolée des autres constructions, elle est spacieuse et parfaitement aérée. J'ai eu la curiosité de jeter un coup d'œil sur les travaux de ces petits écoliers. Leurs cahiers étaient d'une tenue irréprochable, leurs devoirs soignés, l'écriture déliée, les lettres bien formées et l'orthographe ne laissant pas trop à désirer.

Le premier étage du bâtiment de la communauté est entièrement occupé par les sœurs, l'infirmerie et la lingerie. La pièce réservée à l'infirmerie est d'assez restreintes dimensions, mais elle se distingue par l'ordre et la propreté qui y règnent. Je n'y ai rencontré qu'un seul malade. Il était tranquillement assis sur son lit, s'amusant à faire courir sur un hippodrome en carton des petits chevaux en plomb. Sa maladie, comme on voit, ne présentait rien de bien grave. La lingerie n'est séparée de l'infirmerie que par un couloir. En y entrant, je trouvais là deux sœurs lingères en train de repasser des monceaux de chemises. La chaleur qui se dégageait de la salle était étouffante et les habiles repasseuses ne s'en apercevaient même pas, tant elles étaient absorbées par leur travail. L'ancienne chapelle, aujourd'hui transformée en dortoir, était contiguë à cette pièce.

Notre visite est terminée de ce côté; traversons maintenant la cour principale et rejoignons, en face, le bâtiment neuf, que nous n'avons fait qu'entrevoir en arrivant.

Le rez-de-chaussée est uniquement consacré aux divers ateliers et aux salles d'école pour les grands. C'est d'abord, à l'extrémité de l'aile droite du pavillon central, en entrant par la cour, l'atelier de menuiserie. Un Frère, costumé en ouvrier menuisier, le rabot en mains, est occupé à aplanir la surface d'un morceau de bois devant servir de fronton à un meuble, artistement travaillé, presque entièrement fini et destiné à la chapelle. A ses côtés, cinq ou six petits ouvriers varlopent, équarrissent, coupent, taillent à qui mieux mieux, et les rubans de bois, les copeaux de toutes dimensions jonchent le sol. On est en plein travail de menuiserie.

C'est ensuite les salles d'école pour les grands. Elles sont bien éclairées et remplissent toutes les conditions d'hygiène et de bonne installation. L'instruction élémentaire est ici poussée au dernier degré et les élèves les plus avancés sont en état de pouvoir honorablement gagner leur vie dans un bureau quelconque ou dans une administration.

L'aile gauche du pavillon central comprend divers ateliers fort curieux à visiter. Celui de la forge et de la serrurerie fixe d'abord l'attention.

Il est en pleine activité. Immédiatement après, c'est l'atelier de galvanoplastie, organisé par le président du comité, M. Pellecat, et dont tout l'outillage a été offert, à titre gracieux, par M. Boutigny, ancien maire du Grand-Quevilly, et grand admirateur de l'Œuvre. Un Frère, très-expert dans cet art spécial, en enseigne tous les secrets, toutes les finesses aux jeunes artistes qu'il dirige. Les murs de ce vaste atelier sont tapissés d'objets de toutes sortes, merveilleusement fabriqués et qui ont, pour la plupart, une grande valeur. Ils sont vendus au profit de l'Œuvre et constituent pour elle une nouvelle source de produits qui ne peut que se développer avec le temps.

A ces différentes industries, qui occupent ceux des enfants qui révèlent sinon une vocation du moins certaines aptitudes pour ces genres de travaux, on a ajouté, depuis peu, un atelier d'argenture et de dorure, dont on espère beaucoup.

Voilà pour le rez-de-chaussée du bâtiment neuf. Montons maintenant au premier étage.

Les appartements du directeur sont compris dans le carré du pavillon central. De là, il peut tout voir et tout surveiller. L'ameublement en est sévère, tout ce qui sent le luxe, tout ce qui est superflu en est rigoureusement banni. On peut dire sans exagération que la propreté la plus recherchée en constitue le plus bel ornement.

A droite et à gauche du logement directorial sont situés les dortoirs. Une double rangée de croisées apporte l'air et la lumière dans ces vastes salles où les pensionnaires, après les fatigues de la journée, viennent goûter un repos réparateur et un sommeil exempt des soucis du lendemain.

Chaque dortoir renferme 30 lits en fer, très-confortables sous tous les rapports. Le sommier élastique rappelle le système en usage dans la marine. Les matelas, les draps et les couvertures nous ont paru d'excellente qualité. On ne saurait être couché plus commodément. Deux Frères surveillants ont leur chambre à une extrémité du dortoir; à l'autre, sont disposées les armoires numérotées, qui contiennent, soigneusement disposée, la garde-robe de chacun. Cette garde-robe est même fort bien montée. Que d'enfants vivant dans leur famille, sinon dans l'abondance, mais possédant une aisance relative, sont bien moins partagés comme linge et effets d'habillement ! Les orphelins du Grand-Quevilly ont, en effet, trois costumes de rechange : un pour le travail; un deuxième pour le dimanche, pantalon de velours, veste et gilet en bon drap; un troisième pour les grandes fêtes, pantalon, jaquette et béret en étoffe solide. Ces pauvres abandonnés ont donc trouvé des amis dévoués qui remplacent avantageusement, auprès d'eux, la famille absente. Inutile de dire que des lavabos et des cabinets sont installés, à chaque bout des dortoirs, dans une pièce séparée et très-saine.

Le directeur de l'établissement, le Père Stoffel, est un des membres de cette grande famille de religieux de la congrégation du Saint-Esprit qui se consacrent, comme l'a voulu leur vénérable fondateur, le Père Liberman : « Aux œuvres et ministères humbles et pénibles. »

Aucun climat, aucun danger, aucune infortune n'arrête les élans de leur ardente charité et de leur zèle infatigable.

Les œuvres vraiment populaires et de régénération sociale, voilà leur lot.

En France, ils sont à la tête de plusieurs orphelinats. Ils donnent aux enfants l'instruction primaire et professionnelle; ils sont toujours avec eux dans les classes, les ateliers, les jardins ou les champs, et quand ils sont au travail, ils ont le costume de l'ouvrier, car, dit un rapport que nous avons sous les yeux, ils travaillent eux-mêmes et prêchent par l'exemple bien plus que par la parole. Ils font tout ce qui est utile de faire pour qu'un enfant dévoyé, par son état d'abandon antérieur ou par l'effet du milieu dans lequel il a vécu, revienne aux plus honnêtes sentiments. contracte les meilleures et les plus utiles habitudes de conduite et de travail. Ils font marcher de pair la classe et l'atelier. A la classe, ce n'est pas le pédagogue; à l'atelier, ce n'est pas le surveillant. Partout, c'est la famille, le père, le frère, qui s'occupent de l'enfant, qui l'aiment et qui s'en font aimer. Telle est la réalité.

Si vous voulez les voir de plus près, s'écriait, dans l'assemblée générale du 11 mars 1883, le président du conseil d'administration de l'*Œuvre du Refuge du Grand-Quevilly*, M. Pellecat, qui les avait vus à l'œuvre :

> Si vous voulez les voir de plus près, c'est le père lui-même qui est au travail, il fait une toiture, il cloue les lattes et il y attache les tuiles, il a près de lui des enfants qui lui servent de manœuvres; voyez aussi nos trois frères qui sont l'un jardinier, l'autre cordonnier et le troisième maçon, menuisier au besoin; ils sont, chaque jour de la semaine, aux endroits où leur occupation l'exige, ils sont vêtus comme les ouvriers de leur état, chacun d'eux a son groupe d'enfants qu'il dirige et avec lequel il travaille lui-même; c'est ainsi que la semence du bien se trouve faite en même temps que la semence de la terre, et que la bonne parole entre dans les cœurs en même temps que les clous entrent dans les semelles des galoches.

Les petits déshérités de la colonie agicole du Grand-Quevilly ne pouvaient donc être confiés à de meilleures mains, et les bienfaiteurs de l'Œuvre ne pouvaient mieux placer leur confiance. Aussi tout marche à souhait, l'établissement prend, chaque jour, un plus grand developpement. Ce n'est pas encore la prospérité qui marque la fin des sacrifices et qui en est le parfait couronnement, mais l'Œuvre est solidement assise, son avenir est assuré. Que peut-on désirer de plus, après quatorze ans à peine d'existence?

Au 1er janvier 1893, le Refuge abritait 87 enfants. Au cours de cette même année, 12 en sont sortis après avoir trouvé un emploi, et il y a eu 14 admissions, ce qui porte à 89 le nombre des petits déshérités actuellement entretenus par l'institution.

Recevoir un plus grand nombre d'enfants, disait le rapport de l'année 1893, ne serait pas d'une sage administration. Et, cependant, combien nous sommes, souvent tentés d'écouter plutôt la voix de notre cœur que celle de la prudence! C'est une grande peine d'être réduit, pour ainsi dire, à graduer l'infortune, à ne donner une place — quelquefois la seule vacante — qu'au plus abandonné, alors que l'on voudrait soulager le plus grand nombre de ceux qui s'adressent à nous. Mais comment, par exemple, ne pas admettre ce jeune enfant, le dernier venu de vos protégés! Il a sept ans, sa sœur deux ans de plus. Leur mère, veuve depuis trois années et entièrement paralysée du côté droit, continuait à travailler pour les nourrir; elle n'aurait pu y réussir sans l'aide de quelques personnes charitables. Epuisée par la maladie, elle est morte en juillet, à l'hospice de Rouen. Mais, avant de quitter ses enfants, elle fit appeler un de ses bienfaiteurs et le supplia de faire les démarches les plus actives pour obtenir l'entrée de son fils au refuge du Grand-Quevilly. Nous avons entendu l'appel suprême de la mère mourante. Grâce à vous, son fils ne sera pas abandonné!

Ne devions-nous pas également ouvrir notre porte devant

cet autre enfant, venu à Rouen par les hasards de la vie errante que mènent ses parents? Il n'a que neuf ans, et cependant il arrive du Mans à pied pour la foire Saint-Romain. La malheureuse famille pousse devant elle la petite charrette qui contient son gagne-pain, toute sa fortune. La voici qui s'installe bientôt sur nos boulevards. Que de misère au fond de cette petite boutique! Les étapes ont été trop longues pour un enfant de cet âge. Il est épuisé, ses pieds sont meurtris. M. l'abbé Bazire veut bien, avec sa bonté habituelle, le recueillir pendant la durée de la foire. Mais, après avoir essayé de se procurer momentanément le nécessaire, en offrant à d'autres le superflu, la petite troupe est obligée, la foire finie, de se remettre en marche. Hélas! l'épreuve a été trop forte et l'enfant n'est pas encore en état d'affronter de nouvelles fatigues. Que faire? Mgr le Cardinal en est instruit, s'intéresse au petit malheureux et nous fait demander de le recevoir. C'est avec joie que nous avons répondu à l'appel de notre charitable archevêque. Et, depuis lors, dans chacune des visites que Son Eminence daigna faire au refuge, elle n'oublia jamais de demander et d'interroger « son jeune protégé. » Celui-ci se montre d'ailleurs digne de cette haute protection et son aimable caractère lui attire toutes les sympathies.

Voilà, certes, une institution vraiment admirable, vraiment utilitaire et vraiment digne du concours de toutes les âmes nobles, de tous les cœurs généreux !

Il vaut mieux prévenir que réprimer, telle est sa devise. Combien de ces pauvres enfants, qu'elle place ainsi sous sa protection, seraient venus grossir, sans elle, l'armée du vice, et fournir, peut-être, des criminels à la société! Quand on songe au milieu d'où ils viennent, cette constatation ne saurait paraître excessive. On les recueille au Refuge à partir de sept ans; et, après les avoir régénérés, transformés, on les rend, à l'âge de dix-huit ans, à la société, où ils sont incorporés, désormais, dans la catégorie des honnêtes gens et deviennent de bons et utiles citoyens. La mission de l'Œuvre ne se borne pas, en effet, à les nourrir, les loger, les entretenir, à les pétrir dans un nouveau moule, pour ainsi dire, elle s'occupe aussi de les caser à leur sortie de l'orphelinat. Un assez grand nombre sont placés, tous les ans, soit comme domestiques de ferme, soit comme employés, etc., et généralement leurs maîtres ou patrons n'ont qu'à se louer de leurs bons services.

Il faut donc souhaiter que la charité publique continue à seconder les efforts persévérants des directeurs et administrateurs du Refuge pour qu'il grandisse encore, pour qu'il donne asile à un plus grand nombre de malheureux enfants; car, si, à notre époque, les institutions philanthropiques se multiplient, le vice, la misère et le vagabondage augmentent et les besoins deviennent de plus en plus pressants.

La colonie agricole du Grand-Quevilly est merveilleusement disposée pour recevoir tous les agrandissements désirables.

Malheureusement, les ressources ne sont pas toujours en proportion des infortunes à soulager, du nombre des petits êtres à arracher à la paresse, au mal, à l'abjection dont ils sont entourés. Les bienfaiteurs de la première heure ont donné sans compter. Les travaux les plus coûteux ont été exécutés, grâce à leurs libéralités; mais, malheureusement, le rendement de la culture et le produit des industries accessoires ne peuvent encore suffire à faire face aux dépenses budgétaires. Le bilan de 1893 constate que l'on a dépensé un chiffre total de 22,978 fr. 45 et que les recettes générales ont à peine atteint 18,000 fr. Il en est donc résulté un déficit de 5,000 fr. Une sage et intelligente économie préside, cependant, à la direction de l'établissement; la dépense par jour, pour chaque enfant, n'est que de 0 fr. 70 : ce n'est pas exagéré, comme on voit. Or, pour couvrir le déficit annuel, puisque les économies sont impossibles, il n'existe qu'un moyen : c'est d'accroître le recettes.

Le Comité, qui est composé d'hommes d'initiative, de foi et de dévouement; les Dames patronnesses de l'Œuvre, dont la générosité égale l'esprit d'initiative, ne négligent rien dans ce but. Loteries, concerts, quêtes sont organisés, chaque année, pour venir en aide aux petits déshérités; mais, à côté de ces précieux concours, on voit diminuer, d'année en année, l'appui et le nombre des souscripteurs : ils étaient 593 en 1883, ils ne sont plus que 401 en 1893; soit, dans une période de dix ans, une diminution de 200 environ. Certes, la tâche est rude pour les bienfaiteurs des œuvres, à une époque où leur concours est sollicitée de tous côtés. Celle du Grand-Quevilly doit néanmoins leur inspirer un vif intérêt, car elle ne se borne pas, comme tant d'autres, à conserver les forces épuisées, mais à transformer et à utiliser des forces actives qui, livrées à elles-mêmes, seraient perdues pour la société, sinon dangereuses.

L'Œuvre du Refuge du Grand-Quevilly mérite, à tous égards, d'être encouragée et soutenue. Elle ne guérit pas seulement les infirmités physiques et morales de l'enfance abandonnée, elle donne aussi la probité aux vicieux, l'amour du travail aux vagabonds, un tuteur aux orphelins, un appui aux déshérités.

N'est-ce pas là une œuvre sainte et bénie, une œuvre qui accomplit un de ces prodiges de bienfaisance dont l'humanité doit se montrer reconnaissante, et que la charité publique a le devoir d'aider de toute sa puissance?

Les Sœurs de la Miséricorde

L'Œuvre des Sœurs de la Miséricorde est une œuvre essentiellement populaire. Elle est née à Rouen, en 1818, sur la paroisse de la Madeleine.

où elle a conservé son siège principal, et d'où elle rayonne aujourd'hui, par ses succursales, sur plusieurs autres paroisses de la ville et du département. Exclusivement consacrée au service des pauvres, son but charitable est multiple, comme sont multiples les nécessités des classes laborieuses. Elle recueille les orphelines, les élève, leur donne une bonne instruction, leur apprend un état et leur procure une situation honorable, le jour où elles quittent la maison hospitalière pour se mêler à la société. Mais sa mission ne s'arrête pas là. Tous les pauvres sont ses amis et elle a tout un service organisé pour les secourir physiquement et moralement. Une école gratuite est mise à la disposition des enfants et une salle d'assistance, toujours hélas! très fréquentée, est réservée pour les parents et pour les infortunés de toute catégorie.

La fondation de la communauté de la *Miséricorde*, de même que celle de la presque totalité des œuvres émanant de l'initiative privée, est due au zèle pastoral d'un prêtre, secondé par la foi ardente d'une ou de plusieurs de ces héroïnes de la charité que la Providence suscite, au sein des familles chrétiennes, afin d'accomplir un de ces desseins impénétrables qu'elle tient en réserve, à certaines dates critiques, en vue du bien de l'humanité. Au lendemain des ravages semés par la Révolution, au lendemain des grandes guerre du premier Empire, la misère était grande, à Rouen comme ailleurs, parmi les populations laborieuses surtout. Tout était à reprendre, à réorganiser pour venir en aide aux nombreuses infortunes qui sollicitaient la pitié publique.

En 1818, quoique le règne pacifique et sage de Louis XVIII eût inauguré des temps meilleurs, les funestes conséquences des bouleversements, par lesquels le pays venait de passer, se faisaient encore cruellement sentir. La paroisse de la Madeleine possédait, à cette époque, un vicaire d'un rare mérite et d'un dévouement infatigable pour ses paroissiens. C'était l'abbé Lefebvre. Son curé, M. Ruffaut, qui jouissait d'une très-mauvaise santé, s'était en quelque sorte déchargé sur lui du fardeau de l'administration paroissiale. La détresse au milieu de laquelle il vivait, les souffrances physiques et morales qui l'entouraient, l'affligeaient profondément.

Ecoutons-le en faire lui-même le récit :

> Les enfants étaient privés de toute instruction, surtout les enfants pauvres; les malades indigents mouraient sans même que le prêtre eût été averti de leur maladie. La population de la paroisse était alors de plus de quatre mille âmes et nous ne voyions que vingt à vingt-cinq enfants au catéchisme, l'année seulement où les parents présumaient qu'on pourrait les appeler pour la première communion, et, quand on leur demandait les premières notions de la religion, ils nous répondaient qu'ils n'avaient ni le temps

pour apprendre, ni personne qui pût leur mettre les vérités dans la mémoire, ne sachant pas lire.

Le digne prêtre s'évertuait à trouver quelque remède à tant de maux. Un jour qu'il exposait devant quelques personnes ses vues sur les moyens à prendre pour soulager les infortunes des classes laborieuses et répandre les bienfaits de l'instruction parmi les enfants, il fut interrompu par deux jeunes paroissiennes, Mlles Harel qui, touchées jusqu'aux larmes de la lamentable situation exposée par l'abbé Lefebvre, s'offrirent pour l'aider à réaliser ses projets.

Les demoiselles Harel appartenaient à une famille honorable de la ville; leur père, après avoir fait ses études au collège, s'était mis dans le commerce ; mais il y perdit presque toute sa fortune. Après la mort de leur mère, Céleste et Euphrasie Harel exercèrent l'état de dentellières, dont le produit, joint à ce qui leur restait de l'héritage de leur mère, leur permettait de procurer à leur père une existence susceptible de lui faire oublier sa première position.

Mais la Providence les avait choisies pour être les deux pierres fondamentales de l'édifice de la Miséricorde. Ces deux saintes filles se mirent donc à la disposition de M. l'abbé Lefebvre et lui proposèrent d'organiser tout d'abord une œuvre publique d'assistance en faveur des familles les plus nécessiteuses et, dans ce but, elles manifestèrent le désir de sacrifier le peu de fortune qu'elles possédaient.

Après avoir mûrement réfléchi et pesé les responsabilités qu'il lui faudrait assumer, M. l'abbé Lefebvre ne crut pas devoir accepter le généreux concours qui lui était offert. Mais les demoiselles Harel insistèrent avec tant de résolution que le digne vicaire finit par se laisser convaincre, et on se mit à l'œuvre.

Il fut décidé qu'on se consacrerait à la visite des malades et qu'on ouvrirait une école gratuite pour les jeunes filles pauvres. Une modeste maison fut louée rue du Cercle, et, au mois d'octobre, on s'y installa.

Les débuts furent pénibles : les misères à soulager étaient immenses et les ressources dont on disposait étaient minimes.

Mais le dévouement appelle le dévouement; l'esprit de sacrifice, si inaccessible qu'il paraisse, n'en est pas moins contagieux.

Le zèle charitable des demoiselles Harel fut comme la semence tombée en terre fertile, il fit germer d'autres héroïnes de la charité qui ne tardèrent pas à se joindre à elles.

Trois mois s'étaient à peine écoulés, en effet, lorsque trois autres demoiselles de Rouen se présentèrent devant M. l'abbé Lefebvre, demandant à partager la vie d'abnégation et de sacrifice des deux premières.

Il y eut, de la part de l'abbé, des objections et des hésitations, mais il fallut bien céder en présence de la détermination inébranlable des trois postulantes.

Elles furent accueillies avec joie dans la petite maison de la rue du Cercle, parce que leur précieux concours devait permettre de secourir un plus grand nombre de miséreux.

Elles étaient cinq désormais animées de la même ardeur, de la même foi pour le service de ceux qui souffrent.

Un plus vaste local fut loué rue Duguay-Trouin et on décida qu'il était indispensable de recueillir des orphelines et de fonder, à côté de l'école gratuite, un pensionnat pour les enfants des familles aisées, afin de se procurer quelqu'argent.

Elles revêtirent, à ce moment, une sorte d'habit religieux et prièrent M. l'abbé Lefebvre de bénir les vœux qu'elles formaient de se consacrer entièrement à la pauvreté.

Les statuts d'une communauté furent rédigés et on jura de s'y conformer. Ils portaient, entre autres, cette clause : que la congrégation naissante appartiendrait aux pauvres comme la servante à ses maîtres. Les vœux se résumaient dans la pratique de ces trois vertus évangéliques : pauvreté, chasteté et obéissance.

On ne sait ce qu'il faut le plus admirer ou de l'austérité de ces vœux, ou de l'humilité de celles qui juraient d'en faire la règle de toute leur vie.

Le jour de Noël 1818, la nouvelle communauté commença sérieusement à affirmer son existence.

L'intention de M. l'abbé Lefebvre, qui portera désormais le titre de fondateur, était de donner à sa famille spirituelle le nom de : Filles du Sacré-Cœur, mais la voix publique et, surtout, celle des pauvres reconnaissants lui décerna le titre de : *Sœurs de la Miséricorde*.

Céleste Harel, l'aînée, prit le nom de mère Joseph et fut chargée du gouvernement de la maison, en qualité de supérieure. Sa sœur se chargea plus particulièrement de l'instruction des enfants, sous le nom de sœur Marie.

Une œuvre, commencée dans des conditions aussi difficiles, inquiétait beaucoup les amis du vicaire de la Madeleine.

Le vénérable supérieur du grand séminaire, M. l'abbé Holley, alors vicaire général capitulaire, pendant la vacance du siège archiépiscopal de Rouen, avait dit, en parlant de l'entreprise de M. Lefebvre qu'il aimait beaucoup : C'est une témérité.

Ce dernier en fut très affecté et exigea que la mère Joseph se rendît auprès de M. Holley pour lui fournir tous les renseignements qu'il pourrait juger nécessaires.

M. Holley ne lui cacha pas qu'il voyait avec peine qu'elle se fût laissée conduire par ce qu'il appelait un excès de zèle d'un jeune prêtre sans expérience.

Mlle Harel protesta avec énergie contre toute influence exercée sur sa détermination. Elle ajouta que sa volonté seule l'avait guidée et qu'elle désirait persévérer dans la voie où elle s'était délibérément engagée.

Après avoir exposé ses idées, elle soumit à l'examen de M. Holley les statuts de l'œuvre.

Celui-ci les parcourut avec la plus grande attention, s'arrêtant sur les passages principaux afin d'en peser toute l'importance et d'en méditer le sens pratique. Son examen terminé, il remit le document à sa modeste visiteuse et lui dit :

Ma fille, ayez confiance; ceci est bon. Je pense maintenant autrement que je ne pensais. Dieu vous bénira.

A partir de ce jour, M. Holley devint le protecteur le plus zélé de l'œuvre ; il en fut même nommé, plus tard, supérieur.

Au début de l'année 1819, la maison de la rue Duguay-Trouin, dont la renommée de bienfaisance grandissait journellement, put recueillir ses deux premières orphelines. A mesure que les sympathies publiques se développèrent autour d'elle, ses ressources lui permirent d'en adopter un plus grand nombre. L'école gratuite se peupla d'élèves et l'éducation donnée, au pensionnat, ne tarda pas à être fort goûtée des familles riches.

L'œuvre de la Miséricorde pouvait donc être considérée, désormais, comme fondée ; mais elle n'était pas au bout de ses épreuves.

Le 29 août 1819, la plus jeune des deux fondatrices, la sœur Marie, qui, malgré une santé délicate, se surmenait outre mesure, était enlevée à l'affection de ses compagnes et de ses pupilles, à l'âge de vingt-deux ans. Sa sœur aînée, la mère supérieure, ne devait pas tarder à la suivre dans la tombe. Atteinte de la même maladie, consumée par les privations qu'elle s'imposait et l'ardeur de son apostolat, elle succombait, le 28 mai 1821, dans la vingt-septième année de son âge.

Sentant sa fin prochaine, elle fit approcher ses vaillantes collaboratrices et leur dicta ses dernières volontés :

Aimez-vous les unes les autres, leur dit-elle ; aimez surtout les pauvres. Vous reconnaîtrez, à la mort, que c'est une grande consolation de les avoir servis.

Et elle expira.

Il convient de dire ici quelques mots des vertus qui brillaient dans les deux premières mères de la Communauté de la Miséricorde qui devaient lui être si prématurément ravies.

« Leur esprit de pauvreté, écrivait M. l'abbé Lefebvre, ne peut pas se comprendre, on pourrait encore moins comprendre le respect et l'amour qu'elles portaient aux pauvres. Leur foi était certainement à transporter les montagnes. »

La plus jeune, sœur Marie, quoique consumée par une maladie de poitrine, se livrait à tous les genres de mortifications, et les circonstances qui accompagnèrent sa mort présentèrent un tel caractère de sainteté, que les témoins de ses derniers moments les consignèrent, sur la demande de Mgr de Bernis, archevêque de Rouen, dans un procès-verbal dûment établi et signé.

L'aînée, la mère supérieure, sœur Saint-Joseph, atteinte de la même maladie, ne traînait, elle aussi, qu'une vie languissante, ce qui ne l'empêchait pas de s'adonner à la pratique de toutes les vertus. Elle avait une telle estime de la pauvreté qu'on a retrouvé dans ses papiers cette prière : « Faites, ô mon Dieu ! que la maison n'ait jamais le moyen de se donner les commodités de la vie. »

La mort prématurée des deux fondatrices semblait devoir frapper au cœur l'œuvre de la Miséricorde et l'arrêter dans sa marche. Il n'en fut rien, cependant; les assises reposaient sur un terrain solide et l'édifice, tout construit de sacrifices et de dévouements, était appelé à prendre des développements inespérés.

Mgr de Bernis, dès la prise de possession du

siège archiépicopal de Rouen, s'était intéressé tout particulièrement à une entreprise qui répondait si bien à ses pensées et qui donnait déjà de si grandes satisfactions à sa sollicitude pastorale.

Son premier soin fut de faire reconnaître par l'autorité de l'Eglise la petite communauté de la rue Duguay-Trouin. Il régularisa donc ses constitutions et lui donna la consécration religieuse.

En 1821, huit jours après la mort de la vénérée mère fondatrice, il voulut lui-même présider à l'élection d'une nouvelle supérieure.

Le registre conservé dans l'établissement, où sont consignés tous les procès-verbaux d'élections, a été établi par Mgr de Bernis, et le premier acte qui y figure est entièrement tracé de sa main. Cet acte porte qu'après la mort de sœur Marie-Joseph de Jésus, Mgr de Bernis, archevêque de Rouen et Primat de Normandie, s'est transporté à la communauté. Alors, « conformé-
« ment à la règle soumise audit seigneur Arche-
« vêque, la communauté s'est assemblée, lui
« présent, et, chacune des sœurs interrogée
« sur le choix qu'elle devait faire d'une nouvelle
« supérieure, toutes ayant désigné, d'un commun
« accord, la sœur Marie-Euphrasie, celle-ci est
« nommée supérieure de la Miséricorde. »
Mlle Delcourt, en religion Marie-Euphrasie, fut donc la seconde supérieure de la communauté.

Issue d'une famille distinguée de Rouen,

Mlle Delcourt était entrée à la Miséricorde dans des circonstances tout à fait providentielles, et nulle autre n'était plus digne de prendre la succession de Céleste Harel.

Elle s'engagea résolûment dans la voie tracée par sa devancière, et elle eut la consolation de voir ses efforts encouragés par de puissants patronages qui ne permettaient plus de désespérer du succès de l'Œuvre.

Le 14 août 1820, on lisait, en effet, dans le *Journal officiel* :

> Son Altesse Royale, Mme la duchesse d'Angoulême, sur la demande qui lui en a été adressée par Mgr l'archevêque de Rouen, a daigné prendre sous sa protection la maison des filles de la Miséricorde.

Cette haute protection était le salut, car elle désignait leur devoir à toutes les familles de la société rouennaise qui ne pouvaient évidemment moins faire que de suivre l'exemple de la duchesse d'Angoulême.

Les patronages affluèrent alors, et la Miséricorde devint bientôt l'œuvre charitable à la mode.

L'installation de la rue Duguay-Trouin ne suffisait plus pour recueillir les nombreuses orphelines et contenir les élèves qui se présentaient soit pour l'école gratuite, soit pour le pensionnat.

En 1821, la communauté déménageait et prenait possession des vastes bâtiments qu'elle n'a cessé d'occuper depuis et qui furent construits à son intention sur un terrain concédé par les hospices.

Ce terrain fut d'abord pris à bail pour une durée de trente ans; par la suite ledit bail fut prolongé jusqu'en 1863. A partir de cette date, l'acquisition en fut faite moyennant une annuité de 6,000 fr. à payer aux hospices pendant trente-quatre ans.

Le terrain en question ne deviendra donc la propriété définitive de la Miséricorde qu'en 1897.

En 1828, Mgr de Bernis, dans le but de seconder la tâche de la Mère supérieure, en présence du développement que prenait chaque jour l'institution, résolut de lui adjoindre, à titre de supérieur, un des membres les plus distingués de son clergé. Il désigna, à cet effet, M. l'abbé Holley, qui était devenu son grand-vicaire. Ce fut un bienfait immense pour l'Œuvre de la Miséricorde que cette nomination. M. l'abbé Holley, nous avons eu déjà l'occasion de le constater, joignait à une rare prudence les qualités d'un cœur généreux et d'un esprit vigilant et éclairé. Le secret désir du fondateur, M. l'abbé Lefebvre, se trouvait ainsi réalisé. « Un grand-vicaire, disait-il, est la personne la plus convenable pour le gouvernement d'une maison dont le but n'est pas l'intérêt particulier d'une paroisse, mais l'intérêt général. »

Depuis lors, les archevêques qui se sont succédé à Rouen se sont conformés à cette décision de Mgr de Bernis et ont chargé soit un de leurs vicaires généraux, soit un autre dignitaire ecclésiastique, du gouvernement de la Miséricorde. Ce furent, après la mort de M. Holley, et pendant la longue durée de l'administration diocésaine de Mgr de Bernis, M. Laboulleux, troisième vicaire général; M. David, supérieur du grand séminaire; puis M. Vieilles-Cases, qui avait succédé à M. l'abbé David comme supérieur du grand séminaire. Aujourd'hui, ces fonctions sont remplies par M. le vicaire général Bonnamy.

La communauté a contracté une grande dette de reconnaissance envers ces prêtres zélés qui, tous, ont rendu des services très-dévoués et très-appréciés.

Nous avons vu plus haut que la famille royale, dans la personne de Mme la duchesse d'Angoulême, avait déclaré prendre l'Œuvre sous son patronage. Elle ne devait pas tarder à lui donner un témoignage tout particulier de sa précieuse sollicitude.

En 1829, Mme la Dauphine étant venue à Rouen, une de ses premières visites fut pour ses humbles protégées.

La bonne nouvelle fut portée à la Miséricorde,

et la duchesse d'Angoulême fut reçue avec les honneurs dus à son rang.

Les orphelines lui offrirent quelques spécimens de leurs travaux, et une pensionnaire la complimenta en termes où l'émotion s'alliait à la plus profonde reconnaissance.

Quel spectacle touchant, en effet, et quel triste rapprochement : n'était-ce pas un tableau des plus suggestifs que de voir ces pauvres petites orphelines, sorties du peuple, entourer l'ancienne orpheline royale du Temple ?

Quel constraste dans la position sociale et quelle similitude dans le malheur !

En 1833, la reine Marie-Amélie désira, elle aussi, rendre visite à la Miséricorde.

M. le baron Dupont-Delporte, alors préfet de la Seine-Inférieure, avait ménagé cette visite souveraine afin de donner une preuve éclatante de l'intérêt personnel qu'il portait à une œuvre dont il appréciait la grandeur morale et l'importance de la mission sociale.

La reine, pour donner encore plus d'éclat à sa démarche, se fit accompagner de Mme Adélaïde, sœur du roi; des ducs d'Aumale et de Montpensier, et des deux princesses royales : Clémentine et Marie.

Le lendemain de cette mémorable visite, le roi Louis-Philippe arrivait à Rouen, à l'occasion de la pose de la première pierre du monument érigé en l'honneur de Pierre Corneille.

Un grand dîner de réception fut préparé à la préfecture, mais le roi s'étant trouvé indisposé, le dîner fut contremandé à la dernière heure. Le préfet, M. Dupont-Delporte, se souvint, dans cette circonstance, des orphelines de la Miséricorde et leur fit envoyer les principaux mets qui devaient figurer sur la table royale.

Celles-ci, comme on pense bien, en furent ravies et purent se vanter, ce jour-là, d'avoir fait un véritable festin royal.

En 1844, Mgr Blanquart de Bailleul fut nommé archevêque de Rouen, et il manifesta à l'égard de la communauté le même attachement que Mgr de Bernis, son vénéré prédécesseur. Il lui donna pour aumônier M. l'abbé Jeulin, qui, après avoir occupé dans le monde une situation distinguée, s'était consacré au service de Dieu et des pauvres. Il dépensa les seize dernières années de sa vie à s'occuper du malheureux sort des pauvres orphelines, et il mourut en 1861, laissant, dans toute la ville de Rouen, la réputation d'un grand bienfaiteur et d'un véritable saint.

En 1847, une épreuve bien douloureuse était réservée à la Miséricorde. Son fondateur, M. l'abbé Lefebvre, rendait sa belle âme à Dieu, à l'âge de cinquante-neuf ans. Son amour de la pauvreté et des pauvres fut la préoccupation de toute sa vie.

Dans le règlement qu'il a donné à ses chères filles, il leur enjoint surtout de se montrer toujours fidèles à leur titre de : *Servantes des pauvres et des orphelines*, et de ne jamais se départir, dans leur conduite envers eux, des sentiments de l'amour le plus respectueux. M. l'abbé Lefebvre avait été créé chanoine en 1822. Quelques années avant sa mort, il avait été nommé professeur d'histoire sainte à la Faculté de théologie. Mgr Blanquart de Bailleul, qui avait appris à l'apprécier, lui témoigna, pendant sa dernière maladie, les marques de l'intérêt le plus affectueux. Le corps de M. Lefebvre ayant été exposé durant trois jours, les fidèles vinrent en grand nombre s'agenouiller devant ses restes vénérés. Ses obsèques furent célébrées en grande pompe. Mgr l'archevêque avait tenu à présider lui-même à cette funèbre cérémonie, qui prit, à Rouen, le caractère d'un deuil public.

Le cœur du regretté fondateur de la Miséricorde repose dans le sanctuaire de la chapelle de maison-mère, à Rouen, où il est l'objet, de la part de la communauté, d'une grande vénération.

Parmi les principaux bienfaiteurs de la Miséricorde, il est juste de citer aussi S. E. le Cardinal de Bonnechose qui fut appelé à l'archevêché de Rouen en 1858. Déjà, pendant qu'il était évêque d'Evreux, Mgr de Bonnechose avait, en maintes circonstances, manifesté ses sympathies pour cette institution particulièrement humanitaire.

En 1855, il vint même tout exprès à Rouen pour prêcher, au profit de l'œuvre, un sermon de charité qui eut beaucoup de succès. Jusqu'à la fin de sa vie, l'illustre prélat ne cessa d'entourer la communauté de sa haute et paternelle bienveillance. Il venait souvent visiter la maison de la place de la Madeleine, sans se faire annoncer, et il aimait à s'entretenir avec les petites orphelines et leurs dévouées surveillantes. Il avait toujours pour chacune d'elles un mot d'encouragement et il ne se retirait jamais sans avoir marqué sa visite par un bienfait.

En 1862, M. l'abbé Vieilles-Cases ayant été nommé supérieur de l'établissement de Picpus, à Paris, Mgr de Bonnechose choisit pour lui succéder dans les fonctions de supérieur de la Miséricorde, un de ses prêtres les plus distingués, M. l'abbé Robert qui est l'auteur de nombreuses améliorations dans le fonctionnement de l'institution. Menant de front les choses spirituelles et temporelles, il s'occupait de tous les détails avec une extrême bonté et un discernement remarquable. Doué d'un talent hors ligne en architecture, il fit édifier la chapelle que l'on admire aujourd'hui et dont le caractère sévère s'harmonise si heureusement avec l'ensemble des constructions qui composent le vaste et silencieux établissement, sous le toit duquel tant de pauvres orphelines viennent, chaque année, chercher un abri contre la misère et un appui contre les dangers de leur délaissement.

En 1872, la règle de la communauté de la Miséricorde fut revisée par Mgr de Bonnechose. Son Eminence, en venant elle-même apporter aux sœurs les constitutions nouvelles de leur ordre, leur fit remarquer que ces constitutions ne différaient de la règle primitive que par les modifications que l'expérience avait rendues nécessaires. Le vénéré cardinal donna lecture aux religieuses de l'approbation qu'il a écrite, de sa main, à la dernière page du nouveau réglement. Elle est ainsi conçue:

Après avoir lu et examiné personnellement la présente règle, nous l'approuvons, nous la sanctionnons et nous en recommandons la fidèle observation à toutes les Sœurs de la congrégation dite de la Miséricorde. Qu'elles se souviennent toujours qu'à cette fidélité sont attachées la paix, la durée et la prospérité de cette communauté.

Fait à Rouen, le 28 mai 1872.

† Henri, *Cardinal-Archevêque de Rouen.*

Mais ce n'est pas seulement parmi les premiers pasteurs du diocèse, depuis Mgr de Bernis jusqu'à S. E. le Cardinal Thomas et, actuellement, Mgr Sourrieu, que la Miséricorde a rencontré de généreux protecteurs et de vrais amis. Les membres les plus distingués du clergé lui ont aussi apporté un utile concours et contribué largement à ses développements successifs. Citons entre autres : M. l'abbé Legros, premier vicaire général qui, pendant plus de trente ans, ne laissa pas passer une semaine sans venir faire un cours d'instruction religieuse aux sœurs et aux novices, afin de les former à cet art si important de l'enseignement populaire et chrétien ; MM. Labbé, fondateurs de l'institution ecclésiastique d'Yvetot, qui ont rendu à l'Œuvre des services inappréciables ; M. Picard, qui mourut archiprêtre de la Cathédrale, etc., etc.

Indépendamment des précieuses sympathies qui lui sont venues du dehors, l'Œuvre de la Miséricorde a su puiser dans son organisation intérieure son principal élément de succès.

La direction, par un bienfait de la Providence, en a toujours été confiée, depuis l'origine, à des supérieures d'élite. On connaît la sagesse et l'esprit d'initiative de la fondatrice, la sœur Saint-Joseph. Mlle Delcourt, sœur Euphrasie, qui fut choisie pour la remplacer, montra les mêmes qualités. Puis, nous voyons apparaître la sœur Sainte-Chantal, qui a mérité le titre de seconde fondatrice. Nommée supérieure en 1831, elle refusa le fardeau qu'on lui offrait ; renommée en 1834, elle refusa encore. Ce n'est que trois ans plus tard, en 1837, qu'elle se résigna enfin à accepter, sur les pressantes instances de M. Pierre Labbé qui prêchait la retraite cette année-là. Sœur Sainte-Chantal, sous une apparence froide, avait un cœur ardent et ne tarda pas à inspirer à ses filles une affection qui allait jusqu'au culte. Maintenant encore, on ne peut parler d'elle, devant celles qui l'ont connue, sans voir leurs yeux s'emplir de larmes; chacune, intérieurement, paraissant avoir quelques bons motifs de croire qu'elle était sa préférée.

Sœur Sainte-Chantal avait surtout un jugement excessivement droit; elle saisissait le vrai côté des choses à première vue. M. Labbé et M. Picard, curé de la Cathédrale, s'exprimèrent ainsi, à son sujet, devant l'archevêque : « En présence d'une alternative, nous parlons de la chose devant sœur Sainte-Chantal, nous écoutons ce qu'elle en dit, et nous sommes sûrs alors de connaître le meilleur parti à prendre. »

A cette rectitude de jugement, elle joignait le grand art du gouvernement; ce qui faisait dire autour d'elle qu'elle aurait gouverné facilement un royaume. A tous ces mérites s'alliaient un grand esprit de pauvreté et une très-grande simplicité.

Sœur Sainte-Chantal fut remplacée comme supérieure par sœur Saint-Alexandre, la fondatrice de la Maison du Havre, où elle avait montré les qualités les plus éminentes d'administrateur.

Ces qualités suivirent la sœur Saint-Alexandre

dans ses nouvelles fonctions ; elles se manifestèrent même avec plus d'ardeur, ayant un champ d'action plus vaste pour se développer. Son frère, M. l'abbé Mainé, qui fut vicaire de la paroisse de Saint-Vincent, à Rouen, et qui devait être plus tard curé de Saint-Romain, lui apporta le concours de ses bons conseils, car c'était un des prêtres les plus respectables et les plus estimés du diocèse.

La supérieure générale actuelle, sœur Saint-Xavier, suit dignement les traces de ses devancières ; sa modestie égale ses mérites et nous dispense de toute autre appréciation.

Nous venons d'esquisser, à grands traits, l'histoire de la fondation de la Miséricorde, et de noter au passage les faveurs spirituelles et temporelles qu'elles a rencontrées sur sa route, qui ont aidé à son développement et qui l'ont soutenue dans les épreuves.

Il nous reste à faire connaître cette œuvre bénie de Dieu, au point de vue de son organisation, de ses multiples créations et des bienfaits qu'elle ne cesse de répandre autour d'elle.

Nous avons vu que, dès l'origine, un pensionnat avait été créé à côté de l'orphelinat. Ce pensionnat, dans l'esprit des fondateurs de la Miséricorde, avait un double but : procurer quelques ressources à l'Œuvre et donner aux jeunes filles riches une éducation conforme à l'esprit de pauvreté.

M. l'abbé Lefebvre s'exprimait ainsi au sujet de cette organisation :

> Si nous avons cru devoir réunir dans un même établissement un orphelinat et un pensionnat, c'est moins pour venir en aide à notre pauvreté que pour unir les cœurs par la charité, en mélangeant les différentes classes sociales. Il n'eût pas été impossible, après tout, de fonder séparément un pensionnat, si Dieu l'eût voulu. Mais il y avait assez de maisons, même très-religieuses, pour l'éducation des jeunes demoiselles.
>
> Ce qu'il n'y a pas hors de la Miséricorde, c'est une maison où le riche regarde comme un air plus pur, plus heureux pour lui, celui qu'a respiré le pauvre, où la jeune personne riche se trouve heureuse du bonheur de cette pauvre enfant, qui n'avait plus de ressources dans le monde, et qu'elle appelle, avec tendresse et bonheur, sa sœur; où aussi l'enfant pauvre sente son cœur attendri délicieusement d'être aimée de celle dont elle aurait cru ne devoir attendre que dédain et indifférence........................
>
> Les jeunes filles du monde, ainsi élevées au pensionnat, deviendront plus tard les bienfaitrices des pauvres, qu'elles auront vus de plus près.

Ce système d'éducation a été compris des familles; les plus distinguées de Rouen même n'ont pas hésité, de tout temps, à confier leurs enfants aux sœurs de la Miséricorde.

Dès 1819, le pensionnat comptait déjà plus de cent élèves; il en a aujourd'hui plus de deux cents. Les jeunes filles y reçoivent une éducation soignée et une instruction solide, ainsi qu'en témoignent, chaque année, les succès obtenus aux examens.

Nous avons dit que la maison-mère occupait depuis 1821 le vaste local construit à son intention sur un terrain concédé par les hospices. Le moment est venu d'étudier sa vie intérieure et son expansion au dehors.

Dans l'enceinte rectangulaire formée par les points de jonctions des rues du Contrat-Social, Lecat, Lenôtre, l'avenue et la place de la Madeleine, se dresse un vaste bâtiment entouré de grands murs en bordure de ces rues. Au silence qui règne à l'intérieur et autour de cette immense édifice, on ne se douterait guère qu'il renferme une population de plusieurs centaines de jeunes filles. C'est là, en effet, la Miséricorde, qui s'est constituée l'ange gardien des pauvres orphelines. Remarquons, en passant, que si les établissements de charité privée tiennent une grande, une très grande place même, par le bien qu'ils font dans l'existence de nos cités, ils se laissent pour ainsi dire ignorer du grand public, tant leur apostolat est discret et silencieux.

L'entrée principale est située place de la Madeleine.

La porte s'ouvre sur un grand couloir pavé, précédant la cour intérieure. Cette cour, très spacieuse, est bordée sur trois côtés par de grands bâtiments. Celui de face est exclusivement réservé aux orphelines ; celui de gauche est en grande partie occupé par les pensionnaires et les demi-pensionnaires et se termine par la chapelle ; enfin, celui de droite, parallèle à l'avenue de la Madeleine, comprend les salles d'école, le service des pauvres, l'atelier de repassage, la buanderie, etc.

Actuellement, la maison héberge 310 jeunes filles, sans compter celles qui viennent du dehors pour recevoir l'éducation et l'instruction des sœurs. Trois écoles sont, en effet, annexées à l'établissement : une école primaire gratuite, un externat payant et une école maternelle. Elles sont fréquentées par 350 élèves environ, de tout âge et de toute condition, ce qui porte au chiffre de 670 la population des fillettes placées journellement sous la garde de la Miséricorde, dans la seule paroisse de la Madeleine.

Il y a 120 orphelines tombant entièrement à la charge de l'Œuvre, 60 pensionnaires et 50 demi-pensionnaires. Cette dernière catégorie, tout en étant soumise à la règle de la maison, suit un régime moins austère et a son quartier spécial.

La vie des religieuses de la Miséricorde est dure. Levées de bonne heure, couchées tard, elles sont sur pied toute la journée pour les soins à prodiguer, la surveillance à exercer et l'impulsion à donner à tous les services. Vivant de peu, elles se font les humbles servantes de leurs pupilles. Au réfectoire, leur place est confondue avec celle des orphelines ; au dortoir, il en est de même.

C'est là qu'on peut s'écrier en entrant : « Pas de priviléges ; égalité parfaite dans la vie commune ! »

La journée est divisée de façon à éviter l'ennui ; tout se fait avec ordre, simplicité et méthode : le travail est une distraction et ne devient jamais une fatigue. La douceur et les bons traitements s'allient à une discipline toute maternelle et on n'y rencontre que des cœurs compatissants et des dévouements poussés jusqu'à l'héroïsme du sacrifice.

La maison-mère de la Miséricorde rayonne sur tout le département par ses nombreuses succursales. Passons-les rapidement en revue, par ordre de date de leur fondation :

En 1819, c'est-à-dire presqu'au début de l'Œuvre, une école fut ouverte par ses soins sur la paroisse Saint-Vincent. Indépendamment du temps consacré à l'instruction, les sœurs étaient chargées de visiter les pauvres et d'assister les malades de ladite paroisse. Cette école fonctionne encore aujourd'hui en pleine prospérité et obtient de nombreux succès dans les divers concours et examens. Elle est restée communale, mais elle ne partage que les inconvénients et aucun des avantages attachés à ce titre.

En 1826, les sœurs de la Miséricorde furent appelées à exercer leur zèle dans la paroisse de Bacqueville. Elles y furent l'objet de la sympathie générale, mais leur établissement fut supprimé en 1855, par suite d'ingérence étrangère et contraire à l'esprit du règlement de la communauté.

En 1829, M. le baron de Bosmelet, ancien conseiller à la cour royale de Rouen, demanda, pour Auffay, trois sœurs de la Miséricorde, afin de pourvoir à l'éducation gratuite des enfants pauvres de cette commune et de soigner les malades indigents. M. le baron de Bosmelet les logea d'abord dans une maison lui appartenant; puis, en 1836, voulant assurer l'avenir de cette fondation, fit don à la Miséricorde de la propriété où les sœurs étaient installées. L'école est toujours communale et jouit de l'estime générale à Auffay.

En 1833, M. l'abbé Lesueur, curé de Saint-Patrice, fit appel aux sœurs de la Miséricorde pour créer une école en faveur des enfants pauvres de sa paroisse. Comme toujours, le service des malheureux à domicile fut ajouté au programme.

En 1837, la maison-mère de Rouen fut sollicitée de venir fonder une succursale au Havre.

M. l'abbé Bréard, curé de Saint-Michel, s'entremit à cet effet, mais on manquait de tout pour réaliser un pareil projet. Mlle Mainé, en religion sœur Saint-Alexandre, qui devait, ainsi qu'il est dit plus haut, succéder à la sœur Sainte-Chantal comme supérieure générale de la Miséricorde, résolut de se dévouer pour mener à bien la fondation du Havre. Après en avoir conféré avec son frère, alors vicaire de Saint-Vincent, elle se mit à l'œuvre. L'humble abbé n'avait pu disposer que d'une modique somme de 20 fr. pour l'aider dans sa téméraire entreprise. C'était bien peu, certes, pour commencer, mais la sœur Saint-Alexandre avait pleine confiance dans le secours d'en haut. Pendant les premières années, elle eut à lutter contre des difficultés de toutes sortes et surtout contre les rigueurs de la pauvreté. Les Havrais, au cœur généreux, ne devaient pas tarder cependant à s'enflammer pour une œuvre qui recueillait des orphelines. Mme Le Maistre, femme du maire, donna l'exemple : elle organisa une soirée de charité qui produisit 10,000 fr. Cette somme, qui arrivait fort à propos, permit d'entreprendre des travaux de constructions devenues très urgents en présence du développement rapide de l'Œuvre. Les dames de la ville, de leur côté, résolurent d'ouvrir une loterie en faveur des orphelines. Elles se partagèrent les différents quartiers de la ville et se chargèrent elles-mêmes de la distribution des billets.

Depuis, les dames havraises n'ont cessé de s'intéresser à l'institution, et, chaque année, la loterie qu'elles organisent obtient le plus grand succès.

Aussi, la maison du Havre a acquis une réelle importance. Elle est établie sur le modèle de la maison-mère; elle abrite plus de 120 orphelines et possède, en outre, un pensionnat et un externat payant. Les Sœurs s'occupent également de la visite des pauvres, mais elles n'ont pas cru devoir créer de classe gratuite sur la paroisse Saint-Michel, afin de ne pas nuire à celle qui y existait avant leur arrivée.

En 1838, M. l'abbé Picard, curé de Saint-Godard, et, plus tard, de la Primatiale, ami dévoué de la Miséricorde, demanda quatre Sœurs pour ouvrir une école, qui a pris aujourd'hui un développement inusité; elle comprend, en effet, un pensionnat, d'ordre secondaire, il est vrai, mais dont la bonne direction est très-appréciée par les familles.

En 1839, trois Sœurs furent envoyées à Saint-Honoré pour diriger l'établissement scolaire fondé par M. le vicomte d'Ambray, qui a affecté à cet usage un de ses immeubles, ainsi qu'une rente de 600 fr., à la condition que l'établissement recevrait gratuitement les enfants de la paroisse et des communes environnantes dépourvues d'école. Cette condition, est-il besoin de le constater, est rigoureusement observée.

En 1843, le vénérable curé de la Cathédrale, à Rouen, M. l'abbé Motte, chargea la communauté de la Miséricorde de la direction de toutes les écoles de sa paroisse. Pas plus là qu'ailleurs, aucun traitement ne fut stipulé pour les Sœurs. Toutefois, et suivant la règle adoptée, une classe payante fut ouverte à côté de la classe gratuite.

En 1852, les Sœurs furent appelées à Yvetot par M. l'abbé Bobée, curé de cette ville. Elles y ont fondé une institution qui comprend un ouvroir interne de trente-cinq jeunes filles pauvres et qui s'occupe activement des soins à donner aux malades.

En 1857, ce fut la paroisse Saint-Nicaise, à Rouen, qui eut, elle aussi, recours à la Miséricorde pour l'instruction des enfants pauvres. Comme partout, le succès a répondu aux efforts des religieuses. L'école de Saint-Nicaise est prospère et elle s'est annexée naguère une école maternelle.

En 1873, sur la demande de M. Mainé, curé de Saint-Romain, qui venait de doter le quartier Bihorel d'un orphelinat de jeunes filles, les Sœurs de la Miséricorde firent leur apparition dans cette localité et prirent la direction dudit orphelinat, auquel elles ajoutèrent, en 1885, une classe gratuite et une classe payante.

En 1876 fut installée l'école de la rue Potard, à Rouen, par les soins de M. Cosserat, dont le nom est associé à tant de bonnes œuvres, et de M. l'abbé Jeuffrin, archiprêtre de la Cathédrale. C'est encore aux Sœurs de la Miséricorde qu'en fut confiée la direction. La classe payante a été supprimée en 1880 et remplacée par un ouvroir.

En 1878, nouvelle création, au Havre, sous les auspices de M. l'abbé Roger, curé de Saint-Joseph, d'un établissement comprenant école gratuite et école payante. Trois cents enfants environ y reçoivent l'instruction donnée par les mêmes religieuses.

En 1887, Mme Darcel obtint de la communauté que des Sœurs seraient envoyées à la Fontaine, près de Duclair, pour seconder le zèle charitable de cette respectable châtelaine et s'occuper des pauvres de la contrée.

Pour clore cette longue liste de créations de groupes scolaires et d'œuvres d'assistance populaires relevant de l'apostolat de la Miséricorde, citons enfin les suivantes qui sont de dates plus récentes :

1º En 1892, ouverture d'une école maternelle à Saint-Godard, de classes primaire et maternelle au Sacré-Cœur, à Rouen, et d'un internat payant sur la paroisse de Sainte-Anne, au Havre;

2º En 1894, fondation d'une école maternelle sur la paroisse Saint-Vincent, de Rouen.

On peut juger, par cette énumération, de l'extension que l'œuvre de la Miséricorde a su acquérir dans un si court espace de temps, et de l'action considérable qu'elle doit exercer dans le domaine de la charité, au double point de vue de la bienfaisance sociale et de la moralité publique.

Chacune de ces annexes a son histoire et ses traits touchants. Placées sous la même autorité, obéissant à la même règle, elles fonctionnent séparément avec une parfaite unité. Un décret, daté du 13 décembre 1852, a supprimé les supérieures locales, qui auraient pu devenir une cause de division, et, depuis lors, toutes les fractions éparses se trouvent concentrées dans les mains d'une supérieure générale, qui fait sentir partout l'impulsion de son gouvernement.

Fondée sur le principe de la pauvreté, la Miséricorde sait se contenter de peu. Ses principales ressources sont fournies, chaque année, par une assemblée de charité, qui a lieu à la fin du Carême. Cette assemblée fut autorisée, en 1823, par Mgr de Bernis; elle se tient dans l'église de la Madeleine et revêt le caractère d'une véritable solennité. Les archevêques qui se sont succédé au siège de Rouen se sont toujours fait un devoir d'y assister. Le sermon, prêché généralement par un orateur chrétien distingué, est suivi de la bénédiction du Saint-Sacrement; puis le premier pasteur du diocèse se rend à la maison-mère de la Miséricorde, et, en présence d'un public nombreux et sympathique, proclame lui-même le résultat de la quête.

Parmi les principaux prédicateurs du sermon, on remarque Mgr du Chatellier, évêque d'Evreux, et Mgr de Bonnechose, d'illustre mémoire.

Telle est l'œuvre de la Miséricorde que la charité rouennaise peut revendiquer, à juste titre, comme sienne. Plus que jamais elle mérite qu'on s'intéresse à elle, car plus que jamais la mission sociale qu'elle remplit répond à une nécessité de premier ordre : soulager l'infortune, moraliser l'enfance pauvre ou abandonnée, arracher au vice et à la misère des milliers d'orphelines, qui deviendront, plus tard, autant de mères de famille vertueuses et dévouées, n'est-ce pas faire acte de dévouement patriotique et d'esprit de sacrifice poussé jusqu'à l'héroïsme ?

La Maison des Saints-Anges et l'Association des Jeunes Economes

Arracher de pauvres orphelines à tous les malheurs qui naissent de la misère, les former aux habitudes d'une vie chrétienne et laborieuse, leur ménager, pour l'âge des dangers, un patronage utile, tel est le triple but poursuivi par l'institution des Saints-Anges et l'Association des

Jeunes Économes. C'est là aussi une œuvre d'origine rouennaise qui mérite d'être signalée, car elle se rattache à un bien triste épisode de notre histoire locale.

C'était en 1832; une terrible épidémie de choléra sévissait dans notre ville et jetait la consternation parmi les habitants, surtout dans les quartiers populeux où le fléau frappait en aveugle, semant partout la ruine, le deuil et le désespoir. La paroisse Saint-Maclou était particulièrement éprouvée; la misère se faisant la pourvoyeuse de l'épidémie, les victimes étaient là plus nombreuses qu'ailleurs. A la vue de tant d'infortunes, un jeune vicaire, M. l'abbé Carpentier, se sentit le cœur brisé et résolut de se dévouer pour ces orphelins au visage hâve, aux yeux creusés par la faim, vêtus de loques et tendant leurs petites mains amaigries aux passants qui, le plus souvent, se détournaient, ne pouvant venir en aide à une si navrante détresse.

Le charitable abbé fit part de ses préoccupations à quelques pieuses personnes de la paroisse et sollicita leur concours en vue de fonder un orphelinat pour les malheureuses petites filles que le fléau avaient privées de leurs parents et laissées dans le plus complet dénûment. Il fut assez heureux pour rencontrer des cœurs battant à l'unisson du sien et tout prêts à seconder les efforts de sa généreuse initiative.

Allant au plus pressé, M. l'abbé Carpentier loua une petite maison située rue des Prés, actuellement rue Marin-le-Pigny, et y recueillit un certain nombre d'orphelines, choisies parmi les plus intéressantes. Il les plaça sous la garde d'une de ces saintes filles qui paraissent être nées pour le sacrifice et le dévouement, et qui deviennent, entre les mains de la Providence, de véritables héroïnes de charité. Dès qu'elle eût connaissance des projets de M. l'abbé Carpentier, Mlle Lacroix, issue d'une très-honorable famille de Saint-Maclou, prit la résolution de se consacrer à une œuvre qui répondait si bien à ses propres pensées. La direction du petit troupeau lui fut confiée et elle sut le conduire avec tant de sollicitude, d'activité et d'intelligence que l'orphelinat naissant prit bientôt de l'extension et se vit entouré de précieuses sympathies. On élabora un règlement et on procura aux orphelines des occupations utiles qui apportèrent quelques ressources à l'Œuvre. Mais leur nombre augmentant sans cesse, il fallut songer à un local plus spacieux. M. l'abbé Carpentier, après bien des recherches, finit par découvrir, rue des Canettes, un immeuble à peu près à sa convenance ; il en fit l'acquisition en 1834. Une partie de sa fortune personnelle fut consacrée à cet achat ; l'autre partie fut dépensée en agrandissements et en aménagements intérieurs qui convertirent ledit immeuble en vaste établissement. Ses ressources étant épuisées, il se fit quêteur et renonça au ministère paroissial pour s'adonner entièrement à sa fondation qu'il plaça, dès le début, sous la protection et le vocable des *Saints-Anges.*

En 1836, la maison comptait déjà cinquante orphelines. Plus tard, vers 1838, on ouvrit un externat pour les jeunes filles se destinant au commerce. Admises après avoir fait leur première communion, les petites apprenties étaient formées, moyennant une faible rétribution, à tous les travaux manuels, sous la direction de maîtresses expérimentées. Cet externat fut, de plus, transformé, en 1843, en ouvroir interne.

L'établissement des Saints-Anges pouvait donc être considéré désormais comme solidement constitué, et chaque jour s'augmentait le nombre des pauvres orphelines qui venaient lui demander asile et protection. N'écoutant que sa piété et la générosité de son grand cœur, M. l'abbé Carpentier ne savait jamais refuser la porte aux postulantes dont l'infortune était notoire. Aussi les dépenses prenaient des proportions exagérées, tandis que les recettes restaient à peu près stationnaires, malgré la plus stricte économie et un travail assidu. Dans ces conditions, le budget de l'orphelinat devait forcément, au bout de très-peu de temps, se trouver obéré d'un déficit assez considérable. La situation devenait même critique, lorsque la charité rouennaise, qui est toujours en éveil quand il s'agit de soutenir une œuvre utile au bien social, s'émut des difficultés matérielles contre lesquelles avait à lutter M. l'abbé Carpentier, après s'être dépouillé de tout ce qu'il possédait. Un groupe d'admirateurs de l'ancien vicaire de Saint-Maclou et de son institution, toute de charité et de dévouement, se cotisèrent pour lui venir en aide et parer aux besoins les plus pressants.

De son côté, le pieux fondateur de l'Orphelinat des Saints-Anges ne restait pas inactif. Les obstacles rencontrés sur sa route, loin de le rebuter, ne faisaient qu'aviver l'ardeur de son zèle. Il poursuivait sans relâche le développement et la prospérité de l'établissement qu'il avait créé, et, dans ce but, il s'efforçait sans cesse d'y rattacher des œuvres nouvelles. C'est ainsi qu'en 1840 il institua l'Œuvre des Retraites pour les femmes du monde. Mais cette institution appelait de nouveaux frais d'installation. On ne possédait pas, aux Saints-Anges, de chapelle assez grande pour une œuvre pareille, il fallait donc en construire une au plus tôt. M. l'abbé Carpentier se mit en campagne ; il recueillit quelques fonds, et, après avoir demandé et obtenu l'autorisation nécessaire, il posa la première pierre du nouvel édifice, le 21 juillet 1840, en présence de M. l'abbé Turgis, vicaire général. Les travaux furent activement poussés, et, le 31 mars 1842, la chapelle était bénite par S. E. le cardinal prince de Croy.

L'Œuvre des Retraites pour les femmes du monde était à peine établie que M. l'abbé Carpentier jetait les bases d'une nouvelle création qui devait, celle-là, assurer l'avenir de l'Orphelinat des Saints-Anges. Il s'agit de l'*Association des Jeunes Économes*. Le digne abbé en avait longuement médité le plan, et c'est plein de confiance qu'il l'avait soumis à l'approbation de l'autorité ecclésiastique. Le jour même de la bénédiction de la chapelle de l'établissement, Mgr de Croy donna à l'association la sanction archiépiscopale, et elle fut, dès lors, régulièrement constituée. L'important était maintenant de lui recruter des adhérents et de l'organiser; Mlle David, qui avait succédé à Mlle Lacroix dans la direction de l'Orphelinat, fut chargée de ce soin. Elle se présenta, avec une de ses fidèles et dévouées collaboratrices, Mlle Bizet, dans les meilleures familles de Rouen, afin de les intéresser à l'œuvre nouvelle. Mmes Théodore Le Picard, de Caze, Le Mire, de la Foy et un grand nombre d'autres dames, dont les noms figurent au Livre d'Or de la bienfaisance rouennaise, s'empressèrent de s'inscrire comme patronnesses. Quelques jours après, l'*Association des Jeunes Économes* comptait déjà un noyau important d'adhérentes.

Cette association n'a pas cessé depuis de donner

les meilleurs résultats : les membres se recrutent parmi les jeunes filles qui consentent à prélever, sur leurs économies, une cotisation annuelle pour subvenir aux frais d'entretien, de pension et d'éducation des malheureux petits êtres qui sont privés de leur mère et qui tombent à la charge de la charité publique. Cette cotisation est actuellement fixée à 25 fr. par an. Le produit, ajouté à celui qui est fourni par un sermon de charité et une loterie autorisée, permet d'élever de trente à quarante orphelines.

La direction de ladite association est confiée à un ecclésiastique désigné par Mgr l'archevêque de Rouen ; elle est administrée par un conseil qui se réunit fréquemment. Les associées, pendant la saison d'hiver, sont convoquées une fois par mois. La maison des Saints-Anges est le centre de ces réunions, et les protectrices peuvent être mises en rapport avec leurs protégées. Chaque année, dans la réunion générale du mois de janvier, il est donné lecture du rapport détaillé de la situation de l'Œuvre.

Le premier conseil élu, en 1842, était ainsi composé :

> Mlles Sidonie DE CAZE, *Présidente;*
> Elise LE PICARD, *Trésorière;*
> LE MIRE, *Secrétaire.*

La présidence, depuis Mlle Sidonie de Caze, a été successivement occupée par Mme Campmas, Mlle Béchu de Lohéac et enfin par Mlle de la Bunodière, actuellement en fonctions.

l'*Association des Jeunes Economes* qui avait rencontré auprès des dames patronnesses de la première heure un concours si utile et si empressé, qu'elles peuvent être considérées, à juste titre, comme ses véritables fondatrices, est restée depuis lors sous la protection des familles notables de Rouen.

L'année de 1844 fut marquée par un deuil bien cruel pour l'établissement des Saints-Anges. Son vénéré fondateur, M. l'abbé Carpentier, épuisé par un labeur opiniâtre et par l'activité dévorante de son esprit de sacrifice, rendait sa belle âme à Dieu, après une courte maladie qui s'était déclarée pendant une visite qu'il rendait à un de ses amis habitant Bonsecours et qui recueillit son dernier soupir. Ses obsèques donnèrent lieu à une touchante et imposante manifestation de regrets, tant ce bon père, comme l'appelaient ses pupilles, jouissait de l'estime publique.

Après sa mort, les œuvres qu'il avait fondées continuèrent à marcher dans la voie où il les avait dirigées, mais toutes les difficultés matérielles n'étaient pas aplanies. Les travaux de construction qui avaient été exécutés pour agrandir l'établissement de la rue des Canettes, n'étaient pas entièrement soldés. Cette situation commençait à préoccuper assez sérieusement les successeurs de M. l'abbé Carpentier, lorsque des secours, pour ainsi dire providentiels, se présentèrent, au moment opportun, pour dissiper toutes les inquiétudes et concilier tous les intérêts. Mlles Lejeune méritent surtout d'être signalées comme ayant le plus contribué à cette solution : elles sacrifièrent, en effet, la plus grande partie de leur fortune.

Jusqu'en 1865, la maison des Saints-Anges poursuivit son multiple apostolat sans incident et dans les meilleures conditions. Les orphelines, élevées dans l'amour du travail et formées à la pratique de toutes les vertus, donnaient pleine satisfaction à leurs maîtresses. Mais l'année 1865 vint apporter une nouvelle perturbation au milieu de ce paisible troupeau. L'établissement de la rue des Canettes qui avait coûté tant d'efforts à M. l'abbé Carpentier, fut exproprié pour le percement de la rue d'Amiens. On dut se mettre à la recherche d'une installation nouvelle. Par une coïncidence heureuse, l'ancien couvent des Franciscains, rue Saint-Hilaire, se trouvait libre au même moment et put être mis à la disposition des Saints-Anges. Nul autre établissement ne pouvait mieux convenir. Eloigné du centre de la ville, possédant des bâtiments confortables, entouré de vastes jardins où l'air circule librement, l'ancien couvent des Franciscains présentait toutes les commodités et tous les avantages pour le groupement des œuvres fondées par M. l'abbé Carpentier. La prise de possession se fit aussitôt et, depuis, les Saints-Anges s'y trouvent intallés dans les meilleures conditions. En 1870, par suite des difficultés que l'on éprouvait à tenir des réunions régulières pour les œuvres accessoires, on résolut de se borner à celle des orphelines, dont le nombre augmentait sans cesse. La situation est restée à peu près ce qu'elle était à cette époque. La maison des Saints-Anges n'est plus qu'un orphelinat où les malheureuses enfants qui y sont recueillies sont l'objet des soins les plus maternels, jusqu'à ce qu'elles aient atteint l'âge de leur majorité, c'est-à-dire vingt-un ans. Elles suivent des cours d'instruction primaire et religieuse et sont exercées à tous les travaux utiles et susceptibles de leur faire obtenir un emploi honorable quand elles quittent l'établissement.

A leur sortie, la maison leur fournit un trousseau complet, et il est rare qu'elles ne conservent pas un souvenir reconnaissant de leur séjour à l'orphelinat, quelle que soit la position qu'elles occupent dans le monde ; elles y reviennent même avec plaisir et se montrent heureuses de pouvoir s'entretenir avec leurs anciennes maîtresses et les petites camarades qui ont pris leur place dans cet asile de l'infortune, où elles ont puisé les bons sentiments qui honorent leur existence et qui les soutiennent dans les vicissitudes du labeur quotidien.

Actuellement, l'établissement des Saints-Anges compte soixante-dix orphelines, dont trente sont à la charge de l'Œuvre des *Jeunes Économes*. L'école d'apprentissage qui fut forcément abandonnée en 1870 a été reprise, il y a quatre ans, et fonctionne admirablement. Les jeunes apprenties sont au nombre de trente à quarante, internes ou externes, et suivent exactement le programme des cours d'apprentissage donnés dans les écoles professionnelles du gouvernement.

Il y a là, comme on le voit, un ensemble de bien, accompli au profit de la société, qu'on ne saurait trop faire ressortir.

Orphelinat de la Paroisse de Saint-Ouen

Comme la maison des Saints-Anges, l'orphelinat de la paroisse de Saint-Ouen comprend plusieurs œuvres réunies dans le même établissement et concourant toutes à la protection et à la moralisation de l'enfance.

L'origine de cette fondation charitable remonte à l'année 1852. M. l'abbé Beaucamp, chanoine honoraire et curé de Saint-Ouen, à cette époque, en fut l'inspirateur et l'organisateur; mais il rencontra dans la générosité d'une de ses pieuses paroissiennes, Mlle P. Lamperière, une précieuse auxiliaire.

Après avoir fait l'acquisition d'un local convenable, rue de la Cigogne, n° 4, on fit appel au concours des Sœurs de Saint-Vincent-de-Paul, et, sous leur vigilante direction, l'école ne tarda pas à être peuplée d'élèves et à jouir d'une grande réputation dans le quartier.

Ce ne fut qu'en 1853 que les fondateurs conçurent l'idée — inspirée par la misère qui régnait parmi la population ouvrière de cette partie la plus dense de la ville de Rouen — d'annexer à l'établissement scolaire un orphelinat de jeunes filles se trouvant sans parents ou moralement abandonnées. Ces petites déshéritées reçoivent jusqu'à l'âge de treize ans l'instruction primaire, puis on leur apprend un état, et, à leur majorité, la maison se charge de leur procurer une situation suivant leurs aptitudes.

Quelques années après, un ouvroir externe fut adjoint à l'institution. Cet ouvroir n'a cessé depuis de rendre les plus grands services à la population infantile du quartier. Pendant les vacances, les élèves des écoles primaires y sont admises le jeudi.

En 1860, ces diverses œuvres furent tranférées au n° 28 de la rue Bourg-l'Abbé, par suite de l'expropriation du local de la rue de la Cigogne. La nouvelle installation étant beaucoup plus convenable et mieux appropriée à de multiples destinations, on a pu successivement, à différentes dates et pour répondre à des besoins nouveaux, ajouter aux fondations existantes d'autres fondations non moins utiles et non moins intéressantes. Citons notamment l'ouverture, en 1888, d'une école enfantine et, en 1892, d'une école maternelle. Enfin, le 29 mars 1893, sur l'initiative de M. l'abbé Panel, curé de Saint-Ouen, il a été créé, dans un immeuble contigu, un orphelinat pour les petits garçons. Il y a actuellement, rue Bourg-l'Abbé, 88 orphelines et 30 orphelins, de quatre à onze ans, recueillis, élevés et formés, chaque jour, par le dévouement de la charité chrétienne, à la pratique des vertus qui font les bons et honnêtes citoyens.

Ce sont les Sœurs de Saint-Vincent-de-Paul qui ont la direction de toutes ces bonnes œuvres. Mais la mission de ces saintes et admirables filles ne se borne pas là; elles visitent également les pauvres de la paroisse de Saint-Ouen et leur distribuent des secours à domicile.

Il semble qu'un établissement aussi important devrait exiger un nombreux personnel : quelques Sœurs, sous les ordres d'une supérieure, active, vigilante et vénérée de tous, suffisent pour assurer la parfaite régularité des services et le fonctionnement complexe des écoles et des deux orphelinats. Par quel mystère de la charité parviennent-elles à pourvoir à tant de nécessités à la fois? Leur esprit d'ordre, d'économie, leur sublime amour de Dieu et des pauvres pourraient seuls nous le dire !

Orphelinat de la Paroisse Saint-Hilaire, rue Stanislas-Girardin

Comme pour la plupart des œuvres d'assistance ayant pour but la protection du jeune âge, on rencontre, à l'origine de l'Orphelinat de la rue Stanislas-Girardin, l'initiative du prêtre, secondée par le dévouement charitable d'une de ces pieuses femmes qui n'hésitent pas à se transformer en mères de famille auprès des petites créatures privées de leurs tuteurs naturels et que le malheur met à la charge de la pitié publique.

C'était en 1836; un jeune vicaire de Saint-Hilaire, M. l'abbé Grouet, issu d'une famille bien connue à Rouen, fut prévenu que deux petites filles avaient été abandonnées dans une vieille charrette, route de Darnétal. N'obéissant qu'à l'inspiration de son bon cœur, le digne abbé, que le sort de ces malheureuses créatures avait profondément ému, crut devoir les recueillir. Mais, après avoir accompli sa généreuse action, il se trouva dans le plus grand embarras. Qu'allait-il faire de ces deux chétives pupilles? A qui les confier pour en prendre soin? Heureusement, sa perplexité fut de courte durée. Une de ses zélées paroissiennes, Mlle Bisson, vint bientôt se proposer comme gardienne et tutrice des deux orphelines. M. l'abbé Grouet accéda bien volontiers au désir de la solliciteuse et lui remit son précieux fardeau. C'était pour lui un encouragement à commettre de nouvelles adoptions de ce genre. Les occasions ne manquaient pas, hélas! et quelques mois plus tard, l'excellent prêtre recueillait deux autres petites malheureuses dont la mère venait d'être conduite en prison pour vol, puis encore une cinquième à quelques jours de distance. De telle sorte qu'au bout de trois ou quatre ans, M. l'abbé Grouet, dans l'exercice de son ministère paroissial, avait été appelé, par des circonstances diverses, à se charger du sort de neuf orphelines. Mlle Bisson, qui s'était constituée leur providence, commençait à trouver lourde une mission qui prenait ainsi, chaque jour, un développement imprévu. Ce n'est pas que son dévouement fût inférieur à sa tâche, mais elle craignait que les forces venant à lui manquer, ses chères pupilles ne se trouvassent, à un moment donné, privées des soins que réclamait leur état physique et moral. Sur ces entrefaites, en 1840, M. l'abbé Grouet était nommé curé de Saint-Sever.

Ce changement de situation devait être favorable à son œuvre qu'il dut transporter dans sa nouvelle paroisse.

A peine installé à la cure de Saint-Sever, M. l'abbé Grouet pressentit que la fondation d'un vaste établissement s'imposait pour répondre aux nombreuses infortunes du troupeau qui venait d'être confié à sa sollicitude pastorale. Avec l'approbation de Mgr Blanquart de Bailleul, il sollicita de la communauté des sœurs Saint-Vincent-de-Paul son bienveillant concours pour la transformation de cette entreprise charitable. La communauté accéda avec empressement à sa demande et lui envoya deux sœurs pour prendre la direction de l'œuvre qui comptait alors douze orphelines. Mlle Bisson leur fit la remise du petit troupeau sur lequel, pendant quatre ans, elle avait veillé avec la tendresse d'une mère et l'ardeur d'une charité qui faisait l'admiration de tous. On s'installa provisoirement dans un local de dimensions assez restreintes, situé rue d'Elbeuf, 63.

On peut dire que Dieu avait béni l'Œuvre dès son berceau, car les cinq premières orphelines recueillies se consacrèrent à la vie religieuse dès qu'elles eurent atteint leur majorité, et plusieurs de leurs camarades d'infortunes devinrent de précieuses auxiliaires de la maison à laquelle elles restèrent attachées durant de longues années

En 1849, il fallut chercher une autre installation, celle de la rue d'Elbeuf étant devenue tout à fait insuffisante pour abriter les trente orphelines que comptait déjà l'institution. On trouva à s'établir plus commodément rue des Emmurées, 3, et ce fut à peu près vers l'époque de ce déménagement que M. l'abbé Grouet, à propos d'un modeste legs de 500 fr. qu'un homme de bien avait fait à l'Œuvre en mourant, fut amené à solliciter, pour sa fondation, la reconnaissance comme établissement d'utilité publique.

Un décret rendu en 1852 lui donna pleine satisfaction sur ce point. Mais les développements successifs de l'orphelinat créaient à son infatigable fondateur un surcroît d'occupations qui excédait non son ardente charité et son désintéressement, mais les forces de sa complexion délicate. La paroisse de Saint-Sever, qui est si populeuse et si importante, réclamait, elle aussi, toute la vigilance de son ministre et toute l'activité de son âme d'apôtre. M. l'abbé Grouet ne reculait devant aucun devoir et se multipliait pour le bien de sa paroisse et de ses paroissiens. Il ne savait pas se reposer tant qu'il y avait un service à rendre, une misère à soulager. S'apercevant que la santé de cet excellent prêtre déclinait à vue d'œil et prévoyant qu'en se dépensant ainsi il finirait par succomber à la tâche, l'archevêché résolut d'alléger son fardeau en le changeant de paroisse. Il fut donc nommé curé de Sainte-Madeleine où l'exercice du saint ministère est moins pénible.

M. l'abbé Grouet dut obéir, mais il quitta Saint-Sever avec la préoccupation de ne pas se séparer de son œuvre et de la transférer dans sa nouvelle paroisse. Malheureusement, il eut à lutter, dans la réalisation de son projet, contre des difficultés qu'il n'avait pas prévues.

Ces difficultés ne devaient être aplanies que plus tard et, en attendant, le nouveau curé de Sainte-Madeleine continua à considérer ses chères pupilles comme faisant partie de son domaine paroissial et ne cessa de présider au bon fonctionnement de l'orphelinat. On le voyait chaque jour, dès cinq heures et demie du matin, franchir la distance qui sépare la Madeleine de Saint-Sever pour apporter à sa nombreuse famille adoptive ses consolations et les trésors de sa miséricordieuse sollicitude. Lui seul, en effet, pourvoyait aux charges de l'établissement, n'ayant jamais voulu se faire solliciteur de la charité privée, par excès de discrétion.

Enfin, le 30 octobre 1857, il obtint l'autorisation de transférer son œuvre au milieu de ses paroissiens de la Madeleine. Elle fut installée rue Stanislas-Girardin, dans l'immeuble qu'elle occupe encore aujourd'hui et dont l'acquisition avait été faite, au nom de la communauté, deux ans auparavant.

Cette installation définitive procura une grande joie à M. l'abbé Grouet; elle lui apportait, en même temps, un grand soulagement dans les fatigues de son ministère. Mais, hélas! ce devait être là le couronnement d'une carrière si généreuse entre toutes et d'une existence si profondément désintéressée. Ses forces, épuisées par un labeur excessif, le clouèrent bientôt sur un lit de douleur, et le 3 décembre 1859, ce vaillant prêtre rendait sa belle âme à Dieu, laissant aux dignes religieuses de Saint-Vincent-de-Paul le soin d'assurer, seules désormais, l'avenir de l'œuvre qu'il avait fondée.

La charge était lourde, car la maison comptait alors quarante-cinq orphelines, mais on sait que les héroïques filles de la charité sont habituées à se mouvoir librement au milieu des difficultés qui souvent paraissent insurmontables. Malgré l'absence des ressources que M. l'abbé Grouet avait eu l'intention de leur destiner, en mourant, ces saintes filles ont continué leur pénible apostolat et ont pourvu jusqu'ici à tous les besoins de l'institution.

Depuis quarante et un ans, l'orphelinat de la rue Stanislas-Girardin, sous la direction d'une dizaine de religieuses qui ont conservé l'esprit et la tradition du regretté fondateur, n'a cessé de se développer quoique subsistant au jour le jour, sans lendemain assuré. Une loterie annuelle et quelques dons généreux, recueillis par ci par là constituent, avec le chétif produit du travail des orphelines, tous les moyens d'existence de cette œuvre recommandable entre toutes. Depuis sa fondation, plus de trois cents petites malheureuses guettées par le vice et la honte ont trouvé là des soins maternels les plus dévoués, les bienfaits d'une bonne éducation et l'apprentissage d'une vie honnête et laborieuse. En est-il de plus digne de la charité ?

Orphelinat de Saint-Etienne-du-Rouvray

A peu de distance de Rouen, dans un gros village adossé à la forêt de Rouvray, on remarque une construction qui se distingue des autres maisons d'habitation par ses proportions plus développées, par son aspect plus sévère et par sa situation un peu isolée. Les grands murs qui l'enclosent et le silence qui y règne, font tout de suite reconnaître sa destination d'établissement de bienfaisance. Il s'agit, en effet, d'un orphelinat qui est établi là depuis 1860 et qui abrite en permanence plus de cinquante jeunes filles arrachées à la misère et à l'abandon.

En 1854, l'aumônier de l'Hospice-Général de Rouen, M. l'abbé Lequesne, frappé, dans l'exercice de son ministère, de la trop grande mortalité qui sévissait sur les chétives petites créatures déposées dans le tour de l'hospice, résolut d'ouvrir à Saint-Victor-l'Abbaye, sur la route de Dieppe, une maison où ces pauvres enfants seraient confiés exclusivement à des religieuses qui leur tiendraient lieu de mères et s'efforceraient, par des soins assidus, de remédier à leurs infirmités natives.

L'administration des Hospices, reconnaissant les inconvénients du régime hospitalier pour de si frêles existences, soit qu'on conservât les enfants trouvés dans l'intérieur de l'hôpital, soit qu'on les envoyât à la campagne où ils étaient livrés à des mains étrangères et mercenaires, se montra très-favorable à l'initiative du vénérable aumônier. De son côté, l'administration départementale crut devoir encourager et soutenir une aussi louable institution. Du reste, les résultats ne tardèrent pas à confirmer toutes les prévisions. La mortalité de l'enfance abandonnée, à Rouen, diminua bientôt dans d'assez notables proportions, ainsi que le constatent les statistiques de l'époque.

Cette organisation fut maintenue jusqu'en 1860, c'est-à-dire jusqu'au moment où, sous le ministère de Persigny, des prescriptions générales vinrent apporter une entrave à l'exercice de la charité catholique en France. En présence des difficultés que ces prescriptions firent surgir autour de l'œuvre de M. l'abbé Lequesne, celui-ci ne se rebuta pas. Il transforma son établissement de Saint-Victor-l'Abbaye. L'administration refusant de lui confier, désormais, les enfants trouvés dans le tour des hospices, il se retourna vers d'autres infortunes non moins dignes d'intérêt.

Le voix de la misère trouve toujours de l'écho dans les cœurs généreux, et quelle misère comparable à celle de ces petites orphelines que la mort du père et de la mère a laissées sans soutien, sans gîte et sans pain ! Elles sont nombreuses, hélas ! parmi nos populations industrielles, ces lamentables victimes de la destinée humaine.

M. l'abbé Lequesne changea donc la destination de son œuvre ; il en fit un orphelinat qu'il transféra à proximité de Rouen, à Saint-Etienne-du-Rouvray. Après s'être concerté avec M. l'abbé Forbras, curé de Saint-Vivien, cet autre apôtre de la bienfaisance dont le nom reviendra souvent sous notre plume, il confia la direction du nouvel établissement aux sœurs de Saint-Vincent-de-Paul, si justement appelées : les Filles de la Charité. Depuis lors, l'orphelinat fonctionne dans les conditions les plus favorables, au point de vue de la bonne organisation et des soins maternels que les malheureuses petites recueillies y reçoivent. Il a conservé ce cachet de maison de famille qui convient si bien à sa mission. Combien de jeunes filles ont fait là leur apprentissage d'une vie honnête, y ont reçu une instruction première qui leur a permis de se frayer un passage à travers les difficultés de l'avenir, et y ont été formées aux travaux usuels qui ont facilité leur tâche en entrant dans le monde !

Indépendamment des orphelines proprement dites, la maison reçoit, dans un local annexé, quelques pensionnaires infirmes ou âgées qui sont à l'égard de ces dernières ce qu'auraient été au centre de leur famille naturelle leurs vieilles grand'mères. Le programme d'éducation suivi par la direction de l'orphelinat de Saint-Etienne-du-Rouvray est donc absolument familial et pratique.

Si l'on recherche maintenant quels sont les ressources de l'établissement et par quels moyens il peut subvenir aux besoins de ses nombreux hôtes, il devient difficile de s'éclairer, car c'est là le secret de l'action de la Providence. Une loterie annuelle et un sermon de charité : voilà à peu près ses ressources budgétaires.

En principe, les orphelines recueillies et présentées par des tuteurs ou des bienfaiteurs devraient fournir une modeste rétribution annuelle de 200 fr., mais il y a beaucoup d'exceptions à la règle ; le plus souvent, les bienfaiteurs manquent ou disparaissent après la première année d'admission. L'œuvre de M. l'abbé Lequesne n'en continue pas moins à subsister et à faire le bien. Avant de mourir, le vénéré fondateur a voulu la placer sous la grande surveillance d'honorables représentants de son inspiration ; il a compté surtout, pour en assurer l'avenir, sur le dévouement des sœurs de Saint-Vincent-de-Paul qui sont restées les instruments fidèles de ses intentions. Pour ces dignes femmes tout est labeur et privations, et elles s'ingénient pour que rien ne manque à leurs chères pupilles. Mais, hélas! les bienfaiteurs primitifs de cette belle œuvre s'en vont et ils ne sont pas toujours remplacés ! La charité rouennaise a, de ce côté, croyons-nous, un devoir à accomplir.

Orphelinat de Boisguillaume

A la suite des désastres de la guerre de 1870, le nombre des petits orphelins des deux sexes s'était considérablement accru à Rouen, comme partout ailleurs, hélas! La charité dut redoubler de zèle et d'efforts pour venir en aide à ces malheureuses victimes du plus terrible des fléaux. La population de Boisguillaume avait été particulièrement éprouvée, et la misère avait succédé aux ravages de l'invasion allemande. Un homme de cœur et d'esprit éclairé, M. Boulen, profondément touché de l'état d'abandon dans lequel se trouvaient une quantité d'enfants qu'il voyait rôder en guenilles, le visage défait, respirant la souffrance et implorant la pitié des passants, pensa qu'il y avait mieux à faire, pour les soulager, que de laisser tomber dans leurs mains amaigries une faible aumône. Il communiqua ses projets à M. Le Bret, curé de Boisguillaume, qui s'empressa de les accueillir et de les encourager ; il fit plus, il offrit tout son concours pour les faire réussir. M. Boulen se mit aussitôt à l'œuvre. Il disposa un local situé sur sa propriété pour donner asile à ces malheureux orphelins et fit appel au concours des Sœurs de Saint-Vincent-de-Paul, qui prirent la direction de la maison.

La première année, en 1872, une vingtaine d'enfants furent reçus dans cet orphelinat naissant. Mais bientôt il fallut agrandir l'établissement, construire un nouveau local pour les orphelines, qui se présentaient nombreuses, et donner de plus vastes dimensions à celui qui était occupé par les orphelins.

Aujourd'hui, l'Orphelinat de Boisguillaume peut recevoir 40 garçons et 50 filles.

Voici les conditions d'admission pour les deux sexes :

Garçons.

1° Etre orphelin de père ou de mère ;
2° N'avoir pas moins de cinq ans ni plus de dix ;
3° Verser 50 fr. d'entrée ;
4° Payer une pension annuelle de 360 fr., tous frais compris.

Les enfants ont six heures de classe par jour, une heure d'étude et deux heures de récréation. Ils sortent en promenade les dimanches et jeudis.

Les garçons restent dans l'Orphelinat jusqu'à treize ans ; à cet âge, on s'occupe de les placer suivant leurs capacités ; pendant leur apprentissage, ils sont patronnés par l'établissement.

Filles.

1° Etre orpheline de père ou de mère ;
2° N'avoir pas moins de cinq ans ;
3° Verser une pension annuelle de 250 fr. jusqu'à quinze ans, si elles doivent rester jusqu'à vingt-un ans. Dans le cas où les parents ne prennent pas l'engagement de les laisser jusqu'à cet âge, la pension est de 360 fr.

Les filles ont six heures de classe par jour, une heure d'étude et une heure de récréation ; le reste du temps est employé à la couture. Après quatorze ans, elle n'ont qu'une heure de classe par jour, et apprennent à travailler pendant le reste de la journée.

Quand elles ont vingt-un ans, la maison leur donne un trousseau et s'occupe de les placer en continuant de les patronner.

Orphelinat de Notre-Dame-de-Lourdes, à Bihorel

Comme le précédent, l'Orphelinat de Notre-Dame-de-Lourdes est situé aux portes de Rouen, sur le territoire de la commune de Bihorel. Ses débuts ne pouvaient être plus modestes. Deux pauvres ouvrières couturières, Mlles Courbe et Ouin, habitant la paroisse Saint-Nicaise, et n'ayant pour vivre que leurs travaux d'aiguille, furent prises de compassion à la vue de tant de petits êtres qu'elles rencontraient, chaque jour, en se rendant à leur ouvrage, vagabondant dans les rues, presque nus, et paraissant souffrir de la faim. Une pensée charitable traversa leur esprit; mais comment la réaliser? Ayant à peine de quoi suffire à leurs propres besoins, pouvaient-elles songer à assister la misère d'autrui, si pressante fût-elle? Quand il s'agit de charité, la voix du cœur finit par dominer toutes les préoccupations de l'esprit chez les âmes bien nées. Nos deux couturières ne tardèrent pas à en faire l'expérience. Leur inspiration de bienfaisance fut plus forte que les appréhensions de leur témérité, et, sans savoir par quels moyens elles pourraient supporter les nouvelles charges que leur bonne action allait leur imposer, elles recueillirent deux petits orphelins, en 1883. La Providence favorisa leur généreuse entreprise, et bientôt d'autres petits malheureux vinrent rejoindre les deux premiers. Un an après, le 19 mars 1884, la petite famille s'était accrue dans de telles proportions qu'on dût se mettre à la recherche d'un logement plus spacieux.

Une maison, peu luxueuse, sans doute, mais entourée d'un jardin, fut prise en location, rue des Sapins. Ce ne devait être encore là qu'une installation provisoire; car, deux ans après, on s'y trouva absolument à l'étroit, le nombre des orphelins recueillis augmentant sans cesse. Mlles Courbe et Ouin résolurent alors de s'éloigner du périmètre urbain et de fouiller les environs de Rouen, afin de découvrir une habitation où, sans payer trop cher, leurs chers protégés pourraient se mouvoir à l'aise.

A Boisguillaume, près de l'église, un terrain bâti, d'une certaine étendue, se trouvait à louer; il convenait parfaitement à la fondation d'un orphelinat. Espace, bon air, bâtiment très-logeable, on ne pouvait mieux désirer. Le prix seul paraissait inabordable. Tout s'arrangea, cependant; le propriétaire était un excellent homme, et, comme il s'agissait d'une bonne œuvre, il fit des concessions. Quelques jours plus tard, les bonnes mères conduisaient leur nombreuse petite famille adoptive à Boisguillaume et prenaient possession de leur nouvelle résidence. C'est dans cet enclos, abrité par l'église du village, que l'orphelinat naquit réellement et se forma. En souvenir du pèlerinage, fait à Lourdes par Mlle Courbe, et en reconnaissance d'une guérison qu'elle a obtenue à la grotte miraculeuse, il reçut, à son baptême le nom d'Orphelinat de Notre-Dame-de-Lourdes. La réputation charitable des deux modestes fondatrices leur attira de nombreuses sympathies et d'utiles concours. Plusieurs jeunes filles pieuses, notamment, demandèrent à partager leur vie d'abnégation et de sacrifice en faveur de l'enfance abandonnée. Elles mirent en commun leurs efforts et se soumirent à un règlement. L'Œuvre était donc fondée, mais il restait à en assurer l'avenir.

En 1892, quoique ne possédant aucunes ressources, Mlles Courbe et Ouin n'hésitèrent pas à faire l'acquisition d'une propriété située rue Herbeuse, n° 40, à Bihorel. Cette propriété réunissait toutes les conditions désirables pour l'installation définitive de l'orphelinat : bâtiments vastes et commodes, cours de récréation bien exposées, emplacement bien choisi avec jardins en plein rapport, etc. L'achat fut consenti au prix de 40,000 fr., payables par annuités. L'institution fut aussitôt transférée de Boisguillaume à Bihorel. Elle était désormais chez elle ; mais l'avenir était grevé d'une nouvelle et lourde charge. Tout autre acquéreur de ladite propriété, n'ayant,

ORPHELINAT DE N.-D.-DE-LOURDES 225

comme Mlles Courbe et Ouin, que des espérances pour se libérer vis-à-vis du vendeur, se serait effrayé des obligations contractées. Comptant plus sur le concours de la Providence que sur leurs propres forces, les deux courageuses fondatrices de l'établissement ne perdirent pas un seul instant leur sérénité et leur confiance. « Dieu, qui nous a soutenues jusqu'ici, se disaient-elles, ne nous abandonnera pas au moment de toucher au port; il pourvoiera à nos besoins. » Et, en effet, elles n'ont pas été abandonnées jusqu'ici; les dons et les offrandes recueillies leur ont permis de s'acquitter, à cette heure, d'une bonne partie de leur dette. Il reste encore 26,000 fr. à payer, mais Mlles Courbe et Ouin ne doutent pas que la générosité des bienfaiteurs de leur belle œuvre continuera, comme par le passé, à leur venir en aide et qu'elles pourront faire face à tous leurs engagements.

L'orphelinat de Notre-Dame-de-Lourdes supporte actuellement la charge de soixante orphelins recueillis, quelques-uns au berceau et le plus grand nombre à partir de l'âge de deux ans. Dix vaillantes chrétiennes vivant en communauté leur prodiguent, jour et nuit, les soins les plus affectueux et les plus dévoués. Ils reçoivent, en outre, jusqu'à l'âge de quatorze ans, une éducation soignée et une bonne instruction primaire. Depuis deux ans, une institutrice possédant son brevet supérieur est attachée à l'établissement. Chaque dimanche et chaque jour de fête, on voit ces intéressants petits orphelins, très-proprement habillés et sous la conduite de leurs chères mères adoptives, se rendre en bon ordre à la messe et aux offices de Notre-Dame-des-Anges où ils sont l'objet de l'édification des fidèles par leur excellente tenue. C'est dans cette même église qu'ils font leur première communion, qui peut être considérée comme le terme de leur éducation à l'orphelinat.

En effet, dès qu'ils ont atteint l'âge de quatorze ans, ils sont obligés de céder la place à de plus jeunes camarades d'infortunes; mais on ne les abandonne pas à leur sortie de la maison. Ils sont placés soit comme employés, soit comme apprentis ou domestiques de ferme. Plusieurs d'entre eux sont entrés, l'année dernière, au petit séminaire et se font remarquer par leur assiduité au travail et leur vocation religieuse.

Quand on pense que l'orphelinat de Notre-Dame-de-Lourdes n'a d'autres ressources que celles qui lui sont fournies par la charité privée et que les orphelins y sont admis à titre absolument gratuit, on ne sait ce qu'il faut le plus admirer ou du mérite inappréciable des directrices de l'œuvre ou de l'élan généreux des bienfaiteurs, parmi lesquels nous distinguons

M. L'abbé Regnault, l'ancien archiprêtre de la Cathédrale de Rouen.

Voilà, certes, une institution qu'il est du devoir de tous de soutenir et d'encourager !

Œuvre des Jeunes Apprenties de Notre-Dame-de-Bonsecours

La fondation de cette œuvre a beaucoup d'analogie avec celle de Notre-Dame-de-Lourdes que nous venons de faire connaître. C'est encore, en effet, une humble fille du peuple, une ouvrière, qui a créé, il y a quelque vingt ans, l'orphelinat des jeunes apprentis de Notre-Dame-de-Bonsecours. C'est elle qui en a toujours la direction et c'est à son intelligente et généreuse activité que cette œuvre en est arrivée aujourd'hui à abriter sous son aile tutélaire plus de quarante petites filles délaissées.

C'était au lendemain de la guerre de 1870 ; une pieuse journalière, n'ayant pour tous moyens d'existence que le modique salaire de son pénible labeur, mais sentant battre en elle un noble cœur, résolut de se dévouer pour les petits orphelins dont le malheureux sort l'avait, plus d'une fois, émue jusqu'aux larmes. Elle habitait une misérable chambre dans le quartier Saint-

Godard, mais en se gênant un peu, elle pensa qu'elle pourrait donner asile à deux petites filles, réduites à une misère noire. Elle leur fit signe, les recueillit et les traita comme une mère traite ses enfants. Ayant vécu jusque-là, dans le plus complet abandon, ces malheureuses ignoraient jusqu'au nom de Dieu. Mlle Caudron, car c'est de cette courageuse femme qu'il s'agit, s'occupa de les dégrossir et de leur apprendre les premières notions du catéchisme; plus tard, elle les prépara à la première communion et continua à s'occuper de leur avenir.

Mais, il est rare que les âmes vraiment charitables s'arrêtent à la première étape dans la voie de la bienfaisance, Mlle Caudron adopta bientôt d'autres pupilles et se fit quêteuse pour subvenir à leur nourriture et à leur entretien. N'est-ce pas chez les petits et les humbles qu'on rencontre souvent les plus généreuses initiatives et les plus beaux dévouements ?

Petit à petit, grâce à l'activité de son infatigable fondatrice, l'œuvre grandit et se transforma en orphelinat pour les jeunes apprenties sous le vocable de Notre-Dame-de-Bonsecours.

Aujourd'hui, confortablement installée au n° 32 de la rue Chasse-Marée, cette institution charitable abrite plus de quarante petites orphelines. Sous la direction de Mlle Caudron qui leur tient lieu de mère et de quelques surveillantes, orphelines elles aussi, mais restées fidèlement attachées à la maison qui les a élevées, ces malheureuses apprenties sont exercées à tous les travaux usuels, principalement aux ouvrages de couture, afin d'être mises à même, plus tard, de gagner honnêtement leur vie.

Pour se soutenir et faire face aux charges fort onéreuses qui lui incombent, cette œuvre ne dispose d'autres ressources que de celles provenant des quêtes à domicile et du produit des souscriptions.

Nous souhaitons que les unes et les autres soient de plus en plus abondantes.

CHAPITRE IV

SECOURS AUX INDIGENTS

Société de Saint-Vincent-de-Paul (hommes). — Société de Saint-Vincent-de-Paul (dames). — Œuvre des Fourneaux. — Société de Charité des Paroisses.

Société de Saint-Vincent-de-Paul

(HOMMES)

L'origine des Conférences ou Sociétés de Saint-Vincent-de-Paul est trop connue pour que nous nous attardions à en tracer l'historique. Il nous suffira d'un simple aperçu :

Au lendemain de l'avènement de la monarchie de Juillet, quelques étudiants, à la foi ardente et au cœur généreux, résolurent d'unir leur efforts en vue de réagir contre le courant de scepticisme religieux qui avait précédé et suivi la Révolution de 1830. A la tête de ce petit groupe de jeunes gens dont les travaux scientifiques et littéraires étaient empreints de nobles aspirations, se faisait remarquer le fils d'un médecin de

Lyon, M. Ozanam. Un jour qu'il sortait d'une conférence littéraire où la bataille des idées avait été chaude, tout en restant courtoise selon l'habitude, Ozanam profita de l'enthousiasme manifesté par les amis qui l'entouraient pour leur suggérer un projet qu'il caressait depuis quelque temps et qui lui paraissait plus efficace que les plus brillantes controverses oratoires.

Il leur proposa de se réunir régulièrement et de se donner pour mission de visiter les pauvres de la capitale, de venir en aide à leurs souffrances et de relever leur courage en leur faisant apprécier les consolations et les bienfaits de la religion. Ce rapprochement du riche et du pauvre devait, suivant lui, faire tomber bien des préventions, dissiper bien des haines et prémunir la jeune génération, par l'exercice de la charité, contre les séductions de la vie mondaine.

L'entreprise était hardie, surtout à une époque où la jeunesse, livrée à tous les entraînements, était plus portée vers le plaisir que vers le dévouement et le sacrifice.

Le groupe Ozanam s'organisa, et, se plaçant sous le patronage de Saint-Vincent-de-Paul, l'apôtre par excellence de la charité, il commença résolument son apostolat auprès des malheureux.

L'élan était donné, d'autres étudiants furent entraînés dans le mouvement et bientôt le « petit bataillon des sept, » comme l'appelait le R. P. Lacordaire, devint une nombreuse phalange d'avant-garde qui, de Paris, étendit son souffle généreux sur la France entière.

En 1840, un des compagnons d'Ozanam, Auguste Letaillandier, ancien élève du collège de Juilly, vint se fixer à Rouen, à la suite de son mariage avec Mlle Baudry, issue d'une des plus respectables familles de la bourgeoisie rouennaise. A peine installé dans notre ville, il s'occupa de grouper autour de lui toute une pléiade de jeunes gens qu'il constitua en association, calquée sur l'organisation de la Conférence de Saint-Vincent-de-Paul, à laquelle il avait pris, à Paris, une part si active.

Plusieurs des premiers associés sont encore de ce monde, beaucoup d'autres sont décédés. Citons parmi ces derniers : MM. Louis Baudry, beau-frère de M. Letaillandier ; Adolphe Archier ; Guillaume Chevalier ; Gustave Delaistre ; Barthélemy, père de l'architecte diocésain ; Figeac, etc.

La première conférence se réunit, à Rouen, en 1841, dans le presbytère de Saint-Godard, sous la présidence du vénéré curé de la paroisse, M. l'abbé Picard, qui fut plus tard nommé curé de la Cathédrale.

Le souvenir du zèle déployé par les jeunes associés à cette époque, est resté d'autant plus vivant au sein de la Société de Saint-Vincent-de-Paul de Rouen, qu'elle compte encore aujourd'hui plus d'un des membres de la première heure. Leur modestie, qui égale leur dévouement charitable, ne nous pardonnerait pas de citer ici leurs noms, encore moins de retracer le bien accompli par leur infatigable aspostolat.

Très-fidèles à l'observance du règlement édicté à Paris, tant en ce qui concernait la visite des pauvres à domicile, que les autres pieux devoirs qui devaient les soutenir dans l'exercice de leur noble mission, les disciples de M. Letaillandier trouvaient surtout un grand charme dans les réunions hebdomadaires qui étaient tenues, le soir, dans l'intervalle laissé libre par les occupations professionnelles.

Ce contact permanent, cette unité de vues et de sentiments créèrent bien vite entre eux et même avec les pauvres qu'ils recherchaient, visitaient et assistaient, une fraternité toute chrétienne. « Nous nous aimons les uns les autres, écrivait l'un d'eux ; nous nous aimons *maintenant* et *toujours*, de *près et de loin*, d'une Conférence à une autre, d'un pays à un autre ! »

« Indépendamment du bonheur que j'éprouve dans les démarches vers ceux qui souffrent et que nous accueillons si bien, j'apprécie, proclamait un autre, ces relations d'hommes obéissant aux mêmes inspirations et appartenant à toutes les positions sociales, qui se rapprochent *pour amoindrir le mal et faire le bien !* »

La Conférence de Saint-Godard étant devenue trop nombreuse, un groupe d'associés s'en détacha pour fonder une seconde Conférence sur la paroisse de la Cathédrale, où il devait retrouver M. l'abbé Picard. Là encore, les membres nouveaux affluèrent et le conseil central, toujours désireux d'étendre le cercle d'action de la Société, en profita pour inviter M. Frédéric Baudry et quelques autres de ses camarades à se séparer de leurs confrères, afin d'organiser une troisième Conférence à Saint-Sever. M. Frédéric Baudry en prit la présidence, mais il se démit bientôt de ses fonctions en faveur de M. le comte Carbounat de Sedières, chef du service des chemins de fer de la Compagnie de l'Ouest. M. de Sedières apporta des qualités exceptionnelles dans l'exercice de sa mission. Sa sollicitude pour les pauvres et son désintéressement sont restés exemplaires. Jusqu'à l'âge de soixante-dix-huit ans, cet apôtre de la charité ne cessa d'être le membre le plus actif de la Conférence de Saint-Sever. A l'occasion de ses noces d'or, il fut l'objet d'une manifestation des plus touchantes. Elles furent célébrées, il y a quelques années, à l'église Saint-Sever.

Mgr Thomas, archevêque de Rouen, voulant donner au héros de la fête un témoignage tout particulier de sa reconnaissance et de ses hautes sympathies, présida en personne la cérémonie en présence d'un nombreux public. Les confrères, les amis et les subordonnés de M. Carbonnat de Sedières s'y trouvaient confondus dans la foule de ceux qu'il avait, depuis quarante ans, assistés de sa bourse et réconfortés de sa chaude parole chrétienne, et qui, dans cette circonstance, se trouvaient heureux de lui fournir un cortège d'honneur.

Enfin, une quatrième Conférence fut inaugurée, dans les mêmes conditions, sur la paroisse de la Madeleine. M. Danois, commissaire de l'Inscription maritime, fut appelé à la présider, et il déploya dans cette tâche toute l'ardeur de son dévouement.

En 1851, M. Louis Baudry, avec le concours de quelques amis, fit l'acquisition d'un immeuble situé rue Saint-Nicolas, n° 24, et le mit gratuitement à la disposition des Conférences de Saint-Vincent-de-Paul, qui y établirent leurs réunions générales. Une des salles du vaste local fut convertie en chapelle pour faciliter aux sociétaires l'exercice des devoirs religieux prescrits par le règlement.

Cet immeuble de la rue Saint-Nicolas reçut le nom de *Maison des Bonnes Œuvres*. Il était appelé, en effet, à abriter successivement diverses institutions de bienfaisance et justifier ainsi son titre. On a pu en grouper jusqu'au nombre de onze, dues, pour la plupart, à la collaboration active des membres de la Société de Saint-Vincent-de-Paul. (1)

Ce fut au cours de cette même année de 1851 qu'on fut amené, en raison de l'extension que

---

(1) Voici l'énumération des fondations charitables auxquelles la *Maison des Bonnes-Œuvres* de la rue Saint-Nicolas a donné ou donne encore aujourd'hui l'hospitalité :

1° *Bibliothèque des Bons Livres,* fondée en 1850, et renfermant 4,000 volumes, mis gratuitement à la disposition du public;

2° *Œuvre de Saint-Joseph.* — Société de secours mutuels pour les ouvriers, fondée par un généreux industriel rouennais, M. Foulogne;

3° *Œuvre des Fourneaux économiques,* pour distribution d'aliments cuits aux indigents (bons de 0 fr. 10);

4° *Société de Saint-François-Régis,* pour le mariage des pauvres, et *Patronage* pour l'assistance des familles mariées;

5° *Classes du soir,* pour les soldats illettrés, faites par les membres de Saint-Vincent-de-Paul;

6° *Ambulance* pour les soldats blessés (fondation de 1870);

7° *Chambres* pour jeunes gens, employés de commerce, sans famille à Rouen (fondation de 1872);

8° *Exposition de l'Œuvre des Tabernacles et de l'Œuvre Apostolique,* pour les ornements destinés aux églises pauvres et aux missions;

9° *Réunions et Vestiaire* des dames membres de la société de Saint-Vincent-de-Paul;

10° *Secrétariat de l'Union Catholique,* société pour la défense des intérêts religieux;

11° *Réunions de l'Œuvre des Catéchismes,* pour les élèves des écoles laïques de la paroisse de la Cathédrale.

prenaient chaque jour les conférences, à élire un conseil provincial ayant son siége à Rouen et exerçant sa direction sur deux départements : la Seine-Inférieure et l'Eure.

En 1859, l'inspirateur et le fondateur de cette vaste organisation, M. Letaillandier, que sa notoriété et son zèle ardent avaient aussi désigné pour remplir plusieurs autres fonctions publiques et purement honorifiques, notamment celle d'administrateur des hospices de Rouen, se vit, malgré sa grande activité, dans l'obligation de résigner son titre de président général du conseil provincial des Conférences. C'est M. de Loverdo, conseiller à la Cour d'appel, qui recueillit sa lourde mais très-consolante succession.

Peu de temps après parut, au grand étonnement de tous, la fameuse circulaire de M. de Persigny, Ministre de l'Intérieur sous l'Empire, prescrivant la dissolution des Conférences de Saint-Vincent-de-Paul sur toute l'étendue du territoire français.

Cette mesure causa dans les rangs catholiques une vive émotion; mais toutes les libertés apparaissaient au pouvoir autoritaire d'alors comme une menace, et la liberté de la charité était devenue d'autant plus suspecte qu'elle était exercée par ce qu'il y avait de plus généreux et de plus convaincu parmi la jeunesse française.

Depuis dix ans, la Société de Saint-Vincent-de-

Paul, notamment, avait pris trop d'importance, en France, pour ne pas être atteinte dans ses forces vives. La circulaire de M. de Persigny, en substituant un agent du pouvoir au conseil de chaque conférence, jetait le désarroi dans l'organisation suivie jusque-là, paralysait la liberté et l'initiative des membres de la Société et préparait sa ruine. On le comprit ainsi à Rouen, comme ailleurs.

En 1860, M. de Loverdo fut donc obligé, en raison du rang qu'il occupait dans la magistrature, de se démettre de ses fonctions de président général du conseil provincial. M. de Glanville lui succéda, le 18 janvier 1861. Ce choix était des plus heureux, car M. de Glanville jouissait de l'estime générale. Toutefois, comme il appartenait à la vieille noblesse parlementaire de Normandie, peut-être sa nomination n'était-elle pas de nature à calmer les susceptibilités de l'administration supérieure. Mais Rouen possédait, à cette époque, dans la personne du baron E. Le Roy, un préfet assez habile et assez libéral pour envisager les choses sous leur vrai jour. Il convoqua dans son cabinet les présidents des diverses Conférences, notamment MM. Louis Baudry, Barthélemy, Homais, Frédéric Baudry et Gosset, avoué, qui ne pouvaient passer à ses yeux comme faisant de la politique militante et pouvant conspirer contre la sûreté de l'Etat.

Après un entretien des plus courtois, M. le baron Le Roy les congédia, avec cette urbanité qui le caractérisait, en les engageant, par devoir administratif, à se conformer dans la mesure du possible aux prescriptions de la circulaire de son trop ombrageux ministre, c'est-à-dire à *paraître* dissous.

M. de Glanville, cependant, blessé dans sa dignité par la suspicion gouvernementale, ne crut pas devoir rester, même officieusement, le lien entre ses collègues et donna sa démission de président du conseil provincial. C'est alors que M. Louis Baudry, l'homme de tous les sacrifices et de tous les dévouements, accepta, pour sauver l'institution, le rôle ingrat et effacé que comportait désormais la présidence générale des Conférences de la Seine-Inférieure et de l'Eure. Cet homme de bien resta à ce poste d'honneur et de confiance depuis le 8 décembre 1862 jusqu'à l'année 1890, c'est-à-dire pendant vingt-sept ans. Sa nature, foncièrement bonne, douce et modeste, le poussait à faire le bien sans ostentation et sans bruit; mais il apportait en toutes choses une vigilance et une persévérance de tous les instants. Il avait, en quelque sorte, fait élection de domicile dans la *Maison des Bonnes Œuvres* de la rue Saint-Nicolas, tant il y apparaissait de bonne heure le matin et en sortait tard dans la soirée. C'était un grand travailleur doublé d'un apôtre infatigable.

Sa laborieuse succession a été recueillie par M. Degruson, qui s'attache à faire revivre, dans l'exercice de ses fonctions, les éminentes qualités de son prédécesseur immédiat.

Nous venons d'exposer les origines et les développements successifs des Conférences de Saint-Vincent-de-Paul à Rouen ; il nous reste à faire connaître leur organisation actuelle.

On a vu qu'au début chaque Conférence nouvellement créée avait son conseil particulier qui était relié à un conseil provincial, composé des présidents de toutes les Conférences ; aujourd'hui elles sont rattachées à un conseil général résidant à Paris et sont modelées sur un règlement commun à toute la France.

L'article 2 de ce règlement est ainsi conçu :

Aucune œuvre de *charité* ne doit être regardée comme étrangère à la Société, quoique celle-ci ait plus spécialement pour but la visite des pauvres.

Lorsque, dans une ville, plusieurs Conférences coexistent, elles se distinguent entre elles en prenant le nom de leur paroisse respective. Un conseil particulier qui tire son nom de la ville où il est établi sert de trait d'union entre les divers groupes.

Le conseil de Rouen a pour président M. G. Degruson.

On compte actuellement dans notre ville huit Conférences réparties dans les huit paroisses sui-

SOCIÉTÉ DE SAINT-VINCENT-DE-PAUL

vantes : Notre-Dame, Saint-Godard, Saint-Patrice, Saint-Romain, Saint-Sever, Saint-Vivien, Saint-Gervais, et, enfin, la Conférence Saint-Thomas-d'Aquin, qui est formée spécialement de jeunes gens, tous célibataires et ardents chrétiens. Indépendamment de la visite des pauvres à domicile, ces jeunes gens s'exercent à des conférences littéraires ayant pour but la défense des idées qui leur sont chères et le triomphe de la vérité religieuse. Ces huit conférences comptent plus de deux cents membres, tant actifs qu'honoraires

Les membres actifs visitent les familles indigentes et leur distribuent des secours consistant en bons de pain, de viande, de chauffage et autres fournitures de première nécessité, tels que vêtements, draps, linge, etc. Ces bons sont centralisés dans les réunions hebdomadaires, où chacun doit signaler les besoins des familles visitées. La distribution des secours est toujours accompagnée d'utiles conseils pour relever le courage des familles secourues et les fortifier dans le bien.

Chaque Conférence, administrée par un président, un secrétaire et un trésorier, a pour ressources propres la cotisation de ses membres honoraires et le produit de la quête faite aux réunions hebdomadaires.

Un sermon de charité et une loterie annuelle forment un fonds commun qui est attribué par fraction à chaque Conférence. En 1894, cent cinquante-huit familles étaient régulièrement visitées.

La Société de Saint-Vincent-de-Paul de Rouen tient quatre assemblées générales par an, fixées aux dates ci-après : 8 décembre, premier dimanche de carême, fête du Bon-Pasteur et 19 juillet, fête de Saint-Vincent-de-Paul. Un rapport sur la situation de la société est présenté aux membres réunis, qui délibèrent ensuite sur les les questions à l'ordre du jour en vue de la prospérité et du développement de l'œuvre commune. (1)

En résumé, les conférences de Saint-Vincent-de-Paul peuvent être considérées comme une institution sociale de premier ordre. Non-seulement elles vont au devant des infortunes physiques et des infirmités morales pour les soulager, mais encore, en groupant autour du drapeau de la foi de nombreuses phalanges de jeunes hommes de cœur et d'énergie, elles provoquent un mouvement d'aspirations généreuses, qui sont la consolation du présent et préparent les voies aux solutions sociales de l'avenir.

---

(1) On sait que des indulgences sont accordées par le Saint-Siége aux membres de la Société de Saint-Vincent-de-Paul, aux bienfaiteurs de l'Œuvre et aux pauvres visités.

Société de Saint-Vincent-de-Paul

(DAMES)

L'initiative de cette fondation, à Rouen, qui remonte à l'année 1847, est due à un groupe de dames de la paroisse de Saint-Ouen, au nombre desquelles il convient de signaler Mme Achille Dubois, dont l'esprit d'organisation et le zèle charitable ont grandement contribué à son succès. Pendant trente ans, la présidence de la société lui a été dévolue, et, pendant trente ans, les pauvres de Rouen n'ont cessé de recueillir les bienfaits de son apostolat.

La Société de Saint-Vincent-de-Paul créée par les dames s'inspire des mêmes idées, du même règlement et poursuit le même but que celle dont les membres sont exclusivement recrutés dans les rangs du sexe fort. Il est rare, quand il s'agit de charité et de dévouement, que la femme reste en arrière de l'homme quand elle n'a pu le devancer. En 1840, M. Letaillandier jetait les bases des Conférences dans notre cité : en 1847, les dames rouennaises décidaient de marcher sur ses traces et de former entre elles une association pieuse et secourable d'où naîtrait une plus grande émulation pour le bien.

Les paroisses de Saint-Sever, en 1853, et de la Madeleine, en 1855, suivirent l'exemple de celle de Saint-Ouen, et, depuis, notre ville compte trois Conférences de dames étroitement unies et exerçant chacune dans sa sphère propre, et sans bruit, la chrétienne et courageuse mission qu'elles se sont librement imposée. Ces trois Conférences ont une direction commune, ce qui leur permet d'agir avec une parfaite unité de vue et de sentiments. Le choix du directeur est laissé au discernement de l'archevêché. M. l'abbé Paploré a été le premier qui ait occupé ces fonctions. Il fut désigné, vers 1863, par Mgr de Bonnechose, qui ne pouvait mieux placer sa confiance. L'abbé Paploré possédait, en effet, toutes les qualités requises pour imprimer à l'Œuvre une impulsion nouvelle. Pendant vingt-deux ans, il y déploya toute son activité, tout son cœur, toute son intelligence. La mort étant venue l'arracher à sa mission, Mgr Thomas lui donna pour successeur, en 1885, M. l'abbé Du Vauroux. Depuis 1875, les trois sociétés ont subi une nouvelle organisation. Les deux Conférences établies sur la rive droite, celles de Saint-Ouen et de la Madeleine, se sont affranchies de toute attache paroissiale et ont fusionné leur action qui s'exerce indistinctement sur toute cette partie principale de la ville. Quant à la société fondée à Saint-Sever, elle garde son autonomie et s'occupe exclusivement des besoins de le rive gauche.

Comme la Conférence des hommes, la Conférence des dames a inscrit dans son programme : les réunions hebdomadaires, la visite des pauvres et les distributions des secours à domicile, accompagnées de saines et fortifiantes exhortations, de pieux conseils et de témoignages d'une sollicitude vraiment chrétienne. Des réunions générales sont tenues mensuellement et présidées par le directeur qui, après la lecture du rapport, s'entretient avec les membres actifs et honoraires et leur donne ses instructions.

Voici qu'elle était la situation pour 1893 : la société de la rive droite comprenait 61 membres actifs et 41 membres honoraires ; elle assistait 75 familles régulièrement inscrites. Les secours ainsi distribués au cours de cette même année se sont élevés à plus de *six mille six cents francs*, sans évaluation des objets en nature offerts gratuitement par le vestiaire. La société de la rive gauche (Saint-Sever) se composait de 50 membres environ, tant actifs qu'honoraires, et assistait 26 familles formant un total de 168 personnes.

Les ressources des deux sociétés sont fournies par une loterie annuelle, les cotisations des membres honoraires et par le produit des quêtes faites aux réunions hebdomadaires et mensuelles.

Les secours distribués consistent en bons de pain, de viande et de chauffage. De plus, il est délivré aux familles assistées, sur la demande des dames visiteuses et par décision du comité, des effets d'habillements, du linge, des draps, des chaussures, etc., qui sont fournis par le vestiaire.

Chaque année, une visite générale des pauvres a lieu par les soins de Mme la présidente de l'Œuvre. Elle a pour but d'établir une comparaison entre toutes les familles visitées, de se rendre compte du degré de leur infortune, de l'équitable répartition des secours accordés, et enfin de l'efficacité de l'apostolat dont ces familles sont l'objet.

Œuvre des Fourneaux de la Société de Saint-Vincent-de-Paul

Cette œuvre qui fait partie du groupe de la *Maison des Bonnes-Œuvres*, de la rue Saint-Nicolas, a été créée à Rouen, le 12 février 1862, par la société de Saint-Vincent-de-Paul. Son fonctionnement est simple et pratique. Des bons de dix centimes sont mis à la disposition des personnes charitables qui pensent, à juste raison du reste, qu'il n'est pas toujours fait un bon usage, par ceux qui la reçoivent, de l'aumône en argent distribuée dans la rue ; avec le système des bons, il n'y a pas à craindre de mauvais emploi ; les indigents qui en sont porteurs sont obligés de les échanger contre du substantiel, consistant en portion de bon bouillon, ou bien de viande, de légumes et même de pain, suivant le désir des bénéficiaires. Ils sont laissés libres d'emporter chez eux ces aliments ou de les consommer sur place. A cet effet, un local convenable, comportant des tables et des bancs, est aménagé à leur intention. De plus, les ustensiles nécessaires, tels que cuillers, fourchettes, verres, etc., leur sont gratuitement délivrés. Deux sœurs de la Miséricorde sont spécialement chargées de la préparation des aliments et de leur répartition. Le chiffre de la vente des bons et, par suite, celui des portions distribuées, varie suivant que les hivers sont plus ou moins rigoureux. La dépense moyenne pour les trois mois, du 1er décembre au 1er mars de chaque année, est d'environ 1.500 fr.

Pendant l'hiver 1890-1891, par exemple, les dépenses s'élevèrent à 1,756 fr. 15 et la vente des bons produisit un total de 1.105 fr. 90. La température s'étant montrée plus clémente pendant l'hiver de 1892-1893, la dépense ne s'éleva qu'à 943 fr. 10, représentant 2.885 portions distribuées.

On conçoit qu'une pareille œuvre ne puisse pas couvrir ses frais et que le prix du bon, fixé à 0 fr. 10, soit inférieur à la dépense qu'il représente ; aussi le déficit est la règle et les membres du comité se sont mis à contribution, chaque année, pour compenser la perte.

Le fourneau économique constitue cependant un excellent système de faire l'aumône, il s'adresse aux véritables nécessiteux, et les acheteurs et distributeurs de bons sont assurés que leur action charitable est bien placée. Nous ne pouvons qu'encourager une institution qui mérite, à tous égards, d'être mieux connue et plus répandue, ne serait-ce que pour arriver à éteindre la race des faux pauvres qui ne sont pas les moins empressés à tendre la main aux passants.

Le fourneau de la société de Saint-Vincent-de-Paul est ouvert, rue Saint-Nicolas, 24, à partir du 1er décembre jusqu'au mardi de la semaine sainte, tous les jours, sauf le vendredi, de onze heures et demie à midi et demi.

Maisons et Sociétés de Charité paroissiale

A côté de l'organisation administrative des bureaux de bienfaisance qui, pour une ville aussi étendue que Rouen, sont limités à cinq dispensaires fort éloignés les uns des autres, la charité privée a dû se préoccuper d'instituer une autre organisation plus en contact avec les multiples misères à soulager et, surtout, beaucoup plus expéditive. Des maisons ou sociétés de charité ont été établies dans chaque paroisse. Le rayon assez restreint dans lequel chacune d'elles exerce son action bienfaisante permet d'approcher toutes les infortunes et de les secourir promptement et discrètement. La plupart de ces maisons sont placées sous le patronage d'un comité de dames qui se sont groupées, par paroisse, dans un même esprit de sacrifice et de dévouement pour les pauvres : non-seulement, elles les visitent dans leur misérable intérieur, s'enquièrent de leurs besoins et les consolent dans leurs peines, mais elles se font aussi les dispensatrices de secours en nature, tels que pain, bouillon, vêtements, chauffage, objets de literie, etc.

Au siège de chacune de ces associations de bienfaisance paroissiale, des religieuses appartenant à diverses communautés, se tiennent en permanence et deviennent ainsi les auxiliaires choisies par le clergé pour les soins à donner aux malades indigents et pour la distribution d'aumônes particulières.

Les ressources dont disposent les dames patronnesses sont fournies par leurs cotisations personnelles, par les quêtes qu'elles font à domicile et par des loteries charitables. A quel chiffre annuel s'élèvent ces ressources dont les pauvres bénéficient entièrement? Nous ne disposons à cet égard que de données approximatives, la charité se faisant humble et discrète, mais d'après la situation établie pour certaines paroisses, il n'est pas douteux que le budget général des maisons ou sociétés dont il s'agit dépasse un total de *cinquante mille francs* par an, sans compter, bien entendu, les offrandes que les dames patronnesses puisent volontairement dans leur portemonnaie, au cours de leurs visites, en présence d'une grande infortune ou d'un besoin exceptionnel.

Quant aux familles visitées et secourues nous estimons que leur nombre est supérieur à *quinze cents* et qu'elles comprennent plus de quatre mille membres. Ces chiffres se passent de tout commentaire; ils prouvent tout au moins que l'organisation de la charité privée, à Rouen, ne le cède en rien à celle de l'assistance officielle. Son fonctionnement est approprié à toutes les nécessités, à toutes les infortunes, et, affranchi des entraves des règlements administratifs, il remédie à l'insuffisance des moyens d'action des bureaux de la bienfaisance officielle, dont il est l'auxiliaire indispensable.

Et puis, comment ne pas être frappé de la différence qui existe, entre les sociétés ou maisons de charité par paroisse et les dispensaires, dans la façon de procéder pour la délivrance des secours? Dans les dispensaires, c'est l'aumône indifférente, froide, sinon dédaigneuse, accordée souvent après une attente bien longue, hélas! pour les pauvres qui la sollicitent! Les choses se passent tout autrement dans les établissements d'assistance paroissiale. Les malheureux de chaque quartier sont visités, secourus, soignés à domicile par les Dames patronnesses et les Sœurs de charité, qui partagent avec eux leurs souffrances, afin de les rendre moins cuisantes. Ici, c'est le cœur, inspiré par la foi, qui compatit au malheur; ce sont des chrétiennes qui s'honorent de servir les pauvres, de les réconforter par leurs bons conseils et leur estime, et qui s'estiment heureuses de panser leurs blessures physiques et morales par amour de Celui qui a dit: « Tu aimeras ton prochain comme toi-même, » et « un verre d'eau donné à un pauvre en mon nom te sera compté dans le ciel. »

Les maisons ou sociétés de secours — dont l'organisation et le fonctionnement peuvent être utilement recommandés aux sociologues de toutes les écoles qui recherchent la solution du problème d'un rapprochement social — sont au nombre de seize à Rouen. En voici la liste par paroisse, avec les indications sommaires qui se rapportent à chacune d'elles :

1° PAROISSE DE NOTRE-DAME. — Rue des Chanoines. — *Sœurs de la Miséricorde.* — Société de charité fondée en 1849 par M. l'abbé Picard, curé de la paroisse. — Mmes de Néel et Jore aîné, présidentes, décédées. — 160 dames patronnesses. — 120 à 140 familles assistées;

2° PAROISSE DE SAINT-MACLOU. — *Aître* Saint-Maclou,

rue Martainville. — *Sœurs de la Sagesse*. — Maison de secours fondée en 1849 par M. l'abbé Doudement, curé de la paroisse, secondé par les sœurs d'Ernemont;

3° Paroisse de Saint-Ouen. — 28, rue Bourg-l'Abbé. — *Sœurs de Saint-Vincent-de-Paul*. — Maison de secours fondée en 1852 par M. l'abbé Beaucamps, curé de ladite paroisse;

4° Paroisse de Saint-Patrice. — Rue Neuve-Saint-Patrice. — *Sœurs de la Miséricorde*. — Société de dames de charité organisée en 1893;

5° Paroisse de Sainte-Madeleine et du Sacré-Cœur. — Place de la Madeleine. — *Sœurs de la Miséricorde*. — Société de dames de charité fondée en 1834 par Mme Henry Barbet, femme du maire de Rouen. — 237 familles assistées;

6° Paroisse de Saint-Sever. — Rue d'Elbeuf, 47. — *Sœurs de Saint-Vincent-de-Paul*. — Maison de secours installée dans le local des écoles libres;

7° Paroisse de Saint-Vivien. — Rue des Capucins, 24. — *Sœurs de Saint-Vincent-de-Paul*. — Maison de secours fondée en 1844 par M. l'abbé Forbras. — 450 familles assistées, comprenant de 12 à 1,500 membres;

8° Paroisse de Saint-Romain. — Société de dames de charité fondée en 1858 par M. l'abbé Mainé. — 40 familles visitées et 100 personnes assistées;

9° Paroisse de Saint-Vincent. — Rue du Vieux-Palais. — *Sœurs de la Miséricorde*. — Société de charité fondée en 1847 par M. l'abbé Duménil. — 100 dames patronnesses, 70 familles de 250 membres secourues;

10° Paroisse de Saint-Godard. — Rue Beauvoisine, 159. — *Sœurs de la Miséricorde*. — Maison de secours. — 250 familles assistées;

11° Paroisse de Saint-Nicaise. — Rue Poisson. — *Sœurs de la Miséricorde*. — Maison de secours. — 300 familles assistées;

12° Paroisse de Saint-Gervais. — Rue du Renard. — *Sœurs de Saint-Aubin.* — Société de charité fondée en 1827 par Mme F. Keittinger-Turgis. — 175 familles secourues;

13° Paroisse de Saint-Hilaire. — Route de Darnétal. — *Sœurs de la Providence.* — Société de charité fondée en 1870. — 150 familles secourues;

14° Paroisse de Saint-Paul. — Rue Henri-Rivière. — *Sœurs de Saint-Vincent-de-Paul.* — Maison de secours fondée sur l'esplanade Saint-Paul en 1862. — 125 familles secourues;

15° Paroisse de Saint-Clément. — Rue Saint-Julien. — Maison de secours. — *Sœurs de Saint-Vincent-de-Paul.* — Furent chargées, de 1871 à 1888, de l'administration du dispensaire du bureau de bienfaisance. — Plus de 100 familles assistées;

16° Paroisse de Saint-Joseph. — Société de charité de dames fondée en 1885 par M. l'abbé Thierry. — 85 familles secourues.

CHAPITRE V

ASILES TEMPORAIRES

Œuvre hospitalière de nuit. — Œuvre de l'Hospitalité du Travail[1] pour les femmes. — Œuvre des Franciscaines, Servantes de Marie (hospitalité et placement des bonnes). — Maison pour les bonnes sans place (sœurs de Saint-Aubin).

Œuvre hospitalière de Nuit

Jusqu'ici nous nous sommes plus particulièrement attaché à passer en revue les Œuvres, si nombreuses à Rouen, qui s'adressent à l'enfance et à l'adolescence; dans cette deuxième partie de notre tâche, nous examinerons celles qui s'occupent de la jeunesse, de l'âge mûr et la vieillesse, c'est-à-dire des étapes les plus actives, les plus tourmentées et, parfois, les plus douloureuses de l'existence humaine. Au premier rang se place l'*Œuvre hospitalière de Nuit*, parce qu'elle est le refuge, pour ainsi dire, de toutes les misères passagères.

Marseille s'honore d'avoir été le berceau de cette belle institution de bienfaisance qui a des origines lointaines. En l'année 1200, les Chevaliers de Saint-Jacques-des-Epées fondèrent, dans cette ville, une maison hospitalière pour les pèlerins de passage ; plus tard, vers 1654, des personnes pieuses et charitables, s'inspirant des services que cette fondation rendait aux pauvres pèlerins, résolurent de créer un asile semblable pour les indigents, sans exception, de passage également à Marseille, afin, dit un acte de l'époque, « d'empêcher beaucoup de maux qui se peuvent commettre, à cause que ces pauvres passants n'ont point de logis. »

Le règlement de cet asile, qui fut placé sous le patronage de la Sainte-Trinité, portait que les pensionnaires ne pourraient y séjourner plus de trois jours. Pendant les mauvais jours de la Révolution, cette œuvre des pauvres dut disparaître. Reprise aussitôt que l'ordre fut rétabli, elle n'a cessé de fonctionner depuis, sous la direction des hospices, auxquels elle est annexée. Toutefois, les indigents n'y sont admis qu'après avoir rempli certaines formalités administratives, toujours ennuyeuses, telle que celle de la présentation d'un certificat de police constatant leur position.

Ce n'était pas encore là, comme on voit, l'hospitalité de nuit qui ouvre largement et généreusement ses portes à tous les miséreux, sans distinction de nationalité et de religion, et sans autres références que la constatation de leur extérieur minable et souffreteux. Il était réservé à un philanthrope marseillais de doter son pays de ce nouveau progrès accompli dans le domaine de la charité.

La nuit de Noël 1872, M. François Massabo, se promenant aux environs de la Cannebière, rencontra trois pauvres errants, grelottant sous leurs haillons et ne sachant où aller abriter leur misère. Touché de leur infortune, cet homme de bien les invita à le suivre et les installa dans un modeste logement qu'il avait loué dans la rue Marengo. Les nuits suivantes, d'autres vagabonds furent recrutés, et, peu à peu, l'œuvre s'affirma et se développa, grâce au concours des personnes généreuses qui vinrent seconder les efforts de M. Massabo. L'Œuvre hospitalière de nuit était fondée. Deux ans plus tard, en 1874, le Comité catholique de Paris, frappé des excellents résultats obtenus par M. Massabo à Marseille, se demanda s'il ne conviendrait pas de doter Paris d'un établissement hospitalier analogue. L'idée parut bonne, et l'on décida de la réaliser. Un conseil d'administration fut choisi, et la présidence en fut confiée au baron Livois. Après avoir obtenu l'autorisation de la préfecture de police, les fondateurs versèrent une première mise de fonds et louèrent, rue de Tocqueville, un immeuble qui est devenu la maison mère de l'Œuvre hospitalière de nuit à Paris. Aujourd'hui, la capitale possède au moins trois refuges qui donnent asile, chaque nuit, à un très-grand nombre de miséreux, sans sou ni maille et sans domicile. Que d'exploits nocturnes et, peut-être, que de crimes sont ainsi évités !

Cette œuvre, quelques années plus tard, devait faire son apparition à Rouen. Un prêtre, qui avait déjà fait ses preuves dans l'apostolat de la charité, M. l'abbé Bazire, dont les pauvres connaissent bien la bonté inépuisable et pour qui le dévouement est un besoin, en prit l'initiative en 1882. Pénétré de la pensée que la fondation d'un asile de nuit, dans notre ville où les malheureux de passage abondent, répondait à une nécessité de premier ordre et serait unanimement approuvée, M. l'abbé Bazire partit pour Paris afin d'étudier sur place tous les détails de l'organisation de ces refuges qui fonctionnaient avec tant de succès. A son retour, il fit part de son projet à quelques personnes charitables qui lui promirent leur concours. Une petite somme fut souscrite, et M. l'abbé Bazire, après avoir rempli toutes les formalités d'usage, se mit à la recherche d'un local. L'ancienne chapelle des Saints-Anges, rue Ambroise-Fleury, lui parut convenir pour commencer. Il la loua aussitôt, quoique le prix annuel de 1,500 fr. fût une lourde charge pour ses modestes ressources. Mais ce n'était pas suffisant de posséder un local, il fallait le meubler. On acheta vingt lits qui furent disposés dans l'unique dortoir; trois ou quatre bancs, un petit poêle, une casserole pour faire chauffer l'eau des bains de pieds composaient à peu près le reste du mobilier. L'installation ne pouvait donc être plus simple; qu'importe, les pauvres sans domicile s'estimeraient encore plus heureux sous ce toit hospitalier que sur les bancs des boulevards ! Le 15 décembre 1882, Mgr le cardinal de Bonnechose voulut faire lui-même l'ouverture de l'œuvre. Il se rendit, dans l'après-midi, rue Ambroise-Fleury, où l'attendaient MM. le président de Tourville, l'abbé Loth, les curés et vicaires des paroisses de Saint-Maclou et Saint-Vivien, ainsi que plusieurs autres personnes notables de Rouen. Le vénéré prélat visita, dans toutes ses parties, l'aménagement de l'institution naissante, se fit renseigner minutieusement sur tout, et manifesta sa satisfaction en ces termes : « Cette œuvre sera le grain qui, grâce à Dieu, croîtra et prendra le développement nécessaire aux besoins des pauvres. » Il la bénit et se retira en félicitant M. l'abbé Bazire de son heureuse initiative.

Le soir même, les portes de l'établissement furent ouvertes; mais le premier et le deuxième jour personne ne se présenta. La nouvelle en avait bien été répandue, mais elle ne rencontrait que des incrédules. Certes, loger sans payer n'était pas chose inconnue, mais être logé pour rien était une nouveauté qui dépassait l'entendement des pauvres diables habitués à dormir n'importe où, au petit bonheur. Le troisième jour, cependant, un client vint sonner à la porte du refuge. C'était un commencement; la situation était sauvée.

> Ce premier pensionnaire, lisons-nous dans un des bulletins de l'œuvre, remplissait toutes les conditions demandées; muni de bons papiers, ayant une profession connue, celle d'ancien tambour au théâtre forain de Saint-Antoine, il possédait, en outre, un certificat d'origine qui suffisait à lui seul pour le faire admettre : il était littéralement couvert (disons-le en latin) de *pediculis*. Il ne fallait pas, du reste, y regarder de si près, ayant saint Labre pour patron; la joie d'un début couvrait tout et, dans ce genre, l'œuvre ne devait-elle pas recevoir son baptême?
>
> Il dormit donc le premier dans la maison et lui porta bonheur. Au reste, il ne fut pas ingrat, et, de temps en temps, il vient nous faire visite; en qualité de fils aîné de l'œuvre, il est de toute justice qu'une place choisie lui soit assignée.

Au bout de quelques mois, la réputation et la clientèle de l'établissement de la rue Ambroise-Fleury firent de tels progrès qu'il fallut doubler le nombre de lits et disposer des matelas et des couvertures dans tous les coins pour répondre aux nécessités les plus pressantes. On put héberger ainsi jusqu'à 75 malheureux dans une seule soirée. Le bulletin de la première année relève le chiffre de 5,321 voyageurs abrités et donne un total de 11,332 nuits passées au refuge.

En 1885, le local primitif étant devenu absolument insuffisant, et la charité publique, qui avait accueilli l'ouverture de l'œuvre avec tant de faveur, lui conservant son concours généreux, on fit l'acquisition, boulevard Saint-Hilaire, d'un immeuble beaucoup plus vaste et remplissant toutes les conditions désirables. Avant de devenir la propriété de l'Hospitalité de Nuit, cet immeuble avait eu des affectations aussi diverses que bizarres. Après avoir abrité une école dramatique, il fut transformé en magasin de décors pour théâtre ; une loge maçonnique vint ensuite s'y installer, et plus récemment c'est un pensionnat qui l'occupait.

A peu de distance de la place Saint-Hilaire, en suivant le boulevard de ce nom, avant d'arriver sur la place du Boulingrin, où se tient annuellement la foire si réputée de Rouen, on remarque, à gauche, dans cette partie un peu isolée du boulevard, un vaste bâtiment d'aspect assez bizarre, avec ses grands murs blanchis à la chaux et ses nombreuses fenêtres tenues constamment ouvertes pendant le jour. D'un grand écriteau placé au-dessus d'une vieille porte cochère se détache, tracée en grosses lettres blanches, sur fond noir, cette inscription : *Œuvre hospitalière de Nuit.*

L'entrée des visiteurs est à côté; vous sonnez, on ouvre aussitôt, et vous vous trouvez dans une cour carrée, spacieuse et soigneusement sablée et entretenue. Immédiatement à gauche sont alignées les annexes de l'établissement : remise, buanderie, pouillerie, séchoir, etc. ; puis, un peu plus loin, sur le même plan, se trouve la loge du concierge.

Au centre de la cour, reposant sur un socle fort simple, on remarque, entouré d'une plate-bande d'arbustes, la statue de grandeur naturelle de saint Labre, patron des mendiants voyageurs.

A droite sont situés les appartements et les bureaux de la direction.

En face du mur extérieur, en bordure du boulevard, dont la couleur sombre contraste singulièrement avec la blancheur des autres constructions, se dresse le corps principal du bâtiment de l'hospitalité de nuit, monté sur deux étages. Plusieurs portes vitrées, à deux battants et ouvrant sur la cour, donnent accès à l'intérieur du refuge. Celle du milieu correspond à la salle d'attente. La pièce est vaste, d'une propreté irréprochable. Ses vastes dimensions ont permis de l'affecter à divers usages, au moyen de boiseries et de grillages d'isolement.

C'est d'abord la cuisine faisant face à la porte centrale. Elle occupe un espace assez restreint, ce qui ne l'empêche pas d'être commodément et suffisamment installée. Deux marmites, d'une capacité de deux cents litres chacune, cuisent les aliments qui devront réconforter bientôt les estomacs délabrés des nombreux hôtes attendus. Puis, à droite, dans l'angle de la salle, on remarque un bureau muni d'un large vasistas. C'est le bureau d'inscription et de réception. Au fur et à mesure de l'arrivée des pensionnaires, l'employé préposé à ce service prend leurs noms et prénoms et recueille tous les renseignements pouvant permettre de constater leur identité. La plupart d'entre eux sont munis de papiers; d'autres n'en ont pas, mais sur leur figure et leur tenue se lit le certificat d'origine qui leur donne droit de cité dans ce refuge de la misère. A gauche, trois petits tonneaux, disposés en triangle et remplis d'une boisson hygiénique que l'on a composée, dans la journée, avec de l'extrait concentré au suc de Calabre, sont fixés au mur et semblent inviter, par le parfum de menthe qu'exhale leur contenu, les arrivants à se désaltérer. Il paraît qu'ils n'y manquent jamais, la plupart ayant le gosier desséché par la longue étape qu'ils ont dû fournir. Des gobelets en fer battu remplacent les verres trop fragiles.

Toujours à gauche, dans l'angle opposé, est installé, à côté de la logette du surveillant, le bassin d'eau chaude qui doit servir au bain de pieds que chaque pensionnaire est réglementairement obligé de prendre à l'arrivée.

Enfin, dans un coin de la même pièce, on remarque un lit de camp destiné aux plus misérables, à ceux dont l'état de malpropreté réclame un compartiment spécial.

Des bancs sont disposés dans les autres parties restées libres, et les pensionnaires prennent là leur premier repas.

L'ornementation de cette salle de réception, qui est placée sous le vocable de saint Labre, est des plus sobres et des plus moralisantes. Autour d'un grand christ, appendu au mur, sont inscrits, en caractères très-voyants, les préceptes évangéliques les plus propres à relever le courage abattu de ces pauvres hères pour qui la vie n'est faite que de tristesses et de privations. Trois ou quatre cadres renfermant l'article 6 du règlement, qui spécifie que les hommes admis ne peuvent coucher plus de trois nuits consécutives dans l'établissement et y être admis, de nouveau, qu'après six mois d'absence, et c'est tout.

A l'une des extrémités de la salle Labre, que nous venons de décrire, est située la chapelle du refuge; elle est contiguë au réfectoire et, en la visitant, on est frappé de sa simplicité qui revêt un caractère à la fois sévère et imposant. L'autel est dépourvu de toute richesse, mais il est digne et soigneusement décoré et entretenu. Les chaises sont exclues de ce sanctuaire du pauvre ; en revanche, les bancs n'y manquent pas, ils sont disposés sur deux rangs et peuvent contenir environ cent cinquante places.

Le lavabo se trouve à l'autre extrémité. On y arrive, soit par la porte de communication qui fait face à celle de la chapelle et par laquelle passent les pensionnaires pour se rendre dans les dortoirs, soit par la double porte vitrée qui donne sur la cour extérieure. Il est installé d'une façon fort commode, dans le vestibule, assez spacieux, qui précède le grand escalier conduisant aux étages supérieurs.

Les pensionnaires, quand l'heure matinale du lever a sonné, viennent par groupes s'y débarbouiller à grande eau.

L'escalier du dortoir est large et très clair. Après avoir franchi une vingtaine de marches, on se trouve sur un vaste palier. A droite, une porte à deux battants, au-dessus de laquelle on lit ces mots : *dortoir Saint-Vincent*, s'ouvre sur une superbe pièce, large et profonde. Ce qui attire d'abord l'attention, c'est la clarté et la grande propreté qui y règnent. Les lits, au nombre de cinquante, sont alignés symétriquement sur trois rangs. De petits intervalles sont ménagés entre chacun de ces lits qui possèdent tout le confortable désirable. Ils sont en fer et se composent d'un sommier en treillage élastique, d'une paillasse, d'un matelas, d'un traversin. Deux draps et deux couvertures d'excellente qualité complètent la literie. Les militaires ne sont pas mieux couchés et leurs fournitures ne sont pas plus moelleuses. Il est vrai que le dortoir Saint-Vincent est plus particulièrement destiné aux malheureux dont la mise, certes, n'a rien de commun avec celle des gentlemen, mais qui ne portent pas néanmoins la livrée sordide de la misère noire.

Ce sont généralement des ouvriers sans ouvrage et qui cherchent à s'en procurer, le chômage jetant, en effet, sur les grandes routes tant de désœuvrés et de vagabonds !

A la tête de chaque lit est fixée une planchette portant un numéro d'ordre et le nom du fondateur. Au centre du mur latéral de droite est fixé un grand Crucifix au-dessus duquel se détache, en forme d'arc, cette inscription : *Œuvre hospitalière de nuit,* fondée le 15 décembre 1882 ; au-dessous, dans des cadres séparés, sont tracés en gros caractères d'imprimerie : 1º les noms des fondateurs des lits ; 2º les noms des principaux fondateurs de l'œuvre.

Nous avons relevé les suivants.

Parmi les fondateurs :

MM. Fouet, conseiller à la Cour, 1885 ; Jules Quesnel ; le R. P. Postel ; la famille Saladin ; Mgr Cayez, chanoine de Carthage, 1886 ; l'abbé Bazire ; à la mémoire de F. Bellest ;

Mme Frétigny-Brunel, 1888 ; Mme Lemoine, religieuse, 1891 ; à la mémoire de l'abbé Couturier ; le *Nouvelliste de Rouen ;* le *Patriote de Normandie*, etc., etc.

Parmi les bienfaiteurs :

Mgr de Bonnechose, Mgr Thomas, MM. le Président de Tourville, l'abbé de Lanterie, Asselin, Fleury, éditeur de la *Semaine religieuse ;* plusieurs communautés religieuses, Mme Debray, un grand nombre d'anonymes, etc., etc.

A l'extrême bout du dortoir, un escalier dérobé a été ménagé pour communiquer avec le dortoir de l'étage supérieur et pour favoriser la prompte évasion en cas d'incendie. Par la soupente de cet escalier, on pénètre dans une petite chambre à coucher contenant six ou sept lits au plus : c'est le dortoir que la direction, dont la sage et paternelle prévoyance se manifeste jusque dans les moindres détails, réserve aux pauvres honteux et aux membres des familles qui désirent rester isolés de leurs camarades d'infortune.

Le second grand dortoir est situé au deuxième étage et immédiatement au-dessus du premier que nous venons de visiter. Il est conçu sur le même plan et possède les mêmes dimensions. Les plafonds, touchant à la naissance de la toiture, ont leurs angles un peu arrondis, sans toutefois former la déclivité de la mansarde. Quoique moins confortable que le premier, ce dortoir est très-suffisant. La différence la plus sensible consiste dans la disposition des lits. Ici, ils ne sont pas en fer, ils n'ont ni treillage élastique en guise de sommiers, ni matelas. Ce sont de simples paillasses alignées sur d'immenses lits de camp. Une première couverture bien chaude et un traversin constituent les accessoires. Il n'y a pas de draps, mais en revanche, quand tous les pensionnaires sont couchés, on déroule sur eux, pendant la saison d'hiver, une énorme et épaisse couverture commune qui défie le froid le plus intense. Ce système nous a paru fort ingénieux et fort commode. Il entretient la propreté et facilite la désinfection de cette salle destinée à la deuxième catégorie d'indigents, celle dont la toilette est des plus négligées et que la misère force à voyager souvent en compagnie de certains parasites peu ragoûtants.

Les couchettes sont également installées sur trois rangs et, comme les espaces sont plus resserrés, il en résulte que ce dortoir peut recevoir jusqu'à 70 ou 80 pensionnaires.

Ce que l'on admire le plus, en visitant ce refuge temporaire des malheureux, c'est la bonne tenue et une propreté irréprochable. Toutes les pièces sont très aérées et très saines. Pas la moindre mauvaise odeur. Il est vrai que rien n'est négligé pour qu'il en soit ainsi. Aucune des ressources de l'hygiène élémentaire et scientifique ne sont omises par le personnel actif et dévoué de l'établissement; et les pauvres errants qui viennent demander l'hospitalité trouvent, pour la nuit, un gîte aussi salubre et aussi réconfortant que possible.

Chaque matin, après le départ des pensionnaires, le grand nettoyage commence. Les salles sont lavées, balayées, désinfectées. Les ustensiles de cuisine, la literie, le linge; en un mot, tout l'attirail à l'usage des hôtes passagers, sont soumis à un lavage minutieux.

La pouillerie chauffe jour et nuit; tout ce qui est vêtement, linge, paillasse, matelas, draps, couvertures, traversins, etc., est passé à une température fort élevée et, en sortant de cette pouillerie, les objets sont purifiés des parasites et des miasmes qu'ils pouvaient contenir. Nous terminerons là la partie descriptive de l'*Œuvre hospitalière de nuit*. Il reste à faire connaître maintenant son organisation et son fonctionnement. Cette seconde partie de notre tâche ne paraîtra pas la moins intéressante.

Dès que l'heure de l'admission à l'asile approche, on commence à voir des deux côtés du boulevard, d'abord un par un, puis par petits groupes, toute une variété de pauvres gens, vêtus, les uns d'une blouse qui a perdu depuis longtemps sa fraîcheur, les autres d'un paletot ou d'une redingote, troués aux coudes, râpés sur toutes les coutures, et dont le tailleur a oublié de prendre la mesure ; d'autres enfin se présentent couverts de vieilles défroques ou de haillons.

D'où viennent ces infortunés ? Des quatre coins de l'horizon, assurément. Leur bagage est des plus légers. Quelques-uns portent sur le dos leurs vieilles hardes ; quelques autres se contentent d'un petit paquet qu'ils tiennent sous le bras. Le plus grand nombre, hélas ! n'ont pour tout bagage que le bâton sur lequel s'appuie leur misère, rendue plus lourde encore par la longueur de la route parcourue.

Pour un physionomiste, il y a là un assemblage disparate de figures à étudier. Ici, c'est l'honnêteté malheureuse qui se trahit dans le maintien ; là, c'est le vagabond de profession dont le regard louche dénote qu'il est tout prêt à s'insurger contre la société, qu'il semble accuser d'ingratitude à son égard. Puis, c'est l'employé, le commis, le domestique, poursuivis par la malechance et talonnés par le besoin, qui viennent demander un abri, ayant horreur de la vie errante.

Enfin, il est six heures — sept heures en été — le concierge de l'hospitalité de nuit est à son poste pour recevoir les hôtes qui lui arrivent. Les compliments — toujours les mêmes — sont forts courts : « Ouvrez, c'est la misère qui vient vous demander asile. » Du doigt, on leur indique la salle d'attente, toute grande ouverte, où leur seront faits les premiers honneurs de l'hospitalité.

Au fur et à mesure de leur entrée, ils se présentent au guichet du bureau d'inscription où, comme nous l'avons dit, chaque pensionnaire est obligé de décliner son état civil et d'exhiber ses papiers d'identité, s'il en a. S'il n'en a pas, il est passé outre.

Cette première et unique formalité remplie, chaque postulant reçoit une planchette portant le numéro du lit qui lui est destiné. Les premiers arrivés attendent les autres et, pendant ce temps-là, ils se mettent à leur aise — ne sont-ils pas chez eux, en effet? — puis se désaltèrent, se lavent les pieds et les mains à l'eau chaude et vont s'asseoir sur les bancs disposés à leur usage dans une partie réservée de la salle.

Quand le dernier des camarades est entré et que la porte de l'établissement s'est refermée, commence le repas du soir — toujours le même; — il se compose d'une bonne et copieuse gamelle de riz cuit dans de la graisse, et qui, pour ces estomacs débiles, exhale l'odeur la plus appétissante. Il ne faut pas croire que tout cela se passe au milieu du brouhaha des conversations, le silence et le plus grand ordre président, au contraire, à ces diverses opérations.

Ces pauvres gens sont, du reste, peu communicatifs. Etrangers les uns aux autres, mais réunis par la même infortune, ils se regardent du coin de l'œil avec méfiance; parfois ils échangent à voix basse quelques-unes de leurs impressions. La tâche des surveillants, qui sont peu nombreux, du reste, est donc des plus aisées. M. l'abbé Bazire, fondateur et directeur de l'asile, qui a voué à son œuvre tout son cœur, toute son âme, toute son activité, préside, lui-même, chaque soir, à la réception des pensionnaires et veille au bon fonctionnement des divers services.

Il n'est pas loin de neuf heures lorsque les gamelles, généralement toujours vides — ce qui prouve l'accueil qu'elles ont reçu — sont réintégrées dans la cuisine, et lorsque la distribution des numéros des lits est complète, M. le directeur se tourne vers ses hôtes, assis tranquillement sur les bancs, et leur fait la lecture des principaux articles du règlement qu'il commente brièvement. Il leur adresse à tous des paroles de résignation, de courage, de devoir et d'espérance. Puis il annonce qu'on va réciter la prière pour demander la bénédiction de Dieu, l'ami toujours sûr du pauvre et de l'orphelin, et pour implorer son assistance dans les luttes et les difficultés de la vie. Malgré la recommandation expresse que nul n'est obligé de s'y associer et qu'il suffit de garder une attitude décente, tous, ou presque tous — car il en est, hélas! qui ont perdu l'habitude de la prière — se mettent à genoux et accompagnent, à voix basse, la récitation du *Pater*, de l'*Ave* et du *Credo*.

Jamais aucune protestation n» s'est produite; jamais aucune observation n'a été rendue nécessaire, de la part des surveillants, au sujet du maintien de ces pauvres gens, pendant cette prière réglementaire. Cet exercice présente toujours un caractère édifiant et imposant.

La prière terminée, les pensionnaires n'ont plus qu'à aller demander à un sommeil réparateur de nouvelles forces pour affronter les fatigues, et, sans doute pour beaucoup, les nouvelles privations que leur réserve le lendemain.

Les escaliers sont éclairés, les portes s'ouvrent et chacun, le numéro de son lit à la main, se dirige vers les dortoirs. Les surveillants ouvrent et ferment la marche de ce pittoresque cortége de l'infortune. En un instant, tout ce monde est couché, et comme dans les établissements d'instruction bien tenus, l'ordre, la décence et le silence sont rigoureusement observés. Du reste, le surveillant ne perd pas de vue ses nombreux compagnons de nuit et ne se couche que quand de sonores ronflements annoncent qu'ils sont partis dans le monde des rêves.

Le lendemain matin, de bonne heure — six heures en hiver et cinq heures en été — le réveil est sonné. Les paupières, encore appesanties par le sommeil, s'ouvrent ; on revient à la réalité, car dans un instant il va falloir reprendre son collier de misère, mais on se sent néanmoins frais et dispos. Le lever se passe aussi dans le plus grand calme. Le seul bruit entendu est celui qui est produit par le va-et-vient des gros souliers ferrés et des sabots sur le parquet. En quittant le dortoir, chacun descend au lavabo et procède de son mieux à la toilette du matin. Aussitôt après, on se rend au réfectoire où le déjeuner est prêt. Il se compose d'un seul plat, comme le dîner de la veille au soir, mais d'un plat abondant et appétissant. Pendant le repas, M. le directeur adresse à ses pensionnaires quelques dernières exhortations, accompagnées de touchants témoignages d'intérêt et de bienveillance; puis il leur fait connaître qu'ils sont libres de quitter l'établissement immédiatement ou d'assister, avant de se disperser, à la messe qui va être dite à leur intention, à la chapelle. Les sceptiques ou les indifférents révoqueront peut-être en doute ce que nous allons raconter, ils auront tort, nous l'affirmons.

Un très petit nombre de ces malheureux manquent à la messe, et encore, c'est parce qu'ils ont besoin de partir sans retard pour rejoindre leur destination ou pour se mettre à la recherche de l'ouvrage. Ce n'est donc pas devant des bancs vides, mais bien devant de nombreux assistants, que M. l'abbé Bazire célèbre, chaque matin, le

Saint-Sacrifice. Et ces assistants ne sont pas des moins édifiants. Sous les haillons qui les couvrent, bat souvent plus d'un noble cœur et plus d'une âme droite et honnête, que les conditions de l'existence ont relégués au dernier rang de l'échelle sociale et qui ont encore plus besoin de consolations que d'aumônes. « Combien d'opprimés, a dit quelque part J.-J. Rousseau, auxquels la protection sert plus que l'argent ! Ne faites pas seulement l'aumône, faites la *charité ;* les œuvres de miséricorde soulagent plus de maux que les offrandes. »

Aussi, à l'issue de la messe, M. l'abbé Bazire prononce une courte allocution qui est écoutée avec plaisir et reconnaissance. Il parle de la solidarité qui doit exister entre les individus, quelle que soit leur position sociale ; de la dignité humaine qui se relève par le travail ; des difficultés de l'existence ; des récompenses et des compensations qui nous sont réservées dans une vie meilleure. Il termine en leur recommandant de se montrer reconnaissants pour les bienfaiteurs inconnus qui veillent sur eux et qui ont associé leur charité chrétienne pour leur fournir un asile toujours ouvert sur leur chemin et où ils sont sûrs de rencontrer un accueil bienveillant et paternel.

Il est rare que ces infortunés, qui vont maintenant se disperser un peu dans toutes les directions, quittent l'Œuvre hospitalière de nuit sans se sentir impressionnés et meilleurs.

Le dimanche surtout, la messe est suivie avec empressement. L'asile ayant pu se procurer un orgue, grâce à la générosité d'un bienfaiteur de l'œuvre, les pensionnaires chantent avec un entrain remarquable, à défaut d'art et de justesse dans la voix, des cantiques choisis parmi les plus connus.

Rien ne saurait mieux faire ressortir l'utilité d'une pareille institution et les services qu'elle rend aux pauvres gens, que le témoignage des chiffres.

Nous avons, sous les yeux, les comptes arrêtés le 15 décembre 1894, jour où expirait la douzième année d'existence de l'Œuvre hospitalière du boulevard Saint-Hilaire. Nous relevons les résultats suivants :

Année 1894, 15,345 pensionnaires reçus et 33,403 nuits passées au refuge.

Depuis sa fondation (du 15 décembre 1882 au 15 décembre 1894), le nombre des pensionnaires forme un total de 157,404 et le nombre des nuits s'est élevé à 377,718 unités.

Presque toutes les professions sont représentées dans ces chiffres, depuis l'ouvrier du sol, du bâtiment et de l'industrie jusqu'à l'artiste, le professeur et l'homme de lettres. Au cours de l'hiver de 1893-1894, on a même vu venir frapper à la porte du refuges : un éditeur de musique, un négociant ruiné, qui avait fui son pays et qui se trouvait dans le plus grand dénûment, et enfin, étrange renversement des choses ! un propriétaire et même un poëte qui, en partant, a laissé une poésie à éditer au profit de l'Œuvre.

Il ne faut pas croire qu'ils soient généralement oublieux des services qu'on leur a rendus. Outre le cordial merci, sorti de presque toutes les bouches au départ, le Refuge reçoit chaque année de nombreux témoignages de reconnaissance, en souvenir des jours malheureux. Beaucoup écrivent pour payer leur tribut de gratitude, d'autres envoient de modestes sommes et de vieilles défroques pour les pensionnaires qui ont pris leur place à l'asile. Il y en a aussi qui expédient des fleurs et des bouquets destinés à la chapelle.

La moyenne du séjour à l'asile est légèrement plus faible à Rouen que dans les autres villes; elle ne dépasse guère deux nuits pour chaque individu, au lieu des trois nuits réglementaires. Cela tient évidemment à la proximité de Paris et du Havre, Rouen n'étant, pour ainsi dire, qu'une étape entre ces deux villes. Il ne faut pas oublier, en effet, que la grande majorité des clients des refuges de nuit se recrute parmi les pauvres voyageurs et non parmi les mendiants de profession. Ces derniers possèdent leur organisation qui leur permet d'avoir un réduit pour s'abriter, quand ce n'est pas souvent un appartement confortable, surtout dans les centres populeux. On connaît, à ce sujet, les révélations de M. Paulian, qui a étudié consciencieusement, en se transformant lui-même en mendiant amateur, à Paris, l'industrie exercée sous le couvert de la mendicité. Certes, nous ne voulons pas croire que l'art de mendier soit exploité à Rouen comme à Paris. Outre que le métier serait moins lucratif, la roublardise de ces industriels ne tarderait pas à être démasquée. Néanmoins, si un second Paulian opérait dans notre ville, il découvrirait peut-être plus d'un loqueteux, parmi ceux qui tendent la main aux passants, peu digne de pitié et d'intérêt. Ce n'est pas à l'asile de nuit, en tout cas, qu'on rencontre ces derniers ; ils ont leur chez eux et font leur collecte un peu partout. Les hospitaliers en quête d'un abri sont généralement des étrangers de passage qui vont à l'aventure, les uns cherchant de l'ouvrage, les autres peu pressés d'en trouver. L'asile de nuit, a dit justement M. Maxime du Camp, « ressemble à ces huttes de refuge, construites dans les Alpes, en marge des routes encombrées de neige, où le voyageur peut s'abriter pendant la tourmente, dormir sans redouter l'avalanche, et reprendre vigueur avant de tenter de nouveau les hasards du chemin périlleux, »

Nos pères l'avaient bien compris aussi. L'hospitalité de nuit remonte, en réalité, à la plus haute antiquité. L'église primitive comptait ses nombreux refuges pour les pèlerins, les voyageurs, les infirmes et les malades. Nous avons vu que, dès l'année 1200, Marseille possédait une maison hospitalière pour les étrangers de passage. La plupart des hôpitaux et des hospices ont tiré leur origine de ces institutions anciennes. Malheureusement, la première Révolution ayant tout détruit, il a fallu tout recréer.

Les peuples mêmes qui ne sont pas chrétiens ont compris la nécessité des maisons hospitalières. Il n'est pas jusqu'au Tonkin où les asiles de nuit ne soient en honneur. Dans chaque commune ou village, disent ceux qui ont parcouru ce pays, il existe une maison appelée *die* qui sert de réunion pour les notables. Une salle est réservée aux malheureux qui passent. Elle est meublée d'un lit de camp et on y donne asile aux pauvres diables qui ne savent où aller coucher. On les nourrit; mais, au bout de trois jours, ils doivent s'en aller ou s'embaucher comme travailleurs, sous peine d'être traités en vagabonds. C'est exactement nos asiles de nuit français.

Certes, si chaque localité tant soit peu populeuse possédait un établissement semblable, on verrait beaucoup moins de vagabonds dans nos campagnes; les malfaiteurs aussi se feraient plus rares, et la société s'en porterait mieux à tous les points de vue.

Œuvre de l'Hospitalité du Travail pour les Femmes

Dans le domaine de la charité, comme dans celui plus vaste où se meut l'esprit humain en marche vers le progrès, une idée en engendre une autre, une création ouvre la voie à de nouvelles entreprises qui étendent le champ d'action du mouvement social dans ses diverses manifestations. Le courant des idées charitables ayant enfanté l'Œuvre hospitalière de nuit, pour les hommes, devait inévitablement pousser les cœurs généreux à la fondation d'une institution analogue pour les femmes : quoique voyageant moins que l'homme, la femme n'est pas moins sujette à tomber de fatigue et de faim et à errer, la nuit, ne sachant où trouver un abri pour endormir sa misère, une halte pour reprendre haleine, au milieu des dangers amoncelés sur son chemin. Certes, l'existence est dure pour l'homme, mais elle n'est pas comparable, à dénûment égal, à l'existence de la femme que la faiblesse de son sexe livre à toutes les tortures, physiques et morales, et expose aux plus funestes entraînements.

Ce n'est pas, comme on pourrait le croire, à l'initiative des promoteurs de l'Œuvre hospitalière de nuit pour les hommes qu'est due la fondation du premier asile de nuit pour les femmes. Cette dernière institution charitable a été créée par la Société philanthropique de Paris, dont l'existence remonte à l'année 1780 et qui compte à son actif l'organisation d'œuvres multiples de bienfaisance, parmi lesquelles l'origine des fourneaux économiques, les sociétés de secours mutuels, l'assistance judiciaire, etc. Pendant que l'hospitalité de nuit ouvrait, rue de Tocqueville, son premier dortoir pour les hommes, la Société philanthropique, sur la proposition d'un de ses membres actifs, M. Nost, cherchait, de son côté, à ouvrir un asile temporaire pour les femmes.

Une vieille masure, située au n° 253, rue Saint-Jacques, fut acquise dans ce but et le refuge inauguré, le même jour, sous la présidence du marquis de Mortemart.

Mais le règlement de ce nouvel asile limitait également à trois jours la durée de l'hospitalité accordée, et au bout de peu de temps, l'expérience démontra que ce délai était absolument insuffisant. En effet, le laps de temps qui doit s'écouler entre une première et une deuxième admission étant expiré, on voyait revenir à peu près les mêmes malheureuses et dans un état plus lamentable encore que précédemment. Cette constatation démontrait manifestement qu'il était humain de prolonger l'hospitalité. Des femmes du monde s'émurent de cette situation et se cotisèrent pour fonder un asile où la durée du séjour, pour chaque infortunée, serait portée à trois mois. Une maison fut louée, 39, Grande-Rue, à Auteuil, et le 19 novembre 1880, l'œuvre de l'*Hospitalité du Travail*, qui a pris, depuis, une si grande extension, y fut installée et la direction confiée aux Dames du Calvaire.

Nous allons voir qu'à Rouen nous possédons ces diverses institutions qui, toutes proportions gardées, fonctionnent sur le modèle de celles de la capitale, avec cette différence, toutefois, qu'au lieu d'avoir des origines diverses, elles sont nées d'une inspiration unique, sont placées sous la même direction et alimentées par un budget commun.

L'initiateur est M. l'abbé Bazire. Son zèle ardent, secondé par la faveur de la charité rouennaise, est parvenu à réaliser une si vaste entreprise, qu'il continue à diriger avec toute la sollicitude d'un père pour ses enfants et un dévouement admirable.

Voici en quels termes il annonçait, en 1885, dans son rapport annuel adressé aux bienfaiteurs de l'Œuvre hospitalière de nuit du boulevard Saint-Hilaire, l'ouverture d'un refuge pour les femmes :

L'événement du bilan de cette troisième année d'existence est l'acquisition de cet immeuble du boulevard Saint-

Hilaire, qui donne une forme définitive à notre œuvre. Et, cependant, peu s'en est fallu que nos hôtes n'y vinssent pas. Dès le début, cette maison avait été destinée à une œuvre semblable pour les femmes. Depuis longtemps, il était en projet d'ouvrir un établissement qui, sans en atteindre les proportions, imitât de loin l'*Hospitalité du Travail* de Paris.

Pour bien entendre une œuvre pour les femmes, il faut se placer sur un autre terrain. Avant d'arriver à l'asile, si elles ont suivi la voie douloureuse, elles ont souvent abandonné la voie de l'honneur et de la vertu. Aussi, ne doivent-elles pas être hospitalisées comme les hommes. Cette œuvre doit être avant tout, sous peine de manquer son but, une maison où elles seront hébergées, mais où l'on doive surtout, par mille attentions, panser leurs plaies morales.

L'exposé des différentes catégories de personnes reçues le fera mieux comprendre. C'est d'abord cette pauvre enfant dont le caractère, plus que la conduite, est léger, et qui, dans un moment d'humeur, abandonne le domicile paternel, et que ce malheureux coup de tête pourrait déshonorer pour jamais; ce sont ces pauvres filles qui fuient un pays qui, peut-être, n'a pas été sans dangers, et dont l'identité et le passé sont douteux; ce sont ces malheureuses qui, après une première faute, sortant de l'hospice, ne sachant où se réfugier, sont exposées à retomber dans le vice qui, dès leurs premiers pas dans la rue, accourt les solliciter; c'est cette infortunée qui sort de prison, à l'heure précise où finit l'expiation, et n'a ni feu ni lieu. Voilà l'histoire anticipée de nos futures pensionnaires.

Cette œuvre si délicate ne pouvait être confiée à des mains vulgaires, mais à des mains que la charité a rendues plus douces, à des cœurs déjà préparés par une bonté naturelle et que la grâce de la vocation religieuse a développés. Le choix ne pouvait être meilleur qu'en la confiant aux filles de Saint-François-d'Assise, de celui qui, par prédilection, a voulu épouser la pauvreté. Une autre raison militait encore en leur faveur : l'*Hospitalité du Travail* est le complément de l'œuvre des Bonnes, qu'elles ont entreprise dans notre ville. Que de fois, pour ne pas mêler le bon avec le mauvais grain, n'ont-elles pas été obligées, à leur grand regret, de fermer leur porte à tant de pauvres femmes qui, cherchant à sortir du gouffre, venaient jeter un suprême appel à ces âmes charitables! Et voici le but que l'œuvre d'aujourd'hui doit atteindre : recevoir ces pauvres femmes, leur donner une nourriture simple, les faire travailler dans la maison, les rapatrier quand cela sera possible, leur procurer des papiers si elles n'en ont pas, leur permettre de se raccommoder, de se blanchir, etc., leur donner le temps suffisant pour se placer, et enfin, et surtout, leur rappeler les grands devoirs religieux.... Tel sera, généreux bienfaiteurs, cette œuvre, qui se présente comme le complément nécessaire et attendu de l'Hospitalité des hommes; avec cette sœur aînée, elle vient aussi frapper à la porte de votre charité, pour en solliciter une légère obole, désirant être votre intermédiaire auprès des pauvres femmes dont le cœur brisé ne croyait plus à l'avenir! Que de désespoirs vous aurez adoucis! Que de funestes résolutions vous aurez arrêtées! Là, dans ce modeste asile, elles sauront que les cœurs chrétiens oublient, pardonnent, ressuscitent; sous les ailes de cette maternelle Providence, qui protège les faibles, elles s'endormiront, bercées par cette douce espérance, seul bien qui leur reste encore, bénissant votre nom et priant Dieu pour vous et vos enfants.

Cet appel, aussi noble que touchant, fut entendu. Un vieil immeuble, tout décrépi et menaçant ruine, situé au n° 15 de la rue des Deux-Anges, fut acheté. Après l'avoir reconsolidé, replâtré et rendu à peu près habitable, on procéda à l'aménagement intérieur. Une salle de réception, une salle de travail, un dortoir, où l'on plaça d'abord dix lits, un vestiaire, un lavabo, une salle de bains et une soufrerie furent installés et, le 25 décembre 1885, alors que les miséreux des deux sexes commençaient à grelotter sous leurs haillons, au souffle de la bise, et se mettaient à la recherche d'un gîte protecteur, l'*Hospitalité du Travail* pour les femmes ouvrait ses portes.

Les dix lits dont disposait le dortoir furent bientôt occupés et le nombre des hôtes augmentait toujours. Comment les repousser? On dédoubla la literie, en attendant de pouvoir faire mieux. M. l'abbé Bazire se multiplia et la générosité des souscripteurs fit le reste. Au bout de quelques jours, sept nouveaux lits étaient fondés et sept infortunées de plus étaient recueillies et arrachées à la vie errante. C'est ainsi que la première année, 351 femmes et enfants furent admises à l'asile et y passèrent une moyenne de huit nuits chacune. On comptait, dans ce nombre, 187 journalières et ouvrières de filature, 70 domestiques, cuisinières et femmes de chambre, 22 couturières et blanchisseuses, 2 institutrices, 1 actrice, artiste lyrique, plusieurs enfants du premier âge accompagnés de leurs mères et quelques malheureuses sans profession.

Toutes, sauf trois ou quatre, ont pu être placées ou ont su se procurer du travail. Le but poursuivi, en effet, n'est pas seulement d'héberger et de nourrir gratuitement et momentanément les femmes qui, par suite d'une circonstance fortuite, ou de leur état de misère habituel, se trouveraient sans abri et sans pain, l'*Hospitalité du Travail*, comme son nom l'indique, du reste, s'occupe aussi de leur procurer de l'ouvrage et de replacer dans la bonne voie celles qui en sont sorties. Quoique les principes essentiels de l'Œuvre soient le respect absolu de la liberté de conscience, elle s'efforce de moraliser ses protégées, de les soustraire à la dépravation, de raffermir leurs forces épuisées par la lutte de chaque jour, et de verser dans leur âme, aigrie par le malheur, le baume de la consolation et de l'espérance. Pendant leur séjour à l'asile, les pensionnaires peuvent assister à de salutaires instructions faites à leur intention. Et il faut dire à leur louange que beaucoup d'entre elles, sans que la moindre pression ait été exercée sur leur volonté, ont profité des enseignements qui leur étaient donnés pour se réconcilier avec Dieu. Il ne faut pas croire, d'ailleurs, qu'il n'y ait que la misère pervertie qui fréquente l'établissement, la misère honnête n'y est pas rare, et c'est précisément pour éviter les écueils de la route qu'elle vient frapper à la porte du refuge, afin de reprendre haleine et de ranimer son courage. Il suffit souvent de tendre la main aux pensionnaires de l'hospitalité du travail, de les soutenir dans leur malheur et de leur procurer une occupation, pour les ramener de l'abîme qu'elles côtoient. Quant à celles, malheureusement toujours trop nombreuses, qui ont des instincts pervers et qui ont fait l'expérience des mauvais chemins, la tâche du relèvement est certes plus ardue, mais non impossible. Le tact, la douceur, les bons soins, la régularité du travail, les conseils fortifiants, et surtout l'influence du milieu où elles vivent, opèrent de salutaires transformations et réconcilient ces natures vicieuses avec l'honnêteté et la bonne compagnie.

Les sœurs qui sont chargées de veiller sur elles et de les diriger sont prudentes et perspicaces. Combien de ces malheureuses dévoyées ne leur sont-elles pas redevables d'avoir recouvré la santé de l'âme et du corps!

Tantôt, c'est une pauvre femme qui est sortie de la Maternité sans être remise et qui vient se réconforter à l'asile; tantôt, c'est cette orpheline de seize ans, qui n'a pas encore fait sa première communion et que son frère aîné a vendue à des forains pour se débarrasser d'elle. Un beau jour, fatiguée du métier qu'on lui fait faire, elle se sauve et vient se réfugier à l'*Hospitalité;* tantôt, c'est cette jeune fille qui, fascinée par le luxe d'un étalage et dominée par un sentiment de convoitise, a dérobé une paire de bottines. Poursuivie et condamnée, elle n'ose plus affronter le juste courroux de ses parents. Mais où aller ? Le refuge lui tend les bras, elle accourt et, pendant ce temps-là, la colère paternelle s'apaise, la réconciliation se fait et la pauvre enfant retrouve, enfin, sa place au foyer de la famille qui pardonne et oublie. Le séjour à l'asile a ménagé la transition et fait taire les mauvaises langues. Au retour de l'enfant prodigue, on a dit : « Ma fille sort de place, » et les voisins se sont tenus pour satisfaits.

Nous pourrions allonger la liste des épaves recueillies à l'*Hospitalité du travail;* les exemples que nous venons de citer ne sont pas des cas exceptionnels, ils ne font qu'écarter un coin du triste voile qui cache toutes les variétés d'infortune.

En temps ordinaire, la maison abrite jusqu'à vingt-cinq malheureuses sous son toit hospitalier.

Pendant l'hiver, elle est souvent trop petite et l'on doit se gêner pour faire place aux postulantes. En arrivant, on leur sert une collation, puis elles sont conduites au vestiaire et au dépuratoire. Quand tout est blanchi et raccommodé et qu'elles ont repris un aspect présentable, elles peuvent sortir deux heures chaque jour, pour chercher de l'ouvrage et s'entendre avec les placiers ou les patrons. Les journées passées au refuge sont employées à des travaux de couture, suivant l'aptitude de chaque pensionnaire. Les plus robustes travaillent à la buanderie et aux gros ouvrages d'intérieur. Comme on le pense bien, le règlement est large et la discipline clémente. Toute liberté est laissée à celles qui ne peuvent se conformer au régime de la maison de reprendre leur collier de misère ; mais il en est bien peu qui usent de cette liberté. Généralement, elles s'y trouvent bien et ne demandent à en sortir que quand elles ont leur lendemain assuré.

Vingt-cinq femmes ou enfants à héberger, à nourrir et à vêtir même pendant trois cent soixante-cinq jours de l'année, ce n'est pas une petite affaire, surtout quand on ne dispose d'aucunes ressources fixes. Par quels prodiges d'activité, d'ordre et d'économie, M. l'abbé Bazire peut-il arriver à subvenir à des charges si lourdes ?

Nous avons eu la curiosité de parcourir la liste des bienfaiteurs de l'Œuvre hospitalière de nuit comme de l'Hospitalité du travail, qui, avons-nous dit, ont un budget commun.

Nous avons été frappé des formes variées que prenait la charité pour alimenter ce budget de la misère errante. Relevons quelques-unes des souscriptions, pour l'édification du lecteur :

Fondations de lits à la mémoire de défunts regrettés, pots-au-feu envoyés à l'occasion d'une fête de famille, parce que la joie sera plus douce si les malheureux en profitent; produit d'une collecte dans une réunion, gain d'une soirée, enjeu d'une famille pendant une année, vêtements, chemises, draps, souliers, graisse, riz, charbon, etc., etc.

On n'est pas difficile à l'asile; on a besoin de tout et on accepte tout avec reconnaissance.

Mais voici une forme plus spéciale dont s'est servi un honorable commerçant :

Trouvant dans ses livres quelques comptes qui lui paraissaient douteux, sous le voile de l'anonyme, ce commerçant confia à la direction de l'Œuvre le soin de traiter l'affaire ; celle-ci apporta la plus scrupuleuse attention. L'affaire fut longue, mais elle était bonne pour les pauvres sans domicile; sauf un créancier qui réclama pour les indigents de sa paroisse la moitié de la somme, l'Œuvre hospitalière recueillit honoraires et principal.

C'est par de telles généreuses aumônes que les deux institutions-sœurs ont vécu jusqu'ici, se sont développées et poursuivent avec confiance et résolution leur double mission secourable et moralisatrice.

Œuvre des Franciscaines, dites Servantes de Marie

(HOSPITALITÉ ET PLACEMENT DE BONNES)

Fondation de Rouen

La congrégation des Franciscaines Servantes de Marie est née à Blois. Vers 1850, une pieuse fille, Mlle Virginie Vaslin, depuis longtemps préoccupée de la situation faite, dans notre organisation sociale, à cette catégorie, si nombreuse, hélas! de déshéritées qui sont obligées de courir les bureaux de placement pour louer leurs services et gagner leur pain quotidien, conçut le projet de fonder l'*Œuvre des Domestiques*.

Cette Œuvre, dans la pensée de sa fondatrice, devait poursuivre ce triple but : 1° venir en aide aux domestiques sans place en leur offrant un asile temporaire ; 2° soustraire les jeunes servantes aux difficultés qu'elles rencontrent dans le monde pour persévérer dans le devoir et les bonnes mœurs ; 3° enfin, procurer aux plus âgées une sorte de maison de retraite, où elles seraient assurées contre l'insuffisance de leurs modestes épargnes et l'incapacité de travail qu'entraînent les infirmités des vieux jours.

Quelques années plus tard, en 1854, le projet de cette vaillante chrétienne était en voie de se réaliser. Deux autres camarades qui partageaient ses vues voulurent partager aussi son dévouement, et bientôt Mgr Pallu du Parc, évêque de Blois, fut appelé à bénir le berceau de l'*Œuvre des Domestiques*. Elle répondait à un besoin social si pressant que ses débuts rencontrèrent les encouragements les plus précieux et qu'elle se développa rapidement. En 1856, les fondatrices et les quelques compagnes qui s'étaient associées à leurs efforts charitables désirèrent se former en congrégation et reçurent, des mains de Mgr Charbonnel, l'habit religieux avec les constitutions de saint François d'Assise.

La modeste communauté prit en peu de temps une grande extension et dut fonder des succursales, sur la demande des évêques, dans plusieurs autres grandes villes, telles que Le Mans, Tours, Bourges, Brest, etc.

Ce n'est qu'en 1877 que les Franciscaines Servantes de Marie firent leur apparition à Rouen. Il faut bien dire aussi, pour excuser ce retard insolite de notre ville à suivre l'exemple des autres cités populeuses, qu'elle n'avait pas attendu l'arrivée de ces pieuses filles du Tiers-Ordre pour s'intéresser au sort des domestiques.

L'œuvre existait déjà et fonctionnait dans de bonnes conditions; car, dans le même esprit, une humble Rouennaise, Mlle Durand — encore une de ces femmes d'élite qui sont nées pour l'apostolat et le sacrifice — en avait pris l'initiative. Mais son austérité, son zèle ardent et un travail qui excédait ses forces finirent par épuiser sa santé délicate et l'obliger à prendre un repos bien mérité. Sur ces entrefaites, un membre distingué de la Compagnie de Jésus, le R. P. Gailhard, sollicita de S. E. le cardinal de Bonnechose l'autorisation d'introduire dans notre archidiocèse les Sœurs franciscaines. Le vénéré prélat approuva cette résolution et lui donna sa haute approbation.

Le 3 mai 1877, les Franciscaines, au nombre de trois, arrivaient donc à Rouen et s'installaient dans la modeste maison de la rue Saint-Patrice, portant le n° 51, pour y continuer l'œuvre entreprise par Mlle Durand. Les effets de cette nouvelle direction ne tardèrent pas à se faire sentir. Le terrain d'action s'élargit, grâce au concours d'insignes bienfaiteurs qui s'employèrent généreusement à faciliter la tâche des bonnes Sœurs, au début de leur mission. Le R. P. Gailhard, Mlle Miremont, MM. Cosserat et Louis Baudry furent surtout des auxiliaires ardents de la première heure.

Moyennant une faible rétribution, les bonnes à la recherche d'une place, les servantes momentanément sans maîtres, les journalières sans ouvrage trouvaient, dans la maison de la rue Saint-Patrice, la nourriture et le logement et, de plus, un abri contre les dangers du dehors, un

appui contre leur abandon et leur propre faiblesse.
La durée du séjour dans cet asile hospitalier
n'étant pas limitée, elles avaient tout le temps
nécessaire pour chercher et découvrir un emploi à leur convenance et suivant leurs aptitudes.
Entourées de sincères sympathies, de fortifiants
exemples et de sages conseils, elles apprennent,
en attendant de pouvoir entrer en service dans
des familles honnêtes et chrétiennes, à se perfectionner dans l'accomplissement des devoirs de
leur état.

Depuis trois ans, l'œuvre fonctionnait dans ces
conditions et son succès s'affirmait de plus en
plus chaque jour, lorsque survint une circonstance des plus heureuses qui mettait les Franciscaines dans la possibilité d'assister plus efficacement encore leurs chères protégées. Une charitable admiratrice du but moral et humanitaire
qu'elles poursuivaient avec tant de résolution,
leur offrit une partie de l'immeuble qu'elle occupait sur la paroisse Saint-Gervais, rue Nicolas-Mesnager, n° 12, pour y fonder une annexe de la
maison de la rue Saint-Patrice, en faveur des
domestiques malades ou convalescentes. Inutile
de dire que cette libéralité fut acceptée avec empressement et une vive reconnaissance.

L'installation eut lieu immédiatement et les
pensionnaires commencèrent à affluer. On devine
les services rendus par cette fondation à toute

une classe de travailleuses dignes d'intérêt, que la maladie a condamnées à un repos forcé et qui, moyennant une modeste pension, trouvent là les soins de la famille et les consolations que réclament leur abandon.

En 1884, le local de la rue Saint-Patrice ne pouvait plus contenir la population qui s'y pressait et qui allait toujours en augmentant. Les Sœurs franciscaines se virent forcées de chercher une habitation plus en rapport avec les nécessités du développement de leur bienfaisante mission. Elles furent assez heureuses pour découvrir, rue de Joyeuse, n°s 1 et 1 bis, un immeuble important qui réalisait leurs souhaits : bâtiments confortables, cour et jardin spacieux, situation favorable dans ce quartier calme et populeux du vieux Rouen. C'était le rêve, car on allait pouvoir se donner de l'air, se mouvoir à l'aise et agrandir sa sphère d'action.

La directrice, femme de tête et d'organisation, dont l'activité dévorante se trouvait comprimée dans la petite maison de la rue Saint-Patrice, n'attendait que cette circonstance pour déployer plus utilement encore son zèle en faveur des deshérités.

A l'*Œuvre des Domestiques* vinrent se greffer d'autres œuvres aussi méritoires, et, aujourd'hui, l'établissement de la rue de Joyeuse, auquel est venu s'ajouter, en 1889, l'immeuble contigu, portant le n° 3 de la même rue, ressemble à un phalanstère où se donnent rendez-vous toutes les variétés d'infortunes, depuis la cuisinière momentanément sans place, jusqu'à la vieille rentière sans famille et le vieillard perclu de douleurs. Ils y viennent chercher, les uns aide et protection contre le chômage et le besoin; les autres des soins dévoués et la santé ; tous, le calme de la famille et l'oubli des épreuves de la vie.

Chaque catégorie de pensionnaires a son régime particulier, son cantonnement distinct. Les femmes occupent les bâtiments portant les n°s 1 et 1 bis ; les hommes ont l'entière jouissance du n° 3 qui fait suite. Ce sont généralement des vieillards sans familles, possédant de petites rentes, des parents malades ou infirmes, que les familles ne peuvent pas toujours garder auprès d'elles, qui composent cette dernière catégorie. Elle n'est pas la moins bien partagée : outre tout le confortable que chacun peut désirer, le logement répond à toutes les exigences : plusieurs dortoirs vastes et très-aérés, grandes et belles chambres particulières, salles diverses de récréation, jardin spacieux à la disposition de tous, facile d'accès, exposé en plein midi, avec de belles allées bordées d'arbres qui fournissent, pendant l'été, un ombrage abondant ; toutes les conditions, en un mot, semblent réunies pour rendre aux pensionnaires le séjour agréable.

La sœur Colette, dont l'intelligente sollicitude et la charité débordante n'ont pas vieilli, préside à tous les services, secondée par le zèle de ses religieuses, et puise dans la reconnaissance de ses protégés et la satisfaction du devoir accompli les encouragements qui la soutiennent dans son infatigable labeur.

En 1893, les Sœurs franciscaines furent appelées à fonder une annexe au Petit-Quevilly sur la demande de M. l'abbé Marquezy, curé de la paroisse. Là, comme partout ailleurs, elles ont su se concilier les sympathies de tous par le bien qu'elles font, au milieu de cette nombreuse population ouvrière où s'exerce leur apostolat d'abnégation et de sacrifice. Combien de pauvres malades leur doivent la santé et combien de familles malheureuses, découragées, ont vu, grâce à leur intervention, renaître la joie et l'espérance au foyer de la douleur !

Fondation du Havre

En 1880, les Franciscaines furent autorisées à s'établir au Havre pour entreprendre dans cette ville les mêmes œuvres qu'à Rouen. M. le curé de la paroisse Sainte-Marie mit à leur disposition une maison donnée par Mlle Courchet et située rue Reine-Mathilde. Le séjour dans cet immeuble fut de courte durée; on y était trop à l'étroit, et il ne fallait songer à aucun agrandissement possible pour l'avenir.

Une pieuse chrétienne, à qui le Ciel avait accordé, dans une large mesure, de comprendre les besoins des délaissées, avait légué, en mourant, par testament, à Mgr l'archevêque de Rouen, la libre affectation d'une maison qu'elle avait fait édifier rue Gustave-Cazavan, et, de plus, une portion de terrain attenante. Le 15 juillet 1884, Mgr Thomas, faisant sa première visite pastorale au Havre, fut frappé de l'opportunité et de l'utilité de l'œuvre dirigée par les Franciscaines; mais très-peiné, en même temps, de l'insuffisance du local qu'elles occupaient, rue Reine-Mathilde, il offrit à la communauté-mère de Blois la donation de Mlle Lucas. Ce fut le salut de l'œuvre commencée et l'assurance du succès.

Au mois de mars 1885, les fondations d'une construction, qui complétait la première, furent jetées, et, le 8 décembre de la même année, M. l'abbé Margueritte, vicaire général, venait bénir l'asile terminé et ses heureux habitants. Le nouveau bâtiment est situé rue Augustin-Lenormand, près de la mer. On y a ménagé un oratoire, des chambres particulières, un dortoir, une salle de travail, un réfectoire, des infirmeries qui permettent de recevoir les domestiques malades ou convalescentes, les servantes qui ne peuvent plus gagner leur vie, celles qui se trouvent momentanément sans place. Moyennant une faible rétribution, les domestiques sont nourries et logées dans cet asile; elles s'y trouvent à l'abri des dangers qu'elles rencontreraient abandonnées à elles-mêmes, sans familles comme sans maîtres.

La maison reçoit, du reste, comme celle de Rouen, des pensionnaires appartenant à toutes les positions sociales. Le règlement prescrit la visite des malades à domicile et les Sœurs franciscaines s'en acquittent en prodiguant les trésors de leur inépuisable dévouement. Les services qu'elles rendent au Havre sont très-appréciés, et les résultats qu'elles ont obtenus jusqu'ici, en faisant pénétrer l'esprit chrétien dans un grand nombre de foyers, présagent des fruits plus consolants encore.

Fondation de Pavilly

En 1881, les Franciscaines furent appelées à Pavilly par M. le curé-doyen de cette paroisse, dans le but de prendre la direction d'un orphelinat et d'un asile destiné aux jeunes filles employées dans les filatures.

Là encore que de créatures préservées! Que de bien accompli et que de pauvres délaissées sont arrachées au vice et à la misère!

L'établissement de Pavilly est prospère, quoique de création assez récente. Le petit troupeau du début confié à la garde des Sœurs franciscaines a grossi et s'accroît de plus en plus chaque jour, à la grande joie de ces dignes religieuses et de la population honnête et laborieuse de ce centre industriel.

Maison pour les Bonnes sans place

La fondation de l'Œuvre hospitalière pour le placement de Bonnes appartient à la Congrégation des Sœurs de Saint-Aubin, qui est si répandue dans notre département et qui occupe une si grande place, à Rouen, dans les œuvres d'éducation et de préservation.

C'est en 1854 que cette institution, d'une utilité sociale incontestable, a pris naissance sur la paroisse Saint-Patrice. Elle a pour but, ainsi que l'indique son titre, d'offrir un asile aux jeunes filles qui viennent du dehors pour se placer à Rouen comme bonnes. Quoiqu'ayant des affinités avec l'*Œuvre des Domestiques*, dont nous venons de parler, elle ne fait pas double emploi avec cette dernière, qui se meut dans une sphère plus étendue et plus générale. L'une et l'autre se complètent et l'action de chacune est ainsi rendue plus efficace.

La première directrice de la *Maison pour les Bonnes sans place* possédait un esprit d'ordre et d'organisation qui permit d'asseoir les débuts de l'entreprise sur de solides assises et de bien augurer de l'avenir. La mort vint la surprendre en plein succès, en 1862, et la communauté de Saint-Aubin désigna la Sœur Sainte-Marie pour lui succéder.

A peine la nouvelle directrice avait-elle pris possession de ses fonctions, qu'il fallût déménager, le nombre des pensionnaires augmentant sans cesse et le local de la rue Saint-Patrice manquant d'espace. L'œuvre fut donc transférée au n° 9 de la place Saint-Amand, où elle resta pendant neuf ans. En 1871, la communauté de Saint-Aubin prit en location un vaste immeuble très-logeable, quoique fort ancien, situé rue de l'Epée, n° 22, et elle y établit définitivement le siège de l'institution, où un pied à terre est réservé pour les sœurs du même ordre qui sont de passage à Rouen.

Les bonnes qui ont quitté leur place ou qui arrivent dans l'intention de se placer dans une famille honnête vont frapper à la porte de la maison de la rue de l'Epée qui les recueille, les loge, les nourrit aussi longtemps que besoin est. Leur séjour est généralement de courte durée en raison de leur prompt placement par les soins des bonnes sœurs.

Primitivement, le taux de la pension avait été réduit à 1 fr. 25 par jour ; mais en raison de la cherté des vivres, à notre époque, le prix en a été porté à 1 fr. 50. Est-il besoin d'ajouter que les pertes dépassent sensiblement les profits et que si la congrégation ne venait pas au secours de l'œuvre pour couvrir les frais du loyer, de l'entretien du mobilier, etc., elle ne pourrait se suffire à elle-même. Mais en présence des dangers sans nombre auxquels sont exposées ces pauvres filles, sans expérience et sans abri, qui n'ont jamais quitté leur village et qui viennent se placer sous sa protection, il n'est pas de sacrifice qui coûte à la bienfaisance chrétienne pour prévenir le vice et faire aimer la vertu.

Quelle action plus méritoire, en effet, que celle qui consiste à sauver de la misère et du déshonneur tant de pauvres filles que la rue guette au passage pour en faire sa proie ! S'il était possible d'établir la statistique des sauvetages ainsi opérés par les œuvres de foi et de charité, on serait vraiment stupéfait et émerveillé en même temps du bien qu'elles accomplissent journellement au profit de l'honnêteté sociale.

Nous aurions, dans cet ordre d'idées, de bien touchantes histoires et des anecdotes aussi curieuses qu'édifiantes à raconter, mais nous craindrions de grossir démesurément ce volume.

CHAPITRE VI

SECOURS AUX MALADES ET AUX INFIRMES

Origines des Hospices de Rouen. — L'Hôtel-Dieu et l'Hospice-Général. — Hôpital Forbras (aveugles curables). — Sœurs de la Compassion. — Sœurs de Bon-Secours. — Œuvre du Calvaire. — Institution de Sourds-Muets.

Hospices de Rouen — Leurs Origines

Il faut remonter aux premiers siècles de l'histoire de l'église catholique pour trouver les origines des hôpitaux. Les anciens conciles imposaient aux évêques l'obligation de la charité envers les pauvres. Ils devaient leur venir en aide par tous les moyens à leur disposition et ordonner aux desservants des paroisses de leur diocèse respectif d'accorder l'hospitalité aux voyageurs indigents.

Les presbytères devinrent ainsi autant de maisons de refuge pour les malheureux, mais l'exiguïté de l'espace dont on pouvait disposer, surtout dans les centres populeux, ne permettait pas toujours de faire face aux besoins qui se présentaient. On était obligé de s'adresser aux hôtelleries pour loger ceux qui n'avaient pu trouver de place dans les presbytères. La nécessité de créer des installations spéciales fut bientôt reconnue, et, dans les principales villes où les ressources étaient plus grandes, les communautés religieuses et le clergé ouvrirent des asiles hospitaliers pour les miséreux sans domicile, pour les malades et les infirmes. Les hospices, du mot latin *hospes*, tirent de là leur origine.

Toutefois, jusqu'au règne de Louis XIV, il n'y avait guère d'hôpitaux proprement dits que dans les grandes villes capitales de chaque province. On sait qu'au mois de juin 1662, un édit ordonna que chaque ville du royaume en possédât au moins un.

Il y a lieu de remarquer que le nombre de ces établissements de bienfaisance variait non pas suivant l'importance de la population urbaine, mais bien suivant le degré de sa foi et de sa piété.

La province de Normandie, dont le sol fertile est si profondément imprégné de la culture de l'esprit chrétien de ses habitants, était une des mieux organisées sous ce rapport.

Rouen, qui figure au premier rang des cités qui n'ont jamais séparé la religion des progrès de leur civilisation et qui se sont transmises, de génération en génération, la fermeté de leurs croyances et l'effusion de leur charité, a possédé jusqu'à treize hôpitaux et maladreries fonctionnant simultanément.

Le plus ancien est l'Hôtel-Dieu, dont on ne connaît pas exactement les origines; elles remontent incontestablement aux premiers siècles de l'église. Ce qui le prouve, c'est que certains documents historiques mentionnent la fondation, en 514, d'un asile hospitalier, dit des Chaussetiers, sur l'emplacement actuel de la préfecture. Or, il est parfaitement établi que cette institution, destinée à recueillir les pauvres pèlerins, est postérieure à l'existence de l'*hôpital de Notre-Dame*, devenu plus tard l'Hôtel-Dieu.

L'hôpital Saint-Martin, qui a existé jusqu'au XVe siècle, et qui était situé entre la rue aux Ours et la rue du Fardeau, passe aussi pour un des plus anciens qui ait été créés à Rouen.

Viennent ensuite, par rang de dates, l'hôpital Martainville, institué en 1050 par Guillaume le Conquérant, duc de Normandie, pour recevoir les pauvres aveugles. Il était construit au pied du mont Sainte-Catherine et faisait partie du hameau du Nid-de-Chien. En 1478, on le remplaça par l'hôpital du Saint-Esprit et, vers le milieu du siècle suivant, les capucins ayant été appelés dans notre ville par le cardinal de Bourbon, s'y installèrent et le convertirent en couvent. Mais l'immeuble fut rasé en 1591, par suite des travaux qui furent exécutés pour mettre Rouen, assiégé par Henri IV, en état de défense.

L'hôpital du Roi fut fondé en 1277 par un pieux chanoine, Guillaume de Saane, dont l'humilité était telle, malgré son grand savoir et ses éminentes qualités, qu'ayant été nommé archevêque de Rouen, à la mort de Mgr d'Odo Rigault, il remit sa nomination entre les mains du pape. Philippe le Bel, roi de France, dota cette fondation d'un revenu important, ce qui lui fit donner le titre d'*Hôpital du Roi*. D'abord ouvert seulement aux pèlerins de passage, cet établissement, qui jouissait de nombreux fiefs, prit beaucoup d'extension et les pauvres, malades ou valides, y furent admis, nourris et soignés. Défense était faite, cependant, de recevoir « aucuns coquins ni belestres. » En 1635, les prêtres de l'Oratoire en devinrent possesseurs, et, quelques années plus tard, en 1646, ils signèrent une transaction avec les administrateurs du Bureau des pauvres valides, qui réunirent ledit Hôpital du Roi à leur établissement et prirent l'engagement de pourvoir « à la nourriture, logement et ameublement
« que l'on avait accoûtumé de fournir aux pauvres
« que l'on recevait. » Le contrat spécifiait, en outre, que sur la porte extérieure serait mis un écriteau contenant ces paroles : « *Hôpital des pauvres renfermez*. » (1)

---

(1) Le Bureau des Pauvres valides commença à fonctionner à Rouen en 1534. Il avait pour principal but de

L'hôpital de Saint-Jean-sur-Renelle, connu aussi sous le nom d'hôpital de Saint-Antoine, avait été édifié en 1320, dans la rue Saint-Antoine (aujourd'hui rue Jeanne-d'Arc). Il fut confié, par la suite, à la communauté des religieux de Saint-Antoine, dont il partagea la destinée.

L'hôpital Saint-Vivien, fondé en 1350 et dont on voit encore des vestiges, était situé dans la rue Saint-Vivien, à proximité de l'église de ce nom. Le curé de la paroisse et le trésorier de la fabrique en étaient les administrateurs intègres et dévoués.

Indépendamment de ces nombreux hôpitaux que nous venons de passer rapidement en revue, les diverses paroisses de Rouen, de concert avec les monastères, avaient établi, en dehors des murs de la ville, des maladreries où étaient envoyés les malades atteints de la lèpre.

La plus importante de ces maladreries était celle du prieuré du Mont-aux-Malades, créée, en 1131, par les paroissiens de vingt paroisses, en faveur de leurs lépreux. Les autres églises de Rouen se partageaient les léproseries du prieuré

---

procurer de l'ouvrage à tous les pauvres en état de travailler, afin de débarrasser la rue des mendiants et des vagabonds. Cette charitable institution était aussi une école de moralisation. Elle prit un très-grand développement et parvint à centraliser toutes les bonnes œuvres de notre ville.

Saint-Julien, fondé en 1183, au Petit-Quevilly, par le roi anglo-normand Henri II, des chapelles de Sainte-Marguerite, de Bourdeny, de Saint-Claude et Saint-Christophe, au Pont-de-Darnétal, de Sainte-Véronique, sur le territoire de Bois-guillaume, etc.

Les fabriques de chaque groupe paroissial subvenaient aux dépenses de leurs malades respectifs. Mais à peine la lèpre qui, pendant plusieurs siècles, fit tant de ravages à Rouen, était-elle en décroissance, qu'une autre épidémie, plus terrible encore, la peste, se déclara au commencement du XVIe siècle. La population était consternée, et les autorités religieuses et civiles durent se multiplier pour lutter contre le fléau et isoler de la contagion la partie saine des habitants. On manquait de locaux pour interner les pestiférés, qui demandaient un traitement spécial et une installation séparée. On alla au plus pressé.

Dans le faubourg Cauchoise, au lieu dit de l'Aulnay, existait un terrain vague appartenant à l'Hôtel-Dieu. Un arrêt du Parlement du 12 avril 1537 prescrivit qu'en attendant qu'on eût découvert un endroit plus commode pour y mettre les pestiférés, cet emplacement, qui prit le nom de *Lieu d'Event*, serait choisi pour « éventer et nettoyer les habits des malades. »

En 1567, on fit l'acquisition, au prix de

3,650 livres, d'une propriété avoisinante pour y loger les pestiférés, et il fut décidé que quelques religieuses de l'Hôtel-Dieu s'y transporteraient pour les garder et les soigner.

Cette partie extérieure du faubourg Cauchoise fut désignée sous le nom de *Lieu de Santé*, par antithèse, sans doute.

Au bout de peu de temps, l'unique bâtiment où étaient logés les lépreux, quoique d'assez vastes dimensions, devint absolument insuffisant. Il fut donc décidé, en 1654, qu'on construirait des maisons plus spacieuses pour les malades de la peste et pour les convalescents qui étaient obligés de respirer le mauvais air de la contagion.

Pour cette entreprise fort coûteuse, Louis XIV, qui était de passage à Rouen, au mois de février 1650, avait donné, sur la sollicitation des administrateurs de l'Hôtel-Dieu, des lettres patentes, portant la permission de « lever cinq sols par chaque muid de vin qui entrerait dans la ville, et deux fois six deniers sur chaque muid de cidre et de poiré, sans considérer aucun privilége. »

D'après les plans arrêtés, les nouvelles constructions sur le *Lieu de Santé* devaient comprendre deux hôpitaux contigus. L'un, l'hôpital Saint-Louis, serait destiné à recueillir les pestiférés déclarés; l'autre, l'hôpital Saint-Roch, les malheureux qui, éprouvés par le fléau, mais épargnés par la mort, avaient besoin de refaire leurs forces pour recouvrer complètement la santé.

Les premières pierres de ces édifices furent posées, pour l'hôpital Saint-Louis, le 7 mars, et, pour l'hôpital Saint-Roch, le 27 du même mois de l'année 1654.

Les cérémonies religieuses qui eurent lieu à cette occasion sont curieuses à connaître. Qu'il nous suffise de rappeler la première, d'après Farin.

« Messire Jean de Malveau, évêque d'Aulone, de passage à Rouen, fit la cérémonie religieuse, et Mgr le duc de Longueville plaça la première pierre. Cette action commença par la procession qui se fit dans la place où l'on devait construire les deux hôpitaux, au milieu de laquelle on planta la croix, avec les bénédictions et les prières contenues dans le Pontifical. Les religieux de la Madeleine, docteurs du spirituel de l'Hôtel-Dieu, marchaient les premiers en cette procession, puis les prêtres et le curé de la paroisse de Saint-Gervais ; les pères capucins, qui se sont exposés pour l'assistance des pestiférés aux années dernières, étaient auprès de Mgr d'Aulone, qui était vêtu de ses habits pontificaux, et ensuite Mgr de Longueville, les officiers, les chanoines et autres personnes de condition, ayant tous le cierge en main, pendant que les religieuses de l'Hôtel-Dieu, qui avaient été employées au service des malades, étaient en prières auprès de l'autel préparé pour les cérémonies de la bénédiction. »

Faute d'argent, il y eut un temps d'arrêt dans les travaux, et les malades devenaient, hélas! de plus en plus nombreux. En 1741, il n'y avait plus de place nulle part, et on dut transporter un grand nombre de lépreux dans la grande salle de l'archevêché.

Enfin, vers 1749, les hôpitaux Saint-Louis et Saint-Roch étaient prêts à fonctionner. Les nouvelles salles s'emplirent de malades et les divers services furent organisés avec tout le confortable de l'époque.

L'Hôtel-Dieu

Avant d'être installé sur l'emplacement qu'il occupe aujourd'hui, l'Hôtel-Dieu ou l'Hôpital de Sainte-Marie-Madeleine a eu des fortunes diverses.

Nous avons dit que son origine remontait au temps de nos premiers archevêques, et qu'il avait été d'abord établi dans le cloître des chanoines, sous la dénomination d'*Hôpital de Notre-Dame*. Quelques siècles plus tard, on le retrouve installé, plus grandement, du côté de la porte Saint-Hilaire, au lieu appelé Nid-de-Chien. Au XIIIe siècle, il fut reporté auprès de la Cathédrale, dans le prieuré où Eudes Rigaud déposa, le

18 mai 1268, les reliques de sainte Marie-Madeleine, dont il prit le nom. Il subit bien d'autres transformations par la suite. En 1624, notamment, un incendie le détruisit complétement. Il fut réédifié et agrandi en 1638, puis en 1654. De telle sorte que l'Hôtel-Dieu finit par occuper un vaste carré circonscrit par la place de la Calende, les rues de l'Epicerie, des Fourchettes, de la Madeleine et du Change. La direction en était confiée aux Frères Hospitaliers, qui embrassèrent la règle de saint Augustin.

Bien avant 1296, des religieuses, spécialement chargées des soins à donner aux malades, étaient attachées à l'hospice. En 1645, elles se constituèrent en communauté, sous la même règle de saint Augustin.

L'Hôtel-Dieu fut transféré définitivement, en 1756, au *Lieu de Santé* et absorba les deux hôpitaux Saint-Louis et Saint-Roch, reliés ensemble depuis lors, pour ne former qu'un seul et même établissement.

Une inscription latine, placée au pied de l'Hôtel-Dieu actuel, porte que le nouvel hospice fut ouvert, le 16 juillet 1758, « aux malades indigents, ainsi qu'aux deux corporations religieuses qui leur donnent des secours, par les protecteurs en titre de l'établissement. » Elle est signée : « Le cardinal de Saulx-Tavannes, etc., duc de Miromesnil. »

Les archives de la maison mentionnent qu'en 1788 huit chanoines réguliers du *Lieu de Santé* et vingt-six religieuses se dévouaient au service des malades et leur prodiguaient tous les soins que réclamait leur situation matérielle et morale. En 1789, un des chapelains, M. l'abbé Huby, avait même fondé, dans une des salles de l'hospice, une école pour les sourds-muets qui obtint un grand succès.

L'Hospice-Général

Beaucoup plus important et plus vaste que l'Hôtel-Dieu, l'Hospice-Général est aussi de fondation beaucoup plus récente. Ce fut primitivement le Bureau des Pauvres Valides institué en 1534. Une scission s'étant produite entre ledit Bureau et l'administration de l'Hôtel-Dieu de la Madeleine, le Parlement intervint et autorisa l'expropriation d'un terrain situé à la Marêquerie pour y installer les Pauvres Valides ; mais le nombre des pauvres augmentant, et l'espace pour les loger faisant défaut, M. Claude Groulard, premier président du Parlement, s'intéressa d'une façon toute particulière à une entreprise si méritoire, et acheta, de ses propres deniers, en 1602, un emplacement plus étendu et fit construire les bâtiments nécessaires. M. Claude Groulard trouva, quelques années plus tard, un puissant auxiliaire dans la personne de M. Damiens, conseiller au Parlement, qui quitta son domicile et sa charge pour venir habiter dans le Bureau des Pauvres Valides, afin de se consacrer entièrement à son organisation et à son administration.

De nouvelles acquisitions furent faites, des constructions plus considérales furent entreprises, à l'aide de généreuses donations. Le 14 juin 1646, une transaction fut passée entre les Pères de l'Oratoire établis dans l'ancien Hôpital du Roi et les administrateurs du Bureau. Cet acte assurait aux Pauvres Valides tous les revenus de l'ancien hôpital dont il s'agit, y compris les maisons de la rue de l'Aumône (aujourd'hui rue des Fossés-Louis VIII), qui lui avaient été assignées, « à la charge de recevoir, loger et nourrir les pèlerins et les mendiants de passage. »

Des améliorations successives permirent de donner un développement considérable à l'action charitable exercée par le Bureau des Pauvres Valides. L'idéal poursuivi, dit un chroniqueur du temps, était de bannir les fainéants, qui aiment mieux demander leur vie que de la gagner. On recueillait tous ceux qui se livraient à la mendicité; ils étaient gratuitement logés, nourris et entretenus, mais ils se voyaient imposer l'obligation de travailler. On faisait apprendre un métier aux enfants et aux jeunes gens, auxquels on octroyait le droit de maîtrise après six ans d'apprentissage dans ledit Bureau, et cela pour tous les genres de professions, sauf celle de libraire-imprimeur. Un signe distinctif, porté en évidence, les faisait « reconnaître parmi les gueux et vagabonds étrangers. »

De nouveaux agrandissements étaient projetés, en 1654, et, dans une réunion du comité général, la question fut agitée. Il fut reconnu que l'exécution du plan soumis à son examen nécessiterait une dépense pouvant s'élever jusqu'à 500,000 livres. Ce prix, exorbitant pour l'époque, n'effraya pas, dit-on, les membres présents, tant l'amour des pauvres primait chez eux toute autre préoccupation.

Enfin, en 1681, le Bureau des Pauvres Valides fut érigé en Hospice-Général. Farin rapporte qu'alors les dimensions des bâtiments étaient telles que deux mille personnes y étaient commodément logées, tant de l'un que de l'autre sexe. « Les hommes, écrit-il, y occupent les appartements qui sont à gauche en entrant et qui forment une grande et petite cour ; les femmes, à la droite, occupent la même quantité de logement, dont chacun a sa porte d'entrée particulière.

« Il y a quatre infirmeries : deux grandes, une pour les hommes et l'autre pour les femmes ; deux petites, dont l'une est pour les jeunes garçons, l'autre pour les jeunes filles ; les femmes libertines sont enfermées dans un quartier séparé. Dans toutes, on célébrait la messe chaque matin.

« Ce sont des filles dévotes, habillées de noir, qui servent dans les infirmeries destinées aux femmes et aux enfants ; pour les hommes, ils ont un supérieur constitué par MM. les administrateurs. »

L'Hospice-Général a reçu depuis de nouveaux agrandissements, notamment en 1768, 1823 et 1845. De vastes jardins adjacents lui ont été réunis. Une donation de M. l'abbé de Germont, en 1763, permit de fonder trente crèches pour les enfants exposés et de faire bâtir une maison près de l'église Saint-Hilaire, rue Edouard-Adam, afin d'y élever, au moyen du lait animal, les enfants trouvés. Il existait aussi une autre annexe appelée « les Petites Maisons, » où les fous étaient soignés et surveillés.

Des religieuses appartenant à la communauté de Notre-Dame-de-Charité, communauté qui fut créée, à l'Hospice-Général même, en 1714, par Mlle de la Coudray, née à Rouen en 1686 et morte à Lisieux en 1763, prodiguent encore de nos jours aux pauvres malades leurs soins les plus dévoués. Supprimées en 1793, elles furent rappelées en 1803 et, depuis, ces saintes filles n'ont cessé de remplir, comme par le passé, à la satisfaction de tous, leurs chrétiennes et pénibles fonctions au chevet de tous les genres d'infortunes qui se succèdent dans ces nombreuses salles que peuple la souffrance.

A travers les grandes grilles qui longent le boulevard Gambetta, à gauche des vastes jardins où se trouvait autrefois le cimetière, et qui s'étendent presque jusqu'à la place Saint-Hilaire, on aperçoit, au fond d'une belle avenue plantée d'arbres de haute-futaie, la façade de l'église de l'hospice, dont la première pierre fut posée par le cardinal de La Rochefoucault, en 1785.

Elle a remplacé une ancienne chapelle bâtie en 1651 et consacrée à Notre-Dame-de-la-Charité. Ce nouvel édifice religieux ne fut bénit et livré au culte que le 25 mars 1790.

Une curieuse notice, éditée en 1888 et due à un des administrateurs de l'Hospice-Général, M. Letaillandier, signale l'inscription suivante relevée sur une des pierres de l'ancienne chapelle :

GABRIEL BIZET,
PRESTRE-NOTAIRE APOSTOLIQUE,
SECRÉTAIRE DU CHAPITRE DE L'ÉGLISE CATHÉDRALE
DE ROUEN,
DONT LE CORPS REPOSE CI-DESSOUS,
QUI EST DÉCÉDÉ LE 16 FÉVRIER 1682,
AGÉ DE 66 ANS.
Passants, priez Dieu pour le repos de son âme,
et mettez, à son initiative,
vos richesses en dépôt dans les mains des pauvres,
pour les reprendre dans l'éternité.

Relevé encore celle-ci :

FRANÇOIS DE LA HAYE-AUBER,
Qui fut également bon pour ceux qui souffrent!

L'ancienne chapelle obtint aussi l'insigne faveur de posséder le corps de sainte Rosalie, martyre, dans les circonstances que voici :

En 1657, M. de la Motte-Lambert, un des administrateurs des Pauvres Valides et conseiller à la cour des Aides, s'était rendu à Rome pour s'y préparer aux missions lointaines et périlleuses. Pendant son séjour dans la Ville Eternelle, il n'eut garde d'oublier sa chère maison de Rouen, où son esprit et son cœur s'étaient formés à l'amour du bien et aux œuvres de charité. Il résolut de lui envoyer de Rome un gage inestimable de son affection et de son durable souvenir. Ayant sollicité du pape Alexandre VII la translation du corps de sainte Rosalie, elle lui fut accordée, et le 2 mars 1658, cette précieuse relique fut déposée dans le sanctuaire de la petite église du Bureau des Pauvres Valides, devenu aujourd'hui l'Hospice-Général.

Cet important établissement qui a joui, jusqu'à la Révolution, de son autonomie administrative, comprenait dans son conseil des membres choisis dans le Parlement de Normandie et dans le haut clergé. Le bureau avait à sa tête l'archevêque de Rouen, siégeant avec le premier président et le procureur général. Des chanoines leur étaient adjoints. Du reste, cette tradition s'était perpétuée jusqu'à notre époque. Il était d'usage, en effet, il y a peu d'années encore, d'appeler à l'administration des Hospices les membres de la haute magistrature et les dignitaires ecclésiastiques qui se faisaient le plus remarquer par leur zèle charitable.

Le personnel, cela va sans dire, était recruté exclusivement parmi les communautés religieuses, c'est-à-dire parmi les professionnelles de la charité et de l'abnégation.

Avant la Révolution, l'Hospice-Général était desservi par quatre chapelains et trente religieuses.

Si, aujourd'hui, nos hospices de Rouen continuent à user des services généreux et désintéressés des Sœurs, l'administration n'est plus composée avec les éléments d'autrefois. Le clergé n'en fait plus partie et l'organisation n'est plus du tout la même.

L'Hôtel-Dieu, qui contient sept cents lits, et l'Hospice-Général, qui en a seize cents, sont régis par une direction commune, placée sous la surveillance d'une commission qui relève, elle-même, de l'administration supérieure.

De tous les établissements de bienfaisance qui existent dans notre ville et dont la situation était florissante, bien peu survécurent à la Révolution.

La dispersion violente des monastères et des congrégations religieuses jeta sur le pavé des rues des milliers de malheureux qui tombèrent à la charge de la ville, qui ne possédait aucunes ressources pour leur venir en aide.

L'Hôtel-Dieu et l'Hospice-Général furent seuls maintenus, mais dans quelles conditions ! Ecoutons ce qu'en pensait le rapporteur des travaux du département, devant le conseil général, en 1793 :

> C'est avec peine que nous nous voyons dans la nécessité de retracer l'insuffisance des hôpitaux. Par suite de la diminution des aumônes et par l'effet des circonstances qu'amène nécessairement la Révolution, tous ceux qui existent dans le département succombent sous le poids des dépenses qu'exige le service de ces asiles, établis et destinés par la charité pour subvenir au soulagement de l'humanité souffrante.

La dépense annuelle de l'Hospice-Général, qui contenait plus de quatre mille infortunés, s'élevait à 550,000 livres et celles de l'Hôtel-Dieu à 310,000 livres. Il en résultait une insuffisance annuelle de ressources s'élevant à 600,000 livres. Mais ce fut bien pis lorsque parut la loi du 23 messidor an II (11 juillet 1794), qui décrétait la vente des biens de tous les établissements de bienfaisance et ordonnait la réunion au domaine national de l'actif et du passif des hôpitaux, hospices, maisons de secours, bureaux des pauvres, etc. L'aspect de nos cités était vraiment lamentable et jamais la classe des déshérités n'eut à traverser des épreuves plus cruelles. Fort heureusement, cette crise de la misère dura peu, en présence des cris de détresse qui s'élevaient de toutes parts. La loi du 16 vendémiaire an V (7 octobre 1796) vint rapporter la mesure aussi inique qu'antihumaine décrétée par la loi de messidor. Les hôpitaux, qui n'avaient pu encore être dépossédés, furent maintenus dans la jouissance de leurs biens et revenus. Quant à ceux dont les biens avaient été vendus, on leur accorda une compensation prélevée sur les biens nationaux.

En ce qui concerne l'Hôtel-Dieu et l'Hospice-Général de Rouen, une grande partie de leurs propriétés n'avait pu échapper à l'exécution de la loi de messidor, et la réparation qu'ils reçurent fut loin d'atteindre l'équivalent des biens qu'on leur avait enlevés. C'est ainsi que l'Hôtel-Dieu a été dépossédé de l'église de la Madeleine, qu'il avait fait construire de ses propres deniers, et qu'aucun dédommagement ne lui a été concédé jusqu'à présent (1).

---

(1) Depuis la Révolution et vers le milieu de notre XIXe siècle qui s'achève, deux autres hôpitaux, dus à l'initiative privée, ont été ouverts dans notre ville, mais avec des affectations spéciales. Ce sont : l'hôpital Forbras, rue des Capucins, pour les aveugles curables ; — nous lui

Hôpital Forbras

POUR LES AVEUGLES CURABLES

Il aimait les pauvres et il dépensa pour eux, sans compter, tout ce que Dieu lui avait donné de bonté, d'intelligence et de force. La vie de M. l'abbé Forbras, si nous ajoutons qu'il fut un excellent prêtre, pourrait, à la rigueur, être condensée dans ces quelques mots. Mais ses œuvres ont occupé et occupent encore aujourd'hui une trop grande place dans l'organisation charitable et chrétienne de notre ville pour que nous ne considérions pas comme un devoir de retracer ici les principales phases de cette noble et laborieuse existence. Les premières années de ce vaillant apôtre de la charité n'offrent rien de bien saillant. M. Pierre-François Forbras naquit à Beauval, diocèse d'Amiens, le 31 octobre 1799. Son honorable famille étant venue habiter à Rouen, il suivit d'abord comme externe les cours du lycée. Appelé au sacerdoce par une vocation solide et éprouvée, il entra, après avoir terminé ses études classiques, au grand séminaire, où il se fit remarquer par le développement de son intel-

---

consacrons ci-après une notice détaillée, — et l'hôpital Lamauve, fondé en 1852, pour les protestants, sur le boulevard Saint-Hilaire; il est actuellement situé rue du Renard.

ligence et son goût prononcé pour la science théologique. Ordonné prêtre en 1822, la maturité précoce de son esprit et de son caractère lui valut d'être nommé chapelain des Dames du Saint-Sacrement, mais ce poste ne convenait ni à ses aptitudes ni à son activité sacerdotale.

La Providence le réservait pour exercer, en temps opportun, l'ardeur de son zèle, sur un champ plus aride et plus vaste. Deux ans après, en effet, il devenait vicaire de la populeuse paroisse de Saint-Vivien, où il y avait tant de bien à faire. Son grand cœur allait pouvoir se dilater au contact des multiples infortunes qui réclamaient les soins de son ministère. Le sort de l'enfance moralement abandonnée fut une de ses premières préoccupations. Mettant en pratique la parole du divin maître : « Laissez venir à moi les petits enfants, » il se fit l'éducateur et le protecteur des enfants pauvres. Les bienfaits de toute sorte qu'il répandait autour de lui le rendirent bientôt populaire dans la paroisse ; mais l'estime dont il jouissait se changea en admiration quand éclata, en 1832, le choléra qui fit tant de ravages à Rouen. Son dévouement, dans cette terrible circonstance, fut au-dessus de tout éloge. On le vit, jour et nuit, s'attacher au lit des malades, les soignant de ses mains, leur prodiguant les soins les plus tendres, et se multipliant pour soulager leurs souffrances physiques et morales.

Au lendemain de l'épidémie cholérique, le 1ᵉʳ juin 1833, M. l'abbé Forbras fut nommé curé de Caudebec-lès-Elbeuf. Il quitta Saint-Vivien emportant les regrets unanimes des paroissiens, qui avaient su apprécier ses éminentes qualités. Il resta six ans à Caudebec où il se signala par la fondation de plusieurs bonnes œuvres et par son dévouement pastoral. L'autorité diocésaine voulant récompenser ce digne prêtre lui confia, en 1839, le poste de curé-doyen de Canteleu, mais il ne l'occupa que fort peu de temps. La paroisse de Saint-Vivien le réclamait, et le cardinal prince de Croy acquiesça à son vœu. M. l'abbé Forbras fut mandé à l'archevêché et la cure de Saint-Vivien lui fut proposée. Après avoir hésité quelques instants, car il connaissait Saint-Vivien et savait les labeurs qui l'y attendaient, le curé-doyen de Canteleu accepta et, le 8 juillet 1840, M. l'abbé Forbras rentrait dans sa première paroisse, en qualité de premier pasteur, et était solennellement installé, aux acclamations des fidèles qui, se rappelant la belle conduite de leur nouveau curé, pendant le choléra, répétaient ce cri de reconnaissance : « Vive l'abbé Forbras qui nous a sauvés du choléra ! »

Comment raconter sommairement les actes d'un ministère paroissial qui dura trente-cinq ans et dont pas une heure, pas une minute ne s'écoula sans être marquée par un bienfait.

Les débuts de M. l'abbé Forbras à la cure de Saint-Vivien furent employés au couronnement d'une œuvre importante dont il n'avait fait que jeter les bases, en quelque sorte, huit ans auparavant, c'est-à-dire au cours des deux dernières années de son vicariat dans ladite paroisse. De concert avec M. l'abbé Prévost, cet autre vicaire de Saint-Vivien qui a laissé, lui aussi, des souvenirs durables de son amour pour les petits et les humbles, il avait établi une association d'ouvrières chrétiennes ayant pour but de se secourir mutuellement en cas de maladie et de venir en aide aux familles pauvres en les visitant pendant les moments libres de leur journée.

Cette association resta prospère aussi longtemps que les deux fondateurs purent la diriger, mais après leur départ successif de Saint-Vivien, elle périclita, d'année en année, et lorsque M. l'abbé Forbras prit possession de sa cure, le nombre des associées, éclairci par la vieillesse ou la mort, se trouvait réduit à trois ou quatre. L'œuvre était donc destinée à disparaître à bref délai s'il n'y était porté un prompt remède. M. l'abbé Forbras avait d'autant plus à cœur de la relever qu'il était effrayé des progrès faits par le paupérisme, dans la paroisse, depuis son départ.

Après avoir mûrement réfléchi aux mesures à prendre, il s'arrêta à l'idée de remplacer l'association expirante par une communauté religieuse;

mais laquelle ? Son choix resta quelque temps indécis, car les besoins de la paroisse lui inspiraient de grands projets pour la réalisation desquels il était indispensable de s'entourer de dévouements à toute épreuve.

Il se décida enfin à faire appel au concours des Filles de Saint-Vincent-de-Paul. Mais comme c'était la première fois que cette congrégation allait être introduite à Rouen, les démarches demandèrent quelque temps. M. le curé de Saint-Vivien en référa d'abord à Mgr le prince de Croy, archevêque de Rouen, qui approuva une pareille initiative et désira s'y intéresser personnellement. Sa mort étant survenue peu de mois après, on trouva, en effet, dans son testament, un legs de 2,000 fr. à cette institution. Son successeur, Mgr Blanquart de Bailleul, accueillit avec la même faveur la requête de M. l'abbé Forbras. Il lui donna même une lettre de recommandation auprès du supérieur général de la congrégation de Saint-Vincent-de-Paul. Celui-ci acquiesça au vœu qui lui était exprimé et accorda quatre sœurs à M. le curé de Saint-Vivien. Elles arrivèrent à Rouen, le 12 août 1844, et s'installèrent dans la maison de charité de la rue Eau-de-Robec, 53, en attendant que l'établissement de la rue des Capucins fût préparé pour les recevoir.

Le 7 novembre 1844, elles prenaient possession de la maison qui leur était destinée et qu'elles n'ont pas quittée depuis. Mgr Blanquart de Bailleul, récemment intronisé, vînt bénir le nouvel établissement de la rue des Capucins qui, sous la direction des Sœurs de Saint-Vincent-de-Paul et l'impulsion de la dévorante activité charitable de M. l'abbé Forbras, devait bientôt prendre de grandes proportions.

Pour présenter dans le cadre qui leur convient toutes les œuvres groupées successivement, dans cette Maison de charité modèle, par M. le curé de Saint-Vivien, œuvres qui lui ont créé des titres impérissables à la reconnaissance publique, il faudrait un volume spécial ; nous ne pouvons ici, à notre grand regret, qu'en donner une indication sommaire.

Le sort de l'enfance pauvre fut une des principales préoccupations de son ministère paroissial. Aussi, pendant que ses dévouées collaboratrices s'occupaient d'organiser leurs services d'assistance en cas de maladie, et de distribution de secours aux familles nécessiteuses, M. l'abbé Forbras songeait à ouvrir une salle d'asile pour les petits enfants. Un legs de 5,000 fr. fait à la ville en vue d'une semblable fondation, et que M. Henry Barbet, maire de Rouen, crut devoir appliquer à la paroisse de Saint-Vivien, lui permit de réaliser son projet. L'asile fut inauguré le 4 novembre 1846, et l'état de prospérité auquel il arriva rapidement et où il s'est maintenu jusqu'ici, témoigne combien cette création était utile et nécessaire et combien elle répondait au vœu de la population.

Mais des besoins plus pressants encore devaient, peu de temps après, solliciter toutes les généreuses ardeurs de son âme et toutes les ressources de son intelligence.

Au déclin de l'année 1846, une crise industrielle et commerciale des plus aiguës sévit dans notre ville, arrêta la production et ferma la plupart des fabriques et ateliers, jetant sur le pavé des milliers de malheureux. La misère noire envahit les foyers ouvriers et, par surcroît d'affliction, la disette fit cortége au chômage ; le prix du pain s'éleva à 0 fr. 60 le kilogramme.

La paroisse Saint-Vivien ressentit plus que toute autre le contre-coup d'une aussi lamentable situation ; mais elle avait à sa tête un pasteur toujours prêt à faire face aux événements ou, tout au moins, à en atténuer les funestes conséquences dans la mesure du possible.

La *Semaine religieuse* qui, au mois de mai 1875, c'est-à-dire au lendemain de la mort de M. l'abbé Forbras, a publié, en plusieurs numéros, une étude anonyme fort intéressante sur ce grand bienfaiteur rouennais, retrace dans les termes suivants sa belle conduite, qui lui valut la croix de la Légion-d'Honneur, dans cette mémorable circonstance :

« Le cœur du bon pasteur, en contact quotidien avec les souffrances de ses paroissiens, saignait cruellement. Quel remède apporter à cette affreuse situation ? Les malades se multipliaient, la maison de charité de la rue des Capucins était assiégée par des indigents affamés. Le bon docteur Manoury, étant venu la visiter un jour, suggéra au curé une excellente idée qu'il se hâta d'accueillir. « Vous distribuez déjà, dit le docteur, des « bouillons gras à vos vieillards ; ne pourriez- « vous pas étendre ce bienfait à ces ouvriers qui « souffrent du chômage ? Cela les soutiendrait et « les réconforterait. » Le curé bénit cette inspiration et mit tout en œuvre pour la réaliser. Dès le jour même il commença les plus actives démarches pour se procurer les ressources nécessaires. Il ouvrit une souscription le 28 janvier 1847, et ce fut le charitable docteur qui opéra le premier versement. A l'appel chaleureux du curé de Saint-Vivien, tous les cœurs s'émurent, les bourses se délièrent, les souscriptions arrivèrent nombreuses et importantes.

« Elle a été conservée, cette liste précieuse qui renferme les noms les plus honorables de notre cité, ces noms bénis qu'on est accoutumé depuis trente ans de rencontrer à la tête de toutes les œuvres de bien. Citons les principaux, ceux que la liste porte dans ses premières colonnes : Mgr Blanquart de Bailleul, archevêque de Rouen ; les

Vicaires généraux, le Chapitre et les curés de la ville ; M. le baron Dupont-Delporte, préfet ; M. Henry Barbet, maire ; les adjoints Pimont aîné, Caron, Curmer ; des conseillers municipaux ; le comte de Germiny, MM. Malfilâtre, de Tourville, de Lestanville, Caudron de Coqueréaumont, de la Bunodière, de Germonière, James Levavasseur, Le Picard, Lainé-Condé, Dutuit, d'Iquelon, Keittinger, Dieusy, Lavandier, Aroux, Limare, Leboursier, Chéron, et tant d'autres.

« Ces premiers fonds permirent à la Maison de charité d'établir des fourneaux permanents et de distribuer des soupes aux nombreux indigents de la paroisse. Les membres de la Conférence de Saint-Vincent-de-Paul, voulant assurer à leurs pauvres le même bienfait, obtinrent de M. Forbras l'autorisation de disposer de deux marmites par semaine, dont ils firent généreusement les frais.

« C'était déjà un premier résultat ; mais le grand cœur de M. Forbras n'était pas satisfait. Il y avait bien des pauvres dans la ville de Rouen, il y avait surtout ceux des paroisses Saint-Maclou, Saint-Nicaise, Saint-Hilaire et Saint-Paul, qui n'avaient pas alors de maisons de secours. M. Forbras conçoit la pensée de les faire tous participer à son œuvre, et le voilà qui s'entend avec les dignes curés de Rouen, dont il obtient le plus généreux concours ; il multiplie les fourneaux et distribue à une multitude de pauvres de tous les quartiers de la ville de bons potages gras faits du riz et d'autres légumes. Une telle dépense, en se prolongeant, devenait considérable et supérieure, on le conçoit aisément, aux forces et à la bonne volonté du curé. L'administration municipale lui vint en aide. Elle fit appel à la charité publique dans les journaux de Rouen, l'*Impartial* et le *Mémorial*. Les dons affluèrent et permirent de continuer ce service jusqu'à la fin de juillet.

« L'exemple donné par le curé de Saint-Vivien fut imité dans tous nos centres industriels, et ce fut avec un véritable élan qu'on se mit partout à installer des fourneaux.

« Cette œuvre, qui fonctionne aujourd'hui aisément dans les nécessités publiques, et que nous avons vue notamment pendant l'hiver de 1870, sous la néfaste occupation prussienne, distribuer des soupes à plus de vingt mille pauvres, cette œuvre était alors à ses débuts. Ce qu'elle coûta de peines, de démarches, de voyages, d'industries de tout genre, à M. l'abbé Forbras, en 1847, est plus facile à imaginer qu'à dépeindre. Sa charité ingénieuse lui faisait chercher tous les moyens de porter secours aux nombreuses misères qui l'entouraient. Il n'hésita pas à faire venir à son compte, du département des Landes, une cargaison de haricots qu'il obtint à bas prix.

« Assurément, le bon prêtre ne songeait en tout

ceci qu'à remplir les devoirs de son ministère et à obéir aux élans de son cœur. Jamais l'idée d'une récompense humaine n'avait traversé son esprit, absolument détaché des honneurs d'ici-bas. La récompense vint cependant, et le trouva confus et stupéfait. Il reçut un matin de la préfecture une lettre conçue en ces termes :

Monsieur le Curé,

Je suis bien heureux, veuillez le croire, de la mission que mon intérim me permet de remplir auprès de vous. Je m'empresse donc de vous annoncer que le roi, sur ma proposition et sur celle du Ministre des Cultes, vient de vous nommer chevalier de la Légion-d'Honneur. Vous appartenez dès aujourd'hui à un ordre qui, depuis quarante-quatre ans, a réuni toutes les gloires de la France. Les larmes que vous avez essuyées, le bien que vous avez fait et le noble désintéressement que vous avez toujours montré, vous donnaient des droits à la distinction que le roi vient de vous accorder.

« L'administration municipale, c'est justice de le dire, avait fait les premières démarches auprès de M. le préfet pour solliciter, en faveur du digne curé de Saint-Vivien, cette haute récompense de l'Etat.

« Le décret qui nomma M. Forbras chevalier de la Légion-d'Honneur fut signé par le roi le 9 août 1847. En même temps, Mgr l'archevêque fut chargé, par une attention délicate, d'attacher sur la poitrine du bon prêtre la croix si bien méritée, et de recevoir son serment. »

S'il n'avait pris conseil que de son humilité, il aurait refusé l'honneur qui lui était accordé, comme il se refusa aux félicitations de ses nombreux amis; mais un autre sentiment, celui de le faire tourner au profit de ses chers paroissiens, l'emporta sur sa modestie. L'occasion ne devait pas tarder à se présenter.

« En 1849, le fils unique d'une veuve de Saint-Vivien, engagé volontairement dans le service militaire, s'était rendu coupable d'une faute très-grave contre l'un de ses chefs et venait d'être condamné à mort. La pauvre mère alla se jeter aux pieds du curé de Saint-Vivien et lui dit :
« Monsieur le curé, vous avez baptisé mon fils,
« étant vicaire, vous lui avez fait faire sa pre-
« mière communion ; je vous en conjure, sauvez-
« lui la vie, en demandant grâce. » M. Forbras se recueillit un instant, implora le secours du Ciel et prit la résolution d'aller trouver lui-même et sur le champ le président de la République.

« Arrivé à Paris, il demande une audience qui ne lui est pas d'abord accordée. Cet échec ne le décourage pas. La pensée lui vint d'attacher sur sa poitrine la croix de la Légion-d'Honneur, et il se présente ainsi au secrétariat de la présidence. Les choses changèrent alors de face, et les portes s'ouvrirent devant lui. Le président le reçut avec bienveillance, et, ému des accents du bon prêtre, lui accorda la grâce sollicitée (1).

« M. Forbras, au comble de la joie, partit le soir même, arriva avant le jour à la porte de sa pauvre paroissienne : « Pauvre mère, lui dit-il, « ouvrez vite ; rendons grâce à Dieu, votre fils ne « mourra pas, j'ai obtenu sa grâce. » La croix d'honneur avait sauvé la vie à un enfant de Saint-Vivien. Nous ne savons ce qu'est devenue la croix que le bon curé n'a peut-être portée qu'en de rares occasions. Mais nous voudrions, si on la retrouve, qu'elle fût placée en *ex-voto* dans la chapelle de la Sainte-Vierge comme un souvenir de la tendresse et de la charité du bon pasteur. »

Combien d'épisodes non moins touchants ne pourrait-on pas raconter, si nous voulions suivre pas à pas cet infatigable apôtre de la bienfaisance dans sa longue carrière, si féconde en nobles actions ! Mais nous avons hâte de reprendre l'énumération des œuvres durables qu'il a fondées.

---

(1) Une personne digne de foi, qui a bien connu l'abbé Forbras, nous a affirmé que celui-ci avait laissé sa croix à Rouen, et que, très-embarrassé, il aurait expliqué sa situation à un fonctionnaire décoré qu'il rencontra en se retirant. « Qu'à cela ne tienne, lui aurait dit ce fonctionnaire, prenez la mienne. » Et détachant aussitôt de sa poitrine la croix qu'il portait la remit à l'abbé qui, enchanté, se présenta alors de nouveau et avec succès au secrétariat de la présidence. *(Note de l'auteur.)*

Nous avons dit qu'il avait ouvert et confié aux sœurs de Saint-Vincent-de-Paul une salle d'asile pour les enfants âgés de trois à sept ans. A peine cette œuvre était-elle solidement établie, qu'il entreprenait d'en organiser une seconde dont la nécessité, au point de vue de la protection de l'enfance, ne lui paraissait pas moins indispensable.

En pénétrant dans les intérieurs ouvriers, M. l'abbé Forbras avait remarqué bien souvent que de tout petits enfants étaient pour ainsi dire privés, durant la journée, de surveillance et de soins, leurs parents étant obligés, pour gagner leur vie, de partir le matin à l'ouvrage et de ne rentrer que le soir. Touché de l'abandon de ces pauvres créatures et des dangers auxquels elles étaient exposées, il résolut de leur assurer un abri tutélaire pendant l'absence de leurs mères. C'est alors qu'il fit construire tout à côté de la salle d'asile, la crèche dont nous avons parlé à propos des institutions du premier âge, dans le chapitre Ier de ce volume.

Après avoir suffisamment pourvu aux nécessités de l'enfance élevée dans la famille, la charité de cet excellent prêtre se tourna du côté des enfants sans famille, qui sont encore les plus à plaindre. Appelé dans l'exercice de son ministère au chevet des mourants, il avait dû, maintes fois, assister à des scènes vraiment déchirantes. Tantôt c'était un père, tantôt une mère qui, sentant venir le moment de la séparation, tendaient leurs bras défaillants vers les pauvres petits enfants éplorés qui allaient être orphelins, et, dans un suprême effort de volonté, fixaient leurs regards suppliants sur le vénéré pasteur et semblaient lui demander de prendre soin, après leur mort, de ce qu'ils laissaient de plus cher au monde.

Ce spectable navrant, trop souvent, hélas! renouvelé, arrachait chaque fois des larmes au bon curé, qui promettait toujours de veiller sur les malheureux orphelins et qui toujours tenait fidèlement sa promesse. Cependant le nombre des pupilles qui tombaient ainsi à sa charge, s'augmentant d'année en année, il arriva un moment où sa paternelle sollicitude fut débordée et qu'il dut songer à prendre d'autres dispositions. C'est alors qu'il conçut le projet d'annexer à sa Maison de Charité un vaste orphelinat. Les ressources faisaient défaut au début, il fallut se contenter de la création d'un ouvroir interne et externe où furent placées ses orphelines les plus dignes d'intérêt, en attendant de pouvoir faire mieux.

Mais M. l'abbé Forbras était appelé à attacher son nom à une fondation beaucoup plus importante que les précédentes, celle d'un hôpital pour les aveugles curables.

L'idée de cette institution, d'utilité générale, qui mérite à tous égards de perpétuer la mémoire du chrétien d'élite qui l'a réalisée, lui fut suggérée par M. le baron Le Roy, préfet de la Seine-Inférieure à cette époque. Depuis quelque temps déjà, l'administration se préoccupait de faire quelque chose pour remédier à la triste situation où se trouvaient réduits les pauvres atteints d'infirmités ophthalmiques. Ceux qui connaissent les lenteurs administratives ne seront pas surpris d'apprendre que si la question était agitée quelquefois, elle n'était jamais résolue. Le préfet, homme serviable et compatissant à toutes les misères, désirant aboutir, proposa à M. l'abbé Forbras, dont il appréciait la grandeur d'âme, la générosité du cœur et l'esprit d'initiative, de se charger de l'organisation de cette bonne œuvre. C'était là évidemment, pour le saint prêtre, une entreprise hérissée de difficultés, mais elle entrait absolument dans ses vues charitables et il prit l'engagement de s'en occuper sans retard. Le curé de Saint-Vivien était de ceux pour qui la maxime : *vouloir c'est pouvoir*, ne constitue pas une vaine formule. Il avait la ferme volonté de réussir, et dès lors l'exécution ne lui paraissait pas excéder ses moyens d'action.

L'essentiel était de se procurer un local approprié au but poursuivi et un personnel expérimenté. Il acheta un immeuble situé au n° 10 de la rue du Val-d'Eauplet, demanda des Sœurs de Saint-Vincent-Paul pour leur confier la direction des services, s'assura le bienveillant concours d'honorables spécialistes de Rouen et, lorsque tous les préparatifs furent terminés, il ouvrit les portes du nouvel établissement.

L'inauguration eut lieu le 12 août 1857, et à partir de ce jour l'indigence ne fut plus un obstacle aux soins minutieux et délicats que réclament les maladies des yeux : des oculistes distingués pour les opérations et les consultations ophthalmiques, des religieuses habiles et dévouées pour le traitement à suivre, que pouvait-on désirer de mieux ? Tout autre peut-être que M. l'abbé Forbras se serait montré satisfait ; pour lui, ce n'était pas assez, et, quelque temps après, il ajouta à son hôpital, en plein fonctionnement, un dispensaire pour la distribution gratuite, deux fois par semaine, de tous les médicaments que comportent les diverses affections oculaires.

Cette fondation, dont le besoin se faisait sentir depuis si longtemps, fut accueillie avec faveur et reconnaissance par le public rouennais. L'estime et la grande considération que l'on avait pour le curé de Saint-Vivien se changèrent en véritable admiration.

Le succès de l'œuvre s'affirmant de plus en plus, son intrépide fondateur pensa, au bout de quelques années, qu'elle rendrait encore plus de services si elle était établie au centre de l'agglomération populaire. Sans s'arrêter aux dépenses qu'entraînerait une nouvelle installation, il résolut de réunir l'hôpital des pauvres curables aux autres œuvres qu'il avait fondées rue des Capucins.

Après avoir tiré ses plans et s'être procuré les moyens de réaliser ses desseins, il fit procéder aux travaux d'agrandissement nécessaires, et, en 1862, l'installation d'Eauplet était transférée à Rouen et tous les services passaient dans les attributions de la Communauté de la rue des Capucins, tandis que les Sœurs de Saint-Vincent-de-Paul de la rue du Val-d'Eauplet prenaient la direction du bel établissement construit pour les écoles et les œuvres de charité de la paroisse Saint-Paul.

Ainsi se trouvèrent groupées, à partir de ce moment, autour de la Maison de Charité de la paroisse Saint-Vivien, les principales créations de l'abbé Forbras : école maternelle, crèche, orphelinat et hôpital ophthalmique.

Les courageuses Filles de Saint-Vincent-de-Paul dirigent tout avec une régularité exemplaire et veillent à tout avec une ingéniosité admirable. Pour bien se convaincre de la lourdeur de leur tâche, il suffit de jeter un coup d'œil sur l'organisation intérieure de la maison.

Sans compter les asiles de l'enfance, qui occupent pourtant une place importante, on voit fonctionner :

1º Une pharmacie où l'on délivre gratuitement

les médicaments simples, sur ordonnance du médecin, aux pauvres honteux et autres, qui n'ont pas droit aux secours du bureau de bienfaisance. Ces ordonnances sont servies, chaque année, au nombre de 2,600 à peu près ;

2º Une salle d'attente où les sœurs font de 3 à 4.000 pansements par an et où les pauvres se réunissent pour recevoir des secours.

3º Un cabinet pour les opérations, un autre pour les consultations.

Depuis la fondation de l'hôpital des aveugles curables, quatre honorables oculistes ont bien voulu se charger successivement, avec un désintéressement et un dévouement auxquels il est juste de rendre hommage, des soins gratuits à donner à cette classe si intéressante d'affligés. Ce sont, par rang d'ancienneté : MM. Leport, Vingtrinier, puis les docteurs Leroy et Gauran. C'est M. le docteur Leroy qui, en 1859, installa le service des consultations ophthalmiques, et il continue, de nos jours, avec M. Gauran, tous les deux animés d'un même zèle, ses visites bi-hebdomadaires pour recevoir les malades et surveiller les pansements faits par les bonnes sœurs, ainsi que la distribution des médicaments. Le nombre des consultations données s'élève en moyenne au chiffre de 2,000 par an;

4º Une lingerie pour fournir aux malades qui en sont dépourvus et aux vieillards méritants le linge indispensable. On prête aussi des objets de literie quand il s'agit de malades qu'il est nécessaire d'isoler;

5° Un fourneau avec de grandes chaudières pour faire des potages aux malheureux, en temps de calamités publiques;

6° Des distributions de pain, de viande, de chauffage, de vin, etc., sont faites aux familles nécessiteuses. On leur distribue également des vêtements, de la chaussure, des matelas, paillasses, couvertures et quelquefois encore des objets de ménage, meubles, poêles, ustensiles de cuisine, etc.

On donne aussi de l'argent et l'on acquitte les loyers à des pauvres honteux ou autres personnes trop âgées pour trouver dans leur travail de quoi payer les propriétaires.

Ces différents secours nécessitent annuellement une dépense de près de 20,000 fr. Mais si cette dépense est permanente, les ressources pour y faire face sont très-variables et incertaines. Elles se composent du produit d'un sermon de charité, d'une quête à l'église Saint-Vivien, le jour où l'on prêche le panégyrique de saint Vincent-de-Paul. La différence en moins, car le budget est régulièrement en déficit, est couverte par la charité privée.

Se sentant vieillir et voulant assurer l'avenir de ses chères œuvres, M. l'abbé Forbras fit don au département, le 12 juillet 1865, de son hôpital. L'acceptation fut autorisée par le gouvernement impérial, à la condition que M. le curé de Saint-Vivien en conserverait la direction sa vie durant, et que ledit hôpital porterait le nom du généreux fondateur.

Deux ans plus tard, le 2 mai 1867, le vénéré pasteur offrit à la ville de Rouen sa Maison de Charité avec ses dépendances, sous la réserve expresse que toutes les œuvres qui y sont établies seraient maintenues et dirigées toujours par les sœurs de Saint-Vincent-de-Paul et qu'un traitement de 1,000 fr. par an serait alloué aux *deux religieuses* qui s'occupent exclusivement du service des pauvres.

Nous avons vu que ces volontés du donateur n'ont pas été entièrement respectées et que l'école maternelle a été laïcisée. Mais les enfants de la paroisse n'ont pas eu trop à en souffrir, grâce au curé actuel de Saint-Vivien qui, au lendemain de cette inique laïcisation, ouvrait une nouvelle école chrétienne où les élèves de l'ancienne purent retrouver leurs bonnes et pieuses maîtresses.

Quoique les fondations que nous venons de passer en revue, et qui sont dues à M. l'abbé Forbras, suffisent amplement à immortaliser sa vie, elles ne sont pas les seules que ce vaillant apôtre ait marquées de son empreinte créatrice. L'orphelinat de jeunes filles de Saint-Etienne-du-Rouvray lui doit aussi, en grande partie, son existence. Il ne faut pas oublier non plus qu'il fut l'inspirateur et l'organisateur de l'excellente société de secours mutuels l'*Emulation chrétienne*. Mais n'anticipons pas; cette importante institution a sa place réservée dans un des chapitres qui vont suivre.

L'abbé Forbras est mort le 10 avril 1875. Les œuvres qu'il a fondées lui ont survécu et perpétuent ses bienfaits. Sa mémoire a droit à la reconnaissance, au respect et à la vénération de tous. Que d'infortunes soulagées, que de désespérés ont retrouvé l'espoir et le courage, que de plaies sociales ont été pansées et guéries par lui! Combien ont leur statue sur nos places publiques et qui ont eu une existence moins bien remplie et, partant, beaucoup moins utile à la société!

Mais l'abbé Forbras faisait le bien sans ostentation, par devoir et par amour de ceux qui souffrent. Il ne travaillait pas pour la renommée et une gloire éphémère; tous ses actes aspiraient à une récompense plus haute, plus durable et dont aucune puissance humaine ne saurait rehausser ou ternir l'éclat.

Les Sœurs de la Compassion

Le soin des malades a toujours été regardé dans l'Eglise comme une des œuvres de charité les plus méritoires et les plus agréables à Dieu. C'est cette pensée qui a présidé à l'établissement de la Congrégation, dite des sœurs de la Compassion.

Le 9 novembre 1844, à l'instigation de M. Picard, archiprêtre de l'église Métropolitaine de Rouen, quelques pauvres filles se réunissaient dans une maison de la rue des Bonnetiers avec le désir de consacrer leur vie à ce pieux ministère. Mais si leur intention était droite, leurs ressources étaient nulles : elles n'avaient pas même les cinq sous dont parle sainte Thérèse, et la bonne volonté constituait toute leur dot.

Mais la Providence, qui bien souvent ne nous demande pas autre chose, leur vint en aide par l'intermédiaire de M. Hanin, vicaire de la Cathédrale. Celui-ci fournit l'argent nécessaire à l'achat du mobilier le plus indispensable. On vécut comme on put pendant trois ans, et quelques postulantes étant venues se joindre aux premières, le local qui leur avait suffi jusque-là, se trouva trop étroit. M. Picard, supérieur de la nouvelle Communauté, loua alors pour elle, en 1847, l'hôtel de Senarpont, place de la Rougemare, et, non-seulement il le loua, mais il en paya le loyer de ses propres deniers, les Sœurs étant trop pauvres pour le prendre à leur charge. Elles y demeurèrent jusqu'en 1853, époque à laquelle, à cause de leur nombre toujours croissant, elles se transportèrent, rue Sainte-Croix-des-Pelletiers, dans une maison où avait siégé la Cour des Aides.

Ce nouvel exode ne devait pas encore être le dernier, car la ville de Rouen ayant exproprié une partie du terrain occupé par la Communauté, celle-ci fut obligée de chercher un asile ailleurs. C'est alors que M. Hanin, devenu curé de Bolbec, ce qui ne l'empêchait pas de s'occuper des affaires de la Compassion, négocia l'achat de l'hôtel d'Héricy, rue d'Ecosse, lequel appartenait alors au marquis de Montault. Les Sœurs s'y établirent définitivement en 1864, et elles l'occupent encore aujourd'hui. Naturellement la maison fut appropriée à sa nouvelle destination ; on y construisit un noviciat, une chapelle où le public est admis ; et les acquisitions successives réalisées depuis par la Communauté lui ont permis de s'agrandir assez pour recevoir toutes les postulantes qui veulent bien venir s'y consacrer au service de Dieu et du prochain.

Un grand nombre parmi elles sont du Midi de la France : voici l'explication de cette particularité, qui paraît assez étrange au premier abord. Une des plus anciennes religieuses ayant habité quelque temps Nancy avait été en relations spirituelles avec M. l'abbé Salle, vicaire général de l'évêché de cette ville, qui lui témoigna de l'intérêt et consentit même à demeurer en corresponpondance avec elle après qu'elle fut venue à

Rouen. C'est ainsi que M. l'abbé Salle connaissait la Communauté de la Compassion. Etant, sur ces entrefaites, nommé évêque de Rodez, les deux plus fermes soutiens de l'œuvre, MM. Picard et Hanin, résolurent de profiter de cette heureuse circonstance. Ils allèrent faire une visite au nouvel évêque et le prièrent de diriger vers la Communauté les filles de son diocèse qui se sentiraient le désir de se dévouer aux malades. Le digne prélat accueillit favorablement leur demande et voulut bien faire connaître l'œuvre à son clergé. Voilà comment s'est établi ce courant, s'il est permis de s'expliquer ainsi, qui n'a cessé de fournir jusqu'ici à la Compassion un appoint dont elle apprécie d'autant plus la valeur que, il faut bien le reconnaître, les vocations sont peu nombreuses parmi les jeunes filles de la contrée.

Cela n'a point empêché la Communauté de prendre un développement considérable. Le nombre des Sœurs dépasse aujourd'hui deux cents, et elles ont dix-sept maisons répandues dans toutes les parties de notre archidiocèse. Quant aux services qu'elles rendent, ils sont de ceux dont chacun peut apprécier l'importance. Vivre au chevet des malades, sans distinction de riches ni de pauvres, veiller toutes les nuits, avoir constamment sous les yeux le spectacle de la douleur, être en contact perpétuel avec la souffrance et avec la mort : voilà leur partage, et cela sans paix ni trêve. On peut dire qu'elles ne connaissent pas le repos, car la maladie ne chôme pas, la mort n'interrompt jamais son œuvre, et tant que les Sœurs de la Compassion peuvent tenir debout, elles courent partout où il y a une infirmité à soulager. Tantôt, elles se rendent dans les maisons où l'on réclame leurs soins ; tantôt, c'est chez elles que viennent les malades, surtout quand il leur faut subir une opération dangereuse et se soumettre ensuite à un traitement qui exige une main délicate et exercée. Les médecins de Rouen apprécient grandement le concours qu'ils trouvent à la Compassion et n'hésitent pas à y envoyer celles de leurs clientes qu'ils ont besoin de voir souvent et de suivre de près.

Mais ce ne sont pas là les seuls services que rendent ces pieuses filles. Pour elles, le soulagement du corps n'est pas un but, mais un moyen. Ce qu'elles cherchent avant tout, c'est le bien des âmes. Qui dira jamais combien elles en ont ramené à Dieu par leur dévouement et leurs exemples ! Il est impossible de les voir à l'œuvre sans songer au motif surnaturel qui les anime. Mais respectons le secret des cœurs et bornons-nous à souhaiter que la charité chrétienne poursuive sa tâche, en faisant le bien avec la modestie et la discrétion qui caractérisent les œuvres de Dieu.

Les Sœurs de Bon-Secours de Troyes

Cette Congrégation, qui a ajouté à son titre le nom de la ville où elle a fixé son siège principal afin de ne pas être confondue avec les autres institutions religieuses portant également le nom de Bon-Secours, a été fondée, en 1840, à Arcis-sur-Aube. Comme celle de la Compassion, elle remplit la mission qui consiste à soigner et à garder les malades à domicile. Ses débuts n'offrent aucune particularité qui mérite d'être signalée. Elle a pour fondatrices de pieuses jeunes filles qui, désirant pratiquer plus régulièrement et plus efficacement les préceptes de l'Evangile, résolurent de se dévouer pour les soins à donner aux membres souffrants de Notre-Seigneur Jésus-Christ.

L'œuvre, d'abord très-modeste, se développa, grâce à de généreux concours, et trois ans après, en 1843, elle était assez vivante pour se transporter au chef-lieu, à Troyes, où réside depuis la maison-mère.

Les Sœurs du Bon-Secours de Troyes furent autorisées, en octobre 1875, par Mgr le cardinal de Bonnechose, à fonder une maison à Rouen.

Elles étaient déjà établies, depuis quelques années, à Elbeuf et au Havre, ainsi qu'à Honfleur et à Pont-Audemer, où elles avaient été appelées pour soigner des varioleux. On connaît le dévouement et le courage de ces saintes filles, dont la charité compatissante s'efforce d'adoucir la souffrance, l'agonie et la mort. Elles n'éprouvent aucune hésitation, aucune répugnance, elles soignent tous les malades sans exception, sans distinction d'âge ni de condition ; hommes et femmes, riches et pauvres, catholiques et non catholiques : il leur suffit de trouver dans la maison où elles sont appelées les égards dus à leur caractère et à leur profession.

Il leur est absolument interdit d'exiger aucune rétribution pour leurs soins, quoiqu'elles n'aient pour vivre d'autres ressources que celles des dons volontaires des personnes qu'elles assistent. Les services qu'elles rendent, surtout aux familles pauvres qui ne peuvent se procurer chez elles les secours nécessaires, en cas de maladie, et qui cependant appréhendent d'entrer à l'hôpital, sont de ceux qu'on ne saurait trop admirer. Aucun obstacle ne les arrête dans l'accomplissement de leur devoir : ni les maladies contagieuses ni les épidémies les plus meurtrières. Au premier signal elles accourent au chevet de ceux qui souffrent pour leur prodiguer les soins les plus empressés, les exhorter à la résignation, et pour soutenir le courage de ceux qui vont mourir, en leur montrant les douces perspectives du Ciel.

L'Œuvre des Dames du Calvaire

On dit de la foi qu'elle peut transporter les montagnes ; en voyant fonctionner l'Œuvre du Calvaire, cet aphorisme vous vient tout naturellement à la pensée. Il faut en effet que les dames du monde — et du meilleur — qui sont habituées au luxe et au bien-être et qui, cependant, s'arrachent aux raffinements de leur existence pour venir dans un hôpital panser des plaies hideuses, respirer l'odeur d'acide phénique dont les salles sont saturées, il faut, disons-nous, que ces courageuses chrétiennes soient animées d'une foi que rien ne déconcerte.

L'*Œuvre des Dames du Calvaire* est née d'hier, pour ainsi dire. Une jeune dame lyonnaise en conçut la grande pensée en 1842. Elle s'appelait Jeanne-Françoise Chabot ; mariée en 1830 à un modeste commerçant, M. Garnier, elle vit, en peu de temps s'envoler toutes ses illusions. La mort, frappant impitoyablement autour d'elle, lui enleva successivement, dans l'espace de quatre ans de mariage, ses deux enfants et son mari. Veuve, ayant à peine atteint sa vingt-troisième année, sans affection désormais et sans grande fortune, elle se sentit précipitée dans un vide immense. Sa nature violente l'eût probablement entraînée à quelque extrémité fâcheuse si elle avait été portée vers le mal; mais c'est vers le bien qu'elle inclina. La religion, cette grande consolatrice dans le malheur, vint apaiser ses profondes tribulations. Songeant que, dans cette grande ville de Lyon, il existait bien d'autres infortunes, peut-être plus navrantes encore que la sienne, elle résolut de chercher dans le soulagement des misères d'autrui l'adoucissement sinon l'oubli de ses peines.

Les œuvres de paroisse offraient à son activité un champ fertile en dévouement; elle s'y consacra tout entière. Dans une de ses visites au foyer des pauvres gens, elle rencontra, étendue sur un misérable grabat, une malheureuse, atteinte d'une maladie incurable qui avait toutes les apparences de la lèpre. Son corps ne formait qu'une plaie d'où s'exhalait une puanteur qui éloignait tout le monde. Abandonnée à ses horribles souffrances, cette infortunée appelait la mort à son secours; mais la mort, elle-même, semblait appréhender son contact.

Mme Garnier, surmontant le dégoût qu'elle éprouvait tout d'abord, s'approcha de la malade, et après avoir examiné ses ulcères, n'hésita pas à leur appliquer un premier pansement. Elle revint le lendemain et les jours suivants pour prodiguer ses soins à ce corps tombé, pour ainsi dire, dans une décomposition anticipée.

Ce fut là son apprentissage de l'œuvre particulièrement humanitaire qu'elle allait bientôt fonder. Sans doute, son existence passée lui avait laissé ignorer qu'il y eût des infirmités que la bienfaisance publique délaisse, parce qu'elles sont incurables et que la place manque dans les asiles ordinaires de la souffrance. Elle venait d'en acquérir la preuve, et son zèle charitable en ressentit une impulsion nouvelle. Etait-il humain de laisser mourir sans soins, sans consolations, dans leur galetas infect, ces êtres dont l'âme était peut-être encore plus ulcérée que le corps? N'y avait-il donc rien à faire là où les efforts de l'art se trouvaient impuissants?

Mme Garnier ne le pensa pas et, s'armant de courage, elle se fit une spécialité de rechercher et d'assister les maladies les plus repoussantes.

On la voyait fouiller les quartiers miséreux de Lyon et, quand une malade cancéreuse lui était signalée, elle se portait à son secours et se constituait sa sœur gardienne.

« Les femmes seules, a dit Maxime Du Camp, sont capables de ces dévouements prolongés qui ne reculent ni devant la fatigue, ni devant le dégoût, ni devant l'ingratitude ; et parmi les femmes, celles qui gardent au cœur le deuil permanent du veuvage, qui se sont données à Dieu pour être, non pas consolées, mais rassérénées, qui ont demandé à l'amour divin de calmer es douleurs de l'amour terrestre, les veuves, en un mot, convaincues des vérités supérieures et chauffées par la foi, sont plus que toutes autres aptes au labeur de la charité. »

Mme Garnier rencontra donc sur son chemin deux autres veuves qui demandèrent à se joindre à elle et à l'aider dans la pénible mission qu'elle s'était imposée. La semence était jetée, l'œuvre du Calvaire allait bientôt naître de cette libre association et se développer rapidement. Mme Garnier en soumit le projet au cardinal de Bonald, archevêque de Lyon, qui lui dit : « Votre projet est bon, la réalisation en sera difficile, mais Dieu vous aidera ; marchez sans crainte et comptez sur moi. » A partir de ce jour, 8 décembre 1842, les concours arrivèrent de tous côtés à Mme Garnier et l'œuvre était fondée.

Lyon, cependant, ne devait pas garder bien longtemps le monopole d'une pareille institution. Le 8 décembre 1874, une veuve, admiratrice de Mme Garnier et voulant marcher sur ses traces, Mme Jousset, femme d'un imprimeur, en dota Paris. Saint-Etienne suivit cet exemple en 1875, puis Marseille en 1881 et Bruxelles en 1886.

Les veuves rouennaises s'étaient laissé devancer, mais elles avaient hâte de prouver qu'elles sont capables, elles aussi, de se soustraire aux douceurs de l'existence que procure la fortune, à leurs relations de société et à leurs plaisirs, pour venir panser des plaies infectieuses et appliquer des bandes et des compresses sur des tumeurs cancéreuses.

En 1891, trois d'entre elles, trois âmes généreuses, réunies dans un même sentiment de foi et de charité, — nous tairons leurs noms pour ne pas blesser leur modestie, — résolurent d'établir dans notre ville une œuvre analogue, œuvre de sacrifice et d'héroïque dévouement.

Mgr Thomas, archevêque de Rouen, les encouragea dans cette voie et leur promit tout son appui. Dès que les éléments indispensables pour commencer furent réunis, on se mit à la recherche d'un local pouvant convenir à l'installation projetée.

Depuis cinq ans, l'immeuble de l'ancienne école normale des filles, dirigée par Mlle Rey, était inoccupé. Située place Saint-Gervais, au coin de la rue Henry-Barbet, cette maison offrait tous les avantages recherchés. Spacieuse, bien ensoleillée, proche de l'église, beau jardin et bon air, elle semblait, de plus, prédestinée à recueillir des cancéreuses. Mlle Rey, qui l'avait quittée au moment où on avait voulu en arracher les crucifix, était en effet atteinte d'un cancer et succombait quelque temps après à cette cruelle maladie.

Le 8 décembre 1891, l'Œuvre y était établie et Mgr Jourdan de la Passardière venait la bénir solennellement et inaugurer l'hospice du Calvaire, en présence d'une nombreuse assistance où l'on remarquait une délégation des Dames du Calvaire de Paris.

Le lendemain, on recevait une malade, la première; à Noël, il y en avait déjà trois; quelque temps après, on en comptait sept. On sait que, seules, les femmes atteintes de plaies vives y sont admises. Quand elles ne peuvent trouver de place dans les hôpitaux de la ville ou qu'elles en sont congédiées parce qu'on est impuissant à les guérir, les portes de l'hospice du Calvaire leur sont ouvertes gratuitement, sur la présentation d'un certificat du médecin constatant leur incurabilité:

L'organisation intérieure de l'établissement comprend :

1º Les Dames veuves, *sociétaires résidentes*, qui soignent elles-mêmes les malades, pansent, lavent leurs plaies et dirigent tous les emplois importants. Elles habitent l'hospice, et pour ne pas lui être à charge en quoi que ce soit, elles paient pension. N'est-ce pas le comble du dévouement ?

2º Les *Filles auxiliaires*, qui secondent les Dames résidentes dans leur pieuse et pénible mission. Leur dévouement est gratuit. Déclarées aptes après un temps d'essai, ces Filles auxiliaires ne peuvent plus être renvoyées pour cause de maladie ou d'infirmité. La maison les adopte et pourvoit à tous leurs besoins ;

3º Les dames veuves *agrégées*, quoique vivant dans le monde, consacrent une partie de leur temps à l'hospice et apportent un concours personnel et régulier au soin des malades.

L'organisation extérieure se compose :

1º De dames veuves *zélatrices*, qui travaillent à l'accroissement du nombre des associées et veulent bien se charger de recueillir les cotisations ;

2º De toutes les personnes *associées* qui concourent à l'existence de l'hospice par une aumône annuelle, dont le minimum est fixé à 20 fr.

Un don de 1,000 fr. donne droit au titre de fondateur et à l'entrée d'une malade. Un don de 10,000 fr., soit individuel ou collectif, au nom d'une paroisse, par exemple, correspond à la fondation à perpétuité d'un lit, pourvu que les malades proposées soient bien dans les conditions de l'Œuvre, c'est-à-dire qu'elles aient des plaies réputées incurables et nécessitant des pansements.

L'installation de l'hospice répond à toutes les exigences. Les salles sont bien distribuées, bien aérées et tenues dans un parfait état de propreté. Les lavabos, les bains et le laboratoire de pansement sont très-commodément aménagés. On se contenta, durant les premiers mois, d'un seul dortoir qu'on appela *la salle de la Sainte Famille ;* mais les lits se remplirent vite et il fallut, avant l'expiration de l'année du début, en ouvrir un second, le dortoir du Sacré-Cœur. Ils contiennent ensemble vingt-cinq lits, et presque tous sont occupés.

Nous lisons dans le compte-rendu de l'Œuvre pour 1892 que, dans le cours de ce premier exercice annuel, 38 malades passèrent par l'hospice ; sur ce nombre, 10 moururent et 13 partirent guéries.

« Ces cures, plus ou moins merveilleuses, dit ce rapport, ont produit un heureux effet ; elles ont donné confiance aux autres malades et au quartier qui nous redoutait un peu. Nous avons peut-être fait quelque bien dans les familles et nous avons savouré un fruit bien doux et bien rare... la reconnaissance. »

Le dernier rapport paru, celui de la troisième année d'existence de l'Œuvre, n'accuse pas d'augmentation sensible dans le chiffre des malades, mais il constate aussi un grand nombre de guérisons.

Les maladies soignées par les Dames du Calvaire étant jugées incurables par l'art médical, on se demandera peut-être comment ces cures ont pu être obtenues. Il ne nous appartient pas de répondre à cette question, mais ce n'est pas trop s'aventurer que d'en attribuer une bonne part à l'efficacité du régime de la maison et aux soins habiles et minutieux des Dames panseuses. Pour bien apprécier leur dévouement, il faudrait pouvoir surmonter son dégoût et assister un instant à leur répugnante besogne.

Voici, par exemple, une bonne vieille femme. Il y a quinze mois qu'elle est à l'hospice. Son corps, entouré de bandelettes imprégnées de sanie sanguinolente, ne forme qu'une plaie. Le bras gauche est énorme, une large et profonde coupure sépare le cou de l'épaule. Une odeur nauséabonde s'échappe de cette masse informe, hideuse à voir. Malgré ses souffrances, elle résiste à la mort, et, pendant quinze mois, ses exigences n'ont jamais lassé la patience de ses fidèles gardiennes, dont la sollicitude et la vigilance à toute épreuve provoquent autour d'elles le respect et l'admiration.

Ce n'est pas là un cas particulier, mais le courage nous manque pour regarder en face toutes les misères, toutes les infirmités qui se succèdent à l'hospice.

Le comité de l'Œuvre est ainsi composé : Mme veuve Guesnier, présidente ; Mme veuve Roques, vice-présidente ; Mme veuve Lemire, supérieure ; M. le chanoine Durier, supérieur spirituel.

M. le docteur Levesque, avec une bonté qui n'a eu d'égale que son désintéressement, se chargea jusqu'en 1892, de la direction médicale de la maison ; la maladie l'ayant forcé à prendre une retraite prématurée, il a été remplacé dans ce service important par Mlle Marie Rousselle qui, depuis, s'en acquitte avec l'expérience d'un docteur intelligent et le cœur d'une femme.

Le vénérable curé de Saint-Gervais et M. l'abbé Pons, premier vicaire de la paroisse, se sont réservés les soins que réclame l'âme des pauvres cancérées, soins qui ne sont pas moins urgents souvent que ceux du corps, chez ces infortunées pour qui la tombe va s'ouvrir. Rien n'aigrit autant le caractère que la douleur et là où le médicament est inefficace, les consolations de la religion réussissent à apaiser la révolte de la souffrance, à faire descendre la résignation et l'espérance dans les cœurs les plus exaspérés.

Les Dames du Calvaire sont, en cela, de précieuses auxiliaires du ministère paroissial. Quoique ne faisant partie d'aucune société religieuse, quoique n'ayant prononcé aucun vœu, ni perpétuel, ni temporaire, leur mission n'est pas moins un apostolat de tous les jours, de chaque heure ; leur esprit de sacrifice, les paroles affectueuses, les encouragements qu'elles prodiguent à leurs chères malades, émeuvent les âmes les plus endurcies et préparent le terrain à la réconciliation avec Dieu.

L'œuvre qui reçoit des malades de toute la province de Normandie, tant qu'elle a des lits disponibles, ne dispose, pour subsister, d'autres ressources qu'un petit revenu annuel de 1,000 fr. environ, auquel viennent s'ajouter le montant des annuités des membres associées et le prix de la pension des *Dames résidentes* — nous avons dit que ces dernières poussaient l'abnégation jusqu'à payer en quelque sorte pour avoir le droit de servir et de soigner les malades. — Les dons volontaires constituent le surplus des recettes, qui s'élèvent à peu près à 14,000 fr. chaque année.

Evidemment les dépenses sont supérieures à ce chiffre, malgré l'ordre et l'économie qui règnent à l'hospice. C'est le cas de rappeler ici les paroles prononcées par Mgr Sourrieu, le 28 décembre 1894, devant les associées qui tenaient leur assemblée générale annuelle dans les salons de l'Archevêché :

> Que tous ceux et toutes celles qui contribuent à cette œuvre soient bien persuadés que la bénédiction de Dieu descendra sur leurs enfants, sur leurs familles.

Institution des Sourds-Muets

Si l'on peut être à la fois incrédule et charitable, il est hors de conteste que c'est parmi les croyants que se rencontrent principalement ces grands dévouements que rien ne déconcerte, ni les difficultés de l'entreprise, ni l'immensité des sacrifices. C'est l'amour de Dieu qui a inspiré et soutenu les Saint-Vincent-de-Paul, les bienheureux Jean-Baptiste de la Salle, les abbé de l'Epée, etc., etc., ces génies incomparables de la bienfaisance dont les noms resteront éternellement tracés, en lettres flamboyantes, au frontispice du Livre d'Or de la charité française. Et leurs œuvres ont ceci de particulier qu'elles profitent même aux incrédules. L'étude des origines de l'Institut des sourds-muets nous en offre, notamment, un exemple qui ne peut faire doute pour personne.

Lorsque la Providence suscita l'abbé de l'Epée pour donner l'enseignement à ceux qui ne parlent pas, le sourd-muet de naissance était hors de la communion des fidèles ; il était forclos du droit commun, son infirmité entachait ses actes de nullité. C'est au point qu'un arrêt du Parlement de Toulouse avait homologué, en 1679, le testament olographe d'un sourd-muet. « Le désir passionné d'initier des intelligences aux dogmes de la religion catholique, — c'est un écrivain sceptique qui en fait l'aveu (1), — émut l'abbé de l'Epée et le contraignit à s'ingénier jusqu'à ce qu'il eût inventé sa méthode ; les sourds-muets de toute race et de toute secte ont été sauvés.

---

(1) M. Maxime d. Camp : *la Charité à Paris.*

C'est parce qu'il a voulu leur ouvrir le Ciel qu'il leur a ouvert l'humanité. »

A Rouen, c'est un autre abbé de l'Epée, un autre héros de la foi qui a fondé l'institution des sourds-muets où, suivant une heureuse expression, tant d'infirmes de la parole, du département de la Seine-Inférieure et des départements limitrophes, ont été rendus au rôle et à la dignité de l'homme dont leur double infirmité semblait les avoir à jamais exclus.

Dès 1788, une tentative de ce genre avait été faite dans notre ville par un vicaire de la paroisse de Saint-Paul, M. l'abbé Hutin, décédé à l'âge de quatre-vingt-quatre ans. Il avait rassemblé quelques sourds-muets et s'était constitué leur éducateur. Mais, à cette époque, l'œuvre de l'abbé de l'Epée était peu connue, et l'école fondée à Rouen, par le vicaire de Saint-Paul, soit qu'elle fût incomprise, soit qu'elle ne donnât pas de résultats assez probants pour frapper l'opinion, fut condamnée à disparaître, après la mort de M. l'abbé Hutin, en 1832. Toutefois, la bonne semence était jetée et tôt ou tard elle devait germer et fructifier. A M. l'abbé Hutin allait succéder bientôt un autre abbé dont la généreuse activité et la persévérance devaient venir à bout des difficultés et doter notre capitale normande d'une institution durable de sourds-muets.

En 1835, M. Lefebvre, étant vicaire de la Madeleine, se trouva en présence d'une jeune fille sourde-muette qu'il voyait pour la première fois et qui était venue se mêler au groupe des autres jeunes filles qu'il préparait à la première communion. Touché d'une pareille infortune, il s'informa de la demeure de ses parents et la fit reconduire chez elle, se promettant bien de s'y intéresser. Quelques jours plus tard, il manda cette petite fille auprès de lui et essaya, avec des images de piété, de lui donner quelques notions religieuses. Sur ces entrefaites, un pauvre diable se présentait à son domicile pour implorer un secours. Ne pouvant s'exprimer, il avait rédigé son humble requête sur une ardoise qu'il portait sur lui. C'était un sourd-muet, mais un sourd-muet instruit et intelligent. Après une conversation écrite de quelques minutes, M. l'abbé Lefebvre lui proposa de rester à son service pour faire l'éducation de sa petite paroissienne. Comme son singulier interlocuteur se trouvait dans un complet dénûment, il accepta avec empressement la proposition qui lui était faite. C'était un bonheur inespéré, pour M. l'abbé Lefebvre, que cette visite. Il loua aussitôt une modeste chambre, rue Buffon, où il installa le nouveau venu. Le lendemain, rendez-vous était pris chez le vicaire pour commencer les leçons. Elles intéressèrent vivement ce dernier qui n'était pas le moins attentif, désirant lui aussi apprendre le langage des signes.

D'autres enfants sourds-muets ne tardèrent pas à se joindre à la première élève, et M. l'abbé Lefebvre dut transformer en véritable salle d'école une pièce de la maison qu'il habitait. Pendant qu'il s'occupait activement des progrès de son institution naissante, sa mère et sa sœur veillaient à toute la partie matérielle. L'œuvre se continuait ainsi sans bruit, depuis quelques années, lorsque la malveillance et la jalousie vinrent tout à coup la mettre en relief et dévoiler au grand jour ce que la modestie du prêtre s'efforçait de dissimuler. M. l'abbé Lefebvre, accusé de négligence dans l'exercice de son ministère, fut mandé à l'archevêché par Mgr de Croy. Des explications eurent lieu et le vicaire de la Madeleine se justifia si bien que son archevêque fut émerveillé de ce qu'il venait d'entendre, approuva l'œuvre et la bénit.

Quelques jours après, le 18 décembre 1841, le vicaire de la Madeleine recevait une lettre écrite et signée de la main du cardinal ; elle était ainsi conçue : « Si la tâche que vous avez entre-
« prise est grande, elle est aussi bien belle et
« bien méritoire ; mon concours vous est acquis.
« Puisque cela ne vous détourne pas de vos
« devoirs comme vicaire, je n'ai qu'à vous encou-
« rager à poursuivre avec zèle cette œuvre vrai-
« ment chrétienne. »

Cette lettre ne constituait pas seulement un précieux encouragement pour M. l'abbé Lefebvre, elle dissipait aussi toutes les obscurités et faisait taire les commentaires désobligeants autour de son œuvre.

Au mois de février 1852, il fut nommé aumônier de l'Ecole normale, ce qui lui permit de consacrer plus de temps à sa chère école qui avait déjà pris un certain développement. Les élèves étaient partagés en deux classes et un seul professeur ne pouvait plus suffire. Trois ans plus tard, en 1855, M. Lefebvre se vit obligé de renoncer au ministère pour se dévouer entièrement à son institution de sourds-muets dont l'extension, sans cesse grandissante, sollicitait tout son zèle.

Son premier soin fut de chercher une installation plus convenable et d'assurer l'avenir de l'œuvre. Il s'entoura d'un comité de patronage choisi parmi les personnes honorables de la ville, connues pour leur dévouement charitable. MM. Keittinger-Turgis et le premier président, M. de Tourville, s'inscrivirent en tête de ce comité. Grâce aux concours généreux qu'il rencontra sur son chemin, l'ancien vicaire de la Madeleine fit l'acquisition, sur la rampe Saint-Gervais, de trois maisons contiguës. Après avoir fait procéder aux travaux d'aménagement nécessaires, il y transféra les trente écoliers sourds-muets qui composaient alors sa famille d'adoption. Mais il crut devoir ajouter à l'établissement un atelier de reliure, afin de procurer quelques ressources à ses chers enfants et de pouvoir conserver plus longtemps ceux qui, ayant terminé leurs études, se trouveraient sans situation.

M. l'abbé Lefebvre mourut en 1862, mais son œuvre avait poussé de trop profondes racines sur notre sol normand pour ne pas lui survivre. Le regretté fondateur prit du reste, avant de mourir, ses dispositions pour qu'il en fût ainsi. Par testament, il légua l'école de la rampe Saint-Gervais au département ou, à son défaut, à Mlle Lefebvre qui, depuis plusieurs années, était chargée de l'instruction des sourdes-muettes. Le Conseil général n'ayant pas cru devoir accepter le legs en question, c'est Mlle Lefebvre qui a recueilli cette lourde succession qu'elle n'a cessé, depuis lors, de gérer conformément aux vœux du fondateur et donateur.

Derrière la rangée de grands arbres qui bordent la rampe Saint-Gervais, s'étend une ligne ininterrompue de maisons blanchies à la chaux, construites toutes sur le même plan et légèrement étagées, suivant la déclivité du terrain. Au-dessus de la porte du n° 104, on lit ces mots : *Fondation de M. l'abbé Lefebvre. — Ecole de sourds-muets.*

Cette inscription n'est pas superflue, car extérieurement les trois maisons, qui ont été réunies pour être affectées à l'usage d'école, ont conservé leur aspect d'habitations privées. Toutes les transformations sont intérieures. L'immeuble reste divisé en trois parties. L'aile droite est occucupée par les jeunes filles sourdes-muettes, l'aile gauche par les garçons atteints de la même infirmité, et la partie centrale est réservée aux appartements de la directrice et du personnel. La porte d'entrée principale ouvre sur un couloir assez étroit qui aboutit à une cour, entièrement close de grands murs, où les élèves prennent leurs récréations; chaque sexe a son cantonnement respectif et absolument indépendant. La chapelle est en façade sur la cour et a également deux entrées distinctes. Construite en 1873, elle fut bénite par Mgr de Bonnechose. Son style monumental contraste singulièrement avec le caractère modeste et sombre de l'ensemble des autres constructions. Cet édifice ne peut être aperçu de l'extérieur, malgré l'élévation de son dôme; il est complètement masqué par les maisons environnantes. Ce qui frappe tout d'abord, quand on visite l'établissement, c'est le silence qui règne partout. Les enfants jouent, vont et viennent sans bruit, sans élever la voix, comme s'ils avaient reçu la consigne de se taire. On se croirait plutôt transporté dans un cloître que dans une école où l'on apprend à parler. L'explication de ce phénomène est facile. Le sourd-muet ne possède aucun goût pour la parole; il est toujours porté à s'exprimer par signes, ce qui ne lui coûte aucun effort, aucune tension d'esprit, aucune application des sens. Pour lui, parler constitue un travail, et, quand il s'agit de se distraire, il n'éprouve nullement le besoin de recourir à l'articulation pour converser avec ses camarades. Ce n'est donc que quand l'obligation lui en est imposée qu'il se résout à mettre en pratique l'art qui lui est enseigné, art véritable et des plus merveilleux puisqu'on en est arrivé, en quelque sorte, à faire entendre les sourds et parler les muets.

On sait, en effet, que si l'on conserve toujours pieusement, dans les institutions de sourds-muets, le culte de l'abbé de l'Epée, on a abandonné presque partout sa méthode depuis 1880. Certes, s'il était rappelé à la vie, le saint prêtre serait heureux de cette transformation, qui était son idéal et qu'il avait entrevue quand il disait : « Les sourds-muets ne seront réellement rendus à la société que quand ils pourront s'exprimer par la parole et lire sur les lèvres d'autrui. »

Le précurseur de l'enseignement oral et le vulgarisateur de la méthode nouvelle est un de nos concitoyens. Voici dans quelles conditions :

En 1871, un élève distingué de l'Institut national des sourds-muets de Paris, M. Capon, qui, doué d'une intelligence peu commune, était parvenu, à force de persévérance et de contact avec les entendants-parlants, à parler lui-même, ou, du moins, à se faire comprendre, résolut de se consacrer à l'instruction orale de ses frères d'infortune et de les faire profiter des succès qu'il avait remportés sur lui-même. Ne possédant pour toute fortune que son merveilleux talent et son ardent amour pour ses semblables, il s'arma de courage et ouvrit, à Caudebec-lès-Elbeuf, une école. Il obtint les meilleurs résultats.

Pénétrées d'admiration, quelques personnes charitables lui vinrent pécuniairement en aide, ce qui lui permit de transférer ses élèves du domicile de ses parents dans un petit local séparé, rue Dautresme, dépourvu de tout luxe, sans doute, mais où maîtres et élèves étaient chez eux.

Toutefois, l'œuvre de régénération des sourds-muets, si généreusement et si vaillamment entreprise par M. Capon, ne devait pas en rester là. Elle était trop belle et trop utile pour ne pas susciter autour d'elle les plus hautes sympathies et les plus dévoués concours. L'institution — unique, alors, dans son genre — reçut bientôt de nouveaux développements et de notables améliorations matérielles. Elle put être installée dans une magnifique propriété, où elle se trouve située encore aujourd'hui. Bâtiments très-suffisants, sans être spacieux; salles de classe confortables, bien aérées; jardins d'agrément et d'utilité, avec une cour de récréation très-commode; installation d'un musée scolaire, chef-d'œuvre de patience et d'érudition de M. et Mme Capon; en un mot, rien n'y manque de ce qui peut rendre aux élèves le séjour agréable, instructif, et donner aux maîtres les satisfactions que méritent leur intelligent dévouement et l'amour de leur œuvre.

Dix ans plus tard, le système de M. Capon était adopté dans toutes les autres institutions de France.

L'enseignement nouveau est divisé en deux parties distinctes : la première comprend l'instruction que nous appellerons élémentaire : sa durée est de quatre ans; la seconde s'étend à toutes les matières qui sont enseignées aujourd'hui dans les écoles primaires; elle comprend également une durée de quatre ans. Soit, au total, une période de huit ans pour parcourir dans son entier le programme des études.

Au début, le sourd-muet n'ignore pas seulement, au dire des professeurs, « les formes du langage, il est étranger à la plupart des idées qui en sont le fond; toutes ses facultés sont engourdies et il ne possède aucune habitude d'ordre et de soumission. A neuf ou dix ans, l'intelligence de ces malheureux enfants n'est pas plus développée que celle d'un enfant ordinaire âgé de trois ans. »

L'œuvre de la mère est entièrement à reprendre. « Imiter la mère et tout ce qui entoure l'enfance, tel doit être, a dit l'abbé Picard, un des ardents vulgarisateurs de la méthode orale, le premier soin de l'instituteur des sourds-muets. « L'enfant privé de l'ouïe, constate à son tour M. Valade-Gabel, ancien professeur à l'institution de Paris, n'est pas seulement un enfant à instruire, c'est un être moralement incomplet. Lui enseigner à lire, c'est lui enseigner à penser. C'est pourquoi, pour mettre ses sens et son esprit en état d'acquérir la parole -- et cette acquisition nécessitant une attention constante, une minutieuse observation, une fidèle imitation des positions et des mouvements des lèvres et de la langue — il convient de la faire précéder des exercices de gymnastique scolaire, imitative, progressive, dans lesquels l'œil commence à se fixer, l'esprit à observer, à s'appliquer, à reproduire, à comparer, à se rappeler ces mouvements *qui vont du plus au moins visible*, se disposant ainsi peu à peu à peu à percevoir et à refléter en lui-même les positions et les modifications de l'organe du maître, c'est-à-dire à lire sur les lèvres, à articuler. » Ces exercices de gymnastique s'étendent également aux organes internes, au moyen de l'expiration et de l'inspiration rendue de plus en plus profonde et prolongée, mais toujours naturelle.

Ce sont là les préliminaires de l'instruction appelée *Gymnastique scolaire progressive.*

On passe ensuite à la lecture synthétique, qui consiste à habituer l'élève à lire sur les lèvres, en commençant par des mots usuels, courts et aisés. Dès qu'il est arrivé à lire et à prononcer une voyelle ou une syllabe, le professeur la fait répéter jusqu'à ce qu'elle soit bien fixée dans son esprit et lui montre la forme graphique buccale. Peu à peu il parvient à saisir les sons et les syllabes sur les lèvres, à les prononcer, à les déchiffrer sur le tableau noir et à les écrire sous la dictée. L'élève apprend ainsi, la première année, une centaine de substantifs et les dix premiers noms de nombre.

Ce premier résultat obtenu — et il est considérable — on passe à l'articulation, dont les exercices seront constants jusqu'à la fin des études, c'est-à-dire jusqu'à ce que l'élève soit parvenu à posséder l'enseignement de la langue française et à s'exprimer sur toute espèce de sujets. « C'est là, dit l'abbé Tarra, un grand ami encore des sourds-muets dont les remarquables études font autorité, un second problème bien plus vaste, plus complexe et non moins difficile que le premier. Le maître, à lui seul, doit tenir lieu au sourd-muet de la société tout entière qui se charge de donner aux entendants le premier vocabulaire, élément de toute science ; l'école doit suppléer au champ vaste et varié des choses et des faits dans lequel nous avons appris le vocabulaire. Il est évident que, pour mener à bien cette œuvre immense, ce n'est pas une méthode scientifique et réfléchie que doit adopter le professeur : il faut qu'il imite la mère donnant à son enfant la première langue de la pensée ; il faut qu'il suive la graduation pratique des choses et des faits, qu'il distribue son enseignement d'après la nature des objets qui s'offrent à l'observation de son élève, d'après les lieux, les circonstances, les actes de la vie.

« Une fois les objets nommés, il faut habituer l'élève à former les jugements sur ces objets, puis à exprimer ces jugements, tantôt dans la forme inspirative, qui en donne le sens pratique, actif, tantôt sous la forme interrogative qui en examine les éléments, en fait ressortir et connaître les rapports, tantôt sous la forme positive, qui en donne la connaissance directe.

« Du monde visible, l'enseignement devra s'élever au monde invisible, c'est-à-dire aux choses morales et abstraites, aux phénomènes de la nature, aux faits de l'histoire, à leurs causes et à leurs effets, leurs raisons et leurs conséquences. Par cette marche régulière, mais lente, prudente, patiente, l'esprit du sourd devenu parlant arrive à la connaissance du mot et de la phrase abstraite, à la perception et à l'idée du fait immatériel; l'acte fait penser à la conséquence, le matériel au spirituel, la créature au créateur, la conscience à la loi et à la morale, le fait au dogme. »

Dès que l'enfant possède les notions élémentaires de la grammaire, on l'initie aux règles de la syntaxe, toujours d'après le même système : exercices articulés et écrits, avec signification de chaque phrase, en présence des objets qui les représentent et de leur explication par le maître. C'est ainsi que les sourds-muets arrivent insensiblement à posséder un vaste répertoire de noms, de locutions, de phrases et de connaissances pour toutes les communications usuelles de la vie, suivant bien entendu leur intelligence et leur degré d'instruction.

Disons que leur grammaire est beaucoup moins compliquée que la nôtre. Elle se borne aux éléments constitutifs de la pensée qu'on peut diviser en quatre chapitres principaux, savoir : 1° *Enseignement de la nomenclature ou exercices pratiques sur les choses ;* 2° *étude du verbe dans l'expression des jugements simples, complexes et composés ;* 3° *enseignement des rapports ou conjonctions ;* 4° enfin *enseignement de la syntaxe complexe ou des diverses constructions.*

A ces quatre chapitres principaux vient se greffer la partie la plus importante de l'instruction grammaticale ; nous voulons parler de la *composition,* qui joue un rôle prépondérant. La composition est, en effet, l'exercice actif de l'esprit. On procède d'abord par l'étude orale, puis on passe à l'étude écrite. Les sujets traités sont toujours choisis dans le domaine des faits et des choses qui se présentent le plus naturellement à la pensée et qui sont de première utilité. Cet enseignement est gradué et passe du dialogue à la narration, de la forme épistolaire à la forme descriptive, parlée et écrite.

Mais là ne s'arrête pas l'instruction des sourds-muets; elle comprend d'autres enseignements non moins nécessaires dans les relations de la vie, tels que l'arithmétique, la géographie, l'histoire, les notions de droit, etc., etc. On les exerce, dès la première année, à la numération; puis, la deuxième année, on passe aux additions et soustractions; la troisième année, aux multiplications; la quatrième année, à l'étude des monnaies et de leur valeur; la cinquième année, aux exercices de division et au système métrique; la sixième année, aux problèmes pratiques et usuels, aux fractions; la septième année, aux règles de trois et d'intérêt et, enfin, la huitième année, aux éléments de géométrie.

A partir de la cinquième année, on donne l'enseignement de la géographie, réservant l'histoire pour les deux dernières années, ainsi que les notions de droit.

Comme on le voit, à l'issue de leurs études, les sourds-muets qui ont eu le bonheur de persévérer et de suivre jusqu'au bout le programme du nouvel enseignement possèdent un degré d'instruction que pourrait envier plus d'un entendant-parlant. Ils ont à peu près une teinte de toutes les connaissances humaines et leur infirmité ne peut plus être exploitée comme autrefois.

Mais nous nous apercevons que nous n'avons parlé jusqu'ici que de leur ornement intellectuel. Il y a aussi l'ornement moral qui constitue le plus bel attribut de cette catégorie de déshérités qui ignorent tout en venant au monde, aussi bien les choses de la terre que les choses du Ciel, semblables à la brute qui n'obéit qu'aux instincts de sa nature. C'est pour les tirer de cet état lamentable que l'abbé de l'Epée s'ingénia à trouver le moyen de communiquer avec eux et de leur faire concevoir l'idée exacte de leur propre dignité et de la puissance d'un être suprême, qui a créé tout ce qui existe, et dont les rapports avec l'homme se manifestent par les phénomènes de la nature.

Il est hors de conteste que ces malheureux sont plus accessibles que les autres aux idées religieuses. Tout ce qu'ils voient les surprend, les subjugue, les fait tomber en admiration. Ils voudraient savoir, ils voudraient comprendre, mais le livre mystérieux, grand ouvert sous leurs yeux, ne leur explique rien ; leur vue est émerveillée et leur esprit est fermé à toute espèce de conception raisonnable. Ils ne peuvent communiquer leurs impressions et leur oreille ne peut arriver à saisir celles d'autrui. Séparés de la communication de tout ce qui les environne, ils ne peuvent concevoir que les idées grossières qu'ils se forment, eux-mêmes, de la divinité et des destinées du genre humain. Quel service à jamais glorieux et béni ne leur a pas rendu l'abbé de l'Epée ! Quel service la science moderne ne leur rend-elle pas chaque jour, en les initiant à tous les mystères que leur infirmité cachait à leur curiosité et à leur entendement !

Tous les pédagogues des sourds-muets sont d'accord sur ce point essentiel qu'il faut faire de l'instruction chrétienne la règle et la raison suprême de chaque branche d'enseignement. Si cette règle et cette raison sont observées en principe dans toutes nos institutions, nous devons constater, hélas ! que l'application n'en est plus aussi stricte qu'autrefois. Dans beaucoup d'établissements où le gouvernement exerce son influence, il s'est produit un certain relâchement dans l'enseignement religieux. Les sœurs en ont été expulsées, là comme ailleurs, et nous regrettons sincèrement que l'école dirigée par Mlle Lefebvre soit comprise au nombre de celles où ce genre de laïcisation a été pratiqué. Nous savons bien que la crainte de déplaire à l'administration républicaine qui, plus infirme encore que les sourds-muets en matière de foi, veut chasser Dieu de partout, et surtout la crainte de perdre les subventions accordées sont les causes déterminantes de cette déplorable tendance, consistant à n'accorder aujourd'hui, dans le programme d'enseignement des sourds-muets, que la seconde place à l'instruction chrétienne. Mais un fait reste acquis, c'est qu'en agissant ainsi on méconnaît l'œuvre fondée par l'abbé de l'Epée, car on la fait dévier de son véritable but. La foi seule, qu'on ne l'oublie pas, a guidé l'inventeur de la méthode des sourds-muets, et la puissance créatrice de la foi lui a seule permis de les tirer de leur isolement social. Sans la foi, son œuvre devient incomplète et incomprise.

Quoi qu'il en soit, l'enseignement religieux est encore respecté dans une certaine mesure ; on n'a pas osé l'abolir dans les programmes officiels, parce que les institutions de sourds-muets sont restées des établissements de bienfaisance et parce que leurs éducateurs sont unanimes à reconnaître que l'instruction religieuse n'est pas seulement, pour ces pauvres déshérités, une consolation, mais aussi une grande force. La méthode suivie pour cet enseignement ne diffère pas sensiblement de celle employée pour les autres sciences. De prime-abord, il paraît extrêmement difficile de faire pénétrer dans l'intelligence des élèves, au moyen de la parole, des idées immatérielles.

On commence par leur faire concevoir les principaux attributs de la Divinité, à la vue des manifestations de la nature.

Dans un article très étudié, la *Revue des Deux Mondes* résumait ainsi, tout récemment, la façon de procéder :

> C'est en général de la troisième à la quatrième année d'enseignement, quand il est devenu capable de se rendre compte des choses et des ouvriers qui les ont faites, que les idées religieuses font le plus de progrès dans l'esprit et le cœur de l'élève. On suscite sa curiosité, on l'amène à se poser ces questions : Qui a fait les plantes, les animaux ? Qui a fait le ciel et la terre ? Qui a fait le premier homme ?
> Alors, le maître dévoile le grand mystère, raconte à ses élèves l'histoire de la création ; il en déduit les dogmes de l'éternité de Dieu, de sa toute-puissance, de sa providence, de sa bonté, c'est-à-dire les première notions fondamentales de la religion. De la religion naturelle on passe à la connaissance des dogmes du christianisme et des devoirs moraux qui en dérivent : devoirs envers Dieu, envers le prochain, envers soi-même.

Il y a quatre degrés dans cette initiation : l'observation de la nature, qui ouvre la voie à l'histoire, l'histoire qui conduit au dogme, le dogme qui a son application dans la morale. Il est évident qu'à ces leçons didactiques doivent se joindre les pratiques intelligentes du culte : la prière du matin et du soir, les cérémonies religieuses, dont on a soin d'expliquer aux élèves l'objet et le but, en remontant à l'origine et en faisant l'histoire de chaque fête.

Dès qu'ils possèdent bien les grandes vérités de la religion contenues dans le catéchisme, ils sont préparés à la première communion, qui est le grand acte de leur existence, et qui leur ouvre la porte de l'humanité, en les associant aux satisfactions et aux priviléges jusque-là restés inaccessibles à leurs imperfections natives.

A dater de leur première communion, une nouvelle vie commence pour eux; cette date marque ordinairement la fin de leur instruction morale et intellectuelle, elle indique aussi qu'ils sont suffisamment armés pour les luttes de ce monde, au milieu duquel ils étaient condamnés à vivre en parias et où ils feront désormais bonne figure.

La limite d'âge des sourds-muets, pour leur sortie de l'école, est fixée à vingt et un ans au maximum. Ceux dont les études sont terminées avant cette limite réglementaire, grâce à une intelligence plus précoce, sont libres de demander une prolongation de séjour, qui ne leur est jamais refusée; mais c'est plus souvent le cas contraire qui se présente, surtout dans les institutions de province.

Les parents sont plutôt disposés à les retirer avant qu'après le terme des études, soit pour diminuer la durée de leurs sacrifices, soit pour utiliser les services de leurs enfants. Cette façon d'opérer fait la désolation des professeurs qui, adonnés de tout cœur à leur mission, voient toujours d'un mauvais œil partir un élève dont l'instruction n'est pas finie.

Nous avons dit que les cours complets comprenaient une période de huit années. Or, comme le minimum d'âge pour l'admission est fixé à neuf ans et le maximum à douze ans, ce n'est guère qu'entre dix-huit et vingt ans, que les sourds muets atteignent la fin de leurs études. Il n'est pas possible de les recevoir au-dessus de douze ans, car à partir de cette époque, les organes de la voix et de la respiration ne sont plus assez flexibles pour se plier aux exercices et aux mouvements auxquels on les assujettit.

De plus, tous ne sont pas aptes à être admis. Il faut pour cela qu'ils remplissent les conditions physiques indispensables : les yeux doivent être sains, la bouche et les lèvres bien conformées, et, de plus, l'intelligence suffisamment déliée — chez certains sourds-muets l'infirmité touche à l'idiotisme. — Evidemment, il n'y a pour ces derniers aucun remède. Par contre, il en est beaucoup de très-intelligents, — cela se lit sur leur visage.

En visitant l'école gratuite des sourds-muets de Rouen, nous avons remarqué, notamment, une jeune fille de quatorze ans au plus dont l'attitude et la physionomie sont particulièrement expressives. Rien en elle extérieurement ne dénote une sourde-muette. Physique agréable, naturel gai, conformation irréprochable et, par dessus tout, le regard vif et pénétrant où on lit, pour ainsi dire, sa pensée, comme elle cherche à lire la vôtre en vous fixant ou en suivant l'expression de votre visage ou le mouvement de vos lèvres. Ce n'est que quand elle veut parler qu'on s'aperçoit de sa malheureuse infirmité. Sa bouche se contracte, sa voix semble sortir difficilement et le son en est peu agréable.

La méthode orale ne peut, hélas! modifier les organes de la voix. Les sourds-muets, même les mieux doués, éprouvent quelque difficulté de prononciation. Si leur langage est compréhensible, en y apportant un peu d'attention, les paroles ne sont pas limpides, les sons blessent l'oreille. Mais, avec un peu d'habitude, on parvient à saisir distinctement leurs expressions et à converser avec eux assez aisément. Il suffit d'un peu de bonne volonté et de complaisance. Pour lier conversation, il faut les regarder bien en face et conserver l'immobilité. Leurs yeux restent fixés sur le mouvement de vos lèvres où ils lisent vos paroles comme dans un livre ouvert. En faisant des gestes, vous détournez leur regard et vous rendez, par cela même, leur lecture plus difficile.

Le plus curieux, c'est d'assister à leurs leçons. On est positivement émerveillé. Qu'ils soient interrogés individuellement ou en commun, leurs réponses, faites à haute voix, sont toujours formulées avec précision et sans hésitation. Leurs cahiers de devoirs sont très-bien tenus, l'écriture en est déliée et généralement très-belle. Ce qui étonnera plus d'un écolier parlant, c'est qu'on y chercherait en vain une faute d'orthographe. Ils n'en font jamais et ne peuvent même pas en faire, attendu que les mots et les phrases sont consignés dans leur répertoire intellectuel tels qu'on les leur a appris. Et il faudrait que le professeur ait commis des infractions aux règles de la grammaire pour que ces fautes fussent reproduites par les élèves. Nous ne pouvons mieux comparer leur répertoire qu'à une épreuve de photographie qui fixe, d'une manière immuable, dans leur esprit, la forme naturelle des choses apprises et des objets représentés. Cela est si vrai qu'ils s'aperçoivent tout de suite des incorrections du style d'autrui et des mots mal orthographiés.

Il nous a été donné de juger, par nous-même, de leurs aptitudes, à l'école de la rampe Saint-Gervais. Mlle Lefebvre, dans le but de tromper leur perspicacité, avait écrit sur le tableau noir des phrases incorrectes et des mots d'une orthographe fantaisiste. Au fur et à mesure qu'elle traçait les caractères, j'entendais chuchoter : « Il y a une faute! Oh! encore une faute ! » Mlle Lefebvre, ayant cessé d'écrire, appelait un élève, pris au hasard, au tableau et lui demandait, puisqu'il y avait des fautes, de vouloir bien les rectifier, et aussitôt les mots mal écrits étaient effacés et remplacés par les mots propres.

Ces exercices sont fort amusants et ils laissent au visiteur une impression profonde des progrès véritablement prodigieux qui ont été réalisés dans l'enseignement des sourds-muets.

Plus favorisé que beaucoup d'autres départements, qui n'on ont qu'une et même qui n'en ont pas du tout, le département de la Seine-Inférieure possède deux écoles de sourds-muets. Il est vrai qu'il s'agit ici d'une catégorie d'infirmes tout à fait spéciale, et que, dès lors, le chiffre réparti sur toute la surface du pays en est, heureusement pour notre pauvre humanité, très-restreint. C'est tout au plus, en effet, si la population sourde-muette, en âge de scolarité, s'élève à un total de 4,000 dans toute la France. Une école par département nous paraît néanmoins nécessaire; mais ceux qui en ont deux comme le nôtre ont le droit d'en être fiers. La concurrence dans les œuvres charitables est une excellente chose, et il n'y en aura jamais assez pour soulager toutes les infortunes.

Il ne faut pas oublier, cependant, que ces écoles sont gratuites et que la charité a aussi, de ce côté, des devoirs à remplir. La première ressource de M. l'abbé Lefebvre, quand il fonda son œuvre de la rampe Saint-Gervais, lui fut procurée par une quête faite, chaque année, le jour du Vendredi-Saint, à l'église de la Madeleine. M. le baron Le Roy, puis ses successeurs à la préfecture, lui apportèrent, par la suite, un concours fort utile. Sur leur demande, le Conseil général vota des crédits pour un certain nombre de bourses. La quête à l'église de la Madeleine s'est transformée, depuis, en une assemblée de charité, autorisée au moment du carême. L'administration départementale a continué, de son côté, à entretenir des bourses. Les aumônes, les dons ou legs après décès font le reste.

Tous les pauvres êtres privés de la parole et de l'ouïe ont donc toute facilité aujourd'hui pour se faire instruire, et les parents n'auraient pas d'excuse s'ils laissaient leurs malheureux enfants, atteints d'une pareille infirmité, croupir dans l'ignorance et l'isolement de la société.

CHAPITRE VII

ŒUVRES DE PRÉSERVATION ET DE RÉHABILITATION

Œuvre de Préservation des Filles repenties (sœurs du Bon-Pasteur). — Le Refuge des Jeunes Détenues et Libérées de Saint-Hilaire (œuvre de l'abbé Podevin).

Le Bon-Pasteur

Entre le boulevard Saint-Hilaire et la rue du Mont, tout à côté de l'asile de nuit fondé par M. l'abbé Bazire, existe un immense terrain traversé par la ligne des anciennes fortifications de Rouen, dont on retrouve encore de nombreux vestiges. La poterne et le chemin de ronde qui, aujourd'hui, débouchent sur le boulevard Saint-Hilaire, sont particulièrement très-bien conservés. Le plan de ce terrain suit la structure du rempart; il est fortement incliné et, grâce aux travaux qu'on a exécutés, aux ruines qu'on a utilisées, des jardins sont étagés là où l'on n'apercevait jadis que des monceaux de pierres disposées en gradins. Au pied dudit rempart le sol a été à peu près nivelé et s'étend parallèlement à la rue du Mont, que borde, sur toute la longueur, un grand mur de séparation.

C'est sur ce vaste emplacement, qui portait le nom de camp Hérisson, et qui était absolument désert au commencement du XVIIe siècle, que fut fondé, en 1648, le monastère des Annonciades. Ce monastère existait encore au moment où éclata la première Révolution. A cette époque de perturbation générale, ses hôtes furent dispersés et pourchassés comme, du reste, tous les autres ordres religieux.

Plusieurs années après la tourmente révolutionnaire, M. l'abbé Eudes, dont la réputation de sainteté est toujours vivante dans le clergé rouennais, vint installer un pensionnat dans ledit monastère. Toutefois, le développement que prit bientôt l'institution obligea son fondateur à chercher un local plus confortable et plus spacieux. Il transféra donc son œuvre à Mesnières, en laissant aux Dames du Bon-Pasteur la propriété et les bâtiments de l'ancien couvent des Annonciades.

Mais quelle est l'origine des Dames du Bon-Pasteur? Quel est le but charitable et humanitaire qu'elles poursuivent? Quels services rendent-elles à la société?

La fondation du Bon-Pasteur de Rouen est due, comme la plupart des fondations de ce genre, au sentiment de compassion inspiré à certaines âmes d'élite par la vue des misères d'autrui. L'œuvre est née à Bourges, en 1827. Trois pieuses demoiselles de cette ville, profondément impressionnées de l'abandon dans lequel étaient laissées tant de jeunes filles, innocentes ou coupables, se concertèrent et s'unirent dans un même sentiment d'abnégation, de foi et de zèle secourable, en vue d'arracher au vice et à la misère ces malheureuses soumises aux fatalités de leur sexe et condamnées à la pire des existences.

Partant de ce principe que la pauvreté est le meilleur apprentissage pour acquérir la science de la véritable charité, ces vaillantes chrétiennes résolurent de quitter leurs familles, afin de se consacrer entièrement à leur apostolat social. Pour tout bagage, en s'éloignant du toit paternel, elles emportèrent un crucifix pour soutenir leur courage en cas de défaillance, et une petite pendule pour régler les heures de leurs exercices. Une de leurs amies leur offrit l'hospitalité et, dès le premier jour, elles se mirent bravement à l'œuvre. Pleines de confiance entre les mains de la Providence, elles n'avaient nul souci des nécessités matérielles de la vie. Leur dénûment fut bientôt connu de tous, et quelques âmes généreuses, les prenant en pitié, voulurent leur venir en aide; mais leur résolution était prise; elles avaient fait vœu de vivre dans l'indigence et de se contenter du fruit de leur travail. Cependant, il fallait recueillir les pauvres créatures sans ressources qui faisaient l'objet de leur sollicitude; il fallait non-seulement les héberger, mais les nourrir, et les aumônes et le travail ne suffisaient pas à l'ardeur de leur dévouement. Le travail était peu rémunérateur et la situation devenait de jour en jour des plus critiques. C'est au point que les parents de ces trois héroïques servantes de Dieu, désolés de leurs privations et de leurs souffrances, durent leur faire accepter le pain nécessaire à leur subsistance de chaque jour.

Il ne faut pas trop s'en étonner; n'est-ce pas, en effet, au prix de difficultés qui paraissent les plus insurmontables, au prix d'efforts, pour ainsi dire surhumains et de déceptions sans nombre, qu'ont été créées les œuvres sublimes qui rayonnent aujourd'hui dans l'univers entier, qui ont plus fait pour la civilisation et le progrès que toutes les victoires, et qui sont l'honneur et la sauvegarde de l'humanité?

La volonté donc et la persévérance des demoiselles Anjorrant, Page et Vieillot, les trois fondatrices de la congrégation du Bon-Pasteur, parvinrent à triompher de tous les obstacles et ne tardèrent pas à trouver de puissants protecteurs qui facilitèrent l'essor et le développement de leur institution. M. l'abbé Jerphanion, alors vicaire général de Bourges, et plus tard archevêque d'Albi, s'intéressa le premier à l'œuvre naissante. Un local plus spacieux permit de recueillir un plus grand nombre de jeunes *repenties;* on jeta les bases d'une organisation qui est devenue la règle de la communauté. Aux mères fondatrices vinrent se joindre d'autres dévouements, et l'œuvre nouvelle put enfin fonctionner régulièrement.

Son action salutaire s'exerçait à Bourges depuis trois ans à peine, lorsqu'un événement imprévu vint lui ouvrir de nouveaux horizons. Mgr de Beauregard, évêque d'Orléans, ayant eu connaissance des bienfaits que les Sœurs du Bon-Pasteur répandaient autour d'elles, sollicita leur transfert à Orléans, pour leur confier la direction d'une maison de pénitentes qui périclitait. Après divers pourparlers, la proposition fut acceptée, et, quels que fussent les regrets de quitter le berceau de leur institution, les mères Anjorrant, Page, Vieillot et leurs dignes compagnes partirent pour Orléans, au mois de juin 1830, emmenant avec elles leur petit troupeau de pénitentes, qui n'avaient pas voulu se séparer d'elles.

Mais Rouen devait les posséder à son tour.

Six ans plus tard, la supérieure, Mme Anjorrant, femme hors ligne par ses vertus, ses qualités d'esprit et de cœur, recevait d'une pieuse chrétienne de notre ville, Mlle Nouflard, l'offre d'une maison de pénitentes fondée par elle, mais dont la charge lui était trop lourde. Aussitôt, les mères Anjorrant et Page partirent pour Rouen, afin de s'entendre avec Mgr de Croy.

Les négociations furent laborieuses, l'administration municipale souleva de nombreuses difficultés qui ne furent aplanies que par l'intervention de la reine Marie-Amélie, qui s'était constituée la protectrice des Dames du Bon-Pasteur. Le 18 mai 1836, celles-ci prenaient possession d'une maison en location, située rue de Joyeuse, et occupée aujourd'hui par les Franciscaines. Cette maison, quoique disposée pour recevoir une communauté et possédant une jolie chapelle, était de dimensions trop restreintes. Bientôt elle devint insuffisante pour les besoins du personnel et le nombre toujours croissant des pauvres filles qui venaient y chercher un refuge.

Le vénérable abbé Carpentier, fondateur de l'orphelinat des Saints-Anges, s'émut de cette situation et proposa aux religieuses du Bon-Pasteur de venir s'installer dans l'ancien couvent des Pénitents de Saint-François, dont les vastes jardins s'étendent de la rue Saint-Hilaire à la rue du Mont. Cette offre ayant été acceptée avec reconnaissance, l'œuvre y fut transportée vers 1839. Mais les mêmes raisons qui avaient nécessité un premier déménagement ne devaient pas tarder à se renouveler. Les bâtiments des anciens Pénitents de Saint-François devinrent, à leur tour, trop petits. On dut y adjoindre, en 1842, l'ancien couvent des Annonciades, situé en face, de l'autre côté de la rue du Mont. Les Dames du Bon-Pasteur occupèrent, dès lors, ces deux propriétés reliées entre elles par un souterrain qui passait sous la rue du Mont. Plus tard, vers 1865, par suite de nouvelles dispositions, la propriété et l'immeuble des Pénitents de Saint-François furent cédés à l'orphelinat des Saints-Anges, qui n'a cessé de l'habiter depuis cette époque. Quant au Bon-Pasteur, il conserva, en apportant quelques améliorations, les bâtiments et les terrains du monastère fondé par les Annonciades.

Nous avons dit que cette propriété, bordée de grands murs, s'étend du boulevard Saint-Hilaire, au nord, à la rue du Mont, au sud. C'est là que fonctionne cette institution, qui rend les plus appréciables services à la société. Nul emplacement ne convenait mieux à une œuvre qui demande, pour remplir sa belle mission, la solitude, le silence et l'isolement du monde. Peu de Rouennais, assurément, connaissent ce coin curieux de leur cité. Placé sur la hauteur, l'air y circule librement ; la ville entière et la charmante vallée de la Seine s'étendent au loin sous le regard émerveillé, mais les bruits lointains ne viennent guère troubler le calme de ces quartiers peu fréquentés.

Jusqu'ici, nous n'avons esquissé, à pas rapides,

que les tribulations par lesquelles la communauté du Bon-Pasteur de Rouen a été obligée de passer avant d'entrer en possession d'elle-même et de trouver le repos nécessaire au libre développement de son apostolat. Il nous reste à faire connaître le bien qu'elle poursuit et les moyens qu'elle emploie pour l'accomplir.

Le Bon-Pasteur s'est imposé une double mission sociale : l'une de préservation, l'autre de relèvement. La préservation consiste à recueillir les jeunes filles tombées dans la misère ou dans l'abandon et qui se trouvent exposées, sans défense, à tous les écueils de l'existence, aux périls qui encombrent la route où les femmes, encore honnêtes, sont obligées de marcher. Le relèvement, ainsi que le mot l'indique, s'adresse aux malheureuses qu'une liaison coupable ou une faute secrète ont entraînées hors de la voie.

Le trait distinctif du Bon-Pasteur est de ne recevoir que les pauvres créatures qui viennent d'elles-mêmes, et spontanément, demander asile et protection contre leurs funestes entraînements, contre leur propre faiblesse. Elles y restent de leur plein gré et sont toujours libres d'en sortir. Elles y trouvent le repos, l'oubli de leur dégradation morale et le goût du travail.

Il y a donc au Bon-Pasteur deux catégories bien distinctes « d'hospitalisées » : les repenties, qu'on désigne sous le nom de *pénitentes*, et les préservées ou *bluettes*, ainsi dénommées à cause du costume bleu qu'elles portent. Elles vivent séparément, dans un local absolument affecté à chaque catégorie, afin d'éviter tout contact entre les coupables et les innocentes.

L'entrée principale est située rue du Mont. C'est une porte cochère percée, vers le milieu de la rue du Mont, dans le grand mur sombre qui longe ladite rue, et qui met l'établissement à l'abri de tout regard indiscret venant de l'extérieur. Une autre porte pour le service communique, par un chemin encaissé, à l'ancienne poterne du rempart et s'ouvre sur le boulevard Saint-Hilaire.

Quand on a franchi le seuil, on se trouve dans une toute petite cour rectangulaire qu'encadre un bâtiment dont l'état de vétusté et de délabrement cause la plus pénible impression. Des portes branlantes, des murs qui menacent ruine, des parquets usés et défoncés, des escaliers vermoulus des couloirs exigus, obscurs et sans issue ; en un mot, rien de plus triste et de plus minable. Les Sœurs, bien entendu, se sont réservé cette partie pour elles ; c'est la vivante image de la détresse à laquelle elles se sont vouées.

Mais laissons là ces vieux débris de maçonnerie qui nous bornent la vue, et pénétrons dans les jardins. Ici, l'aspect change. On a l'espace devant soi et le grand air. A droite et à gauche s'élèvent des constructions d'un caractère plus moderne et plus riant.

A gauche est le quartier réservé aux repenties. Elles occupent le bâtiment qui constituait le gros œuvre de l'ancien couvent des Annonciades. Surélevé en grande partie de deux étages et formant, dans sa totalité, un rectangle allongé, il est bien conservé. Les salles sont bien aérées et éclairées, mais la distribution en est mal comprise et ne comporte peut-être pas toutes les commodités qui sont indispensables à une communauté nombreuse. Toutefois le Bon-Pasteur, peu habitué aux installations luxueuses, s'en contente et sait en faire un séjour agréable pour ses pupilles. Il y en a, en ce moment, cent soixante qui n'ont nullement l'air de s'ennuyer, qui s'accommodent fort bien du régime et ne demandent qu'à rester le plus longtemps possible sous la surveillance des bonnes Sœurs dont elles apprécient l'attachement sincère, la délicatesse de tact et les soins tout maternels.

A droite de la porte d'entrée se trouve le quartier des jeunes préservées ; elles sont moins nombreuses, une trentaine environ. Il est vrai qu'il serait absolument impossible, présentement, d'en accepter une quantité plus grande. L'immeuble mis à leur disposition ne le permet pas. C'est une vieille masure qui ne demande qu'à être démolie ou affectée à un autre usage.

Hâtons-nous de dire qu'on y a songé et, qu'avant peu, ces pauvres délaissées seront installées dans un local tout flambant neuf. Les travaux sont presque terminés. Le plan de la nouvelle construction fait le plus grand honneur à l'architecte, M. Lefort. Il réunit toutes les conditions d'hygiène et de commodités désirables, quoique conçu et réalisé le plus économiquement possible. L'emplacement ne pouvait être mieux choisi, au pied du vieux rempart, sur une éminence et au centre de la propriété. Pas un rayon de soleil ne sera perdu, l'air y arrive de tous les côtés par de larges ouvertures. La disposition intérieure ne laisse rien à désirer ; les salles sont spacieuses, coquettes ; les portes de communication ouvrent sur de grands couloirs, tout y est clair, tout y respire la gaîté et, ce qui ne gâte rien, la vue jouit, de là, du plus beau des panoramas. Les petites *préservées* ne seront pas trop mal loties, comme on voit. C'est à rendre jalouses leurs compagnes *repenties*.

Mais elles ne seront pas seules à habiter le nouvel immeuble, les congréganistes y seront également logées. Par congréganistes nous entendons celles d'entre elles qui, après avoir passé quelques années dans l'établissement, désirent s'y fixer définitivement. Elles remplissent l'office de sœurs tourières, dont elles ont, du reste, le costume religieux, sans être astreintes à aucun vœu.

Combien croyez-vous qu'il y a de Sœurs pour diriger et surveiller tout ce bataillon de femmes et de jeunes filles qui n'ont été guère habituées à l'obéissance et au devoir? On en compte jusqu'à six, y compris la supérieure, et elles suffisent, avec vingt congréganistes, à conduire la maison avec une régularité et une discipline exemplaires.

Leur méthode est simple et pratique; elle est basée sur ce principe que le travail relève l'homme et prémunit la femme contre ses propres séductions et les faiblesses de son sexe. Le Bon-Pasteur fait une large application de cette maxime dans la direction du troupeau confié à sa vigilance. Le travail, cependant, pour porter tous ses fruits, a besoin de cet appui moral qui le fait accepter comme un devoir et non comme un châtiment. Toute liberté étant laissée aux pénitentes au point de vue religieux, c'est par l'exemple, le contact journalier et l'entraînement, par des exercices spirituels et de saines lectures, que les plus réfractaires aux bons sentiments modifient insensiblement leurs idées. Les rêveries de l'esprit, les pensées romanesques se dissipent, et le calme, comme la paix du cœur, renaît dans ces âmes troublées. La conscience endormie se réveille et reprend possession d'elle-même.

Mais laissons la parole à M. l'abbé Fouard, supérieur du Bon-Pasteur, qui veut bien nous fournir à ce sujet des renseignements d'autant plus intéressants et d'autant plus précieux, qu'ils nous initient à tous les détails de la méthode suivie pour atteindre les excellents résultats que nous venons de signaler :

MONSIEUR,

Dans la courte visite que vous avez bien voulu faire à l'asile de la rue du Mont, vous avez compris qu'un regard jeté sur les bâtiments, le site, l'extérieur de l'œuvre, ne vous en révélait point l'intime, et vous nous avez demandé s'il ne serait point possible d'en connaître quelques détails. Rien ne s'y oppose : car règles, coutumes, principes, tout au Bon-Pasteur est dicté par l'expérience et la droite raison.

Cette œuvre des pénitentes est peu connue et, par suite, mal comprise. Trop souvent, on la confond avec ces maisons de correction où sont renfermées et maintenues par force des jeunes filles rejetées par leurs familles ou sous le coup d'une condamnation judiciaire. Rien de tel au Bon-Pasteur : on ne reçoit que les personnes qui entrent et séjournent volontairement dans l'asile.

La première condition, en effet, pour réussir auprès des pauvres égarées, est de ne rien faire par contrainte, mais de les amener par persuasion à comprendre qu'il est indispensable pour elles de s'éloigner momentanément des occasions qui les ont entraînées au mal, et pour cela de consentir à se retirer du monde pendant le temps nécessaire à leur guérison. En procédant ainsi, ces jeunes filles conservent dans la retraite qu'elles s'imposent le sentiment de leur liberté, et les religieuses prennent sur elles un tel ascendant que souvent leurs tentations de retourner en arrière tombent à ces seuls mots : « Vous êtes libres. »

Il n'importe pas moins de ne rien précipiter dans cette

œuvre, car la plupart des pénitentes sont loin d'être converties en arrivant dans la maison. Si elles y entrent sans contrainte, elles le font rarement de leur propre initiative, mais presque toujours sous la pression de leurs familles, quelquefois par lassitude, par dégoût, pour sortir d'une situation qu'elles se sont faite impossible. Elles y apportent tous leurs souvenirs du passé, et il faut un certain temps pour que leur esprit se tourne à des pensées meilleures. On prend donc soin tout d'abord de les laisser se reposer dans la sécurité et le calme de leur situation nouvelle, et on attend que, d'elles-mêmes, elles s'accoutument doucement au règlement intérieur, ce qui d'ordinaire n'est pas long, car la nécessité d'une vie régulière dans une maison nombreuse se fait si naturellement sentir que ces pauvres filles, non-seulement s'y soumettent, mais s'y attachent même et s'y affectionnent promptement.

Elles trouvent là un premier et solide appui pour se relever. Cette règle, en effet, à la fois douce et ferme, saisit tous leurs instants et ne laisse aucun loisir pour les rêves du passé. Le travail incessant, coupé par la prière, des chants et des délassements joyeux, se succède de telle sorte que, depuis l'heure où elle s'éveille en chantant le *Laudate* jusqu'au murmure de la dernière prière qui l'endort, la pénitente ne demeure jamais livrée à elle-même. C'est trop peu dire : entourée dès sa venue par des compagnes déjà faites au régime de la maison, elle se trouve entraînée par cette troupe alerte et joyeuse, et reprend sans s'en apercevoir l'habitude, le goût d'une vie active.

C'est par les Réglementaires surtout que cet élan est donné et maintenu. On donne ce nom aux anciennes pénitentes qui s'attachent à la maison pour un temps plus ou moins long, quelques-unes pour toujours. La surveillance et la direction des nouvelles venues leur sont confiées, et avec grand avantage, car connaissant elles-mêmes non-seulement le mal, mais toutes les ruses, les moindres signes du mal, rien ne leur échappe : d'un mot, d'un regard, elles répriment la corruption prête à se réveiller.

Là, toutefois, ne se borne pas leur action. Pour être utile à ces pauvres âmes, il faut être au courant de leurs misères, compatir aux blessures que laisse dans l'âme l'irrégularité plus ou moins longue de la vie, en suivre les traces dans les paroles, les habitudes prises. Sur tous ces points, la vigilance, les conseils charitables des Réglementaires sont d'une efficacité sans pareille. Intermédiaires entre les pénitentes et les religieuses, elles permettent à celles-ci de ne pas entrer dans un détail qui ne convient en aucune façon à leur caractère. Les pénitentes demeurent ainsi convaincues que, non-seulement les religieuses n'ont pas, par leur propre expérience, la connaissance de leurs malheurs, mais que, jusqu'à un certain point même, elles ignorent le mal. Leur confiance, leur respect, leur affection sincère est à ce prix.

Grâce au dévouement, au concours actif des Réglementaires, un petit nombre de religieuses suffit à la direction du Bon-Pasteur. Elles sont l'âme de l'œuvre sans doute, et gardent en main tous les ressorts; mais elles ont la consolation de n'avoir que rarement à intervenir, et de voir les âmes se purifier, se relever d'elles-mêmes sous leurs yeux.

Si le goût de l'ordre et du travail rendu aux pénitentes est un puissant moyen pour les tirer de l'abattement de leur chute, et stimuler en elles l'énergie morale, un autre s'y joint, d'ordre supérieur, auquel les religieuses donnent tous leurs soins : réveiller en elles la foi, la plupart n'ayant presque rien conservé de l'instruction de leurs premières années. L'étude du catéchisme est, dans ce dessein, une des premières choses demandées aux pénitentes. A la lueur des vérités saintes, au souffle tout puissant de la grâce, la conscience si étrangement déformée dans ces pauvres natures se redresse, se ranime, devient d'une droiture, d'une délicatesse peu communes.

L'essentiel, dans ce travail de réformation, nous ne saurions trop le redire, est de ne rien précipiter. L'empreinte est d'autant plus profonde, plus durable dans l'âme, qu'elle s'est lentement déposée. Le Bon-Pasteur de Rouen doit à cette sage lenteur, à la patience persévérante avec lesquelles il procède, d'obtenir les résultats les plus consolants.

C. FOUARD,
Ch. h., Supérieur du Bon-Pasteur.

Les pensionnaires du Bon-Pasteur se recrutent dans toutes les classes de la société. Le département tout entier fournit son contingent. Tantôt, c'est l'honneur d'une famille, compromis dans une heure d'oubli, qui y vient ensevelir ses secrets ; tantôt ce sont des filles-mères abandonnées à leur triste sort, qui frappent à la porte de l'établissement pour y demander un abri contre la misère et le désespoir ; tantôt, enfin, ce sont de pauvres ouvriers, d'honnêtes travailleurs de la campagne qui, ne pouvant exercer toute la surveillance nécessaire sur leurs enfants, les confient à la garde du Bon-Pasteur pour les arracher au vice et les diriger dans le droit chemin. Elles n'y sont ni prisonnières, ni cloîtrées ; la maison est un lieu de repos, d'éducation morale et de travail.

Combien de femmes, hélas ! se perdent faute d'être secourues et qui deviennent la honte de la société au lieu d'en être le plus bel ornement. Quand leur dégradation n'est pas descendue tellement bas que toute cure semble impossible, il suffit de leur tendre la main, de raffermir par un idéal de pureté morale leur courage épuisé, pour en faire d'excellentes épouses et de bonnes mères de famille. Le Bon-Pasteur a été fondé dans ce but, et les résultats obtenus chaque jour placent cette œuvre au premier rang des institutions de bienfaisance.

L'organisation en est si bien comprise, tout y est si bien ordonné que le travail des pensionnaires suffit à l'entretien général de la maison. Sans presque rien demander à la charité publique, sans autres ressources que celles fournies par le jardinage, les travaux de couture et les ouvrages de lingerie qui leur sont apportés du dehors, les préservées comme les repenties sont hébergées, nourries et entretenues aussi longtemps qu'il leur plaît de rester dans l'établissement.

On parle beaucoup, de nos jours, de socialisme et des remèdes à apporter à la misère qui étend son réseau dans toutes les classes laborieuses. Les utopistes rêvent nous ne savons quel bouleversement général pour résoudre ce qu'ils appellent le problème social. Le Bon-Pasteur de Rouen, sans s'en douter, sans phrases et sans bruit, en a trouvé, lui, la solution la plus pratique, la plus raisonnable et la plus pacifique. Prenant la liberté pour base ; la solidarité chrétienne, l'ordre, le travail, l'économie pour moyens ; l'assistance et le relèvement moral pour but, il a réalisé en petit cet idéal d'égalité, de fraternité et de bien-être que les grands prôneurs de réformes et de nivellement social font entrevoir, dans un mirage trompeur, à travers les ruines fumantes de l'édifice actuel.

Le Bon-Pasteur forme une grande famille où tout est en commun, où chaque membre sait se rendre utile à la communauté. Les jardins bien entretenus, bien cultivés fournissent une partie des produits nécessaires à l'alimentation; tout ce qui constitue l'entretien, se confectionne dans la maison. Les pensionnaires s'ingénient de mille façons pour assurer leur existence; elles font et cuisent leur pain; préparent leurs repas, leur boisson, etc. Habituées à borner leurs désirs, elles vivent et se contentent de peu. Mais rien n'est perdu de ce qui peut être utilisé; on tire parti de tout. En voulez-vous un exemple frappant?

Nous venons de dire qu'elles fabriquaient elles-mêmes leur boisson, mais nous n'avons pas indiqué par quel procédé simple et peu coûteux; le voici : on recueille, à la saison, tout le marc de pommes qu'on peut se procurer chez les brasseurs de cidre du quartier. On soumet ce marc qui, ordinairement, n'est plus bon à rien, à une nouvelle trituration, à un nouveau brassage; on l'additionne d'eau et on en retire une boisson de second degré, peu capiteuse, il est vrai, mais très-sain et agréable au goût. Ce n'est pas tout, les résidus sont ensuite transformés en mottes qui, bien séchées au soleil, constituent une excellente provision de chauffage pour l'hiver. Les débris de ces mottes sont également utilisés, ils servent d'engrais pour les jardins.

Avouons qu'il serait difficile d'imaginer un système d'économie plus ingénieux. L'Assistance publique, qui engloutit des millions, ferait bien de venir chercher là des leçons d'épargne et de bonne administration. Cela lui permettrait, avec les ressources dont elle dispose, de se montrer plus prodigue envers les malheureux qui viennent frapper à sa porte et de venir en aide à un nombre beaucoup plus considérable d'infortunes.

Si bien tenu que soit un établissement, il réclame parfois des dépenses extraordinaires auxquelles on ne peut faire face qu'au moyen de ressources spéciales. Telle est la situation du Bon-Pasteur, le budget ordinaire s'y équilibre à peu près, le budget extraordinaire ne peut s'alimenter que par la charité privée. On s'est trouvé tout récemment dans la nécessité de construire un nouveau bâtiment, d'autres améliorations sont jugées indispensables pour remplacer les masures croulantes que nous avons signalées à l'entrée. De généreux donateurs ont fait une partie des frais des travaux en cours d'exécution, mais de nouveaux sacrifices s'imposent.

La démoralisation, la corruption, font, de nos jours, de tels progrès, qu'il importe de ne rien négliger pour enrayer le mal, ou du moins pour en atténuer les effets pernicieux. Nous croyons avoir assez fait ressortir les services de cette nature rendus à la société par le Bon-Pasteur, pour que toutes les âmes honnêtes et charitables s'intéressent au développement de sa sublime mission de préservation et de relèvement de la femme.

Le Refuge des Jeunes Détenues et Libérées de Saint-Hilaire

Dieu a mis dans le cœur de la femme des trésors inépuisables de tendresse, de dévouement et d'abnégation. Plus sensible que l'homme, plus portée à la pitié, la vue des plaies sociales l'émeut parfois à un tel point qu'elle lui inspire spontanément, pour les cicatriser ou les guérir, des idées fécondes et généreuses qui font plus, pour le bien de l'humanité, que toutes les recherches laborieuses de nos savants philanthropes.

Parmi les institutions charitables qui existent, il en est peu, en effet, dont l'idée première n'ait été une inspiration du cœur féminin, profondément touché en présence de quelque grande infortune.

La vraie philanthropie n'a rien de commun avec les conceptions de l'esprit humain ; elle émane du cœur et s'éclaire à la lumière des ardeurs de la foi. Son véritable nom, c'est la charité chrétienne.

Là où la froide raison aurait piteusement échoué, la charité chrétienne est parvenue à accomplir des merveilles. Là où les calculs de l'esprit auraient vu des difficultés insurmontables, l'amour du prochain dont sont pénétrées certaines âmes d'élite est parvenu, à force de persévérance, à triompher de tous les obstacles.

Nous possédons, aux portes de Rouen, une institution des plus admirables, et dont l'histoire semblerait miraculeuse si l'on ne savait ce dont est capable le zèle religieux, servi par une volonté que rien ne déconcerte. Il s'agit de la *maison d'éducation correctionnelle, agricole, industrielle et ménagère, pour les jeunes filles détenues et de patronage de jeunes filles libérées*, située route de Darnétal, faubourg Saint-Hilaire, n° 33.

C'est une œuvre essentiellement rouennaise, celle-là. Elle est née dans notre ville ; elle y a traversé sans faiblir les phases difficiles de la période des débuts ; elle y a grandi, s'y est développée et, comme l'arbre dont la semence est tombée en bonne terre, elle étend, aujourd'hui, sans perdre son double caractère local et privé, les rameaux de sa bienfaisance éminemment sociale sur la France entière.

C'était en 1848. Parmi les Sœurs du Sacré-Cœur de Saint-Aubin qui desservaient, à Rouen, la prison de Bicêtre — cette prison, depuis longtemps disparue, occupait alors, place d'Amiens, l'emplacement où s'élève aujourd'hui la caserne Hatry — se trouvait, dans le quartier des femmes détenues, une jeune surveillante qui se faisait remarquer par la douceur de son caractère, son esprit de décision et la vivacité de son intelligence. Elle s'appelait sœur Marie-Ernestine.

Issue d'une très-honorable famille de Saint-Saëns (Seine-Inférieure), Eugénie-Aglaé Morin, en religion sœur Marie-Ernestine, outre les charmes de son sexe, possédait les qualités morales et intellectuelles qui font la femme accomplie. Elle eût pu briller dans le monde, mais elle était née pour le dévouement et le sacrifice et non pour les jouissances terrestres. La Providence l'avait marquée de son sceau et la réservait pour de plus hautes destinées que celles que peut procurer aux heureux de la terre une existence frivole. A peine au sortir de l'enfance, elle se sentit portée vers la vie monastique. Appelée à fonder, elle aussi, une œuvre locale, elle résolut d'entrer dans une communauté de création locale et choisit celle des Sœurs du Sacré-Cœur de Saint-Aubin, dans la Seine-Inférieure. A l'âge de dix-neuf ans, elle prit le voile et, quelque temps après, elle était envoyée à la prison de Bicêtre pour remplir les modestes et pénibles fonctions de surveillante des jeunes filles frappées par les tribunaux.

C'est là que se révéla sa véritable vocation. Ses manières affables, le tact qu'elle apportait dans ses rapports journaliers avec les détenues, son ardente charité, ne tardèrent pas à lui concilier toutes les sympathies de ces malheureuses filles rejetées par la société. Plusieurs fois, la sœur Ernestine avait été touchée jusqu'aux larmes du sort qui les attendait à leur sortie de prison. Recrutées dans les rangs de l'armée du vice, elles devaient fatalement, après leur libération, retomber, pour la plupart, dans la débauche et la dépravation.

Un jour, deux de ces infortunées, qui avaient accompli la durée de leur peine et allaient être mises en liberté, vinrent supplier, en pleurant, la sœur Ernestine d'obtenir du directeur de la maison d'arrêt l'autorisation de rester en détention; car, n'osant retourner à Dieppe, leur pays d'origine, elles ne savaient où se retirer, n'ayant ni parents ni amis. En prison, au moins, elles pourraient continuer à abriter leur misère et à ne pas augmenter leur honte.

Profondément émue, la sœur Ernestine écouta leur demande et reconnut bien vite l'impossibilité de l'accueillir favorablement. L'ordre de leur mise en liberté était formel, et il ne fallait pas songer à les garder plus longtemps dans l'établissement. Que faire ? La situation était critique. Pendant qu'elle s'adressait cette question et qu'elle s'abandonnait à ses réflexions en vue d'être utile à ces deux pauvres jeunes filles, la sœur Ernestine apprit tout à coup que, devant la porte de la prison, stationnait un petit groupe de matrones, du genre de celles dont la police tolère l'avilissante industrie, et qui guettaient la sortie des deux libérées pour conclure avec elles quelque marché infâme. A cette nouvelle, une illumination jaillit de son âme compatissante. Sa résolution était prise, et se tournant vers ses deux suppliantes éplorées : « Vous resterez, dit-elle, je me charge de vous ! » Et aussitôt, elle se mit en quête d'une chambre en ville pour les loger provisoirement.

Après bien des recherches, elle finit par découvrir une chétive masure, rue Planche-Ferrée, où elle les installa avec une livre de pain, une botte de paille et une chandelle fixée dans le goulot d'une bouteille cassée, faisant office de chandelier. La rue Planche-Ferrée faisait partie de ce pâté de maison que l'on a démolies, en même temps que la prison de Bicêtre, pour construire la caserne Hatry, la place d'Amiens et moderniser ce quartier du vieux Rouen.

On ne pouvait débuter plus misérablement ;

mais la Providence veillait, et l'idée conçue par la sœur Ernestine devait germer et faire son chemin, malgré tous les obstacles amoncelés sur la route. Si jamais le proverbe : « Aide-toi, le Ciel t'aidera » a reçu son application, c'est assurément dans cette circonstance.

Certes, c'était beau, c'était grand et généreux, de la part de l'humble surveillante de la prison de Bicêtre, que de dire à ses deux protégées : « Je vous garde, je me charge de vous ! » Il fallait aussi et surtout se trouver en mesure de tenir ces engagements. Or, de quelles ressources une pauvre religieuse, ayant encore toutes les illusions et l'inexpérience de la jeunesse — la sœur Ernestine avait à peine atteint sa vingtième année — pouvait-elle disposer ? Comment, sans se distraire de ses occupations, sans s'exposer, à cause de sa téméraire action, au blâme de ses supérieures hiérarchiques ; comment, sans autre soutien que la charité débordante de son cœur et la force de sa volonté, parviendrait-elle à subvenir aux besoins de ses pupilles, à les surveiller et à leur créer une existence sortable ?

« Dieu y pourvoira » a dû se dire, dans son for intérieur, la sœur Ernestine. Et elle a eu raison. Dieu, en effet, a visiblement béni ses efforts secourables et en a assuré le succès au delà, très-certainement, de toutes les espérances qu'elle pouvait concevoir au début de sa noble entreprise.

Tout en continuant son service à la prison, la sœur Ernestine se constituait, en même temps, l'ange gardien et la Providence des deux jeunes filles dont elle s'était librement et généreusement chargée. D'une activité dévorante, elle allait et venait pour leur trouver des occupations et pour leur créer un intérieur supportable. L'ouvrage arriva bientôt ; c'étaient des travaux de couture et de lingerie confiés par des négociants de Rouen.

Pour que tout se fît avec méthode, un règlement des plus élémentaires fut imposé à ces malheureuses pour l'emploi de leur journée, afin de chasser leur ennui par une constante application de l'esprit aux choses utiles. Au bout de très peu de temps, les deux camarades, qui étaient courageuses et travaillaient à la perfection, furent en état de gagner leur vie et même de réaliser quelques économies. D'autres camarades, comme elles sorties de Bicêtre et comme elles ayant demandé l'assistance de la sœur Ernestine, vinrent se réfugier dans la maisonnette de la rue Planche-Ferrée.

Sur ces entrefaites, leur vaillante protectrice était nommée supérieure des sœurs surveillantes de la prison ; mais les soins de ses nouvelles fonctions ne lui faisaient pas perdre de vue ses chères libérées. Elle les visitait chaque jour, dans leur petit réduit, leur apportait, à chaque visite, ses encouragements et ses excellents conseils.

Cependant, la mère générale de l'ordre du Sacré-Cœur de Saint-Aubin, qui avait été informée de l'héroïque dévouement de la sœur Ernestine, trouva que l'ardeur juvénile de son zèle charitable se dépensait trop. Les nouveaux devoirs que lui imposait la direction des surveillantes de Bicêtre ne pouvaient lui permettre, en tout cas, d'exercer une surveillance suffisamment efficace sur ses protégées de la rue Planche-Ferrée. Pour la remplacer auprès d'elles, pendant son absence, la mère générale jugea donc qu'il était indispensable de lui adjoindre une sœur. Ce qui fut fait sans retard.

Les bases de l'édifice étaient jetées et, déjà, on pouvait en entrevoir, avec quelque certitude, les salutaires développements. A force de travail, d'ordre et d'économie, la misère des premiers moments avait fait place à une modeste aisance.

Toutefois, le nombre des libérées qui désiraient partager le sort des deux orphelines de Dieppe, leurs co-détenues, augmentait sensiblement, et la misérable hutte qui les avait abritées jusque-là devenait trop petite. On prit en location un appartement spacieux, dans la même rue, et le petit troupeau, réuni sous la houlette protectrice de sa bonne gardienne, s'y trouva plus à l'aise.

Trois ans s'étaient écoulés depuis le jour où

l'humble surveillante de Bicêtre avait reçu d'en haut l'inspiration de son Œuvre. En 1851, ce n'étaient plus deux, mais bien douze libérées qui obéissaient à sa direction maternelle. Encore une fois, le local occupé était devenu tout à fait insuffisant ; de plus, il laissait trop à désirer sous le rapport hygiénique. Avec la meilleure volonté du monde, il était devenu impossible d'accueillir un plus grand nombre d'adhérentes sans apporter de notables changements à la situation matérielle et morale de l'institution naissante.

Le rêve était de découvrir, en dehors des quartiers populeux et malsains de la ville, une petite habitation bien exposée et un peu isolée. Car il en est des jeunes filles nombreuses, travaillant en commun, comme de ces plantes délicates qui, privées d'air et de lumière, s'étiolent et dépérissent à vue d'œil, malgré tous les soins dont on les entoure. Le dévouement de la sœur Ernestine ne fit que s'accroître avec les difficultés. Désirant se sacrifier absolument au succès de son œuvre, elle n'hésita pas à donner sa démission de supérieure des surveillantes de la prison et elle trouva dans l'aumônier de ladite prison, M. l'abbé Podevin, un précieux auxiliaire pour surmonter tous les obstacles.

Route de Darnétal, n° 33, existait une petite maison bourgeoise, surélevée de deux étages, séparée de la route par un petit jardin et absolument indépendante. Cette maison était à vendre et convenait à merveille pour l'installation projetée. M. l'abbé Podevin entra en pourparlers avec la propriétaire, M*me* Levasseur, qui, apprenant la destination charitable qu'on désirait donner à son immeuble, se montra très conciliante et le céda au prix de 16,000 fr., en accordant toutes les facilités de paiement. Le siège de l'œuvre y fut donc transféré vers les premiers mois de l'année de 1851.

Jusque-là, l'infatigable ardeur de la sœur Ernestine avait pu suffire à supporter seule le fardeau de l'entreprise ; mais le développement qu'elle prenait chaque jour commençait à excéder les forces de son intrépide volonté. Toutefois, la Providence qui l'avait favorisée d'une façon constante, depuis le début, ne devait pas l'abandonner au moment de toucher au port. C'est ici que commence à se faire sentir l'action désormais prépondérante de M. l'abbé Podevin.

M. l'abbé Podevin était un de ces dignes prêtres, dont le ministère avait plus d'une affinité avec l'Œuvre poursuivie par la sœur Ernestine. Aumônier des prisons, il vivait au milieu des condamnés pour les consoler, pour panser leurs blessures morales afin de les aider à mieux supporter leurs souffrances physiques. Attaché à la prison de Bicêtre, il avait pu apprécier les mérites de la jeune surveillante, applaudir à son initiative courageuse et lui prêter l'appui des conseils de son expérience. Comme la sœur Ernestine, M. l'abbé Podevin avait été souvent frappé des dangers auxquels étaient exposées les jeunes filles détenues, à leur sortie de prison ; comme elle il reconnaissait qu'il était vraiment regrettable que la société se désintéressât, après l'expiration de leur peine, du sort des malheureuses atteintes par la justice. Si elle a le droit de punir la faute, elle a aussi le devoir de chercher à prévenir les rechutes, surtout lorsqu'il s'agit de ces pauvres délaissées qui ont vécu dans une atmosphère viciée et qui, devenues libres, ne savent où se réfugier et retombent, le plus souvent, dans l'opprobre pour ne plus se relever. Il suffirait, peut-être, pour les ramener dans la voie de l'honnêteté, de leur tendre une main secourable au moment où, désespérées, elles sondent la profondeur de l'abîme qui les attire. Comme la sœur Ernestine, M. l'abbé Podevin se sentait porté à se sacrifier pour une si belle cause de préservation sociale.

A partir du jour où l'Œuvre fut installée route de Darnétal, il s'y intéressa donc d'une façon plus effective. Sans abandonner ses fonctions d'aumônier à Bicêtre, il se rendait utile au refuge de Saint-Hilaire, où il se transportait chaque jour afin de seconder la zélée directrice dans sa tâche devenant de plus en plus lourde.

Pendant dix ans, de 1851 à 1861, M. l'abbé Podevin partagea son temps et sa dévorante activité entre les devoirs de sa charge d'aumônier à la prison et les exigences de la sollicitude toute paternelle qu'il avait vouée aux pupilles de la sœur Ernestine. Il allait et venait de Rouen et, plus tard, lorsque la prison de Bicêtre y fut transférée, de Bonne-Nouvelle à la route de Darnétal, dépensant sa vie et sa robuste santé à un double apostolat éminemment social. Ce n'est qu'en 1861 qu'il se trouva obligé de se démettre de ses fonctions d'aumônier pour se consacrer entièrement à sa nouvelle mission. L'Œuvre, en effet, avait pris une telle importance, avait acquis une telle extension, au cours de ces dix dernières années, qu'elle absorbait tout son temps et réclamait toute la vigilance de son ardente charité et de ses aptitudes organisatrices. Après avoir, de concert avec la fondatrice, donné à la Maison un règlement intérieur, chef-d'œuvre de prévoyance et de sagesse, qui est devenu le modèle, plus tard, des institutions similaires fondées soit en France, soit à l'étranger, M. l'abbé Podevin s'occupa de louer des terres pour former une exploitation agricole. Il dirigeait lui-même la culture, faisait les achats de grains, de bétail, de matériel. Son activité s'étendait à tout. Il menait de front l'administration, l'exploitation et les rapports avec l'extérieur, S'il s'arrachait un instant à une occupation utile, c'était pour s'adonner à une autre plus utile encore. C'est ainsi que, tout en agrandissant la propriété par de constantes acquisitions de terrain, il faisait édifier de nouvelles bâtisses au fur et à mesure que le besoin s'en faisait sentir. En un mot, il devint la tête et le bras de l'œuvre, tandis que la sœur Ernestine en restait toujours l'âme et le cœur.

Quand on sort de Rouen par la place et le faubourg Saint-Hilaire, on suit une large voie pavée qui se déroule au pied d'une chaîne de coteaux surplombant, à gauche, une magnifique vallée. C'est la route de Darnétal, sillonnée par les rails des tramways faisant le service de cette dernière localité à la place Cauchoise; bordée, de chaque côté, d'une ligne presque ininterrompue de maisons et de constructions diverses, cette route peut être considérée comme le prolongement d'une des grandes artères de Rouen, ou plutôt comme si la cité avait voulu tendre son bras droit à Darnétal pour l'englober dans son enceinte. Après sept ou huit minutes de marche, le regard est instinctivement attiré vers un long bâtiment, aux formes bizarres, qui se dresse à droite, et dont une partie seulement est en façade sur la rue. Sa maçonnerie, en briques rouges, lui donne, de loin, l'aspect d'une vaste usine. C'est une usine, en effet, mais d'un genre tout particulier. Les ouvrières seules y sont admises et le travail auquel elles sont assujetties est plutôt moral que matériel. Elles y refont une conscience, car il est rare qu'elles en aient une quand elles franchissent, pour la première fois, le seuil de l'établissement.

C'est là que fonctionne l'œuvre admirable fondée par la sœur Ernestine et développée par l'abbé Podevin. Le titre officiel qu'elle porte aujourd'hui : « *Maison d'éducation correctionnelle agricole, industrielle et ménagère pour les jeunes filles détenues, et de patronage des jeunes filles libérées*, indique bien la triple action moralisatrice, préservatrice et protectrice qu'elle exerce si miséricordieusement à côté de l'action brutale de la justice armée du glaive de la loi.

Une porte très-ordinaire se présente à vous; vous sonnez et elle s'ouvre aussitôt. Vous vous trouvez, en entrant, dans une petite cour encadrée sur trois côtés par des constructions d'inégale hauteur. Une jeune fille, portant le costume de la maison, sort de la loge du portier, à droite, et vous demande fort poliment l'objet de votre visite. Une sœur se tient en permanence avec elle dans la loge. Sa fonction est de répondre aux nombreuses demandes de secours venant de l'extérieur. Vous donnez un coup d'œil à gauche, sur une haute façade, surmontée d'une petite croix en pierre; c'est la chapelle, dont l'entrée principale donne sur la cour.

En face, regardant les coteaux de Saint-Hilaire, s'élève le corps principal de l'édifice. Il se compose de la maison achetée, au début, comme nous l'avons dit, à Mme Levasseur, et prolongée, à gauche, par l'adaptation d'une aile ayant même style et même hauteur. On monte deux ou trois marches et on pénètre dans un petit vestibule carré, fermé par une double porte vitrée. Au rez-de-chaussée sont installés les bureaux de l'administration, les appartements de la direction et du personnel. Les pensionnaires occupent les étages supérieurs. Un couloir fait suite au vestibule et vous conduit dans une cour intérieure très spacieuse et exposée au midi.

Il eût été difficile de trouver un emplacement plus agréable et plus riant pour une semblable fondation. Il est situé sur le versant de la magnifique vallée de Darnétal qui, avec ses frais ombrages, ses usines fumantes, ses charmantes villas, s'étend à droite et à gauche et va se perdre, à l'est, à la naissance de nouveaux coteaux dont les crêtes verdoyantes bornent l'horizon. Au sud, la vue se repose agréablement sur le bois de Béniard qui couronne le Mont-Gargan, les maisons étagées qui descendent sur la vallée, puis les pentes rapides et dénudées de la côte Sainte-Catherine, qui s'avance majestueusement dans la direction de Rouen, semblable à une sentinelle avancée.

Il y a trente ans à peine, ce grand espace de terrain qui va, en s'abaissant, de la route de Darnétal jusqu'à la rivière dite Eau-de-Robec, était absolument désert. Là où aujourd'hui des bâtiments divers entourent, sur trois faces, une vaste enceinte qui sert de cour de récréation à plus de quatre cents jeunes filles ; là où existe maintenant un beau jardin qui fournit au marché de Rouen des primeurs très-réputées, on n'apercevait autrefois qu'un enclos, pour ainsi dire abandonné, où l'herbe et les chardons poussaient à volonté. M. l'abbé Podevin a fait subir à cet enclos une véritable métamorphose. Mais elle ne s'est pas opérée en un jour, hélas ! Ce qu'il lui a fallu dépenser de courage, d'opiniâtre persévérance est incroyable. Au bout de trois ans, il avait réuni la somme suffisante pour solder le prix de la maison achetée à Mme Levasseur. Puis, il s'occupa d'arrondir la petite propriété. La prairie qui touchait à la maison était certes bien tentante ; mais les ressources dont disposait l'Œuvre ne pouvaient autoriser une pareille prise de possession. Plus tard on verrait. Pour l'instant, on se contenta de quelques arpents de terre cultivable. C'était un commencement, et M. l'abbé Podevin, qui n'avait en agriculture que des connaissances fort rudimentaires, s'appliqua à l'étude de la science agronomique. Il y excella bientôt, comme en toute chose, car il était doué d'une vive intelligence et d'une facilité extraordinaire d'assimilation. Tout en faisant un cours d'agriculture à ses pupilles, il donnait l'exemple en mettant, comme du reste la sœur Ernestine, la main au travail. Au milieu de ses multiples occupations, on le voyait, retroussant les manches de sa soutane, s'adonner bravement à la culture, dans ses moments de répit.

A un premier lopin de terre vint s'en ajouter un second, puis un troisième, et peu à peu les vingt mille mètres carrés de prairie finirent par devenir la propriété de l'établissement et se tranformèrent en jardins de plein rapport. L'exploitation devenant sérieuse, on se paya le luxe d'un âne et d'une chèvre. La garde en fut confiée à deux orphelines qui s'en montraient très fières, comme on va le voir par la petite anecdote suivante :

Un jour, M. l'abbé Podevin avait chargé l'une d'elles d'apporter une lettre à l'archevêché. Mgr de Bonnechose, alors archevêque de Rouen, en remettant sa réponse à la jeune fille, lui demanda si elle appartenait à l'orphelinat de Saint-Hilaire : — « Oui, Monseigneur, répondit-elle, avec une crâne assurance, et l'on me connaît bien, car c'est moi qui ai la garde de l'âne. » Mgr de Bonnechose rit beaucoup de la naïve réponse de la pauvre enfant qui se faisait ainsi une certaine gloire de la mission toute de confiance qui lui était échue.

Cependant, au fur et à mesure que la maison prospérait et que les pensionnaires affluaient, les locaux devenaient trop étroits. M. l'abbé Podevin, qu'aucun obstacle ne déconcertait, se mit à tracer des plans d'agrandissement. Allant au plus pressé, il fit donner au bâtiment primitif, ainsi que nous l'avons constaté plus haut, un prolongement de plusieurs mètres. Empiétant ensuite sur l'emplacement du jardin, il parvint, avec le temps et une patience résignée, à créer de toutes pièces l'établissement sans rival que l'on connaît aujourd'hui.

La cour intérieure ne laisse rien à désirer ni comme dimension, ni comme situation topographique. Au point de vue purement hygiénique, tout a été également prévu. On y a installé un portique de gymnastique et un préau couvert qui, adossé à la chapelle, offre un excellent abri en cas de mauvais temps. L'air qu'on y respire est pur et vivifiant. Les bâtiments qui l'entourent sont presque tous élevés de deux étages. A l'est sont situés les ateliers de confection ; à l'ouest le vestiaire et les ateliers de raccommodage ; au sud, faisant face à la porte de sortie, la lingerie. En contre-bas de la cour, se trouvent les réfectoires, la cuisine, le cellier, la boulangerie, la buanderie, la repasserie, les bains et les douches. C'est là aussi qu'existait autrefois la chapelle provisoire. Tous ces locaux, édifiés de pièces et de morceaux et à des intervalles assez espacés, suivant les ressources dont on pouvait disposer, paraissent, dans leur ensemble, quelque peu disparates à l'œil exercé, mais ils sont aménagés d'une façon pratique et commode ; ils sont pourvus de tout le matériel que nécessite leur destination, et c'est là l'essentiel. La charité, pour opérer ses merveilles, n'a nullement besoin de luxe, encore moins de superflu. En fait de superflu, les fondateurs du refuge de Saint-Hilaire ont dû souvent se priver même du nécessaire avant de voir fructifier la semence ingrate de leur œuvre courageuse et bénie de Dieu. Si cette œuvre est aujourd'hui assise sur des bases solides, si elle rend à la société d'inappréciables services, si elle fait l'admiration du monde entier, si les gouvernements étrangers sont venus étudier son fonctionnement afin d'en faire bénéficier leur pays, elle le doit à un concours de circonstances qui tiennent véritablement du prodige. Le lecteur a dû en faire la réflexion au cours de ce récit, mais ce qui va suivre ne peut que fortifier encore son opinion à cet égard.

Bornée à la petite propriété que nous connaissons et aux ressources procurées par les travaux exécutés dans les ateliers par les jeunes filles, étant donné surtout leur nombre toujours croissant, l'Œuvre était inévitablement condamnée, sinon à péricliter, du moins à enfermer son action tutélaire dans un cercle relativement restreint. Il lui devenait impossible, en effet, de se suffire à elle-même, et cette situation faisait l'objet d'une des préoccupations constantes de M. l'abbé Podevin. Selon lui — et il était dans le vrai — le seul moyen d'assurer efficacement l'avenir, consistait dans l'acquisition d'une grande exploitation agricole. Non-seulement, d'après ses calculs, on y trouverait une source importante de produits, puisque la main-d'œuvre serait exclusivement fournie par les pensionnaires; mais aussi le dur travail des champs deviendrait pour celles-ci une excellente école d'apprentissage de la vie laborieuse, honnête et vraiment utile. Ses vœux devaient être exaucés.

Vers 1866, on vint lui proposer la cession de 48 hectares de mauvaise terre, situés dans le vallon du Trou-d'Enfer, sur le versant de la côte des Sapins, bien connue des Rouennais qui, le dimanche surtout, en font un but de promenade pour se délasser de leurs travaux de la semaine et respirer le bon air. La possession de ces 48 hectares laissés en friche et que l'on mit aussitôt en culture, était un acheminement vers le but convoité. Il devait être atteint sept ans plus tard.

En 1873, en effet, une de ces grandes fermes isolées, telles qu'on en voit en Normandie, était à vendre sur l'immense plateau formé par la colline qui longe à droite le vallon du Trou-d'Enfer, en suivant une ligne presque parrallèle à la côte des Sapins. Cette ferme, d'une contenance de 175 hectares, répondait parfaitement, par son étendue, sa situation et la variété de sa culture, au genre d'exploitation que désirait M. l'abbé Podevin. Mais, pour s'en rendre acquéreur, il fallait de l'argent, beaucoup d'argent même; et le digne abbé n'en possédait ni peu ni beaucoup. Comment arriver, dans de pareilles conditions, à réaliser son rêve ?

Napoléon Ier prétendait que le mot « impossible » n'est pas français. Je n'ai pas eu le bonheur de connaître l'abbé Podevin; mais je suis bien sûr qu'il était de l'avis, à cet égard, du grand conquérant qui ne se laissait arrêter par aucun obstacle. N'a-t-il pas, en effet, résolu, cet autre grand conquérant des âmes, les problèmes qui paraissaient les plus insolubles pour assurer le succès de son Œuvre.

Quand il avait conçu un projet, coûte que coûte, il l'exécutait. Il s'était mis dans la tête de faire l'acquisition de la ferme de la Grande-Mare — car c'est de cette ferme qu'il s'agit — et, quoique n'ayant pas un maravédis pour la payer, il n'hésita pas à en conclure l'achat, par acte en bonne et due forme, moyennant le prix de 175,000 fr. Evidemment, il avait confiance dans sa bonne étoile, qui ne l'avait pas abandonné jusque-là, et cette bonne étoile se présenta à lui, cette fois, sous la forme de la communauté des Sœurs du Sacré-Cœur de Saint-Aubin, à laquelle la ferme appartient maintenant.

Au moment de l'entrée en jouissance de la nouvelle propriété, de très notables améliorations s'imposaient. Les bâtiments, qui se réduisaient, du reste, à une maison d'habitation et à une grange, tombaient en ruines; les terres arides, abandonnées, n'étaient guère foulées que par les pieds des chasseurs. Tout était à reconstituer pour en faire une ferme productive. M. l'abbé Podevin et ses pupilles se mirent au travail ; on défricha ferme, on piocha de même, et, après quelques années d'efforts soutenus, la transformation était complète.

Aujourd'hui, c'est une ferme modèle. Trois corps de bâtiment, édifiés sur le même plan, à intervalles réguliers, de façon à ménager entre eux et sur leurs côtés des cours de vastes dimensions, apparaissent dans une couronne d'arbres de haute-futaie et produisent un bel effet. La maison d'habitation occupe le centre et peut loger facilement cinquante personnes. Elle possède, au rez-de-chaussée, un joli salon de réception, une salle à manger fort spacieuse, une infirmerie, une lingerie et une petite chapelle nouvellement aménagée où l'aumônier vient dire la messe chaque dimanche, et enfin la laiterie, où sont disposées symétriquement, sur des étagères, des jattes de lait encore chaud, faisant plaisir à voir, encore plus à déguster. Comme tant d'autres avant moi, sans doute, je n'ai pu résister à la tentation, et je dois avouer qu'il m'a rarement été donné de savourer un lait aussi exquis. Les nombreux clients de la ferme de la Grande-Mare ne me démentiront certainement pas.

Le tout est simple, de bon goût et d'une propreté irréprochable. La mare, d'où la ferme tire son nom, n'est pas une invention. Elle existe bel et bien tout à côté de l'entrée, et, sans être très-grande, elle fait les délices des canards et des oies qui y ont élu domicile, et qui, vivant en paix, y barbottent à qui mieux mieux. Les écuries, où nous avons compté 15 beaux chevaux, et les étables, contenant 25 bêtes à cornes, 50 porcs, etc., occupent tout le corps de bâtiment de gauche ; dans celui de droite, derrière la maison d'habitation, sont les hangars, les remises, la porcherie, la machine à battre, en un mot, tout l'attirail d'une sérieuse exploitation agricole. De belles avenues, bordées de hêtres touffus, aboutissent, de tous les côtés, sur le rond-point de la ferme. La partie la plus boisée couronne les crêtes de la colline et, par les clairières, la vue découvre, çà et là, les plus charmantes perspectives. Sur le versant est, dans la direction de Mesnil-Grémichon et Saint-Jacques, il existe notamment une large avenue qui, partant de la cour de la ferme, traverse un bois assez fourni et permet d'admirer, surtout dans la belle saison, le tableau le plus ravissant qu'on puisse imaginer. Le cadre est une merveille de la nature et le fond ne saurait être rendu que par le pinceau de l'artiste.

Sur le versant sud, là où la colline semble glisser sur la vallée de Darnétal, la perspective s'élargit tout à coup, comme par enchantement. Au premier plan apparaissent les hauteurs du Mont-Gargan et de la côte Sainte-Catherine qui bornent la vue. Puis, la ligne de l'horizon se rompt brusquement; la côte Sainte-Catherine disparaît, simulant assez, quand le soleil darde ses rayons, la chute rapide d'une énorme cascade dans la Seine, en regard de l'île Lacroix. A ce moment, le voile qui cachait à l'œil charmé le grandiose panorama des deux rives du fleuve se déchire.

C'est d'abord un coin de Sotteville, le faubourg Saint-Sever avec les hautes cheminées de ses usines et le bloc imposant de ses maisons, émergeant du bord de la plaine ondulée qui fuit au loin, dans l'azur du ciel. C'est ensuite la côte ombragée de Canteleu, au bas de laquelle la Seine se replie sur elle-même pour contourner l'obstacle colossal que le cours de ses eaux n'a pu vaincre. Plus près, enfin, voici se profiler la masse gigantesque de la ville de Rouen, les dômes de ses monuments, les flèches hardies de ses temples et les toits brunis de ses maisons dévalant, compactes, vers la Seine.

L'Œuvre avait pris réellement possession d'elle-même. Bien lestée, désormais, elle pouvait poursuivre, malgré vent et marée, sa marche en avant. Le cercle de son action s'agrandit; les malheureuses épaves du remous social vinrent s'échouer beaucoup plus nombreuses à son port de salut, et les Etats comme les philantropes les plus réputés voulurent en étudier l'organisation. Les visites affluèrent donc à la maison de la route de Darnétal et à la ferme de la Grande-Mare. Chacun se retira émerveillé et, après s'être concertée avec l'abbé Podevin et la sœur Ernestine, l'administration n'hésita pas à leur confier celles de ses pupilles soumises à l'éducation correctionnelle, en vertu de l'article 66 du code pénal.

Cette convention avec l'Etat peut être considérée comme le testament de M. l'abbé Podevin. Il mourut un an après, le 14 janvier 1882, en emportant dans la tombe le titre de bienfaiteur de l'humanité que nul ne mérita mieux que lui. La sœur Ernestine est restée, depuis, la seule directrice de la maison. Elle porte allègrement ses soixante-quinze ans; son activité est toujours la même, et ni son intelligence ni son grand cœur n'ont faibli. Elle voit tout, se rend compte de tout et tout marche à souhait sous sa vigilante et habile direction.

Jusqu'ici, nous nous sommes plus particulièrement attaché à suivre, pas à pas, en en marquant les principales pulsations, la vie extérieure d'une des plus belles fondations qui soit peut-être au monde.

Il nous reste à pénétrer dans les services intérieurs, à en admirer le fonctionnement et à noter le bien immense que la société en recueille.

L'établissement, situé route de Darnétal, se divise en deux quartiers : le quartier industriel et le quartier correctionnel. Le nombre des jeunes filles qui les occupent s'élève au chiffre de quatre cents au moins. Elles viennent de tous les points de la France ; mais les départements de la Normandie fournissent le plus gros contingent. A leur arrivée, elles sont, comme dans toutes les maisons de ce genre, soumises à la visite médicale et à un isolement de quelques jours, durant lequel elles reçoivent de fréquentes visites de la sœur Ernestine, en sa double qualité de directrice et de supérieure, et de quelques-unes des sœurs, leurs futures maîtresses. Outre que ces visites permettent aux nouvelles arrivées de faire connaissance avec le personnel, elles facilitent les confidences sur leur passé, leurs familles, leurs penchants, etc. Ces renseignements, qu'elles ne donneraient probablement pas plus tard avec autant de sincérité que sous l'influence de l'émotion du premier moment, sont contrôlés ensuite par ceux fournis par les parquets. N'allez pas croire qu'on obéisse ainsi à un vulgaire sentiment de curiosité ! Les renseignements dont il s'agit ont une très-grande utilité, ils servent de guide pour diriger les jeunes recrues vers les professions qui leur conviennent le mieux et qui sont plus susceptibles de les ramener au bien. Ces sages précautions prises, les « nouvelles » sont encadrées dans l'effectif du quartier industriel. Si, dans le nombre, il en est d'indisciplinées, elles sont mises à part, dans le quartier où elles se trouvent sous la surveillance constante d'une sœur. Le régime est le même pour toutes : beaucoup de douceur, n'excluant pas une certaine fermeté, beaucoup de tact et des encouragements.

Ce n'est qu'après un certain laps de temps, lorsque les détenues et les libérées indistinctement ont été disciplinées, amendées, ont reçu un certain degré d'instruction, appris à coudre, à raccommoder, à laver, qu'il est donné une direction définitive à leur instruction professionnelle. Les plus intelligentes sont mises aux travaux du ménage et du jardinage, à l'installation des couches, à la taille des arbres, etc.

Le travail industriel est fourni par un grand

négociant de Paris ; il consiste en confection complète de chemises d'hommes et de femmes, de toutes qualités, depuis les chemises de couleur à bas prix pour les apprenties jusqu'aux chemises de commande pour les chemiseries de luxe. Cette dernière catégorie est confiée aux soins des plus anciennes et des plus habiles ouvrières de la maison. On fait aussi la couture de lingeries variées pour les particuliers ; mais ce n'est pas la plus forte partie du travail. Une machine mue par la vapeur, fort bien installée au rez-de-chaussée des ateliers, coupe pour près d'un million, chaque année, de toiles achetées à Rouen même. Les jeunes détenues ou libérées n'en cousent que dans la proportion de 95 0/0 ; le surplus est remis à des ouvrières de la ville par un personnel que le grand industriel parisien entretient à cet effet à Rouen. De telle sorte que l'industrie du refuge de Darnétal donne du travail aux ouvrières de notre ville au lieu de leur en retirer.

Le travail est fait avec beaucoup de soin, il n'est jamais tâché et est encouragé par un pécule plus ou moins élevé ; c'est ainsi que les bonnes ouvrières arrivent à quitter la maison avec des livrets de caisse d'épargne s'élevant souvent à 300 ou 400 fr. La moyenne varie de 100 à 150 fr. Des spécimens des travaux confiés aux pupilles de la sœur Ernestine ont figuré avec honneur dans plusieurs expositions, notamment à celle de 1889.

Toutes les pensionnaires, qu'elles soient détenues au quartier correctionnel ou versées dans l'effectif du quartier industriel, sont astreintes à suivre les cours d'instruction primaire donnés par des maîtresses brevetées. Le programme est conforme à celui du ministère de l'instruction publique. Les élèves sont divisées en six classes, et chaque classe reçoit deux heures de leçon par jour. Tous les ans, la catégorie des plus avancées est présentée à l'examen spécial pour l'obtention du certificat d'étude. La plupart sont complètement illettrées quand elles arrivent dans l'établissement.

La journée étant bien réglée, tout se fait dans le plus grand ordre. Le lever a lieu à cinq heures pour les grandes et six heures pour les plus jeunes. Après la prière, elles se rendent dans les ateliers pour préparer l'ouvrage jusqu'à sept heures. A sept heures et demie, on sert le premier déjeuner, qui se compose d'une bonne soupe, avec pain et cidre à discrétion. A huit heures et demie, on travaille à l'atelier jusqu'à midi. A midi, le second déjeuner, puis récréation jusqu'à une heure trois quarts; rentrée à l'atelier jusqu'à quatre heures et demie; goûter et récréation jusqu'à cinq heures un quart; retour à l'atelier jusqu'à sept heures; prière du soir, souper et coucher à huit heures en hiver et neuf heures en été.

Le travail, comme on voit, comprend la plus grande partie de la journée. Il est considéré à bon droit comme le médecin par excellence de l'âme et du corps de ces pauvres dévoyées.

Un aumônier, logeant en dehors, est attaché à l'établissement; mais les pensionnaires ne sont tenues à assister à la messe que le dimanche. Elles jouissent, du reste, au point de vue confessionnel, de la plus grande liberté, et, quoique, quand elles arrivent, elles n'aient pas généralement fait leur première communion, on ne leur demande jamais si elles sont protestantes, juives ou catholiques : elles sont, au même titre, les enfants de la maison et sont traitées comme telles. Mais si aucune contrainte n'est exercée sur leurs sentiments religieux, cela ne veut pas dire qu'on néglige de les instruire sur leurs devoirs sociaux et sur les principes de la morale chrétienne qui, seule, est capable de fortifier leur esprit, de réconforter leur âme et de les ramener dans la voie de l'honnêteté!

Lorsqu'on pénètre dans les ateliers, on est frappé de l'activité qui y règne; toutes les ouvrières ont les yeux baissés sur leur ouvrage. Les unes coupent, les autres taillent ou font marcher l'aiguille. Sauf quelques-unes — des dernières arrivées — qui n'ont pu se plier encore à la vie régulière et dont le regard a conservé quelque impudence, elles ont une attitude respectueuse. La plupart, hélas! ont vécu jusque-là dans une atmosphère malsaine. Leurs parents, quand ils ne leur ont pas donné de mauvais exemples ou ne les ont pas poussées au mal, les ont abandonnées à leurs mauvais instincts.

Nous avons interrogé deux petites filles de dix et douze ans, originaires du Calvados, dont le père, après avoir tué leur mère, exerçait sur elles les plus graves sévices. Elles ont conservé de ce père indigne le plus détestable souvenir. « Oh! pourvu, s'écriaient-elles, qu'on ne nous ramène pas chez nous! Nous sommes si bien ici, où on ne nous bat pas et où on nous donne à manger; tandis que chez notre père nous étions souvent obligées de voler pour ne pas mourir de faim! » Nous en avons vu une autre, excellente travailleuse aujourd'hui, qui a étouffé ses deux frères. Condamnée par la cour d'assises à la relégation, pour avoir agi sans discernement, elle est devenue, après quelques années de séjour au Refuge de Darnétal, un modèle de douceur et de bonté. En la regardant, on ne se douterait jamais qu'elle ait été capable de commettre un pareil forfait.

Dès que les détenues ou les libérées ont terminé leur éducation au grand quartier et que leur bonne conduite s'est suffisamment fait remarquer, on leur accorde un peu plus de liberté et des emplois de confiance. Les unes deviennent surveillantes à leur tour, ou passent successivement à la cuisine, à la buanderie, à la lingerie, etc.; les autres, qui ont été élevées à la campagne, sont envoyées à la Grande-Mare, soit pour soigner le ménage, faire la cuisine, panser les bestiaux, soit pour être employées aux travaux agricoles.

La ferme de la Grande-Mare occupe, en temps ordinaire, de quarante à cinquante détenues dirigées par six Sœurs. A l'époque des récoltes, des fenaisons et des grands travaux, le nombre est beaucoup plus élevé. Dans la journée, à l'exceptions des heures consacrées à l'instruction — car on fait marcher de pair les exercices du corps avec ceux de l'esprit, — à l'exception du temps des repas, les locaux de la ferme sont à peu près déserts. Tout le monde est aux champs. Sous la direction des sœurs, les jeunes filles exécutent tous les charrois, les semailles, les labourages, fauchent les foins, récoltent les moissons, entretiennent les écuries, les étables, la porcherie, la basse-cour et font l'élevage des bestiaux. Elles ont remporté plusieurs récompenses dans les concours et des livrets de caisse d'épargne.

Rien ne se fait au hasard, mais bien d'après une méthode théorique et pratique. Chaque genre d'occupation est réglé d'avance pour la journée et chaque groupe de jeunes cultivatrices a sa place assignée suivant ses goûts et ses aptitudes. Le labourage seul, demandant beaucoup d'adresse et une certaine force pour la conduite des chevaux, est confié aux mains les plus exercées. Les cours techniques d'agriculture et de jardinage ont lieu d'après le programme donné par la Société d'agriculture aux écoles primaires. On fait, à la ferme, du beurre et du fromage pour la consommation journalière. Le lait, recommandé principalement pour les nourrissons et les malades, est porté, chaque matin, à Rouen dans des voitures spéciales. Les produits des jardins excédant les besoins sont aussi transportés au marché par des détenues, sous la conduite d'une ancienne libérée, devenue maîtresse jardinière. Nous avons dit que les primeurs de la maison étaient très recherchées.

Quoiqu'aucune clôture n'entoure la ferme, les évasions sont très rares. La chasse étant louée à une société de grands chasseurs devant l'Eternel, le garde-chasse est le seul homme qui soit admis à circuler sur la propriété et à la surveiller. Il habite ce pavillon, véritable rendez-vous de chasse, qu'on aperçoit perché comme un nid d'aigle, tout au haut de la côte, à droite, quand on se rend de Darnétal à la ferme. Les maraudeurs ne s'y aventurent, du reste, que très-rarement ; car, à défaut de clôtures protectrices, trois redoutables cerbères au poil roux et hérissé, au regard farouche, en défendent l'entrée. Attachés pendant le jour auprès de leur niche, ils font résonner de leurs terribles aboiements tous les échos d'alentour, à l'approche d'un visiteur inconnu. Laissés en liberté pendant la nuit, ils sont constamment sur le qui-vive, et malheur à celui qui oserait se présenter ! Les oies de la mare, de l'espèce sans doute de celles du Capitole, qui sauvèrent jadis la ville de Rome de l'irruption de nos aïeux les Gaulois, ne sont pas non plus les dernières à donner l'alarme, à la première alerte.

Les travaux légers, en plein air, sont plus particulièrement confiés aux jeunes filles souffreteuses et rachitiques qui s'en trouvent bien, la vie des champs opérant sur elles comme sur les natures vicieuses, la santé de l'âme et du corps.

De même qu'au grand quartier, le service religieux est assuré, à la ferme, par l'aumônier qui vient y dire la messe les dimanches et jours de fêtes.

L'unité de direction fait que tout marche sans confusion, sans secousse aucune. La vénérable sœur fondatrice se rend presque journellement à la Grande-Mare en voiture et se fait rendre compte des progrès de ses pupilles, de l'avancement des travaux, s'intéresse aux plus petits détails et distribue ses encouragements et les conseils de son expérience éclairée.

Afin de rendre les communications constantes et faciles entre la maison principale et l'exploitation agricole, assez éloignées l'une de l'autre, on les a reliées par une ligne télégraphique à laquelle est venue s'ajouter, depuis quelques années, une ligne téléphonique. L'établissement de ces deux lignes mériterait d'être raconté tout au long; mais nous devons nous borner et laisser dans l'ombre une quantité de traits touchants, d'anecdotes séduisantes qu'on rencontre à tout instant en suivant les développements de l'Œuvre depuis son origine. Disons que c'est un cadeau de M. le pasteur Vernes, comme témoignage durable de son admiration pour une institution aussi humanitaire.

Lorsqu'elles quittent le Refuge, à l'expiration de leur peine, les jeunes détenues sont toutes préparées à la lutte pour la vie. Elles ont reçu une éducation solide, une instruction suffisante et, qui plus est, sont pourvues d'un état. La maison ne les perd jamais de vue. Sa protection les suit partout où leur destinée les conduit.

A côté de l'œuvre moralisatrice fonctionne, en effet, l'œuvre de patronage, et ce patronage est exercé avec intelligence et généreuse libéralité. Les unes sont mariées en quittant l'établissement, les autres sont convenablement placées. Les filles de ferme et les jardinières sont très-recherchées par les cultivateurs de la région; plusieurs même sont devenues maîtresses des maisons où elles étaient entrées comme servantes. Les jeunes détenues élevées à la ferme de la Grande-Mare sont très précieuses dans nos campagnes ; outre qu'elles savent bien lire, écrire et calculer, coudre, raccommoder et marquer le linge, elles ont cet avantage d'être aussi très au courant de tous les services d'une ferme et des soins à donner au bétail. Celles qui sont nées dans la ville et qui, étant plus intelligentes, ont pu recevoir une instruction plus soignée, sont mariées dans le commerce à Rouen ou dans la contrée, où elles ne tardent pas à acquérir, par l'ordre, l'économie et le travail, une situation honorable. Parmi les libérées, les deux tiers environ sont placées dans des exploitatons agricoles ; les autres entrent dans des maisons bourgeoises comme femmes de chambre, bonnes à tout faire ; un petit nombre deviennent demoiselles de magasin, couturières et lingères. Souvent, la direction a plus de demandes que de jeunes filles à placer. A peu d'exceptions près, elles reçoivent de l'établissement des secours en nature et en argent, soit au moment de leur mariage, soit quand la gêne se fait sentir ou que la maladie survient. Si elles changent de place, elles peuvent revenir à la maison, qui se charge de leur trouver une autre situation.

Quoique la reconnaissance soit une vertu

devenue assez rare, à notre époque surtout où tous les bons sentiments s'émoussent au contact de l'égoïsme de notre société tournant de plus en plus au scepticisme, elle est restée vivante dans le cœur de ces pauvres orphelines qui, ayant trouvé une nouvelle famille, meilleure assurément que celle qui les a bercées, restent, en grande majorité, imprégnées du souvenir des bons soins qu'on a eus pour elles. Il ne se passe pas de jours sans que les bonnes sœurs reçoivent des lettres touchantes de leurs anciennes élèves. Elles ne peuvent, disent-elles, vivre sans nouvelles de leur chère maison, où elles ont été régénérées, où elles ont puisé les principes honnêtes dont leur existence, aujourd'hui heureuse, recueille les fruits salutaires.

Nous avons parcouru une de ces lettres ; elle a produit sur nous une impression très-vive. La signataire ne s'est fait connaître que par ses initiales, car elle occupe, à Paris, où elle s'est mariée richement, une très-belle position. « Je me meurs d'ennui, dit-elle, en substance, de ne pas avoir de nouvelles de mon ancienne famille de Rouen. Malgré mes dehors brillants de fortune et de bonheur, je ne puis m'empêcher de penser à elle. Son souvenir me hante et me poursuit. Ecrivez-moi, vous me ferez tant de plaisir. » D'autres envoient des cadeaux anonymes, des fleurs et des objets d'ornement pour la chapelle.

Il est rare qu'on les voie tourner mal après leur libération. C'est tout au plus si la statistique en mentionne une sur cent. Et encore celles qui rechutent sont généralement victimes de circonstances qui ont été plus fortes que leur volonté. Leurs anciennes camarades sont les premières à les blâmer et à chercher à les ramener dans la bonne voie. On cite un de ces cas, à Rouen. Une libérée, placée dans le commerce, a contracté une coupable liaison dont elle n'a pas eu le courage de se défaire. Il faut dire, du reste, à sa décharge, qu'au lieu de s'afficher elle vit très-retirée et s'efforce de cacher les apparences de sa situation équivoque. Mais l'attraction exercée sur elle par le souvenir du temps passé au Refuge est si grande qu'elle ne peut résister au désir de diriger ses pas du côté de Darnétal. On la surprend assez souvent, essuyant ses larmes, à proximité de la porte dudit Refuge, épiant la sortie d'une sœur ou d'une ancienne amie pour s'entretenir un instant de la douce existence d'autrefois.

Ces regrets si profondément gravés au cœur même des malheureuses qui se sont rendues indignes de son patronage ne sont-ils pas le meilleur éloge qu'on puisse faire d'une telle institution ?

Quand approche la fin de la détention, chaque jeune fille procède à la confection de son trousseau. Il se compose de trois habillements complets, de six chemises, de deux paires de draps et autres menus objets de toilette. On devine avec quel soin est préparé ce trousseau qui, une fois terminé, est précieusement plié et déposé dans un compartiment réservé de la lingerie. Le jour du départ, on remet aux libérées, avec ledit trousseau, une somme d'argent provenant de leur pécule.

Quelques-unes manifestent le désir de rester et, alors, elles sont employées comme surveillantes. C'est avec ces surveillantes et une quarantaine de sœurs du Sacré-Cœur de Saint-Aubin que fonctionnent tous les services de l'institution et de l'exploitation agricole. Nous avons dit avec quelle régularité exemplaire ce fonctionnement a lieu.

Le régime alimentaire est à l'unisson de tout le reste : la nourriture est abondante et variée, le pain est d'excellente qualité, la boisson est saine et bonne. Rien ne se fait au dehors, la maison possède tout l'outillage nécessaire pour subvenir aux besoins matériels.

Les traditions laissées par M. l'abbé Podevin sont respectées pieusement, comme sa mémoire qui est inséparable des progrès réalisés par la fondation de l'honorable sœur Ernestine. Cet esprit généreux qui fut l'abbé Podevin, ce grand cœur qui ne bat plus depuis 1882, a attaché son nom, en effet, à l'œuvre de bienfaisance la plus merveilleuse peut-être qui existe. Et la ville de

Rouen doit être fière d'avoir possédé un homme de cette trempe, un homme dont l'intelligence ouverte à tous les progrès a plus fait pour la société que bon nombre de réformateurs de profession.

N'oublions pas, non plus, la grande part qui revient à cet autre grand cœur, à cette âme courageuse qui se cache sous l'humble habit de la religieuse. Depuis un demi-siècle, la sœur Ernestine n'a pas cessé un seul jour d'être sur la brèche pour arracher les futures mères de famille au vice et à la dégradation, pour combattre chez la jeune fille la lèpre morale plus abjecte encore que la lèpre physique. La mort prématurée de son intrépide auxiliaire, M. l'abbé Podevin, n'a fait que raviver encore, si possible, l'ardeur de sa charité et la puissance de son dévouement. Avec les nouveaux devoirs qui lui incombaient, au lendemain de la disparition de ce vaillant organisateur, ses forces ont paru se décupler. Seule, elle a assumé toutes les responsabilités, elle a chargé ses faibles épaules du fardeau d'une organisation très-compliquée. A aucun moment, elle ne s'est montrée inférieure à sa tâche. L'amour du bien qui la dévore ne connait pas de fatigues. On l'aime et elle sait se faire aimer de celles qu'elle appelle ses enfants ; on la respecte et elle sait se faire respecter.

En conformité de la loi du 5 août 1850, un

comité de surveillance a été institué et a droit de contrôle. Il se réunit trimestriellement. Sa composition comprend six dames notables de Rouen et deux hauts dignitaires ecclésiatiques. Mgr Thomas, notre regretté cardinal, était président de ce comité. Sa mort a été vivement ressentie au Refuge, dont il a été l'ami et le protecteur. Son nom a été donné à une des avenues de la ferme de la Grande-Mare pour perpétuer le souvenir de sa générosité.

Nous surprendrons bien des gens en disant que l'œuvre n'a jamais reçu la moindre subvention, ni de l'Etat, ni du département, dont on connaît la générosité, surtout à l'époque où nous vivons, quand il s'agit d'encourager le bien ! Sauf 6,000 fr. que le Conseil général a votés pour la construction de la chapelle, qui en a coûté plus de 50,000, et les 60 centimes que l'administration pénitentiaire alloue à chacune de ses pupilles, dont la nourriture et l'entretien coûtent bien davantage, le Refuge de Saint-Hilaire, établissement d'utilité publique par excellence, n'a jamais rien reçu et ne reçoit rien. Il a dû, en tout temps, se suffire à lui-même et subsister par lui-même, malgré les années désastreuses qu'il a eu à traverser.

Que de difficultés il a fallu vaincre, que d'obstacles il a fallu surmonter qui auraient pu être simplifiés, si la reconnaissance publique et privée s'était manifestée autrement que par des sympathies et une platonique admiration ! Mais, n'est-ce pas le propre des grands bienfaiteurs de l'humanité d'être abandonnés à leurs propres forces et de ne compter que sur eux-mêmes et l'aide de Dieu, dans l'accomplissement de la mission de préservation sociale qu'ils se sont imposée ?

Qu'importe, après tout, si le but est atteint ! Tout le mérite en revient alors à l'héroïsme de ces apôtres de la charité qui ont voué leur vie à édifier, pour en doter leur pays, une barrière durable contre l'envahissement du mal et de la perversité.

CHAPITRE VIII

ŒUVRES D'ASSISTANCE ET DE PRÉVOYANCE

Société de Saint-François-Régis, pour le mariage des pauvres. — — Patronage des Dames Saint-Régis. — Œuvre de Notre-Dame-des-Forains. — Société de Secours mutuels : Emulation Chrétienne. — Société de Saint-Joseph. — Société Normande des Demoiselles employées dans le Commerce.

Société de Saint-François-Régis

De toutes les constatations faites sur nos infirmités sociales, la plus inquiétante pour l'avenir de notre pays est, sans contredit, celle qui accuse une diminution progressive dans le chiffre de la population française. Le relâchement des mœurs, l'affaiblissement de l'esprit de famille, favorisent les unions libres, et il y a moins de naissances parce qu'il y a moins de mariages. La statistique, dont les témoignages sont toujours éloquents, constate que, pendant la période de 1883 à 1890, le nombre des mariages est descendu de 289,000 à 269,000, soit une diminution de 1 0/0. Par suite, les naissances qui étaient, en 1883, de 937,000 sont tombées à 838,000 en 1890. Il est vrai que si les naissances légitimes diminuent, les naissances naturelles augmentent sans cesse. Mais les gains, de ce côté, se trouvent considérablement réduits par la mortalité qui sévit sur les enfants illégitimes. Plus des deux tiers ont disparu avant l'âge du tirage au sort. Les morts-nés sont surtout très-nombreux ; on en compte plus du double comparativement aux naissances légitimes.

Les unions libres ne sont pas seulement immorales, elles sont une cause de la déperdition de la sève nationale ; elles anémient le corps social tout entier et constituent un véritable danger public. Le divorce, les lois sur les enfants naturels, le service militaire obligatoire, l'aggravation constante des impôts et les dispositions du Code sont autant de causes qui, de nos jours, ralentissent les mariages et accélèrent la démoralisation et la destruction des liens de la famille. Ceux qui se sont imposé la mission de régulariser les unions irrégulières et d'aplanir les difficultés que les indigents, désirant contracter mariage, rencontrent dans l'accomplissement des formalités exigées par la loi — formalités qui trop souvent les rebutent et les détournent de la bonne voie — ceux-là, nul ne saurait le contester, font œuvre pie et d'utilité générale.

La Société de *Saint-François-Régis* a été fondée précisément pour travailler à cette tâche patriotique. Son but est, en effet, de procurer *gratuitement* aux pauvres les pièces nécessaires pour se marier civilement et religieusement, et pour légitimer les enfants de ceux qui vivent en concubinage. Elle accueille les indigents de quelque religion ou de quelque nationalité qu'ils soient.

Mais avant d'exposer ce qu'elle a fait et quels résultats elle a obtenus, il est intéressant, croyons-nous, de rappeler les circonstances dans lesquelles elle a pris naissance.

En 1816, habitait à Troyes un magistrat, M. Gossin, dont la vie austère était partagée entre l'étude, l'exercice de ses fonctions et la pratique des œuvres de charité.

Chef du parquet, il avait été à même de connaître la situation irrégulière d'un grand nombre d'indigents.

> Le mariage, écrivait-il, dans une note laissée par lui, était facile pour ceux nés dans la ville; il était coûteux et embarrassant pour les parties qui, nées en France, étaient éloignées du lieu de leur naissance, et à peu près impossible pour les indigents nés en pays étranger.

Ces observations inspirèrent à cet homme de bien la première pensée de la création d'une œuvre ayant pour but de faciliter le mariage des pauvres.

L'expérience acquise à Troyes s'accrut encore par la vue de toutes les misères morales que

M. Gossin put observer à Paris, où il avait été appelé en 1818. Elles confirmèrent le jeune magistrat dans le désir de découvrir un remède à un mal qui avait à ses yeux la gravité d'un fléau social. Ce ne fut toutefois qu'en 1824 que le futur fondateur de la Société de Saint-François-Régis, devenu vice-président du tribunal de la Seine, fut amené par une circonstance solennelle — l'accomplissement d'un vœu — à tenter la réalisation de ce qui était, depuis plusieurs années, l'un de ses plus vifs désirs.

Ce vœu, charte de fondation de l'œuvre du mariage des indigents, fut déposé, le 30 juin 1824, à La Louvesc, sur le tombeau de saint François Régis, par M. Gossin qui admirait les merveilleux travaux de l'apôtre du Velay et du Vivarais pour le rétablissement des bonnes mœurs dans cette partie de la France.

Il était ainsi rédigé :

> Au nom de la très-sainte Trinité, je soussigné, vice-président du tribunal de la Seine, demeurant à Paris, atteint depuis plusieurs mois de diverses infirmités, me suis rendu au tombeau de saint Jean-François Régis, au village de La Louvesc, diocèse de Viviers, dans l'intention de demander à Dieu ma guérison par l'intercession du saint apôtre du Velay et du Vivarais.
>
> J'ai mis par écrit le vœu ci-après pour icelui être placé sur l'autel et être fait par moi de cœur, au moment de la consécration, pendant la messe à laquelle j'aurai le bonheur de communier. « S'il plaît à Dieu de me rendre la plénitude

de mes anciennes forces et de mon ancienne santé, je fais le vœu d'entreprendre aussitôt et de continuer jusqu'à ma mort, pour l'extirpation du concubinage et la célébration des mariages religieux dans la capitale de ce royaume, l'exécution des projets que je médite à cette fin, depuis nombre d'années, sans que j'aie eu jusqu'à ce jour le courage de les réaliser.

« Cette œuvre sera le but principal de mes pensées, de mes travaux et de mes efforts ; je m'y consacrerai tout entier dans les moments dont mes autres et plus anciens devoirs me permettront de disposer. Si je ne puis réussir à fonder l'œuvre dont la conception est, depuis tant d'années, présente à mon esprit, je m'occuperai sans cesse, pour me consoler de ce défaut de succès, de la réhabilitation isolée d'un certain nombre d'unions illicites par le moyen du sacrement de mariage ; si je cesse d'habiter Paris, je porterai cette œuvre et toutes ses conséquences dans le lieu de ma nouvelle résidence.

« En un mot, si je reviens à la santé, je ne vivrai plus que pour procurer, selon mes faibles moyens, la gloire de Dieu et l'édification du prochain, notamment, sous le rapport de la restauration des mœurs et de la cessation des scandales, ainsi qu'il est ci-dessus expliqué.

« Plaise à la divine bonté m'accorder, dans ce cas, l'intelligence, la force, la persévérance, l'humilité et la confiance dont j'aurai besoin pour l'accomplissement du présent vœu, et agréer que cette œuvre, placée immédiatement sous la protection de la sainte Vierge et de saint Joseph, reçoive le nom de Saint-François-Régis ! »

Dieu ayant daigné exaucer la prière de son serviteur, la Société de Saint-François-Régis peut dater son origine du 30 juin 1824; mais le pieux fondateur savait allier le zèle à la prudence, il ne voulut pas agir sans l'approbation de Mgr l'Archevêque de Paris, dans le diocèse duquel l'œuvre allait s'établir. Cette approbation lui fut transmise officiellement le 13 février 1826, et les membres de la société se mirent à l'œuvre sans délai.

Les services rendus furent appréciés. Le 23 février 1846, les cinq académies composant l'Institut de France donnaient à la Société de Saint-François-Régis une solennelle approbation en déclarant, après avoir entendu un rapport fait au nom de l'Académie des sciences par un protestant, M. de Gasparin, que cette société répondait à un besoin social, étant établi que, sur quatre accusés ou prévenus, trois vivent dans le désordre.

Ce fut en 1835 que la Société de Saint-François-Régis fut établie à Rouen par MM. Foulogne, industriel; Louis Baudry, Gustave Delestre, propriétaires; Homberg, de Néel, Lecœur, membres du barreau; Leber, greffier en chef du tribunal; Thibaut, commis-greffier.

Plusieurs de ces messieurs avaient été en relations avec M. Gossin. Ils pensèrent que, dans notre cité laborieuse, il y avait de nombreuses misères morales, par conséquent, la possibilité d'utiliser le zèle dont ils avaient déjà fait preuve à Paris.

L'expérience prouve que c'est dans les centres

industriels que se rencontrent le plus d'unions libres, et en voici l'explication : l'ouvrier de l'industrie, travaillant hors de son domicile, ressent moins que tout autre le besoin des relations de famille; de plus, étant donné, à notre époque, la facilité des déplacements, combien ne voit-on pas d'honnêtes familles ouvrières obligées, par suite du chômage, de se disloquer pour aller chercher de l'ouvrage? Tantôt, c'est le mari qui, trouvant trop lourde la charge que les enfants lui imposent, s'éloigne pour ne plus revenir; tantôt ce sont ces derniers qui disparaissent pour aller habiter la ville et qui ne donnent plus de leurs nouvelles. Mais lorsque vient pour eux l'époque du mariage, on devine quelles difficultés ils éprouvent pour indiquer la résidence de leur père, quelquefois même celle de leur mère. Savent-ils seulement si leurs parents sont encore vivants? Les recherches à faire, les démarches de toute nature rebutent vite les pauvres, surtout s'il y a lieu d'obtenir des jugements rectificatifs d'actes de l'état-civil, de réunir les éléments d'actes de notoriété, d'envoyer les indications nécessaires pour libeller un consentement ou pour la réunion d'un conseil de famille.

En présence de ces obstacles, le mariage projeté aboutit, la plupart du temps, à une union de fait, qu'on se propose de régulariser quand les difficultés auront été aplanies. Malheureusement, l'habitude est vite prise d'une situation irrégulière, dont les suites sont si funestes; car le niveau moral des enfants qui viendront au monde sera inférieur encore à celui de leurs parents, en raison des mauvais exemples qu'ils auront sous les yeux et de l'éducation qui leur sera donnée.

Dans une brochure toute récente, publiée par un ancien magistrat, président très-actif et très-dévoué de la Société de Saint-François-Régis de Rouen (1), nous trouvons des détails très-intéressants sur les débuts de l'œuvre dans notre ville et sur son fonctionnement :

« Son développement, à Rouen, écrit-il, fut un peu long d'abord. Le bon M. Homberg aimait à raconter que, lors des premières réunions, un peu de découragement commençait à poindre, personne ne se présentant. Vers la fin d'une séance, entre un individu dont l'ensemble de la toilette et surtout certain tablier de cuir faisaient sentir qu'il venait d'exercer sa profession pendant la nuit! « Nous le reçûmes à bras ouverts, disait l'aimable conteur; il paraissait peu accoutumé à semblable accueil. »

On se sépara, le courage revenu, disant : « Il nous portera bonheur. » L'espérance se réalisa. Trois ans après, on constatait dans un rapport que

---

(1) M. Rousselin *(Compte-Rendu des travaux de la Société de Saint-François-Régis — 1838-1894).*

337 mariages avaient été contractés grâce à l'intervention de la société, et le rapporteur ajoutait :

Il faut l'expérience que nous avons acquise pendant ces trois années pour apprécier combien de difficultés entravent le mariage des pauvres.

Pour justifier l'allégation, il citait un exemple, choisi, disait-il, entre beaucoup d'autres :

Une fille Elise, dite Lesourd, se présenta pour obtenir les pièces nécessaires à son mariage ; on fit venir son acte de naissance ; la sage-femme, sur la déclaration de laquelle il avait été rédigé, à Vervins, en 1819, lui avait donné pour mère Marguerite Cauchois, femme d'Etienne Lesourd. Après des recherches sans nombre, on découvrit l'acte de mariage de Marguerite Cauchois ; ce n'était pas Lesourd, mais un sieur Feugeret qu'elle avait épousé. L'acte de mariage de Lesourd fut aussi trouvé ; sa femme était une demoiselle Fourré.

Une erreur paraissait avoir été commise dans la rédaction de l'acte de naissance de la fille Elise, dite Lesourd ; cependant, comme il se pouvait que Feugeret, époux de Marguerite Cauchois, fût décédé avant 1815, et que Lesourd, par suite du décès de sa femme, eût été libre de contracter mariage avec Marguerite Cauchois, veuve Feugeret, il y avait à rechercher si, soit Feugeret, soit la femme Lesourd, existait encore en 1815. Feugeret avait quitté sa femme et s'était engagé dans un régiment de lanciers ; puis, après avoir habité quelque temps Longjumeau, s'était embarqué pour les colonies ; on ne put suivre sa trace.

Il restait à chercher la femme Lesourd. Son mari étant mort, elle était venue habiter Paris et y était décédée en 1817. Dans son acte de décès, elle était inscrite épouse Tugière.

Malgré cette nouvelle difficulté, il fut possible d'établir qu'elle était bien la personne épousée par Lesourd, en 1803, et, dès qu'elle vivait encore en 1817, celui-ci n'avait pu se marier, vers 1815, avec Marguerite Cauchois, mère de la fille Elise.

Et le rapporteur terminait par cette observation, que personne ne contredira :

Notre pauvre cliente ne serait jamais parvenue, sans l'aide de la Société de Saint-François-Régis, à surmonter les difficultés qui mettaient obstacle à son mariage.

« Ces faits remontent à 1840. Combien d'affaires difficiles à élucider, pendant les soixante ans d'existence que la Société compte aujourd'hui, alors que son intervention a été réclamée pour plus de 10,000 mariages !

Dans la seule année 1893-1894, 343 affaires nouvelles ont été inscrites.

« Entrer dans de longs détails de statistique serait sans grande utilité et sans intérêt ; il suffira, après avoir indiqué ce qu'était le travail de la Société, dans les premières années de son existence à Rouen, de faire voir que les obstacles que les indigents sont exposés à rencontrer, quand ils veulent contracter mariage, restent encore les mêmes.

« Deux pauvres forains, ayant échoué dans les efforts qu'ils avaient tentés pour régulariser une union de fait existant depuis de longues années et pour légitimer leurs enfants, s'adressèrent à la

Société de Saint-François-Régis. Les difficultés furent aplanies assez promptement, en ce qui concernait le futur, mais il en fut autrement pour la future. Elle était née dans une voiture, et ignorait le nom, ainsi que la nationalité de ses parents, qui l'avaient abandonnée sur un grand chemin, alors qu'elle était toute jeune encore! Une personne charitable l'avait recueillie, mais elle était décédée; elle ignorait aussi son nom, et ne pouvait donner que ce renseignement qu'elle habitait, dans la Nièvre ou dans la Marne, un pays coupé en deux par une rivière.

« Après la mort de sa bienfaitrice, la malheureuse enfant suivit des vanniers ambulants, qui ne s'occupèrent pas de constater son état-civil, et resta avec eux jusqu'à ce qu'elle eût fait la connaissance de l'individu qu'elle désirait épouser.

« Etablir la filiation et la nationalité de cette pauvre femme fut chose longue et difficile; on y parvint néanmoins, après avoir découvert la commune de la Nièvre — coupée en deux par une rivière, — puis celle dans laquelle avait été constatée la naissance d'une enfant, née dans une voiture, sur la voie publique. Après des recherches, qui durèrent une année, l'identité de la personne fut établie; le décès de ses parents, qui étaient étrangers, constaté; le mariage put être célébré et les enfants légitimés. Dans une autre affaire, terminée également il y a peu de temps par le mariage des intéressés, l'instruction, commencée en 1886, fut close par un jugement du Tribunal de Rouen rendu en 1893. »

Enfin, il résulte d'un calcul établi sur un grand nombre d'années que, sur trois mariages pour lesquels la Société de Saint-François-Régis est intervenue, il y a deux légitimations d'enfants naturels.

« Comme compensation, ajoute l'auteur du travail que nous citons, il convient de tenir compte des preuves de reconnaissance données par nos pauvres clients, et nous en avons reçu de touchantes; l'empressement qu'ils mettent à nous envoyer, souvent à nous amener, les personnes auxquelles nous pouvons rendre service, montre qu'ils savent apprécier celui qui leur a été rendu.

« Circonstance qui ne doit pas être omise, c'est qu'il n'est jamais arrivé, depuis plus d'un demi-siècle, qu'on ait eu à se plaindre des rapports avec ces pauvres gens. Ils accueillent avec convenance les avis qui leur sont donnés, même le refus d'accéder à leur demande, si l'on estime que le mariage projeté présenterait plus d'inconvénients que d'avantages. »

Les détails qui précèdent permettent d'apprécier l'importance des services que rend, chaque jour, à la classe des déshérités, l'Œuvre de Saint-Régis. Il faut bien dire aussi que la loi du 10 décembre 1850, en exonérant presque entièrement les pauvres des frais d'expédition de pièces pour leur mariage et pour la légitimation des enfants naturels, a simplifié une des plus difficultueuses formalités.

Le promoteur de cette loi si bienfaisante — nous avons le devoir de le rappeler ici — n'est autre qu'un des fondateurs, à Rouen, de la Société de Saint-François-Régis, M. le conseiller Homberg, dont le nom est lié à beaucoup d'autres œuvres charitables. Se trouvant en relations étroites et suivies avec un des membres influents de l'Assemblée nationale, il lui exposa un jour, dans une conversation, ses pensées sur la nécessité de lutter contre la démoralisation, qu'il estimait être le danger le plus à redouter pour la France. Son interlocuteur lui dit, en le quittant : « Je partage vos idées ; mais, en ce qui concerne les conditions pouvant rendre les mariages des indigents plus faciles, vous avez étudié, plus que moi, cette question sociale. Envoyez-moi donc un résumé de notre conversation ; il y a certainement quelque chose à faire, et le moment est favorable. »

Le résumé demandé fut envoyé, sous forme de projet de loi, et il devint, au moins dans son ensemble, la loi du 10 décembre 1850.

La constitution de la Société de Saint-Régis comprend des membres titulaires et des membres souscripteurs; ces derniers dont le nombre est illimité n'ont aucune part à l'administration. Les membres titulaires, qui doivent tous être catholiques pratiquants composent le conseil de l'Œuvre et nomment les membres du bureau, qui se compose d'un président, d'un vice-président, de deux secrétaires et d'un trésorier. Les membres du bureau sont élus pour trois ans. Le président est chargé de tous les détails de l'administration; il convoque et préside les assemblées. Chaque année, il est tenu une séance générale à laquelle sont convoqués les souscripteurs et où il est rendu compte des travaux de l'exercice écoulé ainsi que de l'état des recettes et des dépenses.

Tous les dimanches et tous les mercredis, de huit heures du matin jusqu'à dix heures, plusieurs membres de la Société, désignés à cet effet, reçoivent au siège social, rue Saint-Nicolas, les futurs époux, et se tiennent à leur disposition pour toutes les démarches que nécessite leur situation.

Les ressources de l'Œuvre, qui devient ainsi un auxiliaire des plus précieux pour le bureau de l'état-civil, se réduisent aux cotisations annuelles de ses membres, fixées à 30 fr. pour les membres actifs et à 10 fr. pour les membres honoraires.

Quoique jusqu'ici son fonctionnement n'ait pas été entravé par l'impossibilité de subvenir à la dépense, dépense minime d'ailleurs, eu égard aux résultats obtenus, le budget se règle par un déficit qui est, heureusement, couvert par des donateurs charitables. Pendant longtemps, des subventions accordées par le conseil municipal et par le conseil général permettaient d'avoir des ressources régulières suffisantes; mais ces subventions ont été retirées, et l'Œuvre ne doit plus compter que sur elle-même et sur le concours de la charité. Espérons que celle-ci ne lui fera jamais défaut et que la Société rouennaise de Saint-Régis pourra toujours poursuivre activement sa mission de relèvement moral et de salut social.

Patronage des Dames Saint-Régis

Après avoir fait célébrer le mariage et, s'il y a lieu, légitimer les enfants; après avoir, en un mot, constitué régulièrement la famille, la Société de Saint-François-Régis, que nous venons d'étudier, ne regarde pas son œuvre comme terminée: elle s'efforce aussi de combattre, dans les ménages pauvres, l'ignorance, le manque d'éducation, qui favorisent l'immoralité, et de leur venir en aide quand ils sont dans le besoin. Des dames charitables, constituées en Comité de Patronage, ont bien voulu se charger de cette mission.

PATRONAGE DES DAMES SAINT-RÉGIS

Fondé, le 2 février 1862, ce Comité de Dames, pendant plusieurs années, voulut s'occuper, indépendamment des visites à domicile et des distributions de secours en nature, de la régularisation des faux ménages. Mais cette double tâche avait l'inconvénient d'empiéter sur le terrain de la Société de Saint-Régis et de diviser l'effort commun, au lieu de le compléter. Reconnaissant donc, dans la pratique, qu'il se rendrait plus utile en se bornant à moraliser et à assister les indigents mariés par les soins de ladite société, le Patronage des Dames Saint-Régis, résolut, le 24 janvier 1869, de se désintéresser des démarches à faire pour faciliter le mariage des pauvres et de se consacrer exclusivement à l'assistance de ceux dont la situation aurait été régularisée.

Depuis lors, les deux œuvres se meuvent dans leur sphère propre et fonctionnent séparément, tout en visant au même but : la constitution et la moralisation de la famille.

Le Patronage des Dames Saint-Régis a pour présidente Mme Cavelan, qui déploie dans ses fonctions la plus grande activité et un dévouement à toute épreuve. Son budget est alimenté par le produit d'un sermon de charité, qui a lieu, chaque année, pendant le Carême, et par les cotisations des membres actifs et honoraires dudit Patronage.

Tous les dimanches, à huit heures et demie du matin, ainsi qu'à chaque fête d'obligation, une messe est célébrée pour l'œuvre, dans la chapelle de la Maison des Bonnes-Œuvres, rue Saint-Nicolas, n° 24. Les personnes pieuses qui assistent régulièrement à cette messe, prennent part, trois fois par an, à l'organisation d'une tombola, comprenant des lots de vêtements, ustensiles de ménage et autres objets de première nécessité, qui sont distribués principalement aux personnes mariées par la Société de Saint-Régis. En hiver, il y a de fréquentes distributions de secours, le dimanche, consistant en bons de pain et de viande, en remise d'effets d'habillements et de chaussures.

Le Patronage des Dames Saint-Régis, on le voit, est un auxiliaire très-précieux de l'œuvre de Saint-Régis; il constitue même pour celle-ci un complément indispensable.

Œuvre de Notre-Dame-des-Forains

Nous appelons forains, en France, les bateleurs, les saltimbanques, les artistes de petits théâtres ambulants et certains industriels qui vont de ville en ville pour gagner leur vie, les uns en se donnant en spectacle à la curiosité des foules, les autres en offrant des divertissements ou des marchandises variés. La place publique, le « forum, » d'où ils tirent leur nom de forains, constitue leur domaine. Ils forment entre eux une grande famille, dont les membres sont parfaitement unis, quoique répandus, au nombre d'environ 150,000 en France, en Italie, en Belgique, en Allemagne et en Suisse. Non-seulement ils se connaissent à peu près tous, mais encore ils s'entr'aident et se soutiennent comme les enfants d'une même race. Il n'est pas rare de rencontrer, sur nos champs de foire, des artistes italiens, belges et allemands vivant et travaillant en bonne harmonie sous la direction d'un Français.

On peut diviser les forains en trois classes : « la Haute banque, » qui comprend les directeurs et les artistes des cirques, théâtres de premier ordre, ménageries, etc; la « Petite banque, » à laquelle se rattachent les tirs, jeux divers, loteries, marchands de pains d'épice, de vaisselle et autres objets exposés; enfin, les « Entre-sort, » c'est-à-dire ceux qui tiennent les petites loges où sont exhibés les phénomènes en tous genres, depuis la beauté sans rivale jusqu'au monstre sauvage ou apprivoisé,

La plupart de ces industriels sont forains de tradition ; cependant la « Petite banque » renferme un certain nombre de déclassés qui, ne pouvant plus vivre dans leur pays, se sont mis, suivant l'expression consacrée, « sur le voyage. » Cette dernière classe est généralement peu fortunée; la « Haute banque, » au contraire, gagne largement sa vie. Les cirques, par exemple, paient leurs artistes 1,200, 1,500 et même 3,000 fr. par mois. Rancy, il n'y a pas très-longtemps, avait une famille, originaire de la Bohême, qu'il payait 7,000 fr. par mois. Barnum, en Amérique, signe couramment des engagements mensuels de 10,000 fr. et au-dessus; mais les artistes, malgré cet appât, ne montrent que peu d'empressement à s'enrôler dans la troupe du fameux impresario; le travail, paraît-il, y est trop fatigant.

Pour défendre leurs intérêts, les forains de tous les pays se sont constitués en syndicats qui fonctionnent avec activité et intelligence. En vue de donner plus d'unité à leur organisation et appuyer leurs réclamations auprès des pouvoirs publics, ils ont aussi fondé des journaux. En France, ils publient l'*Industriel forain*; en Italie, la *Bussola, organo officiale della Societa internazionale de Prevenzione frogli Espositori ambulanti*; en Belgique, le *Forum belge*. En Allemagne, ils en possèdent trois, au lieu d'un : *Der Kurier, Der Komet* et *Der Artist*.

Ces différents organes, rédigés avec une grande modération, sans hostilité contre la religion, donnent une grande cohésion aux forains et en font presque un peuple à qui il ne manque que l'organisation religieuse. Nous ne voulons pas dire par là que l'instruction religieuse fait absolument défaut à la famille foraine ; dans beaucoup de villes, en effet, des personnes zélées s'occupent des enfants et se font un bonheur de les instruire et de les préparer à la première communion. Mais, après cet acte, les forains, par leur existence nomade, échappent complètement à l'influence du prêtre ; bientôt même, le peu d'instruction religieuse qu'ils ont reçue, se trouve dissipé, et il ne leur reste plus qu'un vague souvenir des préceptes de la morale chrétienne.

Deux honorables ecclésiastiques de notre ville, M. l'abbé Bazire, le dévoué fondateur et directeur du Refuge de nuit et de l'Hospitalité du travail, puis M. l'abbé Du Vauroux, alors secrétaire particulier de l'archevêque, pensèrent, en 1888, que la fondation d'une œuvre qui s'occuperait exclusivement des intérêts spirituels des banquistes de toute catégorie, s'imposait et produirait d'excellents résultats.

La foire annuelle de Saint-Romain leur permit d'étudier de près les besoins de tous ces nomades, installés, six semaines durant, sur le boulevard Saint-Hilaire, et de procéder à une organisation ne devant pas seulement se vouer à l'instruction des enfants, à leur préparation à la première communion, mais s'efforcer aussi d'évangéliser les parents et d'amener ceux qui n'étaient pas légitimement unis à contracter un mariage régulier, se mettant à leur disposition pour les démarches à faire et les pièces à produire.

Après avoir mûrement médité leur projet, les deux abbés le soumirent à l'agrément de Mgr Thomas, archevêque de Rouen, qui s'empressa de l'approuver.

Ainsi fut créée l'*Œuvre de Notre-Dame-des-Forains*. Elle se distingue de toutes ses aînées par sa forme toute nouvelle, qui consiste à considérer la population foraine, pendant la durée de la foire Saint-Romain, du 23 octobre au 1er décembre de chaque année, comme faisant partie des fidèles de la paroisse ; ce qui permet d'offrir aux petits et aux grands toutes les ressources du ministère paroissial.

A cet effet, M. l'abbé Bazire, est spécialement délégué par Mgr l'archevêque, avec les pouvoirs de curé, et une petite chapelle située près du champ de foire est le centre de cette paroisse foraine. Chaque dimanche, une messe est dite à neuf heures et demie. Pendant la messe, on fait le prône, les publications de bancs, les annonces et autres recommandations liturgiques, et, immédiatement après la messe, on donne le Salut du Saint-Sacrement. Chaque jour, à neuf heures et demie, le catéchisme est fait aux enfants. L'instruction est divisée, comme partout, en trois sections : *préparatoire, première communion et persévérance.* Ce sont des dames de la Société des catéchismes paroissiaux de la ville qui en sont chargées, sous la surveillance du prêtre qui a la direction de l'Œuvre.

A la fin de la foire ont lieu, avec la plus grande solennité, la première communion et la confirmation des enfants. La cérémonie terminée, les jeunes communiants sont réunis dans une des salles de l'Œuvre hospitalière de nuit, où le repas de la première communion leur est offert et servi par les dames catéchistes. Il est rare que la période de la foire se passe sans qu'il ne soit célébré, dans la chapelle de l'Œuvre, un certain nombre de baptêmes et de mariages, souvent grâce au concours de la Société de Saint-Régis. Un registre spécial, contenant les noms des forains qui ont eu recours à l'Œuvre, est régulièrement tenu et permet de les recommander et de donner d'utiles renseignements sur eux aux prêtres ou autres chrétiens zélés des endroits où ils se trouvent. Ils se sont faits eux-mêmes les propagateurs de l'Œuvre de Rouen ; ils l'ont transportée dans un grand nombre d'autres villes, telles que Le Mans, Mantes, Caen, Rennes, Roubaix, Lille, Dunkerque, Angers, Saint-Dié, Paris, Bayeux, Orléans, etc.

Voici, notamment, en quels termes les *Annales*

religieuses d'Orléans annonçaient, en 1894, la fondation d'une pareille œuvre dans cette ville :

<small>Mgr l'évêque d'Orléans, désireux d'affermir dans sa ville épiscopale l'Œuvre des Forains, a décidé de l'organiser comme à Rouen. Nous ne connaissons point l'organisation des autres centres; mais nous avons étudié son fonctionnement à Rouen, où elle produit des fruits merveilleux. Il nous a été donné d'assister, au mois de novembre dernier, aux touchantes et solennelles cérémonies de la première communion et de la confirmation, qui clôturent chaque année la foire Saint-Romain. Nous avons été profondément ému de la piété des douze enfants qui y prirent part, de l'excellente tenue des parents, accourus en grand nombre; du dévouement des prêtres et des dames du comité qui s'en occupent.</small>

Depuis sept ans qu'elle existe, l'Œuvre de Rouen a fait faire la première communion à 72 enfants et adultes, qui ont été également confirmés, et en a baptisé 34 au moins. Le chiffre des mariages s'est élevé à 40, dont les deux tiers environ ont été célébrés dans notre ville et les autres dans diverses localités où on leur a expédié les pièces nécessaires. Les démarches pour un certain nombre ont duré jusqu'à dix-huit mois, au milieu d'incidents tout à fait forains qui tiennent presque du roman. En voici un exemple topique :

Un jour, il s'agissait de régulariser la situation d'un faux ménage qui avait cinq enfants. La difficulté pour arriver à découvrir le père et la mère des deux futurs époux était si grande que personne ailleurs n'avait voulu se charger de cette affaire. Le président de la Société de Saint-Régis de Rouen, voyant le grand désir de ces pauvres gens de légitimer leur union et la gentillesse des enfants qui, malgré le milieu où ils vivaient, étaient fort bien élevés, prit la chose à cœur. Après neuf mois d'enquête et de démarches, les pièces étaient trouvées et réunies. Mais ce n'était pas tout; dans le pays où se trouvaient alors ces pauvres gens, ni le procureur de la République, ni le maire ne voulaient les marier.

La Société de Saint-Régis se vit obligée d'user des grands moyens ; elle menaça les représentants de l'administration d'une assignation. Est-ce l'énergie de M. le président de Saint-Régis, est-ce l'effet du papier timbré ? Nous l'ignorons, mais ce qu'il y a de bien certain, c'est que le procureur et le maire de X... finirent par s'exécuter. Le mariage fut célébré et on devine quelle a été la reconnaissance de cette famille envers l'Œuvre de Notre-Dame-des-Forains et la Société de Saint-Régis, de Rouen.

Il y a de braves gens dans tous les métiers, et le saltimbanque, sous ses oripeaux de parade, cache souvent une âme honnête et un cœur droit. On compte bien peu d'esprits incrédules parmi les artistes forains. Ils apportent généralement de la bonne volonté pour entendre les choses de la religion et ils sont heureux de pouvoir envoyer leurs enfants au catéchisme. Malheureusement, ces pauvres petits n'ont pas beaucoup de temps à disposer ; car, dès le bas-âge, ils sont soumis à un dur apprentissage. On les *travaille*, on les *désarticule*, en un mot, on leur enseigne le métier, et cela ne s'apprend pas en un jour. Il ne s'agit pas, bien entendu, de la *Petite banque* ; cette catégorie de forains, offrant toujours le même spectacle, ne travaille guère que pendant les représentations. Le reste du temps se passe dans la roulotte, transformée en foyer familial où sont réunies toutes les commodités d'une habitation véritable.

Il y a lieu de remarquer, toutefois, qu'il y a plus de religiosité que de religion chez les voyageurs forains. Les signes extérieurs sont très en vogue parmi eux. Nous avons connu un directeur de théâtre qui attachait le plus grand respect à une médaille qu'il avait trouvée dans la mer. Beaucoup d'artistes travaillent ayant sur eux des scapulaires; on a même vu un acrobate célèbre laisser tomber, par mégarde, au milieu du cirque, un chapelet et, sans le moindre respect humain, le ramasser, aux applaudissements de toute la salle. Quoi qu'il en soit, ces exemples prouvent que le terrain est parfois bien préparé pour un apostolat efficace.

Nous avons dit combien l'esprit de confraternité régnait dans le monde des forains ; à cet esprit de confraternité se joint celui de la reconnaissance. Il ne se passe guère de jours sans que M. l'abbé Bazire, qui ne perd pas de vue ses protégés, quel que soit le pays où ils séjournent, ne reçoive des témoignages touchants de leurs bons sentiments. Voici ce que lui écrivait encore hier un des pîtres les plus en renom :

> Combien je vous suis reconnaissant, Monsieur l'abbé, de l'intérêt que vous nous portez.... Nous allons de Paris à Tours, où nous débutons le 10 mai. Je n'ai pas eu encore le temps de faire mes Pâques, car à la foire aux Pains d'Epice on n'a vraiment pas le temps; il faut qu'on soit toute la journée au théâtre et il est toujours minuit passé quand on a fini. Aussi, est-ce une foire très-fatigante. Mais je compte bien faire mes devoirs religieux à Tours.
>
> Je dois vous rappeler, Monsieur l'abbé, que je vous avais demandé de me donner la hauteur de la Sainte Vierge (Notre-Dame-des-Forains) qui est dans notre chapelle; n'oubliez pas de me rendre ce service, car nous n'aurons pas le bonheur de venir à Rouen; mais moi je veux faire un cadeau à notre bonne patronne. N'oubliez pas, j'en serais très-fâché.

Le souvenir de leur chère chapelle paroissiale de Rouen les suit partout, en effet, dans leurs pérégrinations ; de temps en temps, ils lui envoient même des objets d'ornementation et, à la veille des grandes fêtes, leur « bonne Patronne » reçoit souvent de superbes bouquets destinés à être déposés à ses pieds. Mais rien ne saurait mieux faire ressortir l'attachement des banquistes à l'Œuvre fondée en leur faveur, dans notre ville, que le trait suivant:

Depuis 1894, sur l'initiative d'un petit groupe d'entre eux, il a été institué une société qui a pris le nom de *Flacmuches* et qui a pour but de fêter, chaque année, dans un grand dîner, entre hommes, servi chez un restaurateur de notre ville, la Saint-Romain.

En les dotant d'une chapelle paroissiale, les fondateurs de l'*Œuvre de Notre-Dame-des-Forains* leur ont donné, en quelque sorte, droit de cité diocésaine ; pour répondre à une telle faveur, ils ont voulu, eux, instituer à Rouen, leur fête patronale.

Tous les ans désormais, les *Flacmuches* fêteront donc dans notre ville la Saint-Romain, devenue ainsi la fête des banquistes.

Sociétés de Secours mutuels

L'ÉMULATION CHRÉTIENNE

Les sociétés de secours mutuels, on le sait, sont des associations formées dans le but de prévenir la misère, en diminuant, pour ceux qu'elle menace, les conséquences de la maladie, des accidents et de la vieillesse. Accessoirement, ces sociétés donnent des secours d'inhumation, de veuvage, d'orphelinat, etc. On peut dire qu'elles sont nées du cœur du peuple et de ses besoins ; c'est pour lui qu'elles existent et par lui. Les secours qu'elles distribuent, et qui se chiffrent annuellement par plus de 30 millions, sont le moindre de leurs bienfaits. C'est par les sociétés de secours mutuels, en effet, que se répandent ces vertus d'épargne et de prévoyance qui sont pour les travailleurs tout à la fois si nécessaires et si difficiles ; par elles se développent l'esprit d'initiative et les sentiments de concorde et de fraternité véritables ; par elles sont allégées les charges de l'assistance publique, qui nous ruine en même temps qu'elle nous humilie. Elles préservent le riche de l'égoïsme et le pauvre de l'envie ; elles sont le terrain neutre où tous les hommes de cœur se rencontrent, où les vertus grandissent, où les préjugés se dissipent, où ceux que divisent partout ailleurs la naissance, la fortune ou les opinions, apprennent à s'aimer, en s'unissant pour faire le bien et en préparant pour la France, avec l'union de ses enfants, un trésor de prévoyance qui, d'après les calculs d'un écrivain mutualiste rouennais, dont la compétence en pareille matière fait autorité (1), dépasse aujourd'hui 200 millions.

---

(1) M. Vermont.

Jusqu'en 1852, les sociétés de secours mutuels n'ont eu, pour ainsi dire, qu'une existence de fait. Prohibées pendant la tourmente révolutionnaire, presque inconnues sous le premier Empire, elles trouvèrent sous la monarchie un encouragement qui facilita souvent leur création et une défiance qui ne leur permit ni d'obtenir l'existence légale, ni de prendre l'extension nécessaire à leur prospérité. Les ouvriers s'occupaient alors, presque seuls, de mutualité et d'une manière beaucoup plus sentimentale que raisonnée. L'expérience n'avait pas encore donné ses conseils à leurs tentatives généreuses, mais imprudentes, et la plupart des mutualités disparaissaient, faute de ressources, au moment où l'âge avancé de leurs fondateurs, multipliant les maladies, aurait rendu leur assistance plus que jamais nécessaire.

En 1852 parut le fameux décret qu'on peut considérer comme la première charte de la mutualité française. Ce décret forme encore la base essentielle de la législation en vigueur.

Les sociétés de secours mutuels, auxquelles on a assimilé, depuis quelques années, les sociétés de retraites, sont divisées en quatre catégories : Il y a les sociétés simplement tolérées, les sociétés autorisées et approuvées et celles, enfin, qui sont reconnues d'utilité publique. Ces dernières sont relativement peu nombreuses; elles ne dépassent guère le chiffre de dix pour toute la

France, et l'une des plus importantes est, sans contredit, l'*Emulation chrétienne de Rouen*.

L'origine de l'Emulation, si puissante aujourd'hui dans ses ressources et dans son action, remonte au 2 décembre 1849. Elle fut fondée par sept ouvriers, sous l'inspiration, comme nous l'avons constaté plus haut, de M. l'abbé Forbras, qui a donné son nom à tant d'utiles créations.

Le but était de former une société libre, égalitaire et fraternelle, étayée sur les sentiments religieux et les principes démocratiques dont la coexistence a été l'un des caractères du mouvement de l'époque. On se proposait de venir en aide aux associés malades, d'aider ceux qui chômeraient à trouver du travail et de récompenser les plus méritants.

C'est, dit-on, dans la sacristie même de l'église Saint-Vivien que les premiers statuts furent discutés et rédigés. La Société, aux yeux du vénérable pasteur, devait justifier, dans son esprit et dans ses œuvres, le titre qui lui était donné d'*Emulation chrétienne*.

Il faut reconnaître que, dans sa conception la plus élevée, cette pensée est demeurée, malgré des phases diverses, la devise exacte de la Société.

M. Chéron, conseiller à la Cour d'appel de Rouen, accepta d'être placé, avec M. l'abbé Forbras, curé de Saint-Vivien, et M. l'abbé Doudement, curé de Saint-Maclou, à la tête de l'organisation de la Société. L'éminent magistrat et les deux zélés pasteurs des deux paroisses les plus populeuses de la ville furent de précieux parrains pour l'*Emulation chrétienne*. Par son point de départ comme pour toutes les libéralités dont elle a été l'objet, de la part de ses membres honoraires et de ses bienfaiteurs, cette Société a été, dans le passé, et elle reste, dans le présent, une manifestation évidente de la charité chrétienne. A ce titre, elle devait avoir sa place marquée dans ce volume.

Grâce à l'activité, à l'intelligence, à la générosité des hommes qu'elle a toujours eus à sa tête, l'*Emulation chrétienne* s'est développée rapidement et peut être considérée aujourd'hui comme une société modèle de secours mutuels.

Son premier président régulier fut M. Carpentier, l'un des modestes mais zélés et précieux collaborateurs de sa fondation. En 1855, M. Allard, notaire, lui succédait, apportant à la Société, parvenue à une période délicate, le concours d'un esprit conciliant et éclairé. Il était remplacé, en 1856, par M. E. Leroy. Ayant été vice-président et connaissant tous les rouages de la Société, possédant une grande expérience des méthodes administratives, M. Leroy lui donna jusqu'en 1871 une utile direction.

Forcé de décliner cette mission par des occupations administratives d'un autre ordre, il eut pour successeur un jeune membre du barreau, M. Vermont, que son collègue, M. Paul Allard, d'abord élu mais non acceptant, présenta comme devant le suppléer.

M. Vermont accepta cette tâche et lui consacra une ardeur, un dévouement, un zèle qui, depuis lors, ne se sont pas démentis un instant. Il a su provoquer une grande partie des libéralités qui, généreusement mises à sa disposition par des membres honoraires et par des personnes étrangères à la Société, ont donné à l'*Emulation chrétienne* une puissance, une efficacité auprès des sociétaires participants, que les seules ressources de la mutualité ne lui auraient jamais fait acquérir, mais qui offre, peut-être, quelque illusion à ceux qui voient, dans la mutualité, la solution des questions sociales.

Quoi qu'il en soit, l'*Emulation chrétienne* consacre, par cette coexistence de ressources, comme par la large place qu'elle a toujours faite à des notabilités dans son conseil honoraire, une alliance de principes et d'efforts dont la pratique serait des plus fécondes dans la vie sociale.

Ne voulant point blesser la modestie des hommes si distingués qui y ont coopéré et y coopèrent actuellement, nous nous contenterons, pour répondre au sentiment de tous, de rappeler ici le souvenir de l'honorable M. Le Tendre de Tourville, le président si longtemps et si grandement estimé, soit à la Cour d'appel de Rouen, soit dans toutes les œuvres de bienfaisance où son abondante charité et son esprit si éclairé lui donnaient une haute influence.

La caisse de l'*Emulation chrétienne* est alimentée par : 1º les cotisations des membres participants ; 2º celles des membres honoraires ; 3º des dons et des legs ; 4º des subventions de l'Etat, du département de la Seine-Inférieure et de la ville de Rouen.

Les enfants sont reçus membres participants à partir de l'âge de six ans ; les hommes jusqu'à quarante ans, les femmes jusqu'à trente-cinq. Passé ces âges, si l'état de santé est favorable et, sur un vote spécial du conseil d'administration, on peut encore faire partie de la Société, mais en acquittant immédiatement toutes les cotisations que l'on aurait dû payer.

Il est perçu un droit de 0 fr. 50 à 5 fr.

La cotisation *annuelle* est de 6 à 15 fr. pour les enfants, suivant l'âge ; 18 ou 24 fr. pour les femmes et 21 fr. 60 ou 30 fr. pour les hommes.

Tout membre participant, en cas de maladie, a droit gratuitement aux soins du médecin, du dentiste et aux remèdes fournis par le pharmacien. Il touche, en outre, une indemnité de 4 fr. à 12 fr. par semaine pendant les trois premiers mois ; cette indemnité est réduite de 4 à 7 fr. pendant le reste de la première année. Si la maladie persiste, le sociétaire est considéré comme grabataire et n'a plus droit qu'à une indemnité qui ne peut pas être inférieure à 39 fr. par an.

Le malade reçoit, de plus, autant de fois 50 centimes ou 1 fr. par semaine qu'il a d'enfants âgés de moins de quatorze ans. Quand le mari et la femme font partie de la Société, celle-ci reçoit, en cas de veuvage, autant de fois 50 centimes par semaine qu'elle a d'enfants âgés de moins de quatorze ans. En outre, certains avantages sont stipulés pour les femmes quand elles viennent à donner le jour à un enfant.

Ajoutons que tout membre participant, qui a payé au moins vingt cotisations annuelles, a droit, lorsqu'il atteint soixante et un ans, à une pension de retraite de 186 fr. pour les hommes et de 132 fr. pour les femmes. Si le sociétaire, à cet âge, est membre participant depuis plus de vingt ans, sa pension s'accroît proportionnellement au nombre de cotisations versées. Le montant des pensions de retraites va être très-sérieusement augmenté pour les nouveaux sociétaires par suite de modifications aux statuts.

Tant d'avantages mis à la portée du travailleur probe et laborieux expliquent le chiffre des adhérents de la Société. Ils en ont d'autres encore, tel que celui de pouvoir, sur la présentation de leur carte, se fournir de pain chez des boulangers désignés qui leur font un rabais de 2 et 3 centimes par kilog.

A l'origine de la Société, c'est-à-dire dès l'année 1849, il avait été décidé que chaque dimanche les membres participants se réuniraient et passeraient ainsi la soirée ensemble. En 1854, son local étant devenu trop exigu, l'*Emulation chrétienne* s'installa dans celui qu'elle occupe actuellement, rue de la République, 20. Cette salle, dite salle des Augustins, étant spacieuse, un petit théâtre y fut disposé et, chaque dimanche, le soir venu, les sociétaires y organisaient un concert. On les avait autorisés à y amener leurs familles, moyennant un droit d'entrée de 5 à 25 centimes. Bien qu'il fût défendu de boire, de fumer et de siffler, la salle était toujours remplie. Il en fut ainsi jusqu'en 1871 ; lors de l'invasion des Prussiens à Rouen, la salle des Augustins ayant été réquisitionnée par eux, un des premiers soins de M. Vermont, devenu président, fut de rétablir les soirées du dimanche. Elles obtinrent un tel succès que chaque soir les derniers arrivés ne pouvaient trouver de place. C'est cette institution qui a valu à la Société, outre des distinctions de la Société de tempérance, une médaille d'honneur de la Société d'encouragement au bien.

A la suite de l'incendie du théâtre Lafayette, l'administration publique interdit ces réunions jusqu'à ce que certains aménagements jugés utiles à la sécurité des assistants eussent été exécutés à la salle des Augustins. La dépense à faire s'est trouvée considérable et force a été de supprimer l'institution, si goûtée de la population laborieuse, des soirées du dimanche. Le fait est d'autant plus regrettable que ces réunions établissaient un lien entre les membres participants qui, en s'y rencontrant, apprenaient à se connaître.

Le cadre de cette étude ne permet pas de reproduire ici l'état détaillé, année par année, des recettes et des dépenses de l'*Emulation chrétienne*, depuis sa fondation jusqu'à ce jour; mais les chiffres suivants, établis par période de dix ans, donneront une idée suffisante de sa marche progressive.

Nous avons dit qu'elle avait été créée le 2 décembre 1849, avec sept membres participants; or, au 31 décembre 1850, elle comptait déjà 434 membres participants, avec un actif de 4 fr. 06.

Le tableau suivant fait ressortir sa progression décennale, depuis cette dernière date :

	MEMBRES PARTICIPANTS	ACTIF
31 décembre 1860........	2.865	76.774 fr. 44
— 1870.........	2.331	174.100 36
— 1880........	2.761	329.717 49
— 1890........	3.005	561.271 96
— 1894........	3.531	652.744 83

Bien entendu, les chiffres figurant à l'actif s'entendent des sommes absolument liquides que possédait la Société au 31 décembre des années indiquées ci-dessus.

Au 31 décembre dernier, en plus de la somme de 652,744 fr. 83 qu'elle possédait, elle avait distribué, depuis sa fondation : 1º en secours à des sociétaires malades, 1,446,661 fr. 99 ; 2º en sommes versées à des sociétaires retraités, 306,683 fr. 37 ; soit un total de secours de 1,753,345 fr. 36. Or, l'ensemble des cotisations versées à la Société par tous ses membres participants, depuis sa fondation jusqu'au 31 décembre 1894, n'atteint que le chiffre de 1,127,750 fr. 84. Ils ont donc reçu 625,594 fr. 52 de plus qu'ils n'ont versé.

Chaque année, depuis 1849, le chiffre des sommes allouées aux sociétaires par l'*Emulation chrétienne*, pour cause de maladie, sans compter celles dépensées pour le service des retraites, a toujours été sensiblement supérieur à celui des cotisations versées par eux.

Si malgré ce déficit considérable la société possède actuellement un actif de 652,744 fr. 83, c'est parce que des membres honoraires, qui ne participent pas à ses avantages, des legs, des bienfaiteurs généreux et des subventions diverses ont déposé dans sa caisse un total de 688,629 fr. 93. (Dans ce chiffre ne figurent pas bien entendu les subventions du gouvernement.)

C'est là le secret de la prospérité de cette Société. Le principe de la solidarité, ou si l'on préfère de la mutualité, même appliqué comme on l'a fait, avec une rare compétence, n'aurait pas permis à l'*Emulation chrétienne* de faire face à ses dépenses annuelles ; ses fondateurs lui ont adjoint l'idée féconde de la Charité chrétienne. Grâce à celle-ci, elle a pu non-seulement donner satisfaction aux nécessités annuelles de ses membres participants, mais encore se constituer un capital très-important. La mutualité seule, nous le répétons, n'aurait pas été capable d'assurer à la Société même l'existence; la Charité chrétienne, en vivifiant le principe de la mutualité, a donné à l'*Emulation chrétienne* sa force d'expansion et assuré son succès qui est aujourd'hui considérable.

N'est-ce pas, en effet cette Société qui a obtenu un diplôme d'honneur à l'Exposition universelle de 1878, une médaille d'or à l'Exposition universelle de 1889 et tant d'autres distinctions dont la liste est trop longue pour qu'il soit possible d'en faire l'énumération ici ?

Société de Saint-Joseph

Cette Œuvre qui, depuis son origine, a subi quelques transformations, a été fondée à Rouen le 17 décembre 1843.

Sur l'invitation du cardinal-archevêque prince de Croy, qui s'intéressait beaucoup à l'amélioration du sort des classes laborieuses, M. l'abbé Just, vicaire général de l'archevêché, réunit, à l'*Aître* Saint-Maclou, un petit groupe d'ouvriers, auxquels il exposa le plan d'une association qui leur permettrait de solidariser leurs intérêts et de s'entr'aider moralement et matériellement dans les différentes circonstances de la vie. Son projet fut acclamé et chacun se sépara en se promettant de recruter des adhérents et de venir plus nombreux à la prochaine réunion.

Au jour fixé, une douzaine d'ouvriers environ se trouvèrent assemblés, et le R. P. de Ravignan, de passage à Rouen, voulut bien se charger, dans une paternelle allocution, de leur expliquer l'esprit de l'Œuvre et d'en définir l'organisation et le but.

Il faut, leur dit-il en substance, que les ouvriers de toutes les paroisses de la ville arrivent à établir entre eux des liens d'étroite solidarité pour résister aux dangers de l'individualisme et pour mieux supporter les amertumes de l'existence. Il faut aussi qu'on leur procure, à eux et à leur famille, des délassements honnêtes et convenables et qu'ils reçoivent l'instruction religieuse et morale, si précieuse et si nécessaire à la fois.

C'est sur ces bases que la Société de Saint-Joseph fut établie. Le règlement portait que les membres se devaient un mutuel appui, et qu'en cas de maladie ils recevraient gratuitement les secours nécessaires et les soins du médecin.

L'Œuvre présentait, au début, comme on le voit, le caractère d'une société de secours mutuels, et nous sommes porté à croire que l'*Emulation chrétienne* est sortie de cette organisation. Mais si l'une a donné naissance à l'autre, ces deux institutions ont toujours fonctionné dans leur cadre distinct. Après la fondation de l'*Emulation chrétienne*, la Société de Saint-Joseph fut transférée dans la Maison des Bonnes-Œuvres, rue Saint-Nicolas. M. Louis Baudry, placé à la tête de son comité, lui imprima, par son activité et sa sollicitude éclairée, une impulsion nouvelle. Il lui adjoignit un Comité de Dames de Charité, chargées de visiter les pauvres à domicile et de leur distribuer des secours.

Jusqu'en 1892, l'Œuvre continua à marcher de progrès en progrès; mais la mort de M. Baudry, survenue à cette époque, en arrêta tout à coup le développement. La disparition de cet homme de bien, qui avait su se rendre en quelque sorte indispensable, devait être une perte irréparable pour la Société, qui ne tarda pas à se disloquer. Le comité administratif se relâcha peu à peu et finit par disparaître; les cotisations des membres ne furent plus versées régulièrement et l'organisation mutualiste fut frappée d'impuissance.

Mais si son terrain d'action s'est trouvé insensiblement ramené à des limites plus étroites, la Société de Saint-Joseph n'en a pas moins persisté à affirmer son existence. Elle compte encore un assez grand nombre de membres, recrutés dans les milieux les plus pauvres, qui se réunissent, chaque dimanche, rue Saint-Nicolas, et assistent régulièrement à la messe célébrée, dans la chapelle des Œuvres, par un vicaire de la cathédrale. Deux fois par mois, tous les sociétaires sont convoqués pour délibérer en commun sur la situation de la Société, qui s'est transformée en Œuvre d'assistance ordinaire.

Les présences sont constatées par la remise à chaque associé d'une carte, qui donne droit à des distributions annuelles de secours en nature, tels que : linge, draps, couvertures, effets d'habillement, etc.

Soixante-dix familles sont ainsi secourues par cette organisation charitable qui, toute modeste qu'elle soit, rend de réels services et est très-appréciée des ouvriers les plus besoigneux.

Société normande des Demoiselles employées dans le Commerce

Quoique de fondation récente, cette Société a atteint déjà un certain degré de prospérité qui fait bien augurer de son avenir.

Encouragée à ses débuts par Mgr Thomas, archevêque de Rouen, et patronnée par Mgr Jourdan de la Passardière, cette institution fut établie dans notre ville, en 1891, par deux employées de commerce, MM^{lles} Mocquerys et Grault ; elle a été approuvée, depuis, par l'Etat, avec tous les avantages communs aux associations similaires et dont le principal est une retraite assurée à ses membres.

L'extrait suivant de ses statuts permet d'en apprécier l'utilité, qui est incontestable, au double point de vue matériel et moral :

Art. 17. — En cas de maladie ou de blessure entraînant incapacité de travail, la société accorde les soins du médecin désigné par elle et les médicaments fournis par son pharmacien. Elle accorde en outre, gratuitement, un lit à la maison de l'Œuvre (Monastère de Saint-Joseph), rue Poisson, 28), et se charge des frais de séjour des malades pendant un mois.

Art. 18. — La société offre, à celles des sociétaires qui sont sans place, un lit gratuit à la maison de l'Œuvre... et, moyennant rétribution, la nourriture.

Art. 20. — Les sociétaires qui, par suite d'infirmités ou d'accidents graves, se trouveront dans l'impossibilité d'exercer leur profession, pourront obtenir un secours déterminé par le bureau de la société et prélevé sur le fonds de réserve. Les secours de cette nature cesseront avec les causes qui les auront motivés.

Voilà pour le côté matériel ; au point de vue purement moral, les statuts ne sont pas moins explicites :

Art. 1ᵉʳ. — La Société de secours mutuels des Demoiselles employées dans le commerce a pour objet de soutenir et d'encourager ses membres dans la pratique du bien, de les aider dans les difficultés de la vie.

Art. 16. — La maison où est établi le siége de la société sera ouverte aux sociétaires les dimanches et les fêtes. Des jeux et des délassements honnêtes y sont procurés, et, moyennant rétribution, les sociétaires peuvent y prendre leurs repas ces jours-là; on leur y assure, en un mot, tous les avantages de la vie de famille.

Ajoutons que la Société se compose de membres honoraires, fondateurs et participants. Sont membres honoraires toutes les personnes qui s'intéressent à l'Œuvre, consentent à verser annuellement une souscription dont le minimum est fixé à 20 fr. Celles d'entre elles qui souscrivent pour une somme de 50 fr. prennent le titre de membres fondateurs. Les sociétaires proprement dites, qui doivent toutes justifier de leur profession de demoiselles employées dans le commerce, outre l'engagement de se conformer aux statuts, sont astreintes au versement d'une cotisation annuelle de 15 fr., dont 5 fr. sont destinés à alimenter la caisse de retraite.

Comprenant le bien qui peut résulter pour eux et pour leurs employées d'une institution aussi intéressante, plusieurs patrons, dont la plupart n'ont pas hésité à s'inscrire comme membres honoraires, se montrèrent, dès le premier jour, favorables à l'entreprise des deux zélées fondatrices et n'ont cessé de lui témoigner leur attachement et leur appui le plus désintéressé. C'est grâce à eux que l'Œuvre a pu traverser la période critique des deux premières années de son existence et entrer résolument, la troisième année, dans un mouvement de croissance qui va en s'accentuant de jour en jour. Elle compte, à l'heure présente, quarante membres participants environ et une quinzaine de membres honoraires.

Le siège de la Société se trouve au n° 22 de la rue Poisson. Les sociétaires ont la libre disposition d'une vaste maison où elles trouvent, auprès des Filles de Saint-Philippe, l'accueil le plus maternel et la charité la plus empressée. L'installation comporte une grande salle de réunion, une bibliothèque, une salle de lecture et d'écriture, des jeux variés, un piano, de vastes jardins; en un mot tout y est réuni pour délasser le corps, cultiver l'esprit et dilater le cœur. Les demoiselles de magasin sont toujours sûres de rencontrer là une joyeuse société de compagnes qui joignent à une bonne éducation les charmes d'une franche camaraderie.

Mais ces avantages, si appréciables qu'ils soient, ne sont pas les seuls que procure l'Œuvre à ses adhérentes. Les sociétaires malades sont assurées, si elles désirent être soignées à domicile, des visites du médecin et des remèdes que peut réclamer leur état ; aux autres, la maison offre un asile tranquille où leur sont prodigués des soins tendres et dévoués. Quant aux sociétaires momentanément sans place, elles sont recueillies par la Société, qui les loge et les nourrit moyennant une faible rétribution.

Pour faire face aux dépenses occasionnées par ces divers services, il est bien évident que les cotisations des membres ne sauraient suffire. Aussi l'Œuvre reçoit-elle une modeste allocation de la ville ; pour le surplus des ressources nécessaires, elle compte sur la générosité de ses bienfaiteurs. Quoi qu'il en soit, jusqu'ici, son budget s'est maintenu dans de bonnes conditions, les recettes dépassent de quelques centaines de francs, chaque année, les dépenses. Avec le temps, les membres honoraires et les membres participants se feront plus nombreux, et il deviendra possible alors de constituer un fonds de réserve pour la formation de la caisse de retraite prévue par les statuts et, peut-être même, une caisse de prévoyance.

La Société normande des demoiselles employées dans le commerce fonde particulièrement de grandes espérances sur la faveur et l'appui des commerçants rouennais, dont c'est l'intérêt, autant peut-être que celui de leurs employées, de soutenir une œuvre à la fois si bienfaisante et si moralisatrice.

N'est-ce pas une sécurité pour eux qui ont

charge de veiller sur les jeunes filles qu'ils emploient et dont ils ont, vis-à-vis des familles qui les leur confient, la responsabilité au moins morale? Cette société constitue aussi, pour les commerçants, une commodité, car cette assurance que leurs employées ont un asile agréable et sûr qui les attend, les jours de fêtes, leur laissent une liberté plus grande pour vaquer aux joies de la famille ou de l'amitié. De plus, le repos physique et moral que l'employée goûte à la Maison de l'Œuvre la dispose à un travail assidu, comme la perspective de ce repos, après son labeur de la semaine, la soutient jusqu'au bout au milieu de ses fatigues.

N'est-ce pas aussi une grande tranquillité, en même temps qu'une consolation pour les patrons, que de savoir qu'en cas de maladie leurs employées ne manqueront de rien et seront soignées comme au sein de leur famille ?

Société immobilière des Petits Logements

Nous ne voulons pas terminer ce chapitre consacré aux œuvres d'assistance et de prévoyance sans parler d'une entreprise qui peut se réclamer à la fois de l'inspiration charitable et philanthropique : celle des *Petits Logements*. On sait quelle importance les questions ouvrières ont prise à notre époque dans les préoccupations publiques. Mais, malheureusement, ceux qui se disent les meilleurs amis des ouvriers, ceux qui leur font les plus belles promesses et flattent leurs appétits, ne sont pas toujours ceux qui leur veulent le plus de bien et s'efforcent le plus d'améliorer leur sort.

Parmi les mesures susceptibles de mieux préparer le rapprochement des classes sociales dans les villes, nous croyons que celle qui consiste à procurer aux familles ouvrières des logements sains, convenables et à bon marché, doit figurer au premier rang. Rien peut-être n'excite, dans un honnête ménage de travailleurs, un aussi profond mécontentement et n'attise autant son envie et sa haine contre les heureux de ce monde que de se voir contraint d'habiter dans des quartiers insalubres et dans des bouges souvent infects.

De généreux capitalistes, dans un grand nombre de cités, l'ont bien compris et se sont cotisés pour créer des habitations sainement et confortablement construites, qui sont louées à des prix modérés aux ouvriers et aux employés.

En 1885, un groupe de bienfaiteurs rouennais résolut de réaliser, dans notre ville, une création pareille. Elle fut présentée au public comme émanant « d'hommes se consacrant à l'étude des questions sociales, ou qui, dans les œuvres de charité chrétienne et de philanthropie, unissent leurs efforts pour chercher à adoucir les souffrances d'une portion de leurs concitoyens si digne de sollicitude. »

Vers la fin de l'année de 1885, une société fut constituée. Elle acheta aussitôt un vaste terrain appartenant à la ville et sur lequel elle fit édifier, sur des plans habilement combinés, se rapprochant beaucoup des constructions ouvrières existant en Angleterre, le beau groupe de maisons de la rue Alsace-Lorraine. Un large escalier facilite l'accès des étages, et chaque logement a ses dépendances distinctes. La distribution des pièces est commode et bien comprise. Tout y respire la gaieté et le bien-être. Les locataires, qui plus est, ont la jouissance de l'eau à tous les étages.

Le prix de la location a été calculé de façon à ne pas dépasser le taux ordinaire des loyers demandé pour les maisons insalubres, où s'entassent trop souvent la misère et le vice.

Pour bien caractériser leurs intentions charitables et philanthropiques, les membres de la Société Immobilière ont voulu, dès le début, délimiter, dans les proportions les plus modestes, le revenu de leurs capitaux employés dans cette entreprise qui produit, chaque jour, des résultats féconds et heureux.

Le groupe Alsace-Lorraine, qui est habité depuis 1887, renferme une population de 250 personnes. Un règlement bien conçu et soigneusement appliqué y fait régner les convenances, la bonne harmonie et la vie paisible.

C'est là, en un mot, une excellente expérimentation qu'on devrait s'efforcer de généraliser. Jusqu'ici, malheureusement, elle n'a pu se développer et rendre tous les services désirables. Il n'est pas douteux, cependant, que, si elle se poursuivait sur une large échelle, surtout dans nos centres industriels et partout où il existe des agglomérations ouvrières, les conditions matérielles morales et hygiéniques des classes laborieuses ne tarderaient pas à se transformer favorablement. Le problème social, nous n'hésitons pas à l'affirmer, se trouverait même en grande partie résolu.

CHAPITRE IX

BIBLIOTHÈQUES — CERCLES — PATRONAGES

Association de Notre-Dame-des-Bons-Livres. — Bibliothèque de Saint-Vincent-de-Paul. — Patronage de Jeanne-d'Arc. — Cercle Saint-Victrice. — Cercles catholiques d'Ouvriers. — Société de Saint-Fiacre. — Union catholique. — Association des Ouvrières et des Domestiques. — Cercle paroissial militaire. — Conférences populaires.

Association de Notre-Dame-des-Bons-Livres

L'Association de Notre-Dame-des-Bons-Livres a pour but de propager les bonnes lectures et d'empêcher, autant que possible, les mauvaises. Pour atteindre plus sûrement ce but, elle repose essentiellement sur la *gratuité* du prêt, qui met ses livres à la portée de toutes les classes de lecteurs. Mais cette gratuité, qui est sa force et son honneur, suppose la *bienfaisance* de ses associés, sans laquelle évidemment elle ne pourrait subsister.

L'Œuvre a été fondée le 8 décembre 1861, sous les auspices de la Vierge immaculée, par les soins du P. Michel, S. J., de vénérée mémoire, avec l'assistance de quelques dames dévouées, dont nous tairons les noms, parce que plusieurs d'entre elles sont encore vivantes. Elle reçut, dès ses débuts, l'*approbation* de l'autorité archiépiscopale, et au bout de peu de temps, le 9 juillet 1865, elle fut *affiliée*, pour le spirituel, à l'Association de même nom érigée canoniquement à Nantes, en vertu des pouvoirs conférés à cette dernière par un rescrit du Souverain Pontife Pie IX, en date du 22 novembre 1852. Cette affiliation donne droit à toutes les personnes qui font ou feront partie de l'Association de Rouen : 1° aux indulgences accordées par le rescrit de Pie IX ; 2° à la participation des mérites spirituels de l'Association de Nantes.

L'Association de Notre-Dame-des-Bons-Livres commença d'abord par quelques dépôts partiels de livres confiés à trois ou quatre personnes qui se dévouaient à les prêter. Puis bientôt fut fondée, rue Beauvoisine, une bibliothèque régulière, transportée plus tard, rue Thiers, et enfin à son siège actuel, rue Neuve-Saint-Patrice. Cette bibliothèque est restée le centre de l'Œuvre, sous le nom de Bibliothèque Sainte-Marie. Depuis lors, sept autres bibliothèques annexées ont été successivement fondées sur divers points de la ville et à Darnétal. Enfin, dans le cours de l'année 1879, une branche secondaire est venue compléter l'œuvre par la création de bibliothèques circulantes, de cent volumes chacune, envoyées dans les diverses paroisses du diocèse qui en font la demande. Ce stock de volumes est renouvelé périodiquement, chaque année.

Ainsi l'Œuvre comprend *deux branches* distinctes, mais unies et se soutenant mutuellement : les bibliothèques fixes de ville, qui restent la partie principale, et les bibliothèques circulantes des campagnes, bien utiles en leur genre.

Quelques détails sur les unes et les autres ne seront pas sans intérêt :

I. — *Bibliothèques de ville*

Les bibliothèques fixes de ville, au nombre de huit, comme nous venons de le dire, comprennent :

1° La bibliothèque Sainte-Marie, première souche de l'Œuvre, établie d'abord rue Beauvoisine, puis transférée rue de l'Hôtel-de-Ville (aujourd'hui rue Thiers), et enfin rue Neuve-Saint-Patrice, 3, avec un dépôt central ;

2° La bibliothèque Saint-Sever, fondée en 1864, et établie depuis longtemps rue de la Pie-aux-Anglais, 12 ;

3° La bibliothèque Saint-Pierre, à Darnétal, fondée en 1870, et annexée deux ans après à l'Œuvre de Rouen ;

4° La bibliothèque Saint-Vivien, ouverte le 16 mai 1875, rue Eau-de-Robec, 40 ;

5° La bibliothèque Saint-Nicaise, fondée à un an d'intervalle, vers la fin de 1876, et qui, après avoir occupé plusieurs locaux, est fixée aujourd'hui rue Saint-Nicaise, 22 ;

6° La bibliothèque Saint-Maclou, qui date de février 1878, rue Damiette, 27 ;

7° La bibliothèque Saint-Paul, ouverte le 5 décembre 1880, place Saint-Paul, 67 ;

8° Enfin, la bibliothèque du Sacré-Cœur, établie en 1889.

Ces bibliothèques *se composent* de 20,000 à 21,000 volumes ainsi répartis : Sainte-Marie, 7,000 environ ; Saint-Sever, 3,000 ; Saint-Pierre (Darnétal), 3,000 ; Saint-Vivien, 2,000 ; Saint-Nicaise, 2,000 ; Saint-Maclou, 2,000 ; Saint-Paul, 1,000 ; Sacré-Cœur, 1,000.

Elles sont *assurées* par la compagnie « La Normandie » contre l'incendie (volumes, mobilier et risques locatifs) pour un total de 64,700 fr., dont la contribution annuelle de mutualité monte à 28 ou 29 fr.

Tous les livres sont inscrits à leur entrée sur un registre central et sur le registre particulier de chaque bibliothèque. Ils sont en outre *catalogués* sur *27,000 fiches* mobiles, réparties en trois catalogues parallèles : alphabétique par ordre d'auteurs, alphabétique par ordre de matières, et méthodique. L'expérience a démontré la nécessité de ce triple catalogue, du dernier surtout, pour la gérance compliquée de l'œuvre. Et les lecteurs en recueillent ensuite tout le bénéfice : les titres des ouvrages, résumés par petites séries partielles sur *un millier de cartons* environ mis à leur disposition, les mettent à même de connaître les richesses, souvent ignorées, que recèlent les bibliothèques. Demandant des livres, non au hasard, mais par un choix libre et complètement renseignés, ils peuvent exploiter l'œuvre à leur aise et *en tirer tout ce qu'elle peut valoir* : avantage toujours si rare pour les choses, comme pour les hommes.

Les bibliothèques sont *ouvertes* le dimanche et le jeudi, de une heure à trois heures ; celle de Saint-Paul, le dimanche seulement.

Elles sont *desservies* par le dévouement d'une trentaine de dames, une bibliothécaire en titre et plusieurs auxiliaires pour chaque bibliothèque.

Les livres sont *distribués gratuitement* à tous les lecteurs qui se présentent, et inscrits, à mesure, sur un registre d'ordre. Chaque lecteur ne peut prendre que trois volumes au plus, à la fois, et ne peut les garder au delà de deux mois (quinze jours pour les livres nouveaux). Passé ce délai, ils sont réclamés par lettre ou par commissionnaire, avec une amende de cinq centimes par volume.

Sous la conduite d'un directeur, qui a surtout la responsabilité morale des ouvrages prêtés et de la marche de l'ensemble, l'œuvre est officiellement *administrée* par un conseil de dames, composé de cinq dignitaires, savoir : une présidente, une vice-présidente, une trésorière, une vice-trésorière et une secrétaire ; et de vingt conseillères, dont dix-huit pour Rouen et deux pour Darnétal. Les bibliothécaires en titre ont aussi entrée et voix au conseil. C'est le conseil qui s'efforce de procurer les ressources, et qui vote les dépenses.

L'œuvre n'a d'autres éléments de *recettes* que la quête de son assemblée générale annuelle, et principalement les souscriptions bénévoles de ses bienfaiteurs. Quelques dons généreux sont venus à de rares intervalles l'aider dans sa pénurie.

D'autre part, les *dépenses* qui la grèvent invariablement : pour les frais de location (1,220 fr.), de chauffage (200 fr.), et de service matériel des bibliothèques (200 fr.) ; puis, pour les besoins incessants de la reliure des livres, si promptement usés par les lecteurs (plus de 800 fr. par an), *épuisent* en grande partie ses ressources. C'est à peine s'il reste à l'œuvre, chaque année, quelques centaines de francs à répartir entre les huit bibliothèques afin de leur assurer le chiffre d'acquisitions nouvelles, susceptibles d'attirer et de retenir les lecteurs ; cette pénurie souvent paralyse l'association des Bons-Livres dans le bien qu'elle pourrait faire plus largement. Voilà pourquoi ceux qui la dirigent ne cessent chaque année de recourir avec instance à la charité de ses bienfaiteurs, et s'efforcent d'en recruter de nouveaux pour combler les vides que le temps creuse si vite dans leurs rangs. — *Amener de nouveaux souscripteurs* est le plus grand bienfait que l'on puisse apporter à l'œuvre ; *faute de secours, elle périrait*.

Quant à son *utilité*, trop oubliée ou contestée par quelques esprits inattentifs, elle a été souvent proclamée avec force, dans ses comptes-rendus annuels ; nous lisons notamment, dans celui de l'année 1886 :

En effet, bien qu'elle ne soit pas une de ces œuvres, de prime-abord vivement sympathiques, qui vont droit à la douleur, à l'indigence ou à la faiblesse pour les secourir, œuvres que, grâce à Dieu, la charité catholique entretient en si grand nombre, l'Œuvre des Bons-Livres, quoique lente et cachée dans son action, n'en est pas moins décisive dans ses résultats sociaux. Qui ne sait que, plus nous allons, plus la *presse*, sous toutes les formes, agit sur la société, sur ses doctrines, ses mœurs, son avenir, d'une manière plus puissante qu'aucune autre force humaine ? Son influence, à la longue, est prépondérante : elle fait ou défait les individus, les familles, les peuples. Le méconnaître serait fermer les yeux à la vraie notion des temps modernes.

De quelle importance n'est donc pas tout ce qui peut promouvoir le bien et empêcher le mal, en fait de presse ? Et quelle œuvre le fait plus directement et plus largement que celle des Bons-Livres ?

Il faut bien y penser : au sortir de nos écoles, de nos catéchismes, de ces foyers de charité où l'Eglise et ses enfants déploient un zèle qui doit, nous le reconnaissons, primer tout le reste, le jeune homme, la jeune fille, l'enfant sont saisis par cette fièvre universelle de la lecture que nous ne créons pas, mais que nous constatons. Suivant la pâture saine ou mauvaise qui leur sera servie, ces natures malléables alimenteront en elles-mêmes le bien déjà fait, ou le paralyseront et le perdront complètement pour passer au mal, d'une manière peut-être irréparable. Et non-seulement il en est ainsi de la jeunesse, mais plus d'un homme fait, plus d'une personne déjà, ce semble, formée au bien, suivant que ses lectures sont bonnes ou mauvaises, se maintient dans le bien, y revient au besoin, ou se laisse entraîner à la perversité. — Ce ne sont pas là des mots : c'est de l'histoire, et des faits innombrables, particuliers et publics sont là pour l'attester.

Pour bien apprécier les résultats de l'Association de Notre-Dame-des-Bons-Livres et les fruits de son apostolat, on ne saurait trouver de meilleure indication que celle qui nous est fournie par le nombre de ses lecteurs.

Le chiffre annuel des livres prêtés varie entre 40,000 et 50,000. Mais ce chiffre, si éloquent qu'il soit, paraîtra encore plus élevé si l'on considère que les volumes qui sortent de la bibliothèque sont souvent lus par plusieurs personnes dans la même maison. De l'avis unanime des bibliothécaires, pour avoir le vrai chiffre, il faut le doubler. En second lieu, il y a lieu de tenir compte de l'introduction, depuis plusieurs années, d'un nombre considérable de ces *grands volumes illustrés*, tant aimés des lecteurs (revues hebdomadaires, grandes publications illustrées des auteurs en vogue), qui sont répartis aujourd'hui au nombre de 1,500 entre les diverses bibiliothèques de l'œuvre et qui captivent par dessus tout les lecteurs. Ces derniers ouvrages, étant beaucoup plus volumineux, sont gardés plus longtemps, ce qui diminue notablement le chiffre des renouvellements.

Mais l'œuvre sacrifie volontiers l'étalage d'un chiffre d'inscriptions plus nombreuses, pourvu que son vrai but soit atteint : préserver le plus possible de la mauvaise presse par l'appât et l'abondance d'attrayantes et saines lectures.

C'est donc, comme on le voit, *moins dans le chiffre des volumes prêtés,* qu'il faut chercher le résultat de l'Association de Notre-Dame-des-Bons-Livres, *que dans le nombre réel des lecteurs.* Or, ce nombre, d'après des calculs précis, est d'environ *quatre mille,* pour Rouen seulement.

II. — *Bibliothèques circulantes*

La seconde branche de l'Œuvre comprend les bibliothèques circulantes, qui vont dans les centres importants des campagnes, poursuivre, sous une autre forme, un but identique à celui des bibliothèques de ville.

Nous disons : *sous une autre forme.* Un certain nombre de bibliothèques, composées chacune de 100 volumes, se succèdent d'année en année dans un cercle de localités diverses, fournissant *annuellement cent ouvrages nouveaux* à l'avidité des lecteurs, car toutes ces bibliothèques comprennent des ouvrages différents, dont l'ensemble forme aujourd'hui un total de 1,200 à 1,500. L'Œuvre peut ainsi, par un mouvement de circulation, pourvoir autant de paroisses qu'elle possède de centaines d'ouvrages, et cela pendant tout une suite d'années.

Chacune des bibliothèques circulantes est *composée* de 10 volumes de religion, 20 d'histoire et de voyages, 10 de vies de saints, 10 de biographies profanes, 45 de littérature populaire et 5 de sciences; avec un double catalogue, l'un demeurant aux archives et l'autre accompagnant la bibliothèque dans sa circulation. Au bout d'un an, une caisse de 100 nouveaux ouvrages est expédiée pour remplacer les anciens.

Les bibliotèques sont *placées*, dans chaque localité, à la demande ou avec l'agrément, et toujours *sous la surveillance de MM. les curés*, entre les mains d'une personne qui se charge de la distribution gratuite des livres, aux jours et heures à sa convenance. Elle doit inscrire les livres prêtés, avec les noms des lecteurs, et n'en donner à chacun que deux au plus, à la fois, et pour la durée d'un mois.

Chaque bibliothèque *coûte* à l'œuvre de 250 à 300 fr., plus le prix du meuble spécial qui la contient. Leur entretien annuel revient à 25 ou 30 fr., pour la reliure ou le remplacement des livres détériorés ou perdus. L'Œuvre est donc forcée de réclamer, à chaque renouvellement de livres, une annuité de 25 fr., qui représente à la campagne les souscriptions bénévoles de la ville. Chaque branche a ainsi sa comptabilité distincte.

12 Bibliothèques circulantes sont actuellement en activité dans les localités suivantes :

<small>Caudebec-en-Caux, Saint-Aubin-Epinay, Mont-Saint-Aignan, Saint-Saëns, Auffay, Buchy, Pavilly, Forges-les-Eaux, Vieux-Rouen, Limésy, Allouville-Bellefosse, Romilly-sur-Andelle (diocèse d'Evreux).</small>

Plusieurs autres, dans le passé, ont servi de souche à la fondation de florissantes bibliothèques paroissiales, par exemple à Bonsecours, Sotteville et Déville.

Quant au mouvement annuel du prêt de ces bibliothèques jetées au loin, les éléments précis manquent pour donner des chiffres certains. Néanmoins des informations diverses permettent d'affirmer que ce mouvement s'élève à un total de 4,000 à 5,000 volumes prêtés annuellement à un nombre de 600 à 700 lecteurs. C'est le complément consolant des résultats de l'œuvre de ville.

Nous croyons bon, en terminant, de citer quelques-uns des témoignages d'encouragement qu'a reçus l'Œuvre des Bons-Livres, ceux qu'elle pouvait le plus ambitionner ; nous voulons dire ceux qui lui sont venus de l'autorité diocésaine.

Le cardinal de Bonnechose écrivait de sa main au directeur, le 1er janvier 1869 :

> Mon Révérend Père, j'ai reçu la lettre par laquelle vous me rendez compte de la situation de l'Œuvre de Notre-Dame-des-Bons-Livres. Je suis heureux de voir ses progrès toujours croissants, et, pour en faciliter de nouveaux, je vous envoie ci-joint 200 fr. destinés à acheter de bons livres à mettre en circulation.
>
> Je prie Dieu de vous bénir, et je vous renouvelle l'expression de mes sentiments bien affectueux en N.-S.-J.-C.

Le même prélat, quelques années plus tard, voulait bien, de son propre mouvement, renouveler la même aumône entre les mains du directeur actuel.

En 1884, M. Margueritte, vicaire général, demandait sur l'Œuvre, par lettre officielle, un rapport détaillé en vue de mettre bien au courant de son organisation le nouvel archevêque, Mgr Thomas ; et l'on sait avec quelle bienveillance ce prélat venait presque chaque année présider en personne les assemblées générales de l'Association.

Enfin, S. G. Mgr Sourrieu daignait, en décembre dernier, accorder la même marque de protection à l'Œuvre, qu'il voulait bien appeler, dans sa lettre au directeur, une « Œuvre de première importance. »

Nous n'avons rien à ajouter à ces titres d'une

œuvre, modeste en elle-même, mais qui a certainement sa grande utilité moralisatrice.

Bibliothèque de Saint-Vincent-de-Paul

Cette bibliothèque a été fondée le 12 novembre 1856, par les jeunes gens de la Confrérie de Saint-Vincent-de-Paul.

Elle comprend environ 4,000 volumes, choisis parmi les meilleurs ouvrages de littérature, d'histoire, de sciences, etc. D'une moralité irréprochable, ils peuvent être mis dans toutes les mains et lus avec fruit en famille.

La bibliothèque de Saint-Vincent-de-Paul est située au n° 24 de la rue Saint-Nicolas et est administrée par un comité qui se réunit trois fois par an pour consulter ses ressources et faire l'acquisition de nouveaux ouvrages.

Moyennant un abonnement de 5 fr. par an — réduit à 2 fr. pour MM. les ecclésiastiques et les membres de la Société de Saint-Vincent-de-Paul — toute personne a le droit d'emporter à son domicile n'importe quel volume figurant au catalogue ; le règlement prévoit, cependant, qu'on ne peut prendre plus d'un ouvrage à la fois, ni le garder plus d'un mois.

Des catalogues imprimés sont mis à la disposition des abonnés ; le prix de chaque exemplaire est fixé à 0 fr. 50.

La bibliothèque est ouverte, tous les jours de la semaine, de deux à quatre heures de l'après-midi, excepté le samedi, les dimanches et fêtes.

Le Patronage de Jeanne-d'Arc

En 1889, M. l'abbé du Vauroux, ayant remarqué qu'un grand nombre d'enfants, parmi ceux surtout qui fréquentent les écoles laïques, se trouvaient abandonnés à eux-mêmes, les jours de congés scolaires, prit la résolution de les arracher au désœuvrement et de les soustraire aux dangers de la rue, non moins à craindre peut-être à sept et huit ans qu'à l'âge de seize et dix-huit.

Dans ce but, après s'être assuré le concours d'une généreuse chrétienne, Mme Decoprez, de vénérée mémoire, il loua une salle, à proximité de la Cathédrale, et fit proposer aux parents de la paroisse de Notre-Dame, qui ne pouvaient s'occuper de la surveillance de leurs enfants, dans les après-midi du jeudi et du dimanche, de les confier à sa sollicitude.

Au bout de peu temps, le local, assez modeste, se trouva trop exigu pour contenir le nombre des enfants qui répondirent à l'appel de M. l'abbé du Vauroux. Les petites filles formaient le plus gros contingent; quelques-unes venaient même des autres paroisses.

Mme Decoprez prit la direction du jeune troupeau et apporta, dans sa mission, les grandes qualités qui la distinguaient : une piété profonde, un zèle ardent, une douceur et un dévouement exemplaires.

L'Œuvre, ainsi fondée, prit le nom de *Patronage de Jeanne-d'Arc*, et son succès allait en s'affirmant de plus en plus chaque jour, lorsque tout à coup la mort vint frapper celle qui en était l'âme, Mme Decoprez. Ce deuil cruel pour le Patronage jeta momentanément un certain trouble dans sa marche; mais il ne devait pas entraîner sa ruine. Quelques mois plus tard, en effet, il était transféré au monastère de Saint-Joseph, rue Poisson, n° 28, et là, sous la direction des religieuses oratoriennes, il reprenait son libre développement.

Aujourd'hui, le Patronage de Jeanne-d'Arc compte une centaine d'enfants qui, le dimanche et le jeudi, viennent régulièrement s'abriter sous son aile tutélaire. Ces enfants ont pour se distraire des jeux divers, des terrains spacieux, et, en cas de mauvais temps, des salles confortables et bien aérées. Leurs occupations se bornent à une instruction religieuse, et, le jeudi, à de petits travaux de couture dont on leur laisse le profit. Dans la soirée du dimanche, elles sont tenues à assister au Salut, à moins toutefois qu'il n'y ait obligation pour elles de se rendre dans leur paroisse respective.

L'efficacité du Patronage consiste à garder ses protégées le plus longtemps possible, surtout lorsqu'il s'agit des jeunes filles qui ne fréquentent pas les écoles congréganistes et qui paraissent le plus abandonnées. On les préserve ainsi des spectacles du dehors et des fréquentations dangereuses, en même temps qu'on s'efforce de leur donner ces premières impressions religieuses — si nécessaires et souvent les plus durables — que la plupart d'entre elles ne recueilleraient peut-être jamais au sein de leur famille. Les pasteurs des paroisses, quand ils ont ensuite à remplir leur ministère près de ces enfants, rencontrent déjà quelque idée chrétienne qui rend leur tâche plus aisée et plus profitable.

Au Patronage est annexé un internat destiné aux patronnées qui, soit par leur bonne conduite, soit par leur situation malheureuse, sont dignes d'un intérêt spécial. L'Œuvre les prend à sa charge et les garde quelquefois jusqu'à leur majorité, mais le plus souvent pendant deux, trois ou quatre ans, c'est-à-dire jusqu'à ce que ces pauvres filles soient en état de pouvoir gagner leur vie. Pendant leur séjour dans l'établissement, elles sont exercées à toutes sortes de travaux manuels, tels que blanchissage et repassage de linge, couture, confection, etc.; en un mot, les religieuses qui en ont la direction ne négligent rien pour les rendre capables de remplir un bon emploi à leur sortie de la maison.

L'internat dont il s'agit ne constitue ni un orphelinat ni un refuge; il occupe entre ces deux institutions charitables une place qui restait à prendre. A côté des enfants qui n'ont plus de parents et de celles qui, s'étant écartées du droit chemin, il importe de ramener au devoir, combien en existe-t-il d'autres qu'il n'est pas moins utile de recueillir, afin de les soustraire à l'atmosphère de contagion dans laquelle elles vivent, et de les soumettre à de bonnes influences !

A notre époque, quelle somme de dangers, par exemple, que la promiscuité dans certains intérieurs misérables ! N'est-ce pas un bienfait social de premier ordre que d'enlever, par ci par là, de ce milieu pernicieux, quelques-unes de ces pauvres créatures prêtes pour toutes les maladies, comme pour tous les vices ?

C'est là le but poursuivi par l'internat du Patronage de Jeanne-d'Arc. Loin de nuire à son apostolat externe, cette adjonction le rend, au contraire, plus efficace et complète une œuvre de bienfaisance sociale qui a droit aux sympathies et aux encouragements de tous les honnêtes gens.

Le Patronage de Saint-Victrice

Le plus grand danger auquel sont exposés les adolescents, après avoir quitté les bancs de l'école, est l'isolement. Aussi, dans l'intérêt de la famille, de la société et de la religion, la fondation d'œuvres pour la jeunesse est-elle d'une nécessité de premier ordre.

« Les œuvres établies pour la persévérance des jeunes gens, à leur sortie des écoles catholiques, a dit Léon XIII, semblent être le plus puissant moyen pour les empêcher de s'affilier aux sectes maçonniques. Ce n'est pas pendant que les élèves fréquentent les classes qu'ils s'enrôlent dans ces associations diaboliques, cause de tout le mal que nous voyons autour de nous, mais c'est après les avoir quittées. Il est donc excessivement important de leur procurer un milieu où ils puissent se conserver. »

Il est bien certain que l'enfant ou le jeune homme, dont les études sont terminées, est livré, en entrant dans le monde, à un isolement pernicieux. Un changement total se produit dans son existence ; le milieu qu'il vient de quitter, à l'âge surtout où l'on est plein d'illusions, ne ressemble en rien, en effet, au milieu où il est appelé à vivre désormais.

Sur les bancs de l'école, il était entouré de bons

conseils, d'exemples fortifiants ; le voilà tout à coup transporté dans une atmosphère où le vice, l'impiété et le scandale le provoqueront chaque jour au mal et battront en brèche son innocence et ses principes religieux. Combien il lui sera difficile, dans ces conditions, de persévérer dans ses bons sentiments et de rester chrétien.

« En France, disait un jour Pie IX, à un prélat français, vous préparez très-bien les enfants à la première communion, mais après cela vous les abandonnez trop vite. On ne fait pas assez pour leur persévérance. » Cette parole contient, hélas! une grande vérité et explique bien des défections.

Il serait donc à désirer que les œuvres de patronage pour la jeunesse fussent plus répandues et que, dans chaque paroisse, il y eût une organisation, sous la direction spirituelle du prêtre, susceptible d'offrir aux jeunes gens des distractions honnêtes et de les maintenir dans la bonne voie par la pratique de leurs devoirs religieux.

« Amusons les jeunes gens, de peur que les jeunes gens ne s'amusent, » a dit, avec beaucoup de raison, le comte de Maistre. Il faut rendre cette justice à notre clergé rouennais qu'il n'est pas resté inactif et que, dans la plupart des paroisses, il existe des sociétés de patronage et de persévérance qui fonctionnent dans d'excellentes conditions.

Au premier rang de ces institutions qui sont la meilleure sauvegarde contre les entraînements de la jeunesse, nous devons signaler la *Société de Saint-Victrice*, fondée en 1870 pour M. l'abbé Fleury, vicaire alors de Saint-Gervais et aujourd'hui curé de Notre-Dame-des-Anges.

Cette œuvre répond par son organisation à tous les besoins en vue desquels elle a été établie. Partant de ce principe qu'il faut fréquenter des chrétiens pour rester chrétien, elle met en contact les jeunes gens de la paroisse Saint-Gervais par des jeux, des délassements honnêtes, et assure leur persévérance dans la foi par des exercices pieux et l'instruction religieuse.

Ce n'est pas indifféremment que son fondateur l'a placée sous le patronage de saint Victrice. Archevêque de Rouen, vers le IVe siècle, saint Victrice avait fait bâtir au-dessus de la crypte Saint-Gervais, sur l'emplacement même de l'église actuelle, une basilique pour déposer les reliques des saints martyrs Gervais et Protais, reliques qui lui furent envoyées par saint Ambroise, évêque de Milan. Cette basilique prit plus tard, à cause de ce précieux dépôt, le nom des deux martyrs, deux enfants jumeaux morts pour la foi, à Ravennes. Quelques érudits attribuent aussi à saint Victrice la construction de la vaste crypte qui fait encore aujourd'hui l'admiration des visiteurs. Certains indices semblent établir que ladite crypte est plutôt l'œuvre de saint Mellon, le premier évêque de Rouen. Il l'aurait fait construire, vers 287, pour soustraire les premiers chrétiens à la persécution. Cette supposition est d'autant plus plausible que la crypte de Saint-Gervais renferme plusieurs souterrains ; or, au temps de saint Victrice, les persécutions avaient cessé et si, comme le prétendent certains antiquaires, il l'eût fondée uniquement pour y placer des reliques, on se demande pourquoi il aurait fait pratiquer des souterrains qui n'avaient plus leur raison d'être.

Quoi qu'il en soit, la Société de Saint-Victrice ne pouvait choisir un meilleur patron pour éclairer sa marche et persévérer dans le bien. Mais nous avons hâte de faire connaître sa composition et son fonctionnement. Elle compte trois catégories de membres : aspirants, sociétaires et honoraires. Les jeunes gens de douze à quatorze ans sont compris dans la catégorie des aspirants ; au-dessus de cet âge ils deviennent membres sociétaires. La troisième catégorie se compose de membres mariés qui prennent le titre de membres honoraires.

La Société est dirigée par un vicaire de la paroisse, secondé dans sa tâche par un conseil d'administration, formé d'un président, d'un vice-président, de deux conseillers et d'un secrétaire du conseil. Deux maîtres de jeux et un bibliothécaire complètent le cadre des dignitaires.

Les réunions ont lieu, chaque dimanche, avant et après les vêpres, c'est-à-dire à une heure et demie, à quatre heures et à sept heures et demie du soir. Une réunion est également tenue très-régulièrement dans la soirée du jeudi. Tous les dimanches, à deux heures un quart (excepté pendant les vacances), une conférence est faite aux sociétaires par M. l'abbé Pons, actuellement directeur de l'œuvre. L'assistance aux offices est sérieusement contrôlée ; la plupart des membres sont admis dans le chœur et remplissent diverses fonctions aux cérémonies de la paroisse. Le premier vendredi du mois, il y a instruction suivie du salut du Saint-Sacrement et, tous les ans, le dimanche du Sacré-Cœur, a lieu la communion générale des membres de la Société, qui renouvellent, ce jour-là, leur acte de consécration.

Le local affecté aux réunions est suffisamment spacieux, très salubre et renferme, pour les exercices de l'esprit, une bibliothèque instructive, amusante et, pour les exercices physiques, un grand nombre de jeux qui constituent pour tous un joyeux et fortifiant passe-temps, sous la direction de deux maîtres expérimentés. De temps en temps, on organise aussi des séances récréatives toujours fort goûtées par les invités. Ajoutons qu'à Noël et à Pâques, il est procédé à des distributions de récompenses proportionnées au mérite de chacun.

La Société de Saint-Victrice comprend ordinairement de soixante-dix à quatre-vingts membres. C'est ainsi que la jeunesse de la paroisse de Saint-Gervais forme une grande famille chrétienne, dont les membres, solidaires entre eux, sont étroitement unis pour se fortifier dans le bien et se soutenir dans l'accomplissement du devoir.

Œuvre des Cercles catholiques d'Ouvriers

Au lendemain des événements de 1870-1871, deux gentilshommes français qui, en qualité d'officiers, avaient pris part aux efforts héroïques de la patrie, luttant à la fois contre l'ennemi du dehors et l'ennemi du dedans, conçurent la noble pensée de se jeter délibérément entre les partis qui déchiraient le cœur de la France et de rétablir, la croix à la main, l'ordre social. Comme beaucoup d'esprits observateurs, ils avaient été frappés, pendant la guerre, de la solidarité, appuyée sur le sentiment religieux, qui régnait dans les rangs de nos vainqueurs. Cette constatation les amena à conclure que la principale cause de nos divisions intestines, de nos malentendus sociaux, résidait dans l'irréligion et l'isolement des masses laborieuses, dans l'indifférence et l'égoïsme des classes dirigeantes de la nation. Suivant eux, le meilleur moyen pour arriver à reconstituer l'unité française et opérer le relèvement matériel et moral du pays était de créer un grand courant d'idées favorables au rapprochement des différentes positions sociales, au nom de la charité et de la fraternité chrétiennes.

L'ouvrier abandonné à lui-même était incapable de résister aux funestes entraînements, et la lutte entre le capital et le travail ne pouvait que s'accentuer de plus en plus, s'il n'y était porté remède au plus tôt. Il importait donc de combattre l'individualisme où se confinaient les travailleurs, et, pour cela, il fallait aller à eux, leur tendre la main, s'occuper de l'amélioration de leur sort; en un mot, leur inspirer confiance, afin de faire tomber toutes leurs préventions et de les porter à la résignation.

Se mettant, dans ce but, à la tête d'un groupe de catholiques éminents — industriels pour la plupart — qu'ils avaient convertis à leurs idées généreuses, les deux gentilshommes en question, MM. le comte Albert de Mun et le marquis de la Tour-du-Pin Chambly, organisèrent, à Paris, le premier cercle catholique d'ouvriers.

Autour de cette institution, ayant pour base le dévouement des classes élevées à la classe ouvrière, et, pour guide, les enseignements de l'Eglise dans ses rapports avec la société civile, se groupèrent bientôt un grand nombre de travailleurs et de patrons chrétiens, animés d'un même esprit de solidarité et de concorde dans l'accomplissement de leurs obligations réciproques.

Au bout de peu de temps, l'Œuvre prit un développement inespéré. Des cercles furent fondés dans presque tous les arrondissements de la capitale, et, de là, se répandirent en province. On compte bien peu de villes aujourd'hui, présentant quelque importance, qui ne possèdent un ou plusieurs cercles catholiques d'ouvriers.

C'est en 1874 que cette utile institution fit son apparition à Rouen. Un magistrat, M. Lemonnier, et un industriel, épris l'un et l'autre des solutions sociales préconisées par M. de Mun et des résultats qu'obtenait l'application de ses principes économiques, prirent l'initiative d'en poursuivre la réalisation dans notre ville. A cet effet, ils constituèrent un comité sur les bases du Conseil central de Paris et ouvrirent un cercle catholique dans « l'aître » Saint-Nicaise. Le succès répondit à leur tentative ; les sociétaires affluèrent, et il fallut songer bientôt à transférer l'Œuvre dans un local plus vaste, rue de Joyeuse.

Deux ans plus tard, au mois de mai 1876, un second cercle était créé au milieu de la population laborieuse du faubourg Saint-Sever, rue Saint-Julien, n° 36.

Ce dernier fut plus lent à se développer, en raison de la fermeture tardive des ateliers, et peut-être aussi de la méfiance manifestée par certains industriels et les ouvriers eux-mêmes, à l'égard d'une institution dont ils méconnaissaient, à ses débuts, l'action salutaire.

Le cercle de la rive droite, au contraire, progressait de plus en plus chaque jour. En 1889, le comité se vit obligé de se mettre à la recherche d'une installation encore plus spacieuse. Il en trouva une, offrant toutes les conditions désirables, dans les annexes de l'immeuble Bellefonds, occupé par l'école primaire supérieure des Frères de la rue Beauvoisine. C'est là que, depuis cette époque, de nombreux ouvriers de tout âge et de toute profession se réunissent régulièrement, tous les soirs et dans les après-midi des jours fériés, pour se délasser de leurs travaux par d'honnêtes récréations. Ils ont à leur disposition des salles de jeux et de fêtes, une bibliothèque, des instruments de musique, en un mot tout ce qui peut leur procurer d'utiles distractions. Indépendamment d'un aumônier, chargé du service spirituel, les Frères de la Doctrine chrétienne veulent bien prêter leur dévoué concours aux membres du comité pour assurer la surveillance et le bon fonctionnement de tous les services. En hiver sont organisées des conférences, des séances littéraires et musicales, etc., qui ajoutent un vif attrait de plus aux autres exercices destinés à reposer le corps, à divertir l'esprit et à réconforter l'âme.

Le groupe de Saint-Sever jouit des mêmes avantages et fonctionne dans un cadre à peu près identique. En vue de faciliter le recrutement de ses membres, on y adjoignit, cependant, en 1884, une œuvre de patronage qui existait déjà dans la paroisse en faveur des jeunes gens. Ce patronage peut être considéré, à juste titre, comme une pépinière pour les sociétaires du cercle.

Les deux fondations comprennent environ 350 membres; elles ont chacune leur conseil, relié à un comité central, qui dépend de l'Œuvre générale dont le siège est à Paris.

Nous n'avons pas à faire ressortir ici les bienfaits répandus par les cercles catholiques d'ouvriers; les services rendus par eux à la jeunesse, qu'ils préservent des mauvaises fréquentations et des pernicieux exemples, sont inappréciables. En ce qui concerne spécialement ceux qui fonctionnent dans notre ville, nous pouvons affirmer hardiment, à leur honneur, qu'ils ont fourni à toutes les professions sociales, sans excepter la carrière ecclésiastique et la carrière militaire, des hommes de valeur, honnêtes, laborieux, au caractère bien trempé et aux convictions religieuses solidement assises.

Rappelons, enfin, qu'en 1889, des délégués de

Rouen faisaient partie du pèlerinage national ouvrier qui se rendit à Rome et qui reçut de Léon XIII un accueil si paternellement affectueux.

La Société de Saint-Fiacre

Dans quelques villes, on a essayé, à côté des cercles catholiques, de rétablir les anciennes fêtes patronales des corporations. Ces essais partiels ont obtenu de bons résultats ; à Angers, par exemple, malgré les difficultés de l'entreprise, un comité formé à cet effet, est parvenu, à force de persévérance et d'énergie, à organiser des confréries de jardiniers, de menuisiers, d'ouvriers d'usine, etc.

Il est hors de conteste que la résurrection de ces belles coutumes d'autrefois serait un grand bien pour les différents corps de métiers. Outre qu'elles resserreraient les liens de la confraternité qui doit exister entre eux et seraient le remède le plus efficace contre l'individualisme qui est la plaie de notre époque, ces usages de la foi de nos pères auraient aussi l'avantage appréciable d'amener à l'église un grand nombre d'ouvriers et de travailleurs qui ont oublié peut-être, depuis leur enfance, la pratique religieuse. Ne serait-ce pas pour eux une excellente occasion de faire un retour sur leur passé et de retrouver, avec leurs anciennes prières, le suave souvenir de leur première communion ?

A Rouen, il faut bien le dire, aucune tentative réellement sérieuse n'a été faite pour arriver à la reconstitution des confréries corporatives qui, quoi qu'on en dise, avaient du bon. Nous sommes même portés à croire que la clef des solutions sociales, dont on se préoccupe de nos jours, se trouve dans cette réorganisation.

Il est cependant une profession, dans notre ville, qui a conservé quelques vestiges des anciennes traditions, c'est celle des jardiniers. Cette corporation célèbre encore, de nos jours, avec une certaine solennité, sa fête patronale.

L'Association des jardiniers rouennais fut constituée, le 15 septembre 1700, sous le double patronage de saint Phocas et saint Fiacre.

Voici, à titre de document, les principaux extraits de ses statuts :

> Nous nous sommes assemblés sous les auspices des glorieux saint Phocas et saint Fiacre, espérant par eux, grâce et miséricorde, et auons institué une société de maistres jardiniers, en l'honneur des dits saints, en l'église Saint-Gervais, nostre paroisse, promettant à ceux d'autres paroisses de s'y enroller auec nous, affin qu'estant vnis ensemble par une sainte componction et lien de charité nous puissions faire à Dieu des prières, qu'il bénisse nos trauaux et nos entreprises, qu'il fasse produire et fructyfier

nos plantes, multiplier nos biens, et le seront pour sa gloire ; offrir des sacrffices pour les vivants et les morts ; nous employer aux œuvres de vertu et de piété chrestienne, à l'augmentation du service divin, et obtenir aux frères et sœurs d'jcelle grâce, rémission et pardon de leurs péchés, et affin que les choses demeurent fermes, stables et sans confusion à l'aduenir, nous avons dressé et ordonné les statuts de la ditte Société, ainsi qu'il ensuit :

Il est ordonné que tous ceux qui entreront en la ditte Sociétté prendront la résolution et feront promesse à Dieu de quitter les vices ausquels ils seront plus enclins, surtout l'impureté, le jurement, la vengeance, la débauche et les excés, et s'adonneront aux plus louables vertus chrestiennes, comme sont la prière, la pureté, la sobriété, la charité...

Item. — Tous ceux qui en seront se souuindront de prier Dieu tous les jours les uns pour les autres, disant quelques prières à leur dévotion, jnuoquant le secours de saint Phocas et de saint Fiacre qu'ils ont pris pour leurs patrons, et paieront pour leur entrée, entre les mains du maistre en charge, la somme de dix-sept sols pour fournir et entretenir le luminaire et ornements de la dite Association, et feront célébrer la messe selon l'ordre qui leur sera donné par le maistre en charge, en laquelle offriront du pain pour bénir et ensuitte estre présenté aux associez...

Item. — Il est ordonné que dans les quatrièmes dimanches du mois, sera célébré une basse messe de laditte Association, au grand autel, après les messes des autres confréries où les frères et sœurs assisteront déuottement le plus souvent qu'ils le pourront faire...

Item. — Aux festes de saint Phocas et saint Fiacre, et le mardy des festes de Pasques, sera célébrée la messe de la ditte association, solennellement, laquelle sera chantée par le sieur curé et quatre prestres de la ditte église, et sera paié pour ces aides par celui qui fera célébré la ditte messe, à savoir : douze sols au prestre qui dira la messe, douze sols au sieur curé et un sol à chaque prestre...

Item. — Au jour et feste de saint Phocas se fera une procession de l'église où est fondée la ditte institution à celle qui sera la plus proche, où l'on fera une station, pour laquelle procession le maistre en charge, à ses frais, paiera trente sols dont le curé de la ditte église en recevra dix, le chapelin six, et les quatorze sols restant, pour les prestres qui accompagneront ; tous les maistres et maistresses, frères et sœurs y assisteront auec une bouggie à la main et fourniront, sy faire se peut, chacun un chappelin et auront soin, les dits maistres et maistresses, de se confesser et communier aussy bien qu'au jour et feste de saint Fiacre...

Item. — Seront choisis par le maistre en charge quatre serviteurs de la ditte association, ausquels le sieur curé ou chapelin donneront le chaperon s'ils le jugent à propos et digne, et seront obligez, les dits seruiteurs d'assister à toutes les messes des dits dimanches, festes et processions cy-dessus marquez, revestus de leurs chaperons, sur peine d'un sol pour chaque deffault...

Item — Seront tenus et obligez, les dits maistres et maistresses, serviteurs ou associez, paier chacun deux sols pour chaque mortuaire de la ditte Association, pour luy faire dire un service dont haulte messe des deffunts auec trois psaumes et trois leçons...

Item. — Tous les ans, le quatrième dimanche de januier, il sera procédé à l'élection d'un maistre de la dite Association pour avoir le gouvernement d'jcelle...

Item. — Commandement est fait, de la part de Dieu, au maistre en charge, quand il se fera quelque assemblée ou repas dans l'Association, de prendre garde qu'il ne se fasse point de bruit, profère aucun jugement ni choses qui puissent offenser Dieu mortellement et scandaliser le prochain, et sera en pouvoir et même obligé, le dit maistre en charge, ou d'autres en son absence, de condamner à dix sols d'amende ceux qui feront ou diront choses pareilles au proffit de l'association...

En foy de quoy nous auons signé tous en commun, à l'issue de la messe de la ditte Association.

Ce 12 septembre 1700.

Signé : Haussais, Pierre Digard, Gille, Davesy, Guillaume Gruchet, Guillaume Dubequet, Etienne Lecoq, François Démarais, André Baudoin.

Ces statuts sont bien oubliés aujourd'hui ; leurs pieuses prescriptions ne sont plus guère observées, depuis la Révolution, et nos jardiniers ont même quelque peu oublié saint Phocas. Mais il faut les féliciter d'être restés fidèles à saint Fiacre. Chaque année, quand revient la fête de ce saint patron, ils font dire, le dimanche suivant, une messe solennelle, à Saint-Gervais, et offrent le pain bénit. L'église, ornée de fleurs et d'arbustes, est presque toujours trop petite, malgré ses vastes dimensions, pour contenir les sociétaires. Les fidèles de la paroisse qui, du reste, ne pourraient y trouver place, sont exclus de cette cérémonie qui revêt un caractère véritablement imposant.

Cette louable coutume resta, pendant quelques années interrompue, par suite d'un malentendu regrettable entre M. l'abbé Motte, curé de la paroisse Saint-Gervais ; mais, en 1881, son successeur, le curé actuel, M. l'abbé Morin, s'empressa de rétablir cette fête qui mérite, à tous égards, d'être donnée en exemple aux autres corps d'état de notre cité.

Le lendemain de la Saint-Fiacre, les jardiniers font dire également une messe pour le repos de l'âme de leurs confrères décédés dans l'année. Voilà, certes, d'excellents usages qu'on ne saurait trop encourager.

Le comité de la Société de Saint-Fiacre est ainsi composé : M. Lesueur, président ; M. Dujardin, vice-président ; M. Duboc, secrétaire.

Union catholique de la Seine-Inférieure

L'Union catholique n'est point, à proprement parler, une œuvre de charité. Il paraîtra tout naturel, cependant, que nous lui réservions une place dans ce livre consacré à l'histoire des œuvres charitables de la ville de Rouen, car son rôle est précisément d'assister ces œuvres, parfois de les aider à naître, ou même d'en prendre l'initiative. Seconder dans toutes les directions les efforts de la charité, tel est, en un mot, le but poursuivi par cette institution.

L'*Union catholique* a été fondée, en 1875, par un groupe d'hommes préoccupés de l'isolement où se trouvaient, au lendemain de nos désastres, tous ceux qui pensent que les difficultés et les misères sociales n'ont de remède que dans la religion. Faire cesser cet isolement, amener les gens de bonne volonté à se rencontrer, à s'entendre pour étudier les faits à la lumière de cette idée, voilà le désir des fondateurs. Fut-il pleinement réalisé ? nous n'oserions le prétendre ; mais les résultats partiels obtenus en vingt ans montrent au moins que l'idée était bonne, et mériterait d'être, à l'heure présente, encouragée et comprise.

Autorisée, par arrêtés préfectoraux des 17 avril 1875 et 15 mai 1877, l'*Union catholique* se compose de membres fondateurs, payant une cotisation de 30 fr., et de membres adhérents, payant une cotisation de 10 fr. Elle est administrée par une commission de douze membres. Tous les ans, aux termes des statuts, une assemblée générale doit être convoquée, pour entendre un rapport sur l'état moral et financier de l'œuvre, et procéder au renouvellement par tiers de la commission.

Ses moyens d'action consistent dans :

1º Un secrétariat où sont reçues les publications consacrées à la défense de la religion, de la morale, des principes d'économie chrétienne, les principaux journaux et revues catholiques, et où tous ses membres et adhérents sont admis à en prendre connaissance ;

2° La propagation des publications de cette nature, en facilitant leur lecture et en les répandant au dehors, gratuitement ou à des prix réduits ;

3° L'organisation de conférences dans lesquelles les questions religieuses, morales, historiques, scientifiques, économiques et littéraires, envisagées au point de vue catholique, peuvent être traitées.

L'*Union catholique* a eu successivement pour présidents : M. Henri Frère, avocat; M. Lehucher, président de chambre à la Cour d'Appel; M. le comte d'Estaintot, avocat; M. Paul Allard, ancien magistrat.

Rappelons très-brièvement de quelle manière, jusqu'à ce jour, elle a rempli son programme.

En 1876, elle organise un patronage d'apprentis, auquel elle intéresse la charité de jeunes gens distingués de notre ville. Ce patronage a réuni jusqu'à 200 enfants appartenant aux paroisses Saint-Vivien, Saint-Hilaire, Saint-Maclou, Saint-Nicaise et Saint-Paul. Il a duré plusieurs années et rendu de grands services aux familles ouvrières.

En 1877, elle travaille à la création d'un comité pour l'observation du dimanche.

En 1878, elle fonde un comité départemental de la *Société bibliographique* pour la propagande des bons livres populaires, institue plusieurs dépôts des publications de cette société, et répand en grand nombre des *tracts* et des périodiques illustrés que celle-ci a édités.

En 1878, elle organise, dans le département, une pétition en faveur de la liberté de l'enseignement, menacée par les lois alors en projet; sur les 1.643.000 signatures réunies en trois mois dans la France entière, celles que l'*Union catholique* a pu rassembler dans la Seine-Inférieure figurent pour le chiffre de 40,000.

En 1879, l'*Union catholique* convie ses adhérents à plusieurs soirées d'études, où les sujets les plus variés sont traités, sous forme de causeries, par des orateurs de bonne volonté. A la suite de l'une de ces causeries, dans laquelle M. Jules Le Picard avait insisté sur la nécessité de l'enseignement religieux dans l'instruction primaire, a été fondée la *Société civile mobilière et immobilière des Ecoles paroissiales*.

En 1880, les délégués de l'*Union catholique* s'associent aux démarches tentées auprès de la municipalité rouennaise pour obtenir que des subsides alloués, jusque-là, aux écoles congréganistes ne soient pas diminués.

En 1881, un comité pour la défense des droits des pères de famille, menacés par la loi du 28 mars sur l'obligation et la laïcité de l'instruction primaire, est fondé par l'*Union catholique* : un vétéran du barreau, l'honorable M. Taillet, accepte de le présider.

En 1882, à la suite de l'interdiction, à Rouen, des processions du Saint-Sacrement, l'*Union catholique* provoque une consultation juridique au sujet de la légalité de l'arrêté municipal, et, sur l'avis des avocats consultés, MM. d'Estaintot, Homais et Blondel, elle décide trente-huit catholiques notables de la ville à déférer comme d'abus au Conseil d'Etat la décision du maire.

Ajoutons que le sentiment public a été, à cette occasion, traduit par une belle poésie d'un des membres de l'*Union*, M. Oursel, ancien magistrat, démissionnaire au moment des décrets qui avaient frappé les congrégations religieuses.

En 1882 encore, l'*Union catholique* fonde l'œuvre du *Sou des Ecoles chrétiennes*, pour assurer aux écoliers pauvres la gratuité des fournitures scolaires, aider l'œuvre des catéchismes, et récompenser, à la suite d'un concours annuel, les élèves les plus méritantes des écoles congréganistes de filles.

En 1883, l'*Union catholique* prend la plus grande part à l'organisation et à la direction du premier congrès des catholiques de la Normandie.

En 1884, l'*Union catholique* coopère à la fondation d'une bourse diocésaine à la Faculté catholique de médecine de Lille.

En 1884 encore, elle forme, d'accord avec les Frères des écoles chrétiennes, une Ecole normale d'instituteurs primaires laïques et chrétiens, destinés à les aider et à les suppléer, et qui, pendant quelques années, a fourni à l'enseignement libre quelques bons auxiliaires.

La même année, l'*Union catholique* a préparé deux manifestations d'un ordre différent, en vue de travailler à l'encouragement de l'art chrétien.

Elle a d'abord ouvert une petite Exposition internationale d'imagerie religieuse, qui a eu au dehors quelque retentissement, et a initié le public aux beautés peu connues, mais aussi à certaines déviations de cette forme populaire de l'art religieux. A la suite de cette exposition, vingt-sept médailles d'or, d'argent et de bronze ont été décernées.

L'*Union catholique* a également attribué une médaille d'or à la meilleure œuvre de peinture religieuse exposée, en 1884, au Salon rouennais : cette médaille a eu pour titulaire un peintre alors débutant, et aujourd'hui bien connu, M. Paul Le Pron, auteur d'un tableau représentant *Jésus chez Marthe et Marie*.

En 1886, l'*Union catholique* organise et dirige le second congrès des catholiques de la Normandie, dans lequel a été décidée la fondation du *Congrès scientifique international des catholiques*, qui s'est réuni en 1894 à Bruxelles, et doit tenir ses sessions de 1897 et de 1900 à Fribourg (Suisse) et à Munich.

La même année, dans une séance solennelle

tenue à l'archevêché, sous la présidence de Mgr Thomas, l'*Union catholique* décerne encore une médaille d'or à la meilleure peinture religieuse exposée au Salon rouennais de 1886. Le peintre récompensé a été M. Paul-Hippolyte Flandrin, qui porte dignement le nom de son illustre père; il avait exposé un tableau intitulé : la *Veuve aux Catacombes*.

En 1886 encore, à la suite d'une conférence faite dans le salon de l'*Union catholique* par M. l'abbé du Vauroux, est fondée l'Association Saint-Louis en faveur des catholiques du Liban, réunie plus tard à l'œuvre des Ecoles d'Orient.

En 1891 et en 1892, l'*Union catholique* répand dans le département, à plusieurs milliers d'exemplaires, le retentissant discours, prononcé au Sénat par M. Chesnelong sur la liberté religieuse, et les déclarations des cardinaux au sujet des projets de loi attentatoires à la religion.

Tous les hivers, depuis 1875, l'*Union catholique* a organisé des conférences gratuites, qui ont souvent rassemblé plusieurs centaines d'auditeurs. Parmi les orateurs qui s'y sont fait entendre, on compte des hommes politiques comme MM. Chesnelong, Fresneau, de Lamarzelle, Denys et Henri Cochin, Lerolle ; des professeurs de Faculté comme MM. Carel, de Margerie, Rondelet, Carrière, Cerrat, Groussau, Rothe, de Vareille-Sommières ; des économistes ou des jurisconsultes comme MM. Claudio Jannet, Hervé-Bazin, Hubert-Valleroux, Jules Michel, Fliche, Urbain Guérin; des prélats comme Mgr Germain, alors évêque nommé de Coutances, et Mgr d'Hulst; des religieux comme le R. P. Monsabré et le R. P. Forbes; des savants comme M. le général Favé et M. de Lapparent; des littérateurs comme M. Paul Féval, etc.

On voit combien d'œuvres, dont plusieurs sont aujourd'hui encore très prospères et dont les autres furent utiles en leur temps, doivent leur naissance ou leurs progrès à l'initiative de l'*Union catholique*. Nous serions heureux que cette courte notice, dont bien des détails ont été éliminés, et où n'ont été admis que les faits les plus saillants, la fît mieux connaître et lui attirât de plus nombreux adhérents. Le bien qu'il lui a déjà été donné d'accomplir pourrait alors s'étendre et se multiplier.

Le siège de l'*Union catholique* est dans la maison des Bonnes-Œuvres, 24, rue Saint-Nicolas, où est établi son secrétariat, ouvert tous les jours, les dimanches exceptés, de une heure à cinq heures.

———

Association des Ouvrières et des Domestiques

Cette association a été fondée au mois de février 1856, sur l'initiative du R. P. Michel, de la Compagnie de Jésus, supérieur, à cette époque, de la résidence de Rouen.

En 1878, le nombre toujours croissant des membres obligea le directeur actuel, le R. P. Gaillard, à former deux sections, l'une pour les ouvrières, l'autre pour les domestiques, ayant chacune leur organisation distincte.

L'Œuvre ne doit pas être confondue avec certaines sociétés utilitaires, qui se proposent uniquement de distribuer des secours à leurs membres. Son but principal est la moralisation chrétienne de celles qui en font partie. Elle s'efforce de leur conserver la foi apportée de leur province, de développer leur piété et de les instruire de leurs devoirs d'état. C'est une Œuvre d'une utilité évidente dans notre société actuelle. Les domestiques, privées de leur famille, sont exposées à toutes les séductions. Les ouvrières sont obligées de vivre tout le jour avec des compagnes dont les exemples et les conversations sont trop souvent pour elles un danger. Elles ont donc besoin les unes et les autres de force et de bons conseils. C'est pourquoi on les réunit en association, sous forme de Congrégation de la Sainte-Vierge. Saint Alphonse de Liguori disait souvent :

> Quand une personne du monde me demande ce qu'elle doit faire pour se sauver, je ne puis lui conseiller un moyen plus sûr, plus utile, que la Congrégation de la

Sainte-Vierge ; c'est un moyen de sanctification qui contient tous les autres.

Il n'y a pas de mutualité annexée à l'Œuvre. Les congréganistes se font cependant un devoir de se rendre service, de se visiter ou de se secourir en temps de maladie, et de procurer du travail à celles d'entre elles qui ont perdu leur emploi ; mais tout est abandonné à l'inspiration de leur charité.

Pour être admis dans la Congrégation, il faut : 1º être Ouvrière ou Domestique, ou de condition à peu près semblable ; 2º jouir d'une bonne réputation ; 3º être présentée par une associée. Après trois mois de présence, les jeunes filles qui désirent faire partie de l'Œuvre sont admises au degré d'Aspirante ; après un an de persévérance et de conduite régulière, au degré de Congréganiste.

On ne saurait trop encourager de semblables associations, qui ont une influence moralisatrice au sens le plus élevé. Quoique directement créées pour l'amélioration des classes laborieuses, elles rendent service en même temps aux classes dirigeantes, puisqu'elles leur assurent des servantes fidèles et chrétiennes (1).

---

(1) L'Association a son centre de réunion dans la chapelle des Bonnes-Œuvres, rue Saint-Nicolas, 24. Réunion des Domestiques, le 1er et le 3e dimanche, à deux heures.

Cercle Paroissial militaire

L'utilité des œuvres militaires, depuis surtout que le service obligatoire pour tous a été décrété, n'est pas contestable. Ceux qui ont passé par la caserne savent combien elle renferme de dangers pour les jeunes gens qui ont été élevés, au sein de leur famille ou sur les bancs de l'école, dans les principes de la morale chrétienne et dans la pratique des devoirs religieux. Se trouvant, à vingt ans, sans expérience par conséquent, transportés tout à coup dans une atmosphère viciée, il est bien difficile que la vertu de ces jeunes gens ne s'altère pas. La chambrée est loin de ressembler à une école de moralisation et, à force d'avoir de mauvais exemples sous les yeux, d'entendre des conversations malsaines, des propos frivoles et licencieux, parfois même d'horribles blasphèmes, il faudrait être vraiment doué d'une force de caractère peu ordinaire, à un âge où les passions ont le plus besoin d'être contenues, pour persévérer dans les bonnes résolutions, en l'absence d'encouragements et de fortifiants conseils. Le but que se proposent les œuvres militaires est précisément d'offrir aux soldats, dans leurs moments libres, un abri contre les entraînements

---

Réunion des Ouvrières, le 2ᵉ et le 4ᵉ dimanche, à une heure et demie.

de la vie de caserne et un appui, afin de sauvegarder leur foi, leur honneur et les sentiments de fidélité au devoir que leur a inculqués une pieuse mère.

Quelque temps après la guerre de 1870, Mgr Freppel, évêque d'Angers, sollicita du ministre de la guerre, qui était, à l'époque, le général de Cissey, l'autorisation d'établir dans sa ville épiscopale un cercle où les militaires de la garnison pourraient venir se distraire et assister à des exercices spirituels, sous la direction d'un aumônier. Le général de Cissey, persuadé que les sous-officiers et soldats tireraient grand profit de ces réunions, accueillit favorablement le projet du vénéré prélat, et un décret, revêtu de la signature du maréchal de Mac-Mahon, donna à ce premier Cercle militaire l'existence légale. Le clergé de plusieurs autres villes de garnison suivit l'exemple donné par celui d'Angers et l'œuvre des Cercles militaires se propagea un peu partout.

Dès le début de 1872, elle était organisée à Rouen, et son installation, rue Beauvoisine, ne laissait rien à désirer, tant au point de vue récréatif qu'instructif.

Indépendamment des salles de lecture, de correspondance et de jeux, les sous-officiers et soldats avaient tous les moyens de développer leur instruction, en suivant les cours d'études primaires et supérieures ouverts à leur intention par les Frères des écoles chrétiennes.

L'autorité militaire, le cardinal de Bonnechose, le préfet et l'inspecteur d'académie s'intéressaient vivement à cette œuvre et aux efforts du comité, composé de fonctionnaires et de personnes notables de la ville. Les sous-officiers et soldats de la garnison y répondaient avec entrain.

En 1880, un courant d'idées de défiance pour tout ce qui relevait d'une inspiration religieuse vint mettre obstacle au fonctionnement de ce Cercle. Trois ans plus tard, cependant, l'idée fut reprise par l'intermédiaire du Cercle catholique de Saint-Sever. Mais, faute de ressources, il fallut, pendant longtemps, se borner à une organisation fort incomplète. Jusqu'en 1889, l'œuvre n'exista, pour ainsi dire, qu'à l'état d'ébauche. Une centaine de sous-officiers et soldats, tout au plus, eurent recours à elle durant cette période de six années.

Au mois de juin 1889, Mgr Thomas, archevêque de Rouen, s'émut de cette situation et désira donner une forme plus large et mieux définie à l'expérience timide qui se poursuivait. Le regretté prélat s'adressa au comité des Cercles catholiques en vue d'obtenir son concours pour l'établissement, à Saint-Sever, d'un Cercle paroissial militaire qui serait placé sous la direction générale de

M. l'abbé du Vauroux, son secrétaire particulier.

Le comité s'empressa de répondre aux intentions de l'archevêché. Il fit disposer, dans le local même du cercle de Saint-Sever, une salle convenable pour être exclusivement affectée à l'usage des militaires de la garnison. Prenant à sa charge tous les frais d'installation, de mobilier, d'éclairage, de chauffage, etc., il y ajouta l'acquisition d'un billard et de quelques autres agréments. La dépense s'éleva à 6.000 fr. environ et les travaux d'aménagement ne furent terminés qu'au mois de septembre. Les fonds nécessaires au fonctionnement de l'œuvre devaient être fournis par la charité.

Les deux aumôniers des Cercles catholiques, M. l'abbé Cottard d'abord, puis M. l'abbé Jouet, furent successivement désignés pour exercer leurs fonctions au Cercle paroissial militaire qui fut inauguré au mois d'octobre 1890.

Depuis lors, placée sous la surveillance d'un Frère de la doctrine chrétienne, cette institution fonctionne dans d'excellentes conditions. Elle est fréquentée, chaque année, par plus de trois cents sous-officiers et soldats qui trouvent là d'agréables et utiles délassements, dans leurs moments de liberté, en même temps qu'un salutaire refuge contre la contagion de l'air corrupteur qu'on respire dans la chambrée et contre les entraînements de l'ennui.

Indépendamment du temps passé au Cercle, il leur est permis d'emporter des jeux de société, des livres choisis dans la bibliothèque, du papier, de l'encre, etc.

Qu'on ne s'imagine pas que ces réunions entre camarades soient bruyantes et désordonnées ; si nombreuses qu'elles soient, elles présentent, au contraire, un caractère calme et digne, sans cesser d'être gaies et cordiales. Les conversations ne dépassent jamais les limites des convenances ; on n'y entend ni jurements, ni mots grossiers, ni blasphèmes. Les habitués se donnent rendez-vous, les dimanches et les jours de fêtes, pour assister, soit à la grand'messe de dix heures, soit à la messe basse de midi et aux vêpres. Il en est bien peu, dans le nombre, qui ne s'approchent pas de la Sainte-Table, le jour de Pâques ; on en a même vu quelques-uns qui, n'ayant pas encore fait leur première communion, sont venus demander à s'instruire des vérités de la religion pour accomplir ce grand acte qui a changé, pour certains d'entre eux, les destinées de leur existence.

Les résultats obtenus, jusqu'ici, sont des plus consolants et nous pourrions citer de nombreux exemples où l'action bienfaisante de l'œuvre s'est révélée d'une façon frappante, en ramenant du bord de l'abîme, qu'ils côtoyaient, de malheureux jeunes gens dont l'avenir pouvait être à jamais compromis.

Combien lui doivent leur salut! N'est-il pas universellement reconnu, du reste, que le dévouement et l'esprit de sacrifice sont surtout inspirés par la foi et que le soldat le plus discipliné, le plus pénétré de ses devoirs est le soldat croyant, le soldat franchement chrétien?

Les œuvres militaires sont donc des œuvres patriotiques avant tout, ce qui explique les sympathies qu'elles suscitent et le rapide développement qu'elles ont obtenu. On sait qu'elles sont autorisées par les circulaires ministérielles, en vertu de la loi de 1880 qui garantit aux militaires la liberté de conscience. Toutes les croyances doivent être respectées dans l'armée et leurs pratiques s'y faire librement, mais à l'abri de toute pression. L'initiative privée a le droit strict de mettre à la disposition des soldats des locaux pour lire, faire leur correspondance ou se distraire. Il suffit que ces locaux leur soient exclusivement réservés et qu'il ne soit exigé ni engagement, ni cotisation d'aucune sorte.

C'est sur ces bases que le Cercle militaire de Rouen a été fondé, et c'est dans ces conditions qu'il fonctionne.

L'insuffisance des ressources dont on dispose ne permet pas, malheureusement, de répondre à toutes les nécessités et de faire tout le bien qui serait désirable. Il y a là, pour la générosité des grandes âmes, un devoir à accomplir, et notre dernier mot sera un appel en faveur de cette œuvre qui, en se dévouant pour l'armée, se dévoue pour la patrie.

Les Conférences populaires

En 1893, le Comité des cercles catholiques de Rouen, préoccupé de combattre, dans la mesure de ses moyens d'action, la funeste influence des doctrines anti-sociales propagées dans les milieux ouvriers par les théoriciens du socialisme révolutionnaire, prit l'initiative d'organiser des conférences populaires où toutes les questions qui intéressent les travailleurs seraient examinées au point de vue des solutions pratiques à réaliser pour améliorer leur condition. Ces conférences devant conserver un caractère privé, il fut décidé qu'elles auraient lieu dans la salle du Cercle de Saint-Sever, rue Saint-Julien, n° 28. Mais ce qui paraissait très-simple, au début, se trouva, dans la pratique, assez compliqué. On avait compté, en effet, sur le concours de plusieurs personnes qui, ayant l'habitude de parler en public, pouvaient facilement se faire écouter et assurer le succès de ces réunions. Certes, les bonnes volontés ne faisaient pas défaut; il s'agissait, cependant, de les déterminer à se manifester en temps voulu. Or, parmi les conférenciers pressentis, les uns n'étaient pas libres aux jours du mois fixés pour les conférences; d'autres se dérobaient, alléguant, non sans quelque apparence de raison, que le genre qu'ils avaient l'habitude de traiter était trop abstrait pour l'auditoire spécial de la rue Saint-Julien. En résumé, la première année, on avait espéré qu'il serait fait dix conférences au moins et il n'y en eut que cinq. Cet essai, quelque imparfait qu'il fût, avait néanmoins obtenu des résultats très-appréciables. Les cinq conférences avaient été suivies par un groupe important d'ouvriers, et la preuve était acquise qu'on pouvait tenter quelque chose de sérieux dans cet ordre d'idées.

L'année suivante, en 1894, le comité organisateur, après avoir délibéré sur les inconvénients qu'avait présentés, dans l'application, le système employé pendant la première campagne, fut d'avis qu'il y avait lieu de poursuivre son œuvre sur de nouvelles bases. Il décida de donner douze conférences, deux par mois, le premier et le troisième jeudi de chaque mois, pendant le semestre compris entre septembre et mars. De plus, afin d'en assurer la régularité, condition indispensable du succès, il chargea un seul orateur, M. Charles Verdier, conférencier à Rouen, du soin de faire les douze conférences.

Cette nouvelle organisation a donné les plus

heureux résultats. Dès l'ouverture de la campagne 1894-1895, le nombre des assistants à la conférence se trouva doublé, et, à chaque nouvelle réunion, non-seulement on constata l'assiduité des premiers venus, mais ceux-ci amenèrent de très-nombreuses recrues.

Les séances, du reste, se passent dans le plus grand calme et dans un ordre remarquable, assuré par le tact et l'intelligence d'un comité composé de dix-neuf membres, tous ouvriers, qui sont chargés de la police de la salle.

Nous croyons intéressant de donner ici les sujets traités dans ces conférences :

1° Liberté, Egalité, Fraternité ;
2° La Journée de huit heures;
3° Le Travail des Femmes et des Enfants ;
5° La Suppression des Octrois;
6° L'Impôt sur le Revenu:
7° Le Travail et le Capital;
8° Le Mariage libre;
9° L'Instruction publique ;
10° Le Socialisme d'Etat;
11° Le Principe du Devoir ;
12° Nécessité de l'idée religieuse.

On le voit, toutes ces questions sont dignes d'attirer l'attention et de captiver l'esprit des ouvriers. Dans chacune d'elles, le conférencier expose les théories des socialistes allemands, anglais, belges et français, et, à l'aide de l'histoire et du raisonnement, il combat tout ce qu'elles ont de dangereux et de contraire à la pensée chrétienne.

Ce genre de conférences plait beaucoup à ce public spécial; il écoute avec un intérêt soutenu et souligne de ses applaudissements les passages qui lui semblent les plus concluants.

Les fruits déjà recueillis par l'organisation de ces conférences dépassent tout ce que l'on pensait pouvoir en attendre; l'élan est donné, et, sans être optimiste, on peut prévoir des résultats considérables.

CHAPITRE X

ASSISTANCE AUX VIEILLARDS

Les Petites Sœurs des Pauvres

Parler des Petites Sœurs des pauvres, c'est aborder un sujet fécond en merveilles de la charité. Tout est admirable dans l'Œuvre à laquelle elles se dévouent, soit qu'on remonte à ses origines, soit qu'on la suive dans la marche rapide de son expansion salutaire.

Née dans une petite ville de Bretagne, au bord de la mer, dans un pays pauvre, à Saint-Servan, l'Institution des Petites Sœurs des pauvres a pris les proportions d'un grand bienfait public et les rayons de sa miséricorde s'étendent par toute l'Europe, nous pourrions presque dire par tout l'univers.

Ses débuts cependant furent très humbles. Ils ont été racontés si souvent et avec une précision si éloquente que nous croyons superflu de nous y attarder longuement. Un simple aperçu nous paraît cependant indispensable à la clarté de notre récit.

On sait que les premiers instruments dont s'est servi la Providence pour fonder, en 1840, cette institution charitable, une des plus populaires qui existent, furent un modeste vicaire de Saint-Servan, deux jeunes ouvrières et une ancienne servante.

L'hiver de 1839 avait été particulièrement dur pour la population maritime de Saint-Servan. La mer perfide, pleine d'écueils en ces parages, avait fait de nombreuses victimes, laissé un grand nombre de vieillards sans soutien et un plus grand nombre encore de veuves et d'orphelins. Le froid était vif, la pêche nulle et la misère atroce. L'abbé Le Pailleur, témoin de tant d'infortunes imméritées, aurait fait volontiers le sacrifice de sa vie pour les soulager, car il possédait au plus haut degré l'esprit de dévouement et l'amour des pauvres.

Mais, hélas! que pouvait faire un petit vicaire de ving-six ans, sans fortune, sans expérience, sans relations, pour améliorer le sort misérable des pauvres gens qu'il heurtait, à chaque pas, dans la rue, défaillant de privation et implorant la pitié des passants?

Une voix intérieure lui criait de braver toutes les considérations humaines, de se précipiter vers les besoins les plus pressants, vers les souffrances les plus cuisantes, et de se reposer, pour le reste, sur l'aide de Dieu.

L'abbé Le Pailleur, à défaut d'autres ressources, possédait les trois qualités qui, d'ordinaire, suffisent à assurer le succès d'une entreprise : l'ardeur de la jeunesse, les hardiesses de la foi, la conviction opiniâtre de la race bretonne, unie au discernement qui distingue la race normande (1).

Sa résolution étant bien assise, il ne s'effraya plus des obstacles qu'il avait à surmonter.

Une vieille femme, impotente et aveugle, ne vivant que d'aumônes, se mourait d'inanition dans son galetas; on le prévient, il accourt, et après avoir procuré à cette infortunée les premiers soins que réclamait son état, il lui promet de se constituer le soutien de ses vieux jours. Sur ces entrefaites, deux jeunes filles, deux modestes ouvrières, deux âmes pieuses et compatissantes à la misère qu'elles avaient plus d'une fois côtoyée, vinrent trouver le généreux vicaire et lui exposèrent le désir qu'elles avaient de se consacrer au service de Dieu et des pauvres. Elles s'appelaient, l'une Virginie Trédaniel, l'autre Marie-Catherine Jamet.

C'était Dieu qui les envoyait, et l'abbé Le Pailleur ne s'y trompa pas ; mais comment utiliser

---

(1) L'abbé Le Pailleur est né à Saint-Malo, mais son père était originaire d'Aunay-sur-Oden (Calvados).

leur concours ? Certes, le champ d'action où leur activité secourable pouvait librement s'exercer était assez vaste pour offrir à tous les dévouements une moisson abondante; avant de se mettre à l'œuvre, il était cependant indispensable de savoir si on pourrait faire les frais de la récolte. La question n'était pas de mince importance. On réfléchit et on s'arrêta à cette idée, qu'on demanderait aux riches un peu de leur superflu afin d'apaiser la faim de ceux qui manquent du nécessaire, de réconforter les malheureux épuisés par l'âge et les infirmes agonisant sur leur grabat.

Prêchant d'exemple, l'abbé Le Pailleur sacrifia le peu qu'il possédait ; il vendit jusqu'à sa montre. La vieille impotente qu'il avait prise à sa charge fut installée aussi commodément que possible dans une mansarde prise en location. Une autre pauvre infirme, délaissée de tous, vint la rejoindre et bientôt la mansarde fut au grand complet.

Virginie Trédaniel et Catherine Jamet avaient pris ces infortunées sous leur sauvegarde et, sans cesser de travailler pour subvenir à leurs besoins journaliers, elles les entouraient de toutes les attentions d'une tendresse vraiment filiale. Cependant, les nécessités devenaient plus urgentes et il n'y avait plus de place dans la mansarde. Comment adopter de nouvelles misères? L'abbé Le Pailleur, préoccupé de cette situation, se risqua jusqu'à aller solliciter la générosité des personnes charitables en faveur de son œuvre naissante. Il recueillit quelques dons, loua, rue Fontaine, près de l'église, un rez-de-chaussée inoccupé, ayant longtemps servi de cabaret, et y établit ses protégées.

La prise de possession du nouveau local eut lieu le 1er octobre 1841, et un mois après, le 1er novembre, douze vieilles femmes, épuisées par l'âge, la maladie ou la souffrance de la faim, s'y trouvaient à l'abri des rigueurs du sort. Mais les charges étaient devenues lourdes et le moment approchait où l'on allait manquer de tout.

C'est alors qu'on voit entrer en scène une brave et honnête jeune fille, jouissant dans le pays de l'estime et de la considération générales, Jeanne Jugan, dont le nom, inséparable de ceux des autres fondateurs de l'œuvre des Petites Sœurs des pauvres, est devenu synonyme de dévouement et de charité.

Jeanne Jugan était née à Cancale, en 1792. Ses parents étaient pauvres et elle fut obligée de se séparer d'eux pour aller « se louer » comme servante. Elle entra, à Saint-Servan, au service d'une demoiselle âgée. C'était en 1817. Sa maîtresse, qui l'avait prise en amitié, la garda auprès d'elle jusqu'à sa mort, arrivée en 1838. Jeanne Jugan avait alors quarante-six ans. Se trouvant, désormais, libre de ses actions, elle loua une chambre, se procura de l'ouvrage à domicile et, comme elle avait appris à manier l'aiguille, son travail lui procurait les moyens de vivre modestement. Animée de sentiments religieux, elle s'occupait, dans ses moments perdus, de faire quelque bien à ses semblables, et c'est ainsi qu'elle fut amenée à connaître la maison où deux autres ouvrières, comme elle, se consacraient, avec tant d'abnégation, au service des infortunes les plus navrantes.

Jeanne demanda à partager leur esprit de sacrifice. On la mit au courant de la détresse qui régnait dans la maison : « Qu'à cela ne tienne, s'écria-t-elle, je me ferai mendiante pour nourrir les mendiants. » Et elle partit en quête..., vêtue de bure noire, le panier au bras, frappant aux portes et demandant pour ses pauvres. Sa réputation de bienfaisance lui ouvrait les maisons, et la provende tombait dans son panier. Jeanne ne refusait rien, elle tirait parti de tout pour ses vieillards.

Le rez-de-chaussée de la rue Fontaine fut bientôt connu de tous, les visites et les dons affluèrent, le nombre des lits fut doublé et l'œuvre commençait à affirmer son existence.

M. l'abbé Le Pailleur élabora une sorte de règle monastique pour ses trois courageuses collaboratrices. La journée était divisée de telle façon qu'elles n'avaient pas une minute de loisir.

Elles ne s'en plaignaient pas, assurément, tant elles étaient dévorées par l'amour du bien, tant elles étaient heureuses du succès qu'obtenaient leurs infatigables efforts. Mais le dévouement appelle le dévouement, d'autres jeunes filles vinrent solliciter une place à côté des ouvrières de la première heure et au poste d'honneur de la privation, de la souffrance et de l'esprit de sacrifice. La petite congrégation se fortifia et le moment vint où l'immeuble de l'ancien cabaret fut occupé tout entier, de la cave au grenier.

En 1845, l'Académie française, estimant que Jeanne Jugan avait bien mérité de la société, lui décerna un prix de vertu de 3,000 fr. La brave fille, qui ne savait ni lire ni écrire, et qui ignorait jusqu'à l'existence de la coupole de l'Institut, ne comprit qu'une chose, c'est qu'elle avait gagné « un bon numéro », et, toute la journée, elle fit sa tournée de quête habituelle, en répétant de temps en temps : « Mes amis, réjouissez-vous, nos pauvres vieux viennent de gagner 3,000 fr. !... » et plus jamais elle n'en reparla.

Comment l'œuvre se développa-t-elle ? Par quel miracle sans cesse renouvelé les trois pauvres ouvrières de Saint-Servan, recevant l'impulsion d'un humble vicaire, arrivèrent-elles à faire des milliers de prosélytes ? Comment la communauté, devenue plus nombreuse, mais pas plus riche, trouva-t-elle le moyen de faire bâtir et d'acheter des maisons pour y installer des pauvres vieillards par centaines ; comment se répandit-elle si vite au dehors et est-elle parvenue, dans l'espace d'un demi-siècle, à posséder cent six maisons en France, vingt-neuf en Angleterre, treize en Belgique, seize en Italie, cinquante-une en Espagne trente en Amérique, quatre en Afrique, cinq en Océanie et une en Turquie, etc. ? Dieu seul le sait, car il faut voir dans la prodigieuse extension de cette œuvre nationale et chrétienne, édifiée avec de si faibles forces, un secours providentiel de tous les instants

A l'heure actuelle, les Petites Sœurs des pauvres forment une grande famille de quatre mille quatre cent soixante-quinze membres et donnent asile à trente-quatre mille vieillards ou infirmes, abandonnés de tous et devenus pour la société autant de bouches inutiles. Là, du moins, ils sont assurés contre le besoin, contre la faim et le froid, et trouvent des mains amies pour prendre soin de leurs vieux jours, les consoler et les bénir à l'heure de la mort.

Des premiers fondateurs, un seul est encore de ce monde, au moment où nous traçons ces lignes, M. l'abbé Le Pailleur, qui, chargé d'ans et de mérite, vit à Rome dans la retraite.

Virginie Trédaniel, en religion Marie-Thérèse, est morte la première, en 1854, mais sa mémoire est toujours vivante à Saint-Servan et dans les

Maisons qu'elle a tant contribué à développer.

Jeanne Jugan — Marie de la Croix — a rendu sa belle âme à Dieu, le 29 août 1879.

La troisième fondatrice, Catherine Jamet — Marie-Augustine — est décédée en odeur de sainteté, en 1883, après avoir dirigé l'œuvre pendant plus de quarante ans, en qualité de supérieure générale des Petites Sœurs des pauvres (1).

Au mois d'août 1850, deux Petites Sœurs des pauvres furent envoyées en Normandie pour y quêter en faveur de la maison de Dinan, dont l'installation, faute de ressources, restait inachevée.

« Elles vinrent jusqu'à Rouen ; et là, les premières personnes auxquelles elles s'adressèrent, leur déclarèrent que ce n'était pas pour Dinan qu'il fallait quêter, mais pour Rouen même, afin d'y fonder une de leurs Maisons.

« On écrivit sans retard au supérieur, qui se décida à faire partir la supérieure générale. Elle était déjà en route, lorsqu'elle reçut une nouvelle lettre, lui annonçant que, par suite de difficultés imprévues, on remettait à un moment plus favorable la fondation projetée.

---

(1) On sait que le noviciat et la maison-mère sont à la Tour-Saint-Joseph, commune de Saint-Pern (Ille-et-Vilaine).

« La supérieure, pleine de confiance en Dieu, ne tint pas compte de l'avertissement ; elle continua son voyage et arriva à Rouen le 31 août 1850. Elle trouva les deux Petites-Sœurs dans une modeste maison que M. l'abbé Prévost, curé de Saint-Nicaise leur avait prêtée ; deux paillasses par terre et deux chaises composaient tout le mobilier ; on n'avait aucun ustensile de cuisine, mais on possédait 30 fr.

« La présence de la supérieure raffermit tous les courages. Fortes de l'appui de Mgr l'Archevêque, qui leur avait fait un accueil tout paternel, les Petites-Sœurs se mirent en devoir d'agir ; deux jours après, elles recevaient dans la petite maison de la rue Saint-Nicaise, n° 14, deux pauvres femmes aveugles, âgées de quatre-vingts ans.

« Le dimanche suivant, M. le curé de cette paroisse, avec un charitable dévouement resté légendaire, et dont les exemples et la tradition sont fidèlement suivis par ses successeurs, parlait des Petites-Sœurs à ses paroissiens et les recommandait à leur zèle.

« Aussitôt, chacun voulut apporter quelque objet utile au ménage des pauvres. Des personnes charitables de la ville, et notamment des membres de la Société de Saint-Vincent-de-Paul, n'épargnèrent ni peines ni démarches pour subvenir aux premières nécessités ; les ressources augmentant, deux autres vieilles femmes furent recueillies ; la petite maison n'en pouvait contenir davantage, il fallut chercher une autre demeure.

« On en trouvait bien une assez spacieuse, rue des Capucins ; mais, avec les impositions, il fallait payer 4,000 fr. chaque année.

« 4,000 fr. de loyer !!! c'était énorme pour nos trois pauvres Petites-Sœurs, mais c'était le moyen de faire beaucoup de bien ; elles ne pouvaient reculer : on eut beau les taxer de témérité, la bonne Mère générale laissa dire ; elle maintint son avis, et la confiance en la Providence, mère de la charité, l'emporta sur la timide prudence (1). »

Elle avait bien raison, la vénérable et courageuse supérieure, de ne pas douter des sympathies et du généreux concours de la charité rouennaise. Riches et pauvres voulurent participer, dans la mesure de leurs moyens, à la fondation et au développement d'une œuvre qui allait au cœur de tous. A côté des bienfaiteurs de la fondation, disparus aujourd'hui pour la plupart, mais qui ont laissé, à Rouen, l'impérissable souvenir des bienfaits dont leur existence fut remplie (2), toutes les classes de la société rivali-

---

(1) *La Maison des Petites-Sœurs des pauvres,* brochure publiée en 1892.

(2) MM. Keittinger, Louis Baudry, Paul Le Picard, docteur Le Brument, Delaistre, Lormier, Archier, Cosserat, Dubois, Figeac, etc.

sèrent d'empressement afin de faciliter la tâche des Petites Sœurs et d'assurer le succès de leur pieuse entreprise. On vit même la population ouvrière manifester un dévouement admirable. Dans les ateliers, des cotisations hebdomadaires furent organisées, et ce sont les ouvrières qui apportèrent les deux premiers lits de fer qui aient été mis à la disposition des pauvres vieux de la rue des Capucins.

Un pareil élan de générosité permit de s'installer convenablement dans le nouvel immeuble, de signer un bail et de payer un trimestre d'avance.

C'est le 17 septembre 1850 que s'effectua le déménagement de la rue Saint-Nicaise et qu'on prit possession du local actuel qui, depuis, a reçu de notables améliorations.

On disposait, désormais, d'une installation favorable à l'extension de l'Œuvre. Les bâtiments bien disposés, vastes et exposés au bon air, tout au haut de la rue des Capucins, à deux pas du boulevard Beauvoisine où vient mourir le bruit de l'activité urbaine, convenaient à merveille pour abriter ceux qui, arrivés à la dernière étape de l'existence, épuisés par la fatigue et les aspérités de la longue route parcourue, ne demandent plus à la vie, avant de s'endormir dans le sein de l'éternité, qu'un peu de bien-être, beaucoup de repos et le calme du recueillement.

Jusqu'ici, faute de place et aussi de ressources, on n'avait pu donner asile qu'à un petit nombre de malheureux vieillards ; ils vont affluer maintenant et atteindre, en peu de temps, le chiffre respectable de soixante-neuf, qui sera porté plus tard à deux cent cinquante. Ce n'était pas une petite affaire que de loger, nourrir et entretenir un pareil nombre de pensionnaires. La charité publique redoubla de zèle et de libéralités. Le grand séminaire offrit la desserte journalière des tables ; les élèves du lycée et des autres établissements scolaires furent autorisés à faire des quêtes parmi eux et à en verser régulièrement le montant à la Maison même, par l'entremise d'une députation de camarades. L'administration municipale montra, elle aussi, plus que de la bienveillance pour les Petites Sœurs ; elle leur apporta, sous différentes formes, un utile concours. Enfin le Bureau de Bienfaisance n'hésita pas à s'associer à l'élan général. Le 10 octobre 1851, la supérieure recevait, en effet, la lettre suivante :

Madame,

J'ai l'honneur de vous prévenir que le bureau central de Bienfaisance a décidé que les indigents inscrits dans nos bureaux, et que vous recevrez dans votre maison, continueront de participer aux secours, comme s'ils habitaient leurs maisons particulières.

Le bureau central, en prenant cette décision, a voulu vous donner une marque de reconnaissance pour l'œuvre aussi éminemment utile que vous êtes venue fonder dans notre ville, etc.

C'était reconnaître officiellement les services rendus par la Maison de la rue des Capucins à la ville de Rouen, qui se trouvait ainsi déchargée de tant de pauvres vieillards exposés à mourir de faim et de misère, par suite de l'insuffisance des hospices.

Cette ressource fut maintenue et même augmentée jusqu'en 1888. Moins soucieux sans doute du sort des déshérités, ceux qui se trouvaient alors à la tête de l'administration de la cité décidèrent que la bienfaisance officielle devait se désintéresser complétement de l'admirable dévouement des Petites Sœurs envers la vieillesse misérable ou infirme. Elles furent averties que le secours du pain serait supprimé aux malheureux, qui, à l'avenir, seraient recueillis dans l'asile; les anciens pensionnaires, seuls, continueraient à en bénéficier jusqu'à extinction.

Nous n'avons pas besoin de faire ressortir le caractère peu humanitaire d'une telle décision. Elle n'a pas été rapportée jusqu'ici, et le bureau de bienfaisance qui, grâce aux Petites Sœurs, se trouve affranchi de la charge de deux cent cinquante vieillards indigents, ne craint pas de réaliser ainsi une importante économie, prélevée en quelque sorte sur le budget alimenté par l'aumône. Mieux inspirée, l'administration municipale actuelle s'honorerait en revenant sur la mesure anti-démocratique et anti-sociale prise en 1888. Mais reprenons notre récit.

Grâce aux subsides et aux dons en nature venus de tous côtés, joints à la provende amassée chaque jour par les Sœurs quêteuses, la maison devint prospère. On en profita pour faire subir à l'aménagement intérieur certaines améliorations jugées indispensables. Une petite chapelle fut établie au rez-de-chaussée de la cour inférieure, sous les parloirs et le corridor du premier étage. L'inauguration eut lieu le 30 mars 1851 et prit les proportions d'un véritable événement local. L'affluence était des plus considérables ; toutes les classes de la société rouennaise s'y trouvaient confondues, mais l'élément ouvrier dominait. La cérémonie fut présidée par Mgr Blanquart de Bailleul, ayant à ses côtés le Préfet, le Maire et l'abbé Le Pailleur. La présence du vénérable fondateur de l'œuvre des Petites Sœurs des pauvres fit sensation ; c'est à qui l'approcherait et lui exprimerait son admiration.

Détail bien touchant à noter : un grand pain bénit avait été spontanément organisé par les ouvriers de divers ateliers ; de telle sorte que le jour de l'inauguration de la chapelle, trois cent cinquante livres de pain furent ainsi apportées et bénites par Mgr l'Archevêque. Chacun des assistants en reçut un morceau, le reste fut distribué dans les quartiers populeux. Pendant plusieurs jours, on vint même en réclamer de tous les points de la ville, contre le dépôt de modestes offrandes.

L'établissement recevait sans cesse de nouveaux pensionnaires, mais déjà la place commençait à faire défaut et l'on se trouvait dans la dure nécessité — en attendant que la mort, poursuivant son œuvre, eût créé une vacance — de laisser à la porte de la Maison des misères navrantes qui demandaient l'hospitalité. D'un autre côté, les échéances des termes de loyer absorbaient une grande partie des ressources et la situation menaçait de devenir critique à bref délai.

Pour faire face à toutes les exigences, il était donc indispensable d'agrandir les locaux et de diminuer en même temps les frais généraux : deux choses peu conciliables, comme on voit, et deux problèmes fort difficiles à résoudre. Mais la charité, on a pu le constater souvent au cours de ce volume, ne connaît pas d'obstacle dans l'accomplissement de sa sublime mission. Elle puise dans les élans de sa générosité une force irrésistible et ne s'arrête que quand le but poursuivi est atteint.

Des hommes de cœur et d'initiative, ceux-là mêmes qui avaient protégé l'œuvre à son berceau et n'avaient cessé depuis de l'entourer d'une constante sollicitude, se chargèrent de vaincre toutes les difficultés. Après avoir envisagé la question sous ses divers aspects, ils reconnurent que le seul moyen d'assurer le libre développement d'une entreprise, qui donnait déjà de si consolants résultats, était de faire l'acquisition de la propriété où elle était installée. Cette solution aurait le double avantage de permettre tous les agrandissements jugés nécessaires et d'alléger les dépenses courantes des 4,000 fr. à verser annuellement pour les termes de loyer. Une souscription fut ouverte dans ce but. En quelques jours, elle atteignit le chiffre de 15,000 fr. On était encore loin de compte pour l'achat de l'immeuble, aussi les dévoués inspirateurs de l'idée ne se découragèrent pas ; au contraire, ils redoublèrent d'efforts. Pendant près de sept mois, on les vit s'improviser quêteurs, aller de porte en porte et recueillir sou à sou, avec une persévérance vraiment admirable, les 57,000 fr. qui leur manquaient. Le 6 août 1852, la somme était réunie et la maison de la rue des Capucins devenait la propriété des Petites Sœurs des pauvres, moyennant le prix de 72,500 fr.

Les vieillards indigents avaient désormais un abri sûr, un toit hospitalier, sous lequel ils pouvaient tranquillement reposer leur infortune et finir doucement leurs jours.

A partir de ce moment, la Maison des Petites Sœurs entra réellement en possession d'elle-même. D'importantes et intelligentes transformations furent successivement opérées dans les services intérieurs, et le chiffre des pensionnaires, qui était déjà de cent vingt-huit, alla en augmentant chaque année.

En 1858, on édifidait de toutes pièces la grande chapelle actuelle qui relie, du côté opposé à la rue des Capucins et sur un plan parallèle, les deux corps de bâtiments en façade sur la cour du quartier des hommes. Trois ans plus tard, en 1862, étaient jetées les fondations de cette belle construction qui est aujourd'hui affectée aux dortoirs et aux réfectoires des femmes, et qui fut complétée seulement en 1881 par l'adjonction de galeries couvertes, où les infirmes peuvent respirer l'air extérieur sans être obligés de descendre dans les jardins. La partie réservée aux hommes reçut également plusieurs améliorations. L'aile du bâtiment qui fait face à celui des femmes fut surélevée d'un étage en 1869. Afin d'élargir encore la place et d'assainir les salles, on utilisa une vieille masure attenante pour loger quelques vieillards ; mais exposée au froid et à l'humidité, cette bâtisse croulante ne pouvait être qu'une installation provisoire. En 1892, les bienfaiteurs de l'œuvre en décrétèrent la démolition et lancèrent un nouvel appel à la générosité du public rouennais pour élever, sur les ruines de cette annexe, un corps de bâtiment s'harmonisant avec le reste des constructions. Ce projet a été réalisé suivant les prévisions, et l'établissement abrite aujourd'hui deux cent soixante-dix vieillards des deux sexes.

Mais, ce n'est pas tout ; indépendamment des constructions neuves que nous venons d'indiquer, d'autres travaux d'une utilité incontestable ont été entrepris et exécutés, tels que : buanderies, séchoir à air chaud, salles de bains, porcheries, basse-cour et, tout récemment, infirmeries pour les maladies contagieuses.

Le logement, aujourd'hui, sans être luxueux est suffisamment confortable et salubre. Le seul luxe c'est la propreté, et elle ne laisse rien à désirer. Du reste, la question qui préoccupe le plus celui qui manque de tout n'est pas de savoir s'il sera bien logé, mais comment il pourra manger. Or, pour subvenir aux besoins de tant de pensionnaires, infirmes pour la plupart, les Petites Sœurs ne disposent d'autres ressources que celles fournies par la quête de chaque jour. La veille, on ne sait pas si on aura du pain le lendemain ; on vit dans une perpétuelle incertitude, cependant on arrive à manger, et le problème de l'alimentation, sans cesse renouvelé, se trouve sans cesse résolu.

Tous les jours, les Sœurs quêteuses se mettent en route, d'après l'itinéraire tracé, pour ravitailler la maison. Nous lisons dans l'excellente brochure publiée en 1892, sur la Maison de Rouen, par un « ami des Petites Sœurs, » que, la première fois qu'elles se présentèrent sur le marché, elles furent accueillies avec enthousiasme. C'était un cri général : « Donnons-leur, elles quêtent pour les pauvres vieillards, elles en feront autant pour nous quand nous serons vieilles et que nous ne pourrons plus travailler. »

« Les Sœurs ont, depuis ce moment, continué à faire chaque jour le tour du marché, où chacun leur remet la petite provision qu'il a préparée pour elles. C'est à Rouen que les Petites Sœurs quêteuses ont commencé à se faire aider d'un âne. Les premiers instruments de quête furent un panier et une bassine, portés péniblement au bras par chacune des quêteuses; l'âne et ses deux paniers vinrent plus tard, puis l'âne et la petite charrette, remplacés ensuite par l'équipage actuel, qui est, comme tous les précédents, un don de la charité. L'animal que l'on offre ainsi aux Petites Sœurs est généralement près de la fin de sa carrière; aussi, il y a là une bien bonne occasion pour les sportsmen qui désirent assurer à leurs vieux serviteurs une douce et honorable retraite. »

Lorsque la voiture de quête rentre à la maison, les dons en nature sont portés à la cuisine, visités, triés avec soin et utilisés jusqu'au dernier morceau, car on tire parti de tout. Il faut pourvoir à trois repas : le déjeuner du matin, qui se compose de café au lait pour tout le monde ; le dîner, à midi, comprenant une soupe, une portion de viande et une portion de légumes ; le souper, à cinq heures du soir, composé d'un bon potage, d'un plat de légumes et quelquefois d'un peu de fromage.

Les Petites Sœurs ne mangent que lorsque les vieillards qu'elles servent sont rassasiés et ont quitté la table. Une fois par an, il y a grande réjouissance à la maison de la rue des Capucins, comme du reste dans toutes les maisons des Petites Sœurs; c'est le 19 mars, jour de la fête de Saint-Joseph, grand protecteur de l'Œuvre. Ce jour-là, tout le monde est en gaieté; on oublie ses infirmités, sa décrépitude pour s'abandonner à la joie de vivre. Les bonnes Sœurs, dont le contentement égale celui de leurs pauvres vieillards, sollicitent, dans cette circonstance, de leurs généreux bienfaiteurs une collecte plus abondante, dans laquelle se glisse toujours quelques friandises pour ces malheureux qui, hélas! n'y sont guère habitués. Un modeste festin est préparé ; on voit figurer sur la table une viande plus appétissante que d'habitude, du poisson, un peu de dessert, suivi d'une bonne tasse de café et d'un petit verre de liqueur. Le tabac pour les fumeurs et pour les priseurs n'est pas oublié. C'est un vrai régal pour eux, et cela les change de leur frugal ordinaire.

« Mais ce qui constitue vraiment la *fête*, ce qui apporte par dessus tout la douce impression aux bons vieillards, ce sont les soins touchants des essaims de jeunes filles et d'enfants qui, sous l'œil et avec le concours des leurs, après avoir revêtu le tablier blanc traditionnel, s'empressent autour de chaque vieillard pour le servir; aidant même l'infirme à prendre des aliments, qui acquièrent pour lui une saveur particulière par la grâce avec laquelle ils sont offerts et les bonnes paroles dont ils sont assaisonnés.

« Ce ne sont pas seulement les jeunes filles qui revendiquent cette mission; on voit, dans ces fêtes, des hommes du monde, d'anciens magistrats, des prêtres et presque toujours le vénéré Pontife du diocèse; tous viennent servir Dieu en la personne de ses pauvres.

« Rien n'est plus touchant que ces charmantes réunions, véritables agapes, où, comme autrefois, tous les chrétiens se trouvent confondus. »

Si nous passons maintenant aux exercices religieux, nous remarquons qu'ils n'ont rien d'excessif; là, plus que partout ailleurs, l'existence est une prière continuelle. Nous recommandons, cependant, à tous ceux qui aiment à ressentir de douces émotions, d'assister à l'une des processions de la Fête-Dieu.

« Après leurs journées déjà si fatigantes, les Petites Sœurs passent souvent des nuits à préparer les reposoirs et les tentures : les jardins, les cours sont transformés par elles; la procession sort de la chapelle, accompagnée par tous les vieillards de la maison, dont les plus valides portent le dais; elle parcourt les allées du jardin et souvent même les corridors intérieurs, car on tient à ce que les pauvres infirmes puissent avoir, comme les autres pensionnaires, la visite du bon Dieu. Tous ces vieillards, en chevrotant, boitant, répètent les refrains des chants entonnés par les Sœurs. Aux fenêtres, le long des allées, autour des reposoirs, ceux que leurs infirmités empêchent de prendre place dans les rangs, sont à genoux ou assis, pleins de dévotion, et reçoivent ainsi la bénédiction du Dieu qui se complaît au milieu des pauvres.

« Sous ces impressions bienfaisantes, ainsi choyées et paisibles, ces pauvres créatures s'habituent à aimer Dieu; elles préparent leur bienheureuse éternité et la regardent approcher avec douceur. »

En dehors de ces jours de fête, le plus grand calme règne dans la maison; les Petites Sœurs s'adonnent avec une entière abnégation à leur rude labeur, et les pensionnaires ne demandent qu'à finir leur vie, au milieu de cette atmosphère douce et réconfortante, entourés des soins qui leur sont prodigués jour et nuit.

Nous avons dit que ces derniers étaient au

nombre de deux cent soixante-dix. D'où viennent-ils? De quelle condition misérable ont-ils été tirés? A quoi bon le rechercher? on ne le leur demande pas à l'asile, on ne veut même pas le savoir. Ils sont dans le malheur, cela suffit pour que la porte hospitalière s'ouvre devant eux.

Le nombre des femmes est de beaucoup supérieur à celui des hommes. On en compte un bon tiers de plus. Cette disproportion s'explique par ce fait tout naturel que la femme, étant plus faible que l'homme, succombe plus désespérément dans la lutte pour la vie, et sa détresse devient plus lamentable.

Quand la mort laisse une place libre, ils sont nombreux les postulants qui se présentent pour l'occuper! Là, il n'y a pas de tour de faveur. C'est le degré de misère et d'abandon qui décide de l'admission du nouveau pensionnaire.

Cependant, on n'accepte personne au-dessous de l'âge de soixante ans.

Voilà comment on comprend l'égalité et la fraternité dans les maisons des Petites Sœurs des Pauvres! Elles trouvent leur bonheur ici-bas à prendre soin des malheureux et à soulager la souffrance, tandis que ceux qu'on est convenu d'appeler les heureux de ce monde cherchent en vain le leur dans les plaisirs et les satisfactions que procure la fortune.

CONCLUSION

Ma tâche s'arrête là. A-t-elle été bien remplie? Entreprise avec conviction, je l'ai réalisée avec conscience. C'est le seul mérite que j'ambitionne.

Cette série d'études, portant sur plus de soixante œuvres fondées, à Rouen, par la charité chrétienne, n'était pas sans présenter quelque difficulté. Il fallait recueillir les renseignements sur chacune d'elles, se livrer à des recherches souvent peu aisées, et mettre en lumière des institutions charitables, vivant presque ignorées, et dont je soupçonnais à peine l'apostolat utile et fructueux.

Mais j'ai hâte de témoigner ma gratitude aux personnes autorisées qui ont bien voulu me procurer une partie des matériaux avec lesquels j'ai construit. Les publications locales, et particulièrement la collection de la *Semaine religieuse*, m'ont fourni aussi des dates et des indications précieuses.

Si imparfait qu'il soit, ce recueil des œuvres édifiées et soutenues par la charité rouennaise marque un progrès, en ce sens qu'il comble une lacune qui existait dans notre histoire locale, si riche pourtant en monuments de tous genres. Il était nécessaire de mettre en relief la merveilleuse organisation de la bienfaisance catholique au sein de notre vieille cité normande, qui a l'esprit toujours ouvert aux nobles et généreuses entreprises.

Un écrivain, philosophe et moraliste à ses heures, constatait naguère que les drames de misère se succèdent et que la sombre théorie des faits divers douloureux défile devant nous, invariablement la même, se répétant et se renouvelant sans cesse comme un perpétuel défi à notre civilisation raffinée et à notre siècle de progrès. Cette constatation, si lamentable qu'elle soit, est l'expression exacte de la vérité, et les lugubres statistiques sont là pour attester que, malgré la multiplicité des œuvres publiques ou privées, il y a des malheureux qui, à notre époque, peuvent mourir de faim.

Ces accidents sociaux portent en eux un enseignement qu'on ne saurait trop méditer. Ils sont évidemment le résultat d'un vice organique du système suivi pour la protection des petits et des humbles. Une société qui laisse une fraction, si minime soit-elle, des membres qui la composent, dans l'impossibilité de vivre honorablement et la réduit au cruel désespoir de demander à la mort la délivrance des angoisses de la faim ne saurait, en effet, se glorifier de sa civilisation et de ses progrès humanitaires.

On a fait, il est vrai, des lois d'assistance, mais on a omis de créer à côté les ressources suffisantes pour protéger efficacement le faible et lui donner la place qui lui est due au banquet de la vie. C'est au point que, sans le concours de la charité privée, nous serions envahis par l'armée de la misère et du vice, qui grandit, chaque jour, en raison directe du développement que prennent les jouissances et le luxe parmi les classes privilégiées de la fortune.

Jamais peut-être la lutte pour l'existence ne fut plus rude et plus difficile, que dans les temps présents, pour les classes pauvres. Combien, hélas! de milliers de malheureux, dans chacune de nos cités populeuses, resteraient sans nourriture, sans abri, sans défense, si la charité privée ne se rencontrait pas sur leur passage pour leur tendre la main, leur offrir l'hospitalité, les soulager et les consoler.

Si ceux qui ont, à un degré quelconque, la responsabilité du pouvoir comprenaient mieux leurs devoirs, ils s'efforceraient de combler le fossé qu'on voit se creuser et s'élargir de plus en plus entre les heureux de ce monde et ceux qui achètent péniblement, suivant une juste expression officielle, « le pain de la famille avec le modeste salaire quotidien; » ils emploieraient tous les moyens dont ils disposent à favoriser, à encourager ces admirables institutions, dues à l'initiative chrétienne et aux associations libres, qui travaillent sans relâche à panser les plaies saignantes de nos inégalités sociales.

Mais, voilà, les hommes qui nous gouvernent s'évertuent plutôt à chercher la solution du problème social là où elle ne peut exister, où elle n'existera jamais.

Par une de ces inconséquences qu'un aveuglement obstiné est seul capable de suggérer, l'Etat s'est figuré qu'il pouvait régénérer la France en la laïcisant dans ses œuvres vives et en détruisant en elle l'esprit chrétien.

Son système n'a fait qu'aggraver le mal dont souffre la société, et rendre plus cuisantes et plus intolérables encore les misères des travailleurs, auxquels, par une amère dérision, on enseigne à borner, ici-bas, toutes leurs espérances.

TABLE DES MATIÈRES

	PAGES
Association fraternelle des Anciens Elèves des Frères....................................	113
Le Conseil d'administration se réunit immeuble Bellefonds, rue Beauvoisine.	
Association amicale des Anciens Elèves de l'Institution Join-Lambert.................	117
Le Bureau tient ses séances chez le Président. — Les Associés se réunissent à l'institution de Boisguillaume et, à Rouen, en assemblée générale annuelle.	
Association amicale des Anciens Elèves du Pensionnat J.-B. de la Salle...............	115
Réunions au pensionnat de Saint-Gervais, Rouen.	
Bibliothèque de l'Association de N.-D.-des-Bons-Livres	497-503
Bureau central, rue Saint-Patrice, 3. — 8 Bibliothèques publiques pour prêts de livres gratuitement à Rouen et Darnétal. — Bibliothèques circulantes pour la campagne.	
Bibliothèque de la Société de Saint-Vincent-de-Paul.......................................	507
Rue Saint-Nicolas, 24. — Abonnements.	
Bourse diocésaine de Rouen à la Faculté catholique de Médecine à Lille..........	108
Comité de souscription. — Le comte d'Estaintot, trésorier, rue de la Seille, 12, à Rouen.	
Caisse des Elèves des Ecoles chrétiennes de Garçons.....................................	83
Pour secours, récompenses, prix, etc. — Siége du Conseil d'administration, 161, rue Beauvoisine.	

TABLE DES MATIÈRES

PAGES

Catéchismes (Comité des Dames pour l'enseignement du Cathéchisme aux Elèves des Ecoles laïques).................................... 118
<small>Paroisses Notre-Dame, Saint-Maclou, Saint-Sever, Saint-Nicaise, Saint-Vivien et Saint-Hilaire. M. l'abbé Prudent, directeur de l'Œuvre, rue Poisson, 29.</small>

Cercle paroissial militaire Saint-Sever........ 537
<small>Salles de lectures, de correspondance et de jeux divers, passage Dupont et rue Saint-Julien.</small>

Cercles catholiques d'Ouvriers, section de Rouen................................... 517-521
<small>Cercle de la Jeunesse, groupe Bellefonds, rue Beauvoisine, n° 161. — Groupe Saint-Sever, rue Saint-Julien.</small>

Conférences populaires...................... 543
<small>Ces conférences ont lieu d'octobre à mars, rue Saint-Julien. Elles sont dirigées et organisées par un comité de 19 ouvriers.</small>

Comité central de Souscription des Ecoles chrétiennes de Rouen (Garçons)........... 80
<small>Chargé de recueillir les fonds par paroisses pour subvenir aux dépenses d'enseignement et de loyer des écoles. — Réunions trimestrielles, rue Beauvoisine, 161.</small>

Crèches pour l'Enfance indigente............. 18
<small>Comité d'administration et de Dames patronnesses et inspectrices. — Crèche Saint-Maclou, rue Géricault (Sœurs d'Ernemont). — Crèche Forbras, rue des Capucins, 28 (Sœurs de Saint-Vincent-de-Paul).</small>

Dames du Calvaire, hospice et dortoir de la Sainte-Famille............................. 349
<small>Traitement des maladies cancéreuses, 25 lits.</small>

Ecoles chrétiennes de Garçons................ 46
<small>Dirigées par les Frères de la Doctrine chrétienne (J.-B. de la Salle). — 10 Ecoles paroissiales : Cathédrale, 17, rue des Bonnetiers ; Saint-Maclou, 188, rue Martainville; Saint-Vivien-Saint-Hilaire, impasse Sainte-Claire ; Saint-Romain-Saint-Godard-Saint-Joseph, 161, rue Beauvoisine ; Saint-Gervais-Sainte-Madeleine, rue du Renard, 64 ; Saint-Nicaise-Saint-Ouen, rue Poussin, 14 ; Saint-Vincent-Saint-Patrice, rue du Panneret, 1 ; Saint-Sever-Saint-Clément, passage Dupont ; Saint-Paul, place Saint-Paul ; Sacré-Cœur, rue Binet.</small>

Ecoles primaires congréganistes pour jeunes Filles..................................... 69
<small>17 Ecoles dirigées par diverses communautés. — Voir la liste, les adresses et les directrices</small>............................ 75

TABLE DES MATIÈRES

	PAGES
Ecoles maternelles et Classes enfantines......	72

Voir la liste, les adresses et les directrices.

Enseignement primaire supérieur libre....... 103

External et Pensionnat J.-B. de la Salle, rue Saint-Gervais, n° 82, dirigé par les Frères de la Doctrine chrétienne.

Cours supérieur pour les Elèves des Ecoles paroissiales libres....................... 103

Professés par les Frères de la Doctrine chrétienne, 161, rue Beauvoisine.

Enseignement secondaire et supérieur libre.. 105

External Join-Lambert, rue de l'Avalasse, reçoit les jeunes gens. Classes d'enseignement secondaire jusqu'à la 4e inclusivement. — Institution Join-Lambert, Boisguillaume, route de Neufchâtel. Classes complètes d'enseignement secondaire, lettres et sciences.

Fourneaux (Œuvre des) pour distribution de Bouillons aux Indigents porteurs de Bons. 246

Ouvert du 1er décembre au mardi de la semaine sainte, rue Saint-Nicolas, 24. — La délivrance de bons à 0 fr. 10 se fait au Secrétariat, aux Bienfaiteurs de l'œuvre.

Hôpital Forbras, pour les Aveugles ourables. 321

Dirigé par les Sœurs de Saint-Vincent-de-Paul, 18, rue des Capucins.

Hospices de Rouen : Hôtel-Dieu et Hôpital-Général............................... 302-310-312

Anciennement fondés et administrés sous l'inspiration de la charité chrétienne.

Hospitalité et Placement de Bonnes.......... 290

Sœurs Franciscaines, dites Servantes de Marie, rue de Joyeuse, directrices.

Hospitalité pour Bonnes sans place.......... 299

Maison rue de l'Epée, 22, dirigée par les Sœurs des Sacrés-Cœurs de Saint-Aubin.

Hospitalité de Nuit, pour les Hommes 254

Fondé et administré par M. l'abbé Bazire, boulevard Saint-Hilaire, 41.

Hospitalité du Travail, pour les Femmes 279

Fondé par M. l'abbé Bazire, rue des Deux-Anges, 15. Les Sœurs Franciscaines directrices.

Œuvre de Notre-Dame-des-Forains............. 462

Boulevard Saint-Hilaire, 41. — Instruction préparatoire à la première communion et de persévérance des Enfants des théâtres ambulants, par les Dames des catéchismes paroissiaux.

Ouvrières et Domestiques (Association) 534
    Réunions de persévérance le dimanche, Chapelle de la Maison des Bonnes-Œuvres, rue Saint-Nicolas. — Directeur, le R. P. Gailbard, rue Saint-Patrice.

Œuvre de Préservation et des Filles repenties 385
    Desservie par les Sœurs Dames du Bon-Pasteur, 10, rue du Mont.

Orphelinat des Sœurs de la Miséricorde, servantes des pauvres et des orphelines....... 164
    Maison mère, place de la Madeleine. Orphelinat de jeunes Filles, Pensionnat, Ouvroirs, Internat et Externat.

Orphelinat pour jeunes Filles et jeunes Garçons 206
    Paroisse Saint-Ouen, rue Bourg-l'Abbé, 28. — Dirigé par les Sœurs de Saint-Vincent-de-Paul.

Orphelinat pour jeunes Filles, rue Stanislas-Girardin, 50. 209
    Fondation de l'abbé Grouet. — Dirigé par les Sœurs de Saint-Vincent-de-Paul.

Orphelinat des Saints-Anges pour jeunes Filles et Œuvre des Jeunes Econômes............ 196
    Ouvroir d'apprentissage pour des jeunes Filles externes de la ville; Mlle Bry, directrice, 48, rue Saint-Hilaire.

Orphelinat de Boisguillaume (fondation Boulen) 219
    Pour jeunes Garçons et jeunes Filles, route de Neufchâtel. — Dirigé par les Sœurs de Saint-Vincent-de-Paul.

Orphelinat de Saint-Etienne-du-Rouvray....... 215
    Pour jeunes Filles. — Dirigé par les Sœurs de Saint-Vincent-de-Paul.

Orphelinat de Notre-Dame-de-Lourdes, à Bihorel (Rouen) 222
    Pour jeunes Garçons. — Dirigé par Mlles Courbe et Ouin.

Orphelinat dit des Jeunes Apprenties de Bonsecours....................................... 227
    Pour jeunes Filles. — Dirigé par Mlle Caudron, rue Chasse-Marée, 32.

Patronage de Saint-Victrice................... 512
    Pour jeunes gens de la paroisse Saint-Gervais, 74, rue du Renard. — Sous la direction du Clergé paroissial et des Frères de la Doctrine chrétienne.

TABLE DES MATIÈRES

	PAGES
Patronage de Jeanne-Darc......................	508

Pour jeunes Filles. — Sous la direction des Sœurs de l'Oratoire, 28, rue Poisson.

Patronage des Dames de Saint-Régis.......... 460

Assistance aux Familles reconstituées. — Réunions hebdomadaires, 24, rue Saint-Nicolas.

Refuge des Jeunes Garçons abandonnés...... 131

Au Grand-Quevilly. — Dirigé par les Pères du Saint-Esprit et les Sœurs de Saint-Joseph de Cluny, route de Caen, au Grand-Quevilly. — S'adresser, à Rouen, à M. Pellecat, président du Comité de patronage, 4, rampe Beauvoisine.

Refuge des Jeunes Filles détenues ou libérées (de Saint-Hilaire)............................ 404

Maison d'éducation correctionnelle, agricole, ménagère et industrielle. — Fondée et dirigée par les Sœurs des Sacrés-Cœurs de Saint-Aubin.

Société de Charité maternelle................. 5

Secours aux Femmes en couches et aux Enfants nouveau-nés. — Présidente, Mme H. Barbet, rue d'Harcourt. — S'adresser dans chaque quartier aux Dames de Section. — Voir page 16.

Sociétés de Charité des Paroisses et Bureaux de Secours aux Indigents.... 248

(Voir détail page 251.)

Société civile Immobilière des Ecoles paroissiales de Rouen et Darnétal................ 86

Propriétaire de 10 immeubles. — Voir détail page 87. — Siége social, rue Beauvoisine, 161.

Société de Saint-Vincent-de-Paul de Rouen (Hommes) 230

8 Conférences de Paroisses. — Secours et visite des Indigents à domicile. — Patronage des Enfants des Ecoles chrétiennes. — Chapelle et Secrétariat, 24, rue Saint-Nicolas.

Société de Saint-Vincent-de-Paul (Dames)..... 243

Secours et visite des Indigents à domicile. — Réunions hebdomadaires le mercredi, à 9 heures, 24, rue Saint-Nicolas.

Société de Saint-François-Régis, pour faciliter le mariage des Indigents........... 446

Secrétariat ouvert les dimanches et mercredis, de 7 à 9 heures, 24, rue Saint-Nicolas.

Société de Secours mutuels et de Retraites, l'Emulation chrétienne de Rouen.......... 472

Réunions et Secrétariat, 20, rue de la République.

Société de Saint-Joseph, œuvre d'assistance et de prévoyance..........................	483
Réunions le dimanche, 24, rue Saint-Nicolas.	
Société Normande de Secours mutuels des Demoiselles Employées de Commerce.....	486
Réunions et asile, 28, rue Poisson.	
Société de Saint-Fiacre, Association des Jardiniers.................................	522
Paroisse Saint-Gervais. — Réunion annuelle. — M. Lesueur, horticulteur, Président.	
Société Immobilière des Petits-Logements, à Rouen.................................	491
Groupe Alsace-Lorraine, fondé en 1886. 100 Logements pour Ouvriers ou petits Employés de Commerce. — Intendance, rue Victor-Hugo.	
Soins aux Malades à domicile et Infirmerie des Sœurs de la Compassion..................	342
Maison-Mère, 10, rue d'Écosse. — 17 Postes dans le diocèse.	
Soins aux Malades à domicile : Sœurs de Bonsecours de Troyes......................	347
Maison à Rouen, 1, rue du Fardeau ; au Havre et à Elbeuf.	
Le Sou des Ecoles chrétiennes libres.........	93
Pour coopérer au don gratuit des fournitures de classes aux Elèves des Ecoles chrétiennes de Garçons et de jeunes Filles des Familles indigentes. — Récompenses au concours général entre les Ecoles congréganistes de jeunes Filles. — Comité de Dames patronnesses : réunions, 24, rue Saint-Nicolas.	
Sourds-Muets : institution rampe Saint-Gervais, 104.....	359
Fondation de l'abbé Lefebvre, pour apprendre aux Enfants des deux sexes à s'exprimer et à parler.	
Union Catholique de la Seine-Inférieure.......	527
Société pour la Défense des Intérêts religieux. — Secrétariat et Bibliothèque, 24, rue Saint-Nicolas (entresol).	
Vieillards : Asile des Petites-Sœurs-des-Pauvres	547
270 Vieillards des deux sexes, rue des Capucins.	
Vieillards : Maison de Retraite pour personnes âgées, 3, rue de Joyeuse........	295
Dirigée par les Sœurs Franciscaines.	

SOMMAIRE DES CHAPITRES

CHAPITRE Ier. — **Enfance.** — **Maternité.** — **Crèches.**

	PAGES
1. Société de Charité maternelle	5
2. Crèches	18

CHAPITRE II. — Enseignement.

1. L'instruction populaire à Rouen	35
2. L'Institut des Frères de la Doctrine chrétienne	41
3. Ecoles chrétiennes de Garçons	46
4. Le nouveau Régime scolaire à Rouen	60
5. Ecoles congréganistes de Filles	69
6. Ecoles maternelles et enfantines	72
7. Les ressources des Ecoles libres	79
8. Comité central de Souscription	80
9. Caisse des Elèves des Ecoles chrétiennes	83
10. Société civile et immobilière	86
11. Le Sou des Ecoles chrétiennes	93
12. Comparaison instructive	99
13. Les dépenses des Ecoles laïques	100
14. Les dépenses des Ecoles libres	101
15. Enseignement primaire supérieur	103
16. Enseignement secondaire libre	105
17. Association des Anciens Elèves	111
18. Œuvre des Catéchismes	118
19. Influence de l'éducation	123

CHAPITRE III. — Refuges. — Orphelinats. Ouvroirs.

1. Refuge du Grand-Quevilly	131
2. La Miséricorde	164
3. La Maison des Saints-Anges	196
4. Orphelinat de la paroisse Saint-Ouen	206
5. Orphelinat rue Stanislas-Girardin	209
6. Orphelinat de Saint-Etienne-du-Rouvray	215
7. Orphelinat de Boisguillaume	219
8. Œuvre de Notre-Dame de Lourdes, à Bihorel	222
9. Œuvre des Jeunes Apprenties, de Bonsecours	227

Chapitre IV. — Secours aux Indigents.

	PAGES
1. Société de Saint-Vincent-de-Paul (Hommes)	230
2. Société de Saint-Vincent-de-Paul (Dames)	243
3. Sociétés de Charité paroissiales	248

Chapitre V. — Asiles temporaires.

1. Œuvre hospitalière de nuit	251
2. Œuvre de l'Hospitalité du Travail	279
3. Œuvre des Franciscaines	290
4. Maison pour les Bonnes sans place	299

Chapitre VI. — Secours aux Malades.

1. Origine des Hospices de Rouen	302
2. Hôtel-Dieu	310
3. Hospice-Général	312
4. Hôpital Forbras	321
5. Sœurs de la Compassion	342
6. Sœurs de Bonsecours	347
7. Œuvre du Calvaire	349
8. Institution des Sourds-Muets	359

Chapitre VII. — Œuvres de Préservation.

1. Le Bon-Pasteur	385
2. Refuge des Jeunes Détenues et Libérées, de Saint-Hilaire	401

Chapitre VIII. — Œuvres d'Assistance.

1. Société de Saint-François-Régis	446
2. Patronage des Dames Saint-Régis	460
3. Œuvre de Notre-Dame-des-Forains	462
4. L'Émulation chrétienne	472
5. Société de Saint-Joseph	483
6. Société normande de Demoiselles dans le Commerce	486
7. Société immobilière des Petits-Logements	491

Chapitre IX. — Bibliothèques. — Cercles. Patronages.

1. Association de Notre-Dame-des-Bons-Livres	495
2. Bibliothèque de Saint-Vincent-de-Paul	507
3. Patronage de Jeanne-d'Arc	508
4. Patronage de Saint-Victrice	512
5. Œuvre des Cercles catholiques d'Ouvriers	517
6. Société de Saint-Fiacre	522

7. Union catholique	527
8. Association des Ouvrières et des Domestiques	534
9. Cercle paroissial militaire	537
10. Les Conférences populaires	543

Chapitre X. — **Assistance aux Vieillards.**

Les Petites-Sœurs des Pauvres	547
Conclusion	571

Rouen. — Anc. imp. Lapierre, rue St-Etienne-des-Tonneliers, 1.

www.ingramcontent.com/pod-product-compliance
Lightning Source LLC
Chambersburg PA
CBHW060308230426
43663CB00009B/1626